Klaus Rosen

Attila

I. Buchhorn dir.

Klaus Rosen

Attila

Der Schrecken der Welt

C.H.Beck

Frontispiz: Attila mit Teufelshörnern, Ludwig Buchhorn (1770–1856)

Mit 15 Abbildungen und 3 Karten

Satz: Fotosatz Amann, Memmingen
Druck und Bindung: CPI – Ebner & Spiegel, Ulm
Umschlaggestaltung: Geviert, Grafik & Typografie, Michaela Kneißl
Umschlagabbildung: Attila, Silbermünze, Louvre, Paris, © Photo Josse/Scala, Florenz, WH10812
Gedruckt auf säurefreiem, alterungsbeständigem Papier
(hergestellt aus chlorfrei gebleichtem Zellstoff)
Printed in Germany
ISBN 978 3 406 69030 3

www.chbeck.de

Inhalt

I

Attila aktuell

«Offener Brief an den Präsidenten der Republik und an die «Attilas» des Bildungswesens» – *Lettre ouverte au président de la République et aux «Attila» de l'éducation*.

So lautet die Überschrift eines Briefs, den der bekannte französische Schriftsteller Jean d'Ormesson am 9. Mai 2015 im Pariser *Le Figaro* veröffentlichte. Der Brief war ein flammender Protest gegen die Reform der gymnasialen Bildung, welche die französische Kultusministerin anstrebte. Mit wuchtigen Worten griff d'Ormesson sie an: «eine Art lächelnder Attila, hinter dem die Wiesen der historischen Erinnerung nie mehr aufblühen werden».

Jedem Franzosen war Attila aus dem Geschichtsunterricht vertraut: der Hunnenkönig, der Schrecken Europas, der mit seinen Barbarenhorden im Jahr 451 Frankreich überfallen hatte, der mordete, plünderte und die Städte niederbrannte, bis er noch im selben Jahr in der Champagne, auf den Katalaunischen Feldern, in einer Vielvölkerschlacht besiegt und aus dem Land gejagt wurde.

Die zahlreichen literarischen und historischen Anspielungen des Briefs lassen vermuten, dass sein Verfasser das Datum für die Veröffentlichung bewusst gewählt hat: Am Tag zuvor hatte ganz Europa des 8. Mai 1945 gedacht. Vor genau 70 Jahren hatte die deutsche Wehrmacht bedingungslos kapituliert, und am 9. Mai, am Tag des offenen Briefes, war Deutschlands Gesamtkapitulation inkraftgetreten. Die Deutschen, die Hunnen des zwanzigsten Jahrhunderts, die Frankreich 1914 und 1939 überfallen hatten wie einst Attila 451, erlebten ihre Katalaunischen Felder. Europa und die europäische Kultur waren vom Nationalsozialismus befreit. Und jetzt, 70 Jahre später, wollte eine französische Regierung die Axt an die Wurzeln eben dieser Kultur legen. Schon sechs Jahre zuvor hatte der italienische Schriftsteller und Latinist Luca Canali ein Buch mit dem plakativen Titel herausgebracht «Attila aufhalten». Das Buch bot einen Streifzug durch die lateinische Literatur, der zeigen sollte, welche Bedeutung antike Kultur und Geistesgeschichte auch heute noch haben und was ihr Verlust mit sich brachte. Dem Buchtitel, der zugleich ein Aufruf war, fügte Canali daher den Untertitel hinzu: «Die klassische Tradition als Gegenmittel gegen das Vordringen der Barbarei.»[1]

Jean d'Ormessons Brief hatte noch einen weiter zurückliegenden historischen Bezug, an den der gebildete Verfasser gedacht haben dürfte. Es war jener *Offene Brief*, den der französische Schriftsteller Romain Rolland am 29. August 1914 an Gerhart Hauptmann richtete, nachdem er erfahren hatte, dass die Deutschen nach dem Einmarsch in Belgien am 25. August begonnen hatten, die Stadt Löwen zu beschießen, und die berühmte Löwener Bibliothek in Flammen aufgegangen war. Hauptmann hatte kurz zuvor die deutsche Kriegführung verteidigt. Rolland, wie d'Ormesson ein Freund und Kenner der deutschen Kultur, arbeitete zu dieser Zeit beim Roten Kreuz in Genf und veröffentlichte seinen Brief im *Journal de Genève*. Empört richtete er an Hauptmann und die Deutschen die Frage: «Seid Ihr die Enkel Goethes oder Attilas?», und er forderte den Dichter auf, seine Stimme gegen die «Hunnen» zu erheben, die solche Verbrechen befahlen.[2]

Gerhart Hauptmann antwortete Rolland in der *Vossischen Zeitung* vom 10. September 1914. Er griff dessen alternative Frage «Goethe oder Attila» auf und beschied den Frager: «Lieber sollten die Deutschen sich Söhne Attilas nennen lassen als auf ihren Grabstein die Inschrift ‹Söhne Goethes› gesetzt bekommen.»[3] Aus der Feder des Goethe-Verehrers und -Nachahmers Hauptmann war dies eine erschreckende Aussage. Friedrich Gundolf, 1914 junger Privatdozent für Literaturgeschichte an der Universität Heidelberg, fühlte sich ebenfalls gedrängt, Rolland eine Ohrfeige zu verpassen. In einem Artikel in der *Frankfurter Zeitung* vom 11. Oktober 1914 verstieg er sich zu der Behauptung: «Attila hat mehr mit Kultur zu tun als alle Shaw, Maeterlinck, d'Annunzio und dergleichen zusammen.»[4]

Weltweites Aufsehen erregte dann das «Manifest der 93», das sich «An die Kulturwelt» richtete und am 4. Oktober 1914 in allen großen deutschen Tageszeitungen erschien, um anschließend in zehn Sprachen verbreitet zu werden. 93 bekannte Wissenschaftler, Künstler und Schriftsteller erhoben – so der Einleitungssatz – «vor der gesamten Kulturwelt Protest gegen die Lügen und Verleumdungen, mit denen unsere Feinde Deutschlands reine Sache in dem ihm aufgezwungenen Daseinskampf zu beschmutzen trachten». In sechs Abschnitten, alle mit einem fettgedruckten «Es ist nicht wahr» beginnend, verwahrten sich die Unterzeichner des Aufrufs gegen die Vorwürfe, die gegen Deutschland erhoben wurden. Gleich der erste und folgenreichste betraf die Kriegsschuldfrage und die Rolle, die Kaiser Wilhelm II. dabei gespielt habe: «Oft genug hat Wilhelm II. in den 26 Jahren seiner Regierung sich als Schirmherr des Weltfriedens erwiesen; oft genug haben selbst unsere Gegner dies anerkannt. Ja, dieser nämliche Kaiser, den sie jetzt einen Attila zu nennen wagen, ist jahrzehntelang wegen seiner unerschütterlichen Friedensliebe von ihnen verspottet worden. Erst als eine schon lange an den Grenzen lauernde Übermacht von drei Seiten über unser Volk herfiel, hat er sich erhoben wie ein Mann.»[5] Im letzten Satz schien der Kaiser nun doch wieder ein Attila zu sein, und die Verfasser näherten sich dem trotzigen Stolz, mit dem Gerhart Hauptmann, einer der 93, den Hunnenkönig gegenüber Rolland für die Deutschen in Anspruch nahm. Wenn dagegen Deutschlands Feinde Wilhelm einen Attila nannten, war das in den Augen der 93 Majestätsbeleidigung.

Am selben Tag, an dem das «Manifest der 93» in die Welt hinausging, erschien in der italienischen Zeitung *L'Asino* eine Karikatur, in der Attila vor der zerstörten Kathedrale von Reims stand und deutschen Soldaten zu ihrem ‹Erfolg› gratulierte.[6] Schon im September 1914 hatte die belgische Tageszeitung *L'Indépendance Belge* an ihrem damaligen Erscheinungsort Paris geklagt, «dass die deutschen Soldaten des zwanzigsten Jahrhunderts Krieg führen, wie es die Hunnen getan hatten».[7]

Wilhelm II. hatte selbst den Anstoß dazu gegeben, dass man ihn im Guten wie im Bösen mit Attila verglich, dem Etzel des *Nibelungen-*

lieds. In einer Rede, mit der er am 27. Juli 1900 in Bremerhaven Soldaten verabschiedete, die den Boxeraufstand in China bekämpfen sollten, hatte er, wahrscheinlich aus dem Stegreif, einen seiner beliebten Ausflüge in die Geschichte unternommen: «Wie vor tausend Jahren die Hunnen unter ihrem König Etzel sich einen Namen gemacht, der sie noch jetzt in der Überlieferung gewaltig erscheinen lässt, so möge der Name Deutschland in China in einer solchen Weise bekannt werden, dass niemals wieder ein Chinese es wagt, etwa einen Deutschen auch nur scheel anzusehen.» Zuvor hatte der Kaiser die Soldaten aufgefordert: «Pardon wird nicht gegeben; Gefangene nicht gemacht. Wer Euch in die Hände fällt, sei in Eurer Hand.»[8] Dieser Abschied nicht nur vom Völkerrecht, sondern auch von christlicher Moral, auf die Wilhelm sonst so große Stücke hielt, stieß vor allem bei der sozialdemokratischen Opposition im Reichstag auf Empörung, und Wilhelms Ansprache erhielt das Etikett «Hunnenrede». Echte oder fingierte Soldatenbriefe aus China, die im sozialdemokratischen *Vorwärts* abgedruckt wurden, hießen «Hunnenbriefe». Der einflussreiche Pfarrer und Sozialpolitiker Friedrich Naumann bekannte in der von ihm gegründeten Zeitschrift *Die Hilfe*, es wäre ihm lieber gewesen, «wenn der Hunnenkönig Etzel nicht aus seinem Schlaf geweckt worden wäre». Aber Deutschlands militärisches Eingreifen hielt er für gerechtfertigt, weshalb ihn Gegner als «Hunnenpastor» verunglimpften, das Gegenbild zu Wilhelm Raabes *Hungerpastor*.[9]

In der antideutschen Propaganda des Ersten Weltkrieges stand dann das Ethnikon «Hunne» schlechthin für den Deutschen. Der englische Schriftsteller Rudyard Kipling gab in einem Gedicht, das *The Times* in London am 2. September 1914 druckte, den Ton vor. Er rief zum Kampf gegen Deutschland auf und warnte: «Der Hunne steht am Tor!» – *The Hun is at the gate!*.[10] Für manchen Franzosen war Wilhelm II. nun erst recht der Hunnenkönig Attila. Dessen Niederlage auf den Katalaunischen Feldern 451 schien sich beim «Wunder an der Marne» zu wiederholen, als sich das deutsche Heer nach dem Vormarsch bis zur Marne vom 10. bis 12. September 1914 vor dem französischen Gegenstoß zurückziehen musste.[11] In den Vereinigten Staaten gab es vor allem nach deren Eintritt in den Krieg 1917 eine regelrechte Welle von Büchern, Filmen, Plakaten und Karikaturen, die den hässlichen deutschen Hunnen darstellten.[12] Am Sonntag, dem 10. November 1918, einen Tag vor dem Waffenstillstand, erschien die vielgelesene Londoner Wochenendzeitung *News of the World* mit der Schlagzeile: «Hunnische Kapitulation gewiss» – *Hun surrender certain.*[13]

Das Bild des Hunnen blieb auch nach dem Krieg an den Deutschen hängen. Spitzzüngig charakterisierte John Maynard Keynes die Ankunft der deutschen Delegation bei den Friedensverhandlungen in Versailles 1919 mit Matthias Erzberger an der Spitze: «Aufs schönste entsprachen sie als Gruppe der populären Vorstellung von den Hunnen. Die persönliche Erscheinung dieser Rasse spricht wirklich in besonderer Weise gegen sie. Wer weiß, vielleicht war das ja die tatsächliche Ursache des Krieges.»[14] Fritz Langs monumentaler Historienfilm *Die Nibelungen* von 1924, der den Untertitel «Dem Deutschen Volk zu eigen» trug, schien das böse Bild von den deutschen Hunnen löschen zu wollen. Der Etzel des Regisseurs hatte Züge «barbarischer Kindlichkeit», und in seinen Massenszenen im zweiten Teil ließ er «Hunnen über die Steppen jagen oder ihre echt hunnischen Feste feiern».[15]

So mancher in Deutschland, der den «Schandfrieden» von Versailles ablehnte, empörte sich, dass die Deutschen in der internationalen öffentlichen Meinung immer noch die «Hunnen» waren. Einer von ihnen war Adolf Hitler. Bezeichnenderweise am 8. Mai 1921 wetterte er in einem Artikel, der unter der Überschrift «Gelogen wie gedruckt» im *Völkischen Beobachter* erschien: «Das Deutsche Reich wird als Barbarenstaat, das deutsche Volk als Hunnen, beide zusammen als Schande menschlicher Kultur all den Millionen Menschen innerhalb und außerhalb des britischen Imperiums auf dieser Welt eingeprägt und eingehämmert.»[16]

Später waren Attila und die Hunnen Hitler dann doch nützlich: Nach der Besetzung Frankreichs erging am 10. Dezember 1940 seine Weisung Nr. 19 b, die «Geheime Kommandosache Unternehmen Attila». Sie bereitete «die schnelle Besetzung des heute noch unbesetzten Gebiets des französischen Mutterlandes» vor und verordnete unter anderem: «Sollte örtlich Widerstand auftreten, ist er rücksichtslos zu brechen.»[17] So dürfte auch mancher ‹Tagesbefehl› Attilas gelautet haben. Niemand hat Hitler bei der Wahl des Decknamens allerdings darauf aufmerksam gemacht, dass der Hunnenkönig nur bis Orléans gekommen war, an die Südgrenze des deutschen Besatzungsgebietes, und dass seine Niederlage auf den Katalaunischen Feldern kein allzu günstiges Omen war.

Mit dem Krieg gegen die Sowjetunion waren nicht mehr die Deutschen, sondern die Russen die neuen Hunnen. Für einen Hitleranhänger in Frankreich wurde Stalin zur «asiatischen Geißel», zum Attila, «der durch die sarmatische Ebene schweifte», der aber dadurch zu Fall gebracht wird, «wenn er auf seinen Aëtius trifft».[18] Der Vergleich mit Aëtius hätte dem geschichtskundigen Hitler gewiss gefallen, der als Oberbefehlshaber der Wehrmacht eine andere Parallele betonte: Die Russen wollen Europa zerstören, wie das einst die Hunnen wollten. Mit dem Russlandfeldzug werde er der Retter Europas werden. In einer Rede im Berliner Sportpalast verkündete er am 11. Dezember 1941: Deutschland und seine Verbündeten – er nannte unter anderen Rumänen und Ungarn, Bewohner ehemaliger hunnischer Gebiete – führten zusammen einen europäischen Kreuzzug. «Es ist wirklich Europa, das sich hier zusammengefunden hat, genauso wie in alten Zeiten einst gegenüber den Hunnen- oder den Mongolenstürmen.»[19]

Über die Absicht der Sowjetunion bestand für Hitler kein Zweifel. Bei einem seiner Tischgespräche öffnete er seinen historischen Fundus und belehrte die Gäste: Ohne Roms Sieg auf den Katalaunischen Feldern «wäre der damaligen Kulturwelt ein Untergang beschieden gewesen, wie er uns von Seiten der Sowjets bevorstand».[20] Dementsprechend skizzierte er am 30. Mai 1942 in einer Geheimrede vor dem «Militärischen Führernachwuchs» Deutschlands Aufgabe im Kampf ums Dasein: die Abwehr des ununterbrochenen Flusses aus Asien, «der sich in unserer geschichtlichen Epoche zunächst durch die hunnischen Völker bemerkbar machte, später durch die Mongolen, und den wir heute wieder erleben durch eine Organisation innerasiatischen Menschentums».[21] Während Hitlers Tischgesprächen wagte natürlich keiner der Zuhörer, ihm ins Gesicht zu sagen, dass sein historischer Fundus auch groben Unsinn enthielt. Einmal träumte er davon, Linz, wo er die Realschule besuchte hatte, zur neuen Weltstadt auszubauen, nicht Wien, «die Hauptstadt der Nachfahren Etzels und seiner Hunnen».[22] Vielleicht fragte sich der eine oder andere Offizier, ob Hitler Edward Gibbon gelesen hatte, wenn er sich in die virtuelle Geschichte verstieg: Wäre das Christentum nicht gekommen, hätte Rom ganz Europa erobert, «und der Hunnensturm wäre an den Legionen zerschellt».[23]

Nachdem am 2. Februar 1943 Stalingrad gefallen war, notierte Joseph Goebbels sechs Tage später in sein Tagebuch Hitlers Aussage zu der Katastrophe, mit der er sich selbst entlastete: «Die Sowjetmacht, die uns im Osten gegenübertrete, sei in der ganzen Welt ohne Beispiel. Man müsse schon auf weite geschichtliche Vorgänge zurückgreifen, um sie überhaupt zu charakterisieren, etwa auf die Vorstöße von Dschingis Khan oder Attila.»[24] Geschichte bot Hitler auch ein Mittel, die Deutschen zum bedingungslosen Kampf aufzufordern. In der Rede, die er am 21. März 1943 zum «Heldengedenktag» hielt, verriet er eine Ahnung von dem, was auf Deutschland zukommen könne: Es wären weniger die verbrannten Städte als «die bestialisch niedergemetzelten Menschenmassen, die dieser innerasiatischen Flut genauso zum Opfer fallen würden, wie es in der Zeit der Hunnen- und Mongolenstürme einst schon der Fall war».[25]

Am 25. Februar 1945 – die Rote Armee hatte bereits die Oder überschritten und stieß auf Berlin vor – erließ Hitler noch eine «Proklamation zum 25. Parteigründungstag» an die «Nationalsozialisten, Parteigenossen und Parteigenossinnen». Jenseits jeglicher Wirklichkeit schwadronierte er: «Nicht in einer Völkerbundsversammlung, sondern in der Schlacht auf den katalaunischen Gefilden ist Etzels Macht gebrochen worden, und nicht in einer Genfer Schwatzbude oder durch irgendeine andere Konvention wird der asiatische Bolschewismus zurückgeschlagen, sondern ausschließlich durch den Siegeswillen unseres Widerstandes und durch die Kraft unserer Waffen.»[26]

Millionen Deutsche hatten inzwischen im Osten Schrecken erlebt, die alles übertrafen, was sie über die Hunnen erfahren hatten. Hatte die nationalsozialistische Propaganda nicht Recht gehabt? Und wenn Scharen von Flüchtlingen sahen, dass die Rote Armee nicht nur mit

Panzern vorrückte, sondern auch mit Kosaken auf Panjewagen, schienen ihnen Attilas Horden wiedergekehrt zu sein. Auf der anderen Seite hatten die deutsche Wehrmacht und vor allem die SS in den besetzten Gebieten alles Erdenkliche getan, um dem alten Vorwurf, die Deutschen seien die Hunnen, neue Nahrung zu geben.

Stalin und die sowjetische Führung wussten sehr wohl, mit wem die Russen in der deutschen Propaganda während des Kriegs immer wieder verglichen wurden. Attila und die Hunnen waren daher nach 1945 in der Sowjetunion und bei ihren ‹Brudervölkern› verpönt.[27]

Eine Ausnahme machte ein Land, in dem der Vorname Attila nach wie vor beliebt war: Ungarn. Mancher pflegte den Mythos von der hunnischen Abstammung der Ungarn weiter. Der Mythos kann allerdings selbst unter Ungarn zum Vorwurf werden. Am 11. Juni 2011 erschien in der *Literarischen Welt*, der Samstagsbeilage der Tageszeitung *Die Welt*, ein groß aufgemachter Leitartikel der ungarischen Journalistin Krisztina Koenen mit der Überschrift «Zurück zu den Hunnen». Er war eine scharfe Abrechnung mit der ungarischen Regierung: Sie verabschiede sich, wie der Untertitel kritisierte, «von den Ideen der Aufklärung». Der Artikel rief ein heftiges Für und Wider hervor.

Die «Heilige Hunnische Kirche» in Ungarn will nicht zurück zu den Hunnen, ihre Mitglieder halten sich für Hunnen. Unter ihrem selbsternannten Priester und ‹Boten› kämpft sie im Ungarischen Parlament für einen Status als anerkannte Minderheit und will die «Europäische Konvention für den Schutz von Minderheiten» in Anspruch nehmen. Attila ist für sie der «große Schamane», und Jesus hat sie allen Ernstes zum «Halbhunnen» erklärt.

In Deutschland pflegen sich mittlerweile manche Hooligans vor Fußballspielen als Hunnen zu begrüßen.

Allen historischen, politischen oder gar pseudoreligiösen Vereinnahmungen des Hunnennamens brach rheinischer Frohsinn die Spitze ab. Im Jahr 1958 gründete ein ‹Attila› in Köln die «I. Kölner Hunnenhorde», angeregt durch den Film *Attila der Hunnenkönig* mit Jack Palance. Sein Beispiel machte in Köln und Umgebung Schule. Mehrere Hunnenhorden kamen hinzu, darunter 1982 «Etzels Hunnenhorde».[28] Höhepunkte des hunnischen Vereinslebens sind alljährlich der Kölner Karneval und die «Hunnenlager» in den Sommerferien, wenn die modernen Hunnen mit ihren Familien ins Grüne ziehen. Ihr bevorzugtes Transportmittel ist allerdings nicht mehr der hunnische Planwagen, sondern das Auto. In Phantasiekostümen verbringen sie unbeschwerte «Hunnentage», zu denen sie die Öffentlichkeit einladen.

Den Bonner Althistoriker freut's, dass sein wissenschaftliches Thema bei Grillwürstchen und Kölsch fröhliche Urständ feiert.

II

Sturm über Europa

«Die Hunnen stürzten sich auf die Alanen, die Alanen auf die Goten, die Goten auf die Taifalen und Sarmaten, und die Vertreibung der Goten machte auch uns auf dem Balkan zu Heimatvertriebenen.»

Es war im Jahr 390 n. Chr., als Bischof Ambrosius von Mailand diese Kettenreaktion beschrieb. Ausgelöst hatten sie etwa zwei Jahrzehnte zuvor die Hunnen im Osten, jenseits des Römischen Reiches. Aber bald darauf schwappte die Völkerlawine über die Donau in die römischen Provinzen auf dem Balkan. Auf diesen Ansturm kam Ambrosius in seinem Kommentar zum Lukasevangelium zu sprechen, als er die Schrecken behandelte, die Jesus als Zeichen für das Ende der Zeiten angekündigt hatte.[1]

Für den Bischof gab es keinen Zweifel: Mit dem Vordringen der Hunnen in den siebziger Jahren des 4. Jahrhunderts begann sich Jesu Prophezeiung zu erfüllen. Daher eröffnete er in seinem Kommentar den knappen historischen Rückblick mit der Prognose: «Wir, die das Ende der Welt ereilt hat, sind Zeugen für die himmlischen Worte. Denn welche gewaltigen *Kämpfe und welche Nachrichten von Kämpfen* haben wir vernommen! Ambrosius dachte vor allem an die Schlacht von Adrianopel am 9. August 378. Sie endete mit einer der schlimmsten Niederlagen, die Rom in seiner fast zwölfhundertjährigen Geschichte erlebte und die Kaiser Valens mit seinem Leben bezahlen musste. Goten hatten sich mit Hunnen und Alanen gegen die Römer verbündet. Der Kirchenhistoriker Rufinus, der um das Jahr 400 schrieb, sah in der Niederlage von Adrianopel «den Anfang des Verhängnisses für das Römische Reich – damals und in der Folgezeit».[2] Für Ambrosius verrieten die Goten schon durch den Klang ihres

Namens, dass sie das Volk jenes Gog waren, den der Prophet Ezechiel im Alten Testament zu Beginn des 6. Jahrhunderts angekündigt hatte: «Du wirst aus deiner Heimat im äußersten Norden kommen und viele Völker mit dir, die alle auf Pferden sitzen, eine riesengroße Schar und mächtige Masse.»[3]

Der Kirchenvater Hieronymus schilderte um 396 genauer die Leiden, die der Völkersturm über die Zivilbevölkerung, Christen wie Nichtchristen, brachte. Zahlreiche Schreckensmeldungen hatten ihn in seiner Gelehrtenstube in Bethlehem erreicht und aufgewühlt: «Es sind nun zwanzig und etwas mehr Jahre, dass zwischen Konstantinopel und den Julischen Alpen römisches Blut vergossen wird. Skythien, Thrakien, Makedonien, Thessalien, Dardanien, Dakien, Epirus, Dalmatien sowie alle Teile Pannoniens verwüsten, entvölkern und plündern der Gote, der Sarmate, der Quade und der Alane, die Hunnen, die Vandalen und die Markomannen. Mit wie vielen Ehegattinnen und gottgeweihten Frauen, freigeborenen und adligen Personen haben diese Untiere ihren Spott getrieben! Bischöfe wurden gefangen, Priester und Kleriker der verschiedenen Ränge getötet, Kirchen wurden zerstört, Altäre Christi zu Pferdeställen gemacht und Gebeine der Märtyrer ausgegraben. Überall Trauer, überall Seufzen, und weit und breit ein Bild des Todes.» Hieronymus' Fazit war dasselbe wie das des Ambrosius und Rufinus: «Der römische Erdkreis stürzt zusammen.» In einem späteren Brief flehte Hieronymus: «Möge Jesus solche Riesenbestien vom römischen Erdkreis fernhalten.»[4]

Roms Untergang fürchtete der nichtchristliche griechische Historiker Eunapius nicht, als er um das Jahr 380 die Erstauflage seines nur fragmentarisch erhaltenen Geschichtswerks herausbrachte. In seiner Darstellung des 3. und 4. Jahrhunderts hatte er oft genug von fremden Völkern berichtet, die in das Römische Reich eingedrungen waren und ihm großen Schaden zugefügt hatten. Doch nie war es ihnen gelungen, Rom an den Rand des Abgrunds zu bringen. Als der Historiker dann auf die Hunnen zu sprechen kam, verwies er auf einen neuen Aspekt: «Sie überrannten ganz Europa.»[5] In den siebziger Jahren des 4. Jahrhunderts stieß Asien mit Europa zusammen, und die Ersten, die den Stoß zu spüren bekamen, waren die Goten. Sie siedelten noch nicht im Römischen Reich, wohl aber auf europäischem Boden.

Etwa fünfzehn Jahre später, um 395, schloss der Historiker Ammianus Marcellinus sein lateinisches Geschichtswerk ab, dessen einunddreißigstes und letztes Buch mit dem Erscheinen der Hunnen im Jahr 375 begann und mit dem Jahr 378 endete, mit der Schlacht von Adrianopel und deren unmittelbaren Folgen. Nicht zum ersten Mal betonte er im Verlauf des Buches sein Bemühen, die Ereignisse wahrheitsgetreu darzustellen. Er müsse sich allerdings auf die großen Ereignisse und ihre Ergebnisse beschränken und viele Einzelheiten übergehen. Keiner wolle daher von ihm die genaue Zahl der Toten verlangen, die zu erfahren ihm unmöglich gewesen sei.[6] Ammianus' Entschuldigung besagte besser als irgendwelche nicht zu überprüfenden Angaben, dass in den vier Jahren von 375 bis 378 unzählige Menschen ihr Leben verloren hatten. Er selbst hatte das Entsetzen der Zeitgenossen wahrgenommen, unter ihnen viele Christen, die überzeugt waren, das Ende der Welt sei gekommen. Der Historiker wollte die gegenwärtigen Schrecken nicht verkleinern. Aber sie mussten in einen größeren Zusammenhang eingeordnet werden: «Leute, die von der Vergangenheit keine Ahnung haben, behaupten, noch nie habe sich der Staat in der Finsternis eines so großen Elends befunden. Aber sie täuschen sich, weil sie voller Erschütterung nur auf das jüngste Elend starren. Wenn man nämlich die vorvergangenen und die jüngeren Epochen durchmustert, so machen sie deutlich, dass solch traurige Umwälzungen oft vorgekommen sind.»[7] Dann zitierte der Historiker den Einfall der Kimbern und Teutonen, denen die Römer zunächst in blutigen Schlachten unterlagen, die aber schließlich in den Jahren 102 und 101 v. Chr. vernichtet wurden. Auch Kaiser Marc Aurel musste viele Jahre, von 168 bis zu seinem Tod 180, an der Donau Krieg führen, bis die feindlichen Stämme, die gewagt hatten, das Römische Reich anzugreifen, niedergerungen waren.[8] Wie Eunapius wollte Ammianus Marcellinus seinen Lesern eine tröstliche Botschaft übermitteln: Auch die Hunnen und die Stämme, die sie vor sich hergetrieben haben, werden Rom, «das leben wird, solange es Menschen gibt», nicht in die Knie zwingen, geschweige denn sein Reich zerstören.[9]

Eunapius musste zugeben, dass ihm niemand etwas Genaues über die Herkunft und die früheren Wohnsitze der Hunnen mitteilen konnte. Kein Wunder, dass sich die Sage sehr bald der Deutung bemächtigte, wer diese Hunnen waren, von denen man bisher so gut wie nie etwas gehört hatte. Wie kam es, dass sie plötzlich aus der Steppe im Osten auftauchten, über die Goten herfielen und einen Sturm auslösten, der Europa verheerte? Eine schlichte Erklärung lautete: Die Goten saßen im Westen, die Hunnen im Osten des Maeotissees, des Asowschen Meeres, und beide glaubten, an ihrem Ufer des Sees ende die bewohnte Welt.

Ein Zufall belehrte die Hunnen eines Besseren: Eines Tages wurde die Kuh eines hunnischen Hirten von einer Bremse gestochen. Sie stürmte durch das offensichtlich gar nicht so tiefe Sumpfgebiet des Maeotissees auf die Gegenseite. Der Hirte folgte ihr und entdeckte, dass es jenseits des Wassers noch ein Land gab.[10]

Griechen werden bei der Vorstellung geschmunzelt haben, es hätte östlich und westlich des Asowschen Meeres Völker gegeben, die bis in die jüngste Zeit nie voneinander erfahren hatten. Denn seit fast einem Jahrtausend lebten im nordpontischen Raum Griechen und Barbaren, Städte und Stämme nebeneinander und pflegten politische, wirtschaftliche und kulturelle Beziehungen. Die Erzählung war der ehrwürdigen Sage von der schönen Io nachempfunden, in die sich der Göttervater Zeus verliebte. Dessen eifersüchtige Gemahlin Hera rächte sich und verwandelte die Geliebte in eine Kuh, die von einer Bremse gestochen wurde. In wahnsinniger Raserei durchschwamm das Tier den Kimmerischen Bosporus, die Straße von Kertsch, die das Asowsche Meer mit dem Schwarzen Meer verbindet. Die Sage, die der Tragödiendichter Aischylus in seinem *Gefesselten Prometheus* 458 v. Chr. erstmals auf die Bühne brachte, knüpfte an die Volksetymologie von Bos-poros = Kuh-Furt an.[11]

Eine zweite Sage, die in den Hunnen eher Jäger als Viehzüchter sah, verwandelte die Kuh in einen Hirsch. Hirsche waren in der Steppe verbreitet.[12] Daher waren sie eine häufige Jagdbeute sowie ein beliebtes Motiv in der Kunst der Steppenvölker: Hunnen gingen einmal am Maeotissee zur Jagd, als ihnen ein Hirsch erschien, der das Sumpfgebiet betrat und bald stehen blieb, bald weiterging. Die Jäger folgten dem Tier, das sie so auf einem Weg, der bisher unter der Wasseroberfläche verborgen lag, ans andere Ufer führte. Dort stießen sie auf das fruchtbare Land der Goten mit seinem milden Klima. Nach ihrer Rückkehr berichteten sie ihren Stammesgenossen, was sie erlebt hatten. Nun nahm erst ein kleiner Trupp den Kampf mit den jenseitigen Goten auf. Dann kam der ganze Stamm, besiegte die Goten und besetzte ihr Land. Die Überlieferung der Geschichte ging auf den Historiker Priscus zurück, der sie möglicherweise am Hof Attilas gehört hatte. Mehrere Schriftsteller übernahmen sie von ihm mit leichten Varianten, sodass sie später sehr verbreitet war, wie der Historiker Agathias bemerkte.[13] Zur Verbreitung trug das in Sagen, Märchen und Heiligenlegenden beliebte Thema von dem Tier bei, das plötzlich erscheint und Menschen den Weg zeigt.[14] Oft schickt ein Gott das Tier, und auch die hunnischen Jäger sahen in dem Hirsch ein göttliches Zeichen.[15] Zur griechischen Rezeption der Sage mochte die Nachricht beigetragen haben, ein alter Name für Hunnen sei «Nebroi», was Griechen leicht mit *nébros* = Hirschkalb in Verbindung brachten.[16]

Für den Goten Jordanes, den Verfasser einer Gotengeschichte, hatte das Erscheinen des Hirschs, der seinem Volk zum Verhängnis wurde, ein gotisches Vorspiel. Es sollte die Abstammung der wilden Hunnen und ihr furchterregendes Aussehen erklären und verriet dadurch, dass ihre Gegner sich diese Geschichte erzählten: Nachdem die Goten auf ihrer Wanderung von Skandinavien nach Süden das Schwarze Meer erreicht hatten, entdeckte ihr fünfter König Filimer, dass in seinem Volk einige Frauen Hexen waren, gotisch *haliurunnae* genannt. Bevor sie Schaden anrichten konnten, jagte der König sie weit weg in einsame Gegenden. Dort streiften sie umher und begegneten unreinen Geistern. Die Frauen hatten Geschlechtsverkehr mit ihnen und gebaren hässliche kleine Nachkommen, die kaum Menschen ähnelten. Sie bedienten sich einer unbekannten Sprache, die nur entfernt an menschliche Laute erinnerte. Diese Geschöpfe wurden die Stammväter der Hunnen, die zunächst völlig abgeschieden im Sumpfgebiet des Maeotissees lebten. Jordanes war der Meinung, die bösen Geister hätten aus Hass auf sein Volk den Hirsch zu den Hunnen geschickt. Auch der Historiker Procopius vermutete, ein Dämon habe den Goten schaden wollen.[17]

Nicht in der Sage, sondern im hellen Licht der Geschichte spielte noch einmal eine Kuh eine Rolle. Sie zeigte den Hunnen nicht mehr neues Land, sondern deutete König Attilas Weltherrschaft an. Zeugen waren römische Gesandte, die sich gerade an seinem Hof befanden: Die früheren Hunnenkönige verehrten ein Schwert, das dem Kriegsgott Ares geweiht war. Es galt ihnen als «Wächter über die Feinde». Lange Zeit war es verschwunden, kam aber auf wunderbare Weise wieder zum Vorschein: Ein Hirte bemerkte, wie eines der Jungtiere in seiner Herde hinkte und eine Blutspur hinter sich herzog. Er ging der Spur nach und entdeckte die Ursache, ein Schwert, auf das die Kuh beim Grasen getreten war. Sofort brachte er seinen Fund zu Attila. Der erkannte, dass ihm mit dem Schwert die militärische Macht verliehen wurde, die ihn zum Herrscher über die ganze Welt machen würde.[18] Man hätte eher den Bogen statt eines Schwerts als Gegenstand kultischer Verehrung vermutet. Wollten die hunnischen Könige den Alanen, ihren alten Gegnern, Konkurrenz machen, bei denen das Schwert als Verkörperung des Kriegsgottes verehrt wurde?[19]

Nach alter Auffassung pflegten sich Katastrophen wie die Niederlage von Adrianopel durch Vorzeichen anzukündigen, genauer: durch Ereignisse, denen die miterlebenden Zeitgenossen – meistens erst im Nachhinein – eine ominöse Bedeutung beilegten. Zu den beiden obigen nachträglichen Sagen kamen nach der Katastrophe von Adrianopel 378 die nachträglichen Voraussagen. Ammianus Marcellinus eröffnete sein einunddreißigstes und letztes Buch mit einer Reihe schlimmer Vorzeichen, bevor er ausführlich auf die Hunnen einging: Man hörte Wölfe heulen; Nachtvögel stießen Klagelaute aus; die Morgensonne verdüsterte sich; bei Aufständen im syrischen Antiochia rief die Volksmenge, Kaiser Valens solle bei lebendigem Leibe verbrennen; die Geister derer, die er hatte hinrichten lassen, stimmten nachts grässliche Totengesänge an und versetzten die Menschen in Angst und Schrecken; eine junge Kuh, die mit durchschnittener Kehle auf dem Boden lag, kündigte eine blutige Zukunft an; schließlich entdeckte man in Chalkedon beim Abriss einer alten Mauer, deren Steine man für ein Bad in der gegenüberliegenden Kaiserstadt Konstantinopel verwenden wollte, einen Quaderstein, auf dem eine Inschrift eben jene kommende Invasion prophezeite: Lanzenkundige Krieger werden die Donau überqueren, das Land verwüsten und Tod und Elend verbreiten.

Nach diesen düsteren Ankündigungen wandte sich Ammianus Marcellinus den Hunnen zu: Sie waren «die Saat des ganzen Elends und der Ursprung verschiedener Katastrophen, die die Kriegsfurie durch eine noch nie dagewesene, alles durcheinanderwirbelnde Feuersbrunst hervorrief».[20] Falls die Sagengeschichten über die vordringenden Hunnen in den Jahren nach 390, als Ammianus sein Geschichtswerk abschloss, schon im Umlauf waren, zeigte er durch sein Schweigen, was er von ihrem Wahrheitsgehalt hielt. Vorzeichen dagegen kamen für ihn, den nichtchristlichen Historiker, wie für die meisten heidnischen Zeitgenossen, von den Göttern.[21] Immer wieder hatte er daher in den früheren Büchern Omina erwähnt.[22]

Auch Christen waren überzeugt, dass ihr Gott sie durch Vorzeichen auf die schlimme Zeit des Hunneneinfalls vorbereitete. Hatte doch Jesus selbst «große Erdbeben, Seuchen, Hungersnöte und furchterregende große Zeichen vom Himmel» prophezeit.[23] Der Kirchenhistoriker Philostorgius blickte um das Jahr 430 schaudernd auf die Katastrophen zurück, die er zu berichten hatte. Die Hunnen hatten daran den größten Anteil, weil sie «ein Morden veranstalteten, wie es noch nie von Historikern überliefert worden war». Zunächst «fielen sie gemeinsam ins Römische Reich ein, und nachdem sie ganz Thrakien durchzogen hatten, plünderten sie das gesamte Europa aus».[24] Die Gräueltaten wurden von Himmelszeichen und Naturkatastrophen angekündigt oder begleitet. Deren Katalog eröffnete Philostorgius mit einem Kometen, der im Jahr 400 erschienen war; galten doch Kometen seit je als Unglücksboten. Schon im Jahr 389 war ein riesiger Komet erschienen, zu dem ein Sternenschwarm hinzukam, sodass sich am Himmel ein riesiges Schwert bildete, das 40 Tage lang zu sehen war.[25] Auch der spätere Komet hatte die Form eines Schwerts, das darauf verwies, «dass zu meiner Zeit so viele Menschen ihr Leben verloren, wie das noch keine Epoche erlebt hatte, und eben das kündigte der schwertartige Himmelskörper an. Es ging nämlich nicht nur wie in früheren Kriegen das Kriegsvolk zugrunde, sondern ganze Völker wurden vernichtet, ganz Europa versank im Unglück, nicht wenige Gebiete Asiens wurden mitzerstört, ferner ein Großteil Africas, soweit es der römischen Herrschaft unterstand. Denn das Schwert der Barbaren schuf massenhaft Verderben. Dazu kamen Hungersnöte, Seuchen sowie Scharen von wilden Tieren. Verheerende Erdbeben, die Städte und Häuser von Grund auf zerstörten, trugen mit zum unausweichlichen Verderben bei. An manchen Orten taten sich unter den Bewohnern Erdspalten auf und wurden zum plötzlichen Grab. Überschwemmungen durch Wolkenbrüche und anderswo Dürren durch Hitzewellen und dann wieder Orkanböen verursachten unterschiedliches und unerträgliches Leid. Ja, Hagelkörner prasselten vielerorts herab, die größer als Kieselsteine waren. Denn man hob sie auf und entdeckte, dass sie bis zu acht Normalpfund wogen. Denjenigen, die nicht schon ein anderer Schicksalsschlag hinweggerafft hatte, raubten Schneemassen und ungewöhnlich strenger Frost das Leben und verkündeten zweifellos göttlichen Zorn.» Philostorgius schloss: «Davon im Einzelnen zu berichten dürfte alles menschliche Vermögen übersteigen.»[26]

Umso mehr überraschen andere christliche Autoren. Sie führten die Hunnen als jüngsten und eindrucksvollsten Beweis für die unwiderstehliche Anziehungskraft des Christentums ins Feld. Der Kirchenvater Hieronymus, der sich 396 noch über ihr mörderisches Wüten entsetzt hatte, schrieb vier Jahre später, als er historische Beispiele für ungeahnte Konversionen aufzählte: «Die Hunnen lernen den Psalter.»[27] Noch einen Schritt weiter von der Wirklichkeit entfernt waren zur selben Zeit die Verse des christlichen Dichters Prudentius, der in Spanien weitab von den Geschehnissen war: «Die blutige Wildheit des Hunnen mischt dürstend in ihren vom Blut gesäuberten Becher reine Milch und kostet den heiligen Trank von Christi Blut.»[28] Der Hunne, den Prudentius nach einem von Herodot beschriebenen Steppenvolk «Gelone» nannte, lernte also nicht nur wie bei Hieronymus den Psalter, sondern empfing als getaufter Christ die Eucharistie. Im Kreis der weltweit bekehrten Barbarenvölker, über den der Dichter jubelte und von dem er nur die Juden ausschloss, durften die Hunnen nicht fehlen.[29] Sollten die Aussagen des Kirchenvaters und des Dichters ein Körnchen Wahrheit enthalten, so waren es im besten Fall einzelne Missionare, die zu den Hunnen vordrangen und mit Hilfe von Dolmetschern ihre Lehre verkündeten. Mehr als Kopfschütteln ernteten sie nicht. Sie durften froh sein, wenn sie mit heiler Haut zurückkehren und in der Heimat von ihren Abenteuern berichten konnten.

III

Wer waren die Hunnen?

Wie vor ihm Eunapius, Ammianus Marcellinus und Hieronymus machte sich Philostorgius Gedanken über den Ursprung der Hunnen – jenseits von Sagen und Legenden. Auch spätere Historiker beschäftigte die Frage, so Procopius und Cassiodorus, dessen verlorene Gotengeschichte Jordanes benutzte. Merkwürdigerweise kamen selbst die Nachfolger nach mehr als einem Jahrhundert nicht viel weiter als ihre Vorgänger, oder sie begnügten sich mit deren Angaben. Aber in einem Punkt waren sich alle einig: Die Hunnen waren deswegen so wüst und grausam, weil sie aus dem hohen Norden kamen. Ihre Urheimat befand sich am Rand oder in der Nähe des Eismeers, das nach antiker Auffassung Teil des Ozeans war, der den Erdkreis umschloss.[1] Noch für den gallischen Dichter Sidonius Apollinaris im 5. nachchristlichen Jahrhundert war es der Norden, nicht der Osten, der im Jahr 451 Attilas Barbarenhorden über Gallien ergoss.[2]

Der griechische Universalgelehrte Poseidonius hatte im 1. vorchristlichen Jahrhundert eine Theorie weiterentwickelt, die seit dem 5. Jahrhundert einen Zusammenhang zwischen Klima und Volkscharakter sah: Im kalten Norden sorgen das geringere Sonnenlicht und der Frost, der den Körper zusammenzieht, für ein Übermaß an Blut und führen so zu größerer Tapferkeit. Gleichzeitig verlangsamt die Kälte das Denken. Daher sind Nordländer ohne Rücksicht auf sich selbst immer zu wilden, unüberlegten Kämpfen bereit.[3] Verschiedene Autoren der römischen Kaiserzeit übernahmen diese Theorie.[4] Von den «nordischen Barbaren» sprach in der ersten Hälfte des 5. Jahrhunderts der griechische Kirchenlehrer Theodoretus von Kyrrhos.[5] Hatten Griechen und Römer, die glücklichen Bewohner einer gemäßigteren Zone, bisher in den wilden Galliern und Germanen im Norden den Beweis dafür gesehen, dass das Klima den Charakter eines Volkes prägt, so waren nun die Hunnen das jüngste und nächstliegende Beispiel. Ebenso ausgeprägt oder noch schlimmer war deren Lust, Raubzüge zu unternehmen und die Bewohner des Südens auszuplündern, die die Natur besser bedacht und denen sie die Möglichkeit gegeben hatte, ein angenehmeres Leben zu führen. Sich an ihrem Reichtum zu bedienen war nichts anderes als ausgleichende Gerechtigkeit, die selbst die schlimmsten Grausamkeiten rechtfertigte.

Als der Historiker Herodot im 5. vorchristlichen Jahrhundert ausführlich die Skythen oberhalb des Schwarzen Meeres und des Maeotissees beschrieb, bedauerte er vorweg, er habe niemanden getroffen, der ihm aus eigener Anschauung Genaues über die weiter nördlich liegenden Gebiete sagen konnte.[6] Der Historiker Ephorus im 4. Jahrhundert und der Geograph Strabo im 1. Jahrhundert waren noch nicht viel klüger geworden und mussten sich ihr Nichtwissen eingestehen. Als Strabo den in den Maeotissee fließenden Tanaïs, den heutigen Don, erwähnte, die Grenze zwischen Asien und Europa, nannte er zwei Gründe, warum vom Gebiet jenseits seines breiten Mündungsgebiets kaum etwas bekannt war: die Kälte und die Armut des Landes. Dort lebten nur Nomaden, die sich ausschließlich von Fleisch und Milch ernährten.[7] Milch galt seit Homer im 8. Jahrhundert als Hauptgetränk der Nomaden, die daher von den Weintrinkern im Süden gern als Milchtrinker belächelt wurden, die Reiternomaden dazu als Pferdemelker.[8] Später bemerkte Strabo einmal, dass zumindest jenseits des Kaukasus die geographischen Kenntnisse dank der Römer und Parther besser geworden seien.[9] Noch weiter ging dann der römische Senator Symmachus im Jahr 369: In einer Rede auf Valentinian I. schwärmte er in panegyrischer Manier, der Kaiser werde die römische Grenze am Schwarzen Meer in die frostigen skythischen Stammesgebiete und zum eisigen Don vorschieben, und er werde auf den Flüssen die fliehenden Einwohner verfolgen.[10] Noch niemand kannte damals die Hunnen oder ahnte, dass sich in wenigen Jahren für Rom die Lage am Schwarzen Meer grundlegend ändern werde.

Der griechische Dichter und Geograph Dionysius verfasste im

Jahr 124 eine Erdbeschreibung in Hexametern und siedelte die Hunnen zwischen Eismeer und Kaspischem Meer an.[11] Der griechische Geograph Claudius Ptolemaeus erwähnte in der 2. Hälfte des 2. Jahrhunderts das Volk der Chunoi zwischen den Bastarnern am Unterlauf der Donau und den Roxolanen am Westufer des Schwarzen Meeres.[12] Beide Autoren wurden des Öfteren als die frühesten Zeugen für den Hunnennamen in der antiken Literatur angesehen. Doch Dionysius ist eine unsichere Quelle, weil die handschriftliche Überlieferung mehrere abweichende Namensformen bietet.[13] Genauso fraglich ist, ob die «Chunoi» des Ptolemaeus, die in einer recht vertrauten Region lebten, irgendwie mit den Hunnen zusammenhingen, die um 370 plötzlich aus der Steppe im Norden auftauchten. Nachdem man in späteren Jahren die Eindringlinge zur Genüge kennengelernt hatte, lag es nahe, aus der Namensform «Chunoi», die häufig für sie benutzt wurde, auf eine ethnische Verwandtschaft zwischen den asiatischen und den europäischen Trägern dieses Namens zu schließen. Das tat mit einer gewissen Vorsicht der Geograph Marcianus aus Herakleia zu Beginn des 5. Jahrhunderts. Er benutzte Ptolemaeus und sprach, ihn ergänzend, von den «sogenannten Chunoi in Europa».[14]

Ammianus Marcellinus bemerkte einmal, darin Herodot und Strabo folgend, dass jenseits der bekannten Völkerschaften um den Maeotissee, den er wie üblich mit dem Eismeer verband, unbekannte Stämme wohnten, «weil sie von allen die ärmsten sind».[15] Der Historiker knüpfte an die Klimatheorie der griechischen Philosophen und ihre Folgerungen für die Nordvölker an, als er später seinen Exkurs über die Hunnen mit der Angabe eröffnete: «Das Volk der Hunnen, das der älteren Überlieferung nur vage bekannt ist, lebt jenseits der Maeotischen Sümpfe am Rand des Eismeers und übertrifft jegliche Art von Wildheit.»[16] Wer mit dem Historiker Thukydides ein großes geschichtliches Ereignis nach vordergründigem Anlass und tieferer Ursache, nach *aitía* und *próphasis*, analysierte, der hatte hier die *próphasis* für den Europa erschütternden Hunnensturm: Es war die Kälte, die die Menschen zu äußerster Wildheit trieb, sowie die Armut, die eine Folge der Kälte war.[17]

Als im Römischen Reich die ersten Nachrichten über die Hunnen eintrafen, verbreitete sich die Meinung, es seien Skythen, die nach Herodot nördlich des Schwarzen Meeres und des Maeotissees zwischen Tanaïs und Borysthenes, heute Don und Dnjepr, siedelten. Am ehesten gehörten sie zu den Nomadenskythen, einem der vier skythischen Stämme, die der Historiker unterschieden hatte.[18] Eunapius, der sich vergeblich bemühte, für die Erstauflage seines Geschichtswerks eine zuverlässige Auskunft über die Hunnen zu erhalten, erwog, ob es sich bei ihnen um die «Königsskythen» handelte, die bei Herodot östlich von den «Nomadenskythen» wohnten.[19] Der Skythenname blieb an den Hunnen hängen. Auch Hieronymus sah in ihnen Skythen, und Priscus, der Besucher an Attilas Hof, wechselte zwischen beiden Namen.[20] Das stiftete bisweilen Verwirrung, weil «Skythen» auch eine gängige Bezeichnung für die Goten war. Ihr Siedlungsgebiet am Schwarzen Meer war für den römischen Dichter Ovid, der dort in der Verbannung leben musste, die «Skythenwelt», der *Scythicus orbis*.[21] Schon vorher war das Ethnikon «Skythen» zu einem generellen Begriff für Nomaden geworden. Der Kirchenschriftsteller Andreas von Caesarea verfasste im ersten Drittel des 6. Jahrhunderts einen Kommentar zur *Geheimen Offenbarung* des Neuen Testaments, wo von den endzeitlichen Völkern Gog und Magog die Rede war. Nicht nur Ambrosius, sondern auch andere christliche Autoren hatten in den Siegern von Adrianopel das Volk der Gog gesehen, das der Prophet Ezechiel angekündigt hatte. Der Verfasser der *Geheimen Offenbarung* schloss an den Propheten an: Am Ende eines ersten tausendjährigen christlichen Reiches wird Satan seinen Kerker öffnen und die Völker Gog und Magog zum Kampf herausführen, «deren Zahl wie der Sand am Meer ist». Dazu bemerkte der Kommentator Andreas: «Einige halten Gog und Magog für die skythischen Stämme aus dem Norden, die wir Hunnen nennen, und die, wie wir sehen, an Zahl und kriegerischer Tüchtigkeit jedem Reich auf Erden überlegen sind.»[22]

Die Massageten waren ein anderes Steppenvolk, das einst östlich des Kaspischen Meeres gelebt hatte. Im 6. Jahrhundert v. Chr. bemühten sich die Perser, sie in ihr Reich einzugliedern, was für Herodot der Anlass war, ihnen eine ausführliche Darstellung zu widmen.[23] Zum letzten Mal kämpfte Alexander der Große gegen sie. Aber wie bei den

Skythen, wenn auch nicht so verbreitet, lebte ihr Volksname als Gattungsname für Steppenbewohner aus dem Norden fort und führte bisweilen dazu, eine biologische Verwandtschaft zu konstruieren. So sollen die Alanen Abkömmlinge der Massageten gewesen sein, während der Historiker Procopius, der einige Male von «Massageten» sprach, mit ihnen die Hunnen meinte.[24]

Eunapius war mit seiner vorschnellen Zuordnung der Hunnen zu den Skythen nicht zufrieden. Die Königskythen lebten schließlich in einem Landstrich, der gut bekannt war. Auch waren ihm in der Zwischenzeit Hunnen begegnet, die ein mongolisches Aussehen hatten. Für Eunapius' Zweitauflage half erneut Herodot weiter: Jenseits der von Skythen bewohnten Ebene – dem Westteil der kasachischen Steppe – kommt man nach einer langen Wanderung durch steiniges und raues Land zu einem Volk, das am Fuß eines hohen Gebirges lebt. In diesem Volk sind Männer und Frauen von Geburt an kahlköpfig, haben platte Nasen und ein breites Kinn. Sie sprechen eine eigene Sprache, kleiden sich jedoch wie die Skythen.[25] Der Historiker beschrieb offensichtlich Menschen von mongolischer Rasse, deren geringe Bart- und Körperbehaarung zu Kahlköpfigkeit verballhornt wurde. Dementsprechend hat man das hohe Gebirge mit dem Ural oder dem Altai identifiziert.[26] Für den Altai spricht dessen langes steiniges und raues Vorfeld: Es ist die Kasachische Schwelle, die sich etwa 1000 Kilometer hinzieht und deren Südteil eine Halbwüste ist. Etwas ratlos nannte Eunapius noch eine dritte allgemeine Möglichkeit: Die Hunnen waren ein Volk, das aus Asien über den Kimmerischen Bosporus nach Europa kam. Eunapius' Angaben in seinem verlorenen Geschichtswerk muss man dessen späterem Benutzer Zosimus entnehmen, der allerdings die erste und zweite Auflage seines Vorgängers ziemlich flüchtig zusammengezogen hat.[27]

Der Kirchenschriftsteller Orosius folgte im Jahr 417 einer Überlieferung, die die Heimat der Hunnen noch weiter nach Norden verlegte bis in das Quellgebiet des Flusses Ottorogorra und zu der gleichnamigen Stadt.[28] Dem Geographen Ptolemaeus zufolge lag dieses Gebiet am Südende des Emodischen und Serischen Gebirges, des Himalaja.[29] «Von unzugänglichen Bergen eingeschlossen», habe das

Hunnenvolk dort lange gelebt, bis es, «von plötzlicher Raserei getrieben», gegen die Goten losstürmte, so Orosius.[30]

Russischen Archäologen zufolge lebten die Vorfahren der Hunnen jenseits des Baikalsees, wo es um die Zeit von Christi Geburt Siedlungen gab, deren größere fast städtischen Charakter hatten und zum Teil ummauert waren. Hier wohnte eine sesshafte Bevölkerung, die von Viehzucht und Ackerbau lebte und die, nach den Grabbeigaben zu schließen, eine ausgeprägte soziale Gliederung besaß. Um 55 v. Chr. teilte sie sich in einen südlichen Verband, der unter chinesische Herrschaft geriet, und einen nördlichen Verband, der nach Westen zog und aus dem später die Hunnen hervorgingen. Aus dem vergleichsweise einheitlichen archäologischen Befund schlossen die Forscher auf ein homogenes ethnisches Substrat.[31] Nach längerer Wanderung erreichte der nördliche Verband das Altaigebirge und die weiter nördlich gelegene Region um den mittleren Jenisei. Denn dort zeigten sich gegen Ende der jüngeren Eisenzeit, um die Mitte des 4. Jahrhunderts, hunnische Elemente.[32] Sie finden sich dann auch an Dnjepr und Donez sowie an Don und Wolga und bezeugen die anschließende Westwanderung ihrer Träger.[33] Die Sprachwissenschaft kam ebenfalls zu dem Schluss, dass die später so genannten Hunnen aus dem Altai aufgebrochen waren.[34] Falls sie dort als Viehzüchter Transhumanz betrieben hatten, fiel ihnen der Übergang zum Nomadenleben in der Steppe leicht.

Schon antike Autoren erklärten, wie oben erwähnt, die Abwanderung von Völkern aus dem Norden mit dem kalten Klima. Der Dichter und Geograph Dionysius bemerkte dazu: Als Pferde, Maultiere und Schafe wegen des Frosts starben, spannten die Bewohner ihre Wagen an und überließen «ihre Heimat den Winterstürmen, die das Land und die baumbestandenen Berge mit tobender Gewalt heimsuchen».[35] Im Klimawandel hat man verschiedentlich auch die Ursache dafür gesehen, dass die Hunnen nach Westen zogen. Meteorologische, geologische und botanische Untersuchungen haben diese Vermutung inzwischen gesichert.[36] Das kälter werdende Klima führte zu Dürren. Eine solche Dürrezeit ließ sich auf die 40 Jahre zwischen 338 und 377 berechnen, denen jeweils Dürreperioden vorausgingen und

Steppenlandschaft im Altai

folgten.[37] Zu den klimatischen Veränderungen kam der militärische Druck von Stämmen, die aus der Mongolei zum Altai vorstießen.[38] Schließlich sollte man nicht das traditionelle Verlangen kriegerischer Bergbewohner unterschätzen, sich bei den wohlhabenderen Bewohnern der Ebene für die karge heimische Natur zu entschädigen. Die Hunnen, die später für ihre Beutegier berüchtigt waren, nahmen dieses Verlangen aus ihrer Heimat mit.

Die Bewohner des Altai gehörten zu einem größeren Kulturkreis, der Einflüsse aus dem nördlichen China aufgenommen und sich auch mit Menschen mongolischer Herkunft vermischt hatte.[39] Die Mischung berührt die seit 250 Jahren umstrittene Frage, welche Beziehungen zwischen den Hunnen und den Xiongnu (Hsiung-nu) bestanden, mongolischen Reiternomaden, die mehrere Jahrhunderte lang den Norden Chinas bedrohten. Die Meinung, die Hunnen seien ihre Nachkommen oder zumindest mit ihnen verwandt, wird heute von der Mehrzahl der Archäologen und Sprachwissenschaftler abgelehnt.[40] Wohl aber sind die Bezeichnungen «Hunnen» und «Xiongnu» sprachlich identisch. Daraus folgt, dass beide Namensformen ursprünglich keine Ethnika waren. Sie bezeichneten nur die Reiternomaden aus der Steppe. Die Fremdbezeichnung wurde mit der Zeit zu einem Eigennamen, ein Vorgang, der auch in anderen Fällen zu beobachten ist.[41] Der byzantinische Historiker Agathias, der in der zweiten Hälfte des 6. Jahrhunderts lebte, beschrieb diesen Vorgang bei den Hunnen: «Skythen» oder «Hunnen» war die allgemeine Bezeichnung für alle Stämme, die zwischen Don und Himalaya siedelten, während die Einzelstämme ihre traditionellen Eigennamen hatten.[42]

Die nächstliegende Parallele ist der Name der Alanen, die ebenfalls Nomaden der kasachischen Steppe waren. Ammianus Marcellinus machte dazu in einem Exkurs über die Alanen, der an den Hunnenexkurs anschloss, eine aufschlussreiche Bemerkung: «Diese Alanen, die sich auf beide Erdteile verteilten» – also westlich und östlich des Don, der antiken Grenze zwischen Asien und Europa – «und deren verschiedene Völkerschaften hier nicht aufgezählt werden sollen, gingen, obwohl sie durch weite Räume voneinander getrennt waren und als Nomaden riesige Gebiete durchzogen, im Laufe der Zeit zu einer einzigen Bezeichnung über, und alle wurden nun wegen ihrer Sitten und ihrer unzivilisierten Lebensweise, aber auch wegen ihrer Bewaffnung zusammenfassend Alanen genannt.»[43] «Alanen» war also ein Sammelname für verschiedene Völker, die in einer weiten Region aufgrund der gleichen Lebensbedingungen gleiche Lebensweisen entwickelt hatten. Gegner bekamen auch immer die gleichen Waffen und die gleiche Taktik der Reiternomaden zu spüren. Von gleicher Abstammung und gleicher Sprache sagte der Historiker nichts, schloss sie vielmehr durch den Plural «verschiedene Völkerschaften» (*gentes variae*) stillschweigend aus. Mit dem Passiv «sie werden zusammenfassend Alanen genannt» (*cognominantur*) verwies er darauf, dass der Name zunächst eine Fremdbezeichnung war, die sich erst allmählich zu einem umfassenden Eigennamen entwickelte. Sprachliche Parallelen zu «sie gingen zu einer einzige Bezeichnung über» (*ad unum concessere vocabulum*) deuten dieselbe Entwicklung an.[44]

Wie bei den Alanen wurde bei den Hunnen der Übergang von der Fremdbezeichnung zum Eigennamen dadurch erleichtert, dass sie sich vielleicht bereits im Altai, spätestens aber auf der Wanderung nach Westen zu einem polyethnischen Verband entwickelten. Auf 20 bis 25 Prozent hat man den mongolischen Anteil geschätzt.[45] In solchen Verbänden gab es in der Regel einen Primärstamm oder Hegemonialstamm.[46] Die Hunnen, die aus dem Altai kamen und von dort ihre Sprache mitbrachten, waren ein solcher Primär- oder Hegemonialstamm, der zunächst individueller Träger des Hunnennamens war.[47] Sie waren die «königlichen Hunnen» der späteren griechischen Überlieferung, ein Begriff, der sich an den königlichen Skythen Herodots und den königlichen Sarmaten der Geographen Strabo und Ptolemaeus ausrichtete.[48] Zum Hegemonialstamm der königlichen Hunnen wurden sie, als sich ihnen weitere Stämme oder Teilstämme anschlossen oder unterwarfen und sich ebenfalls «Hunnen» nannten, auch wenn sie ihre ursprüngliche Sprache nicht aufgaben. Daher bezeichnete der Historiker Priscus die Hunnen aus eigener Erfahrung als «buntgemischt». Während seines Aufenthalts bei ihnen hörte er neben Hunnisch noch Gotisch und Latein, zu seiner Überraschung sogar einmal Griechisch.[49] Andere Sprachen in dem Völkergemisch, die er nicht kannte, klangen für seine Ohren wie das ihm fremde Hunnisch, weshalb er sie nicht eigens unterscheiden konnte. Denn schon bei ihrer Westwanderung waren die Hunnen auf Stämme mit völlig unterschiedlicher Sprache gestoßen. Wer die Kasachische Schwelle durchquerte, musste sich, etwa wenn er Handel treiben wollte, sieben verschiedener Dolmetscher bedienen.[50] Besuchte er dann im Süden den Kaukasus, stieß er sogar auf 26 verschiedene Sprachen.[51] Aus den Königshunnen mit der ursprünglichen hunnischen Sprache kamen die militärischen Führer, die später im Westen mit wachsender Macht zu Königen wurden.[52]

«Buntgemischt» sind auch die Schlüsse, die die moderne Sprachwissenschaft aus den überlieferten hunnischen Personennamen auf Herkunft und Einordnung der hunnischen Sprache gezogen hat. Stand das Hunnische dem Mongolischen oder dem Alttürkischen, dem Iranischen oder Bulgarischen nahe? Gab es eine wenn schon nicht ethnische, so doch sprachliche Verwandtschaft mit den Xiongnu? Hatten wenigstens in dem polyethnischen Verband, der 375 die Goten angriff, die hunnischen Stammesteile dieselbe Sprache?[53]

Das ethnische Gemisch des Jahres 375 rät zur Vorsicht, die Hunnen mit anderen angeblich hunnischen Stammesverbänden gleichzusetzen, etwa den Hephthaliten in Baktrien und Sogdiane oder den Chioniten, die sich in den Jahren 357–359 mit den Persern gegen die Römer verbündeten.[54] Procopius nannte die Hephthaliten die Weißen Hunnen. Doch wunderte er sich selbst über die Bezeichnung, weil das sesshafte Volk in Lebensweise, Aussehen und politischen Verhältnissen so gar nichts mit den übrigen Hunnen gemeinsam hatte und noch nicht einmal in deren Nachbarschaft wohnte.[55] Am ehesten erklären sich ihre Beinamen als Erinnerung an die Zeit, als sie aus dem Norden kamen und nach längerer Wanderung eine neue Heimat an der Nordgrenze des Perserreichs fanden. Ihr Beiname ist ein weiterer Hinweis auf die ursprüngliche Bedeutung des Appellativums «Hunnen», das man für Nomaden aus dem Norden und Osten gebrauchte.

Der unbekannte Abschreiber des Geographen Dionysius, der Ende des 4. oder im 5. Jahrhundert bei den Stämmen im eisigen Norden die Thynoi gegen die zeitgemäßeren Hunnen austauschte, mag vielleicht das Appellativum «Hunnen» = «wilde Nordmänner» mit dem späteren Ethnikon verschmolzen haben.[56] Dieselbe Doppelbedeutung sah er zuvor bei den von Dionysius genannten Skythen. Denn als der Verfasser im 2. Jahrhundert seine geographische Erdbeschreibung dichtete, waren die historischen Skythen verschwunden. In der Kaiserzeit war ihr Name bei Griechen und Römern zu einem allgemeinen Begriff für Barbaren aus dem Norden oder Nomaden aus der Steppe geworden, als die Herodot und viele seiner Nachfolger die Skythen geschildert hatten. Daher war es nicht verwunderlich, dass die Skythen in der Literatur zur gängigen Bezeichnung zuerst für die Goten wurden.[57] Nach ihnen wurden auch die Hunnen, wie oben bemerkt, gern «Skythen» genannt, daneben gelegentlich «Massageten» nach einem anderen Steppenvolk, das Herodot in seinem ersten Buch beschrieben hatte. Der Philosoph und Redner Synesius von Kyrene, der spätere Bischof von Ptolemaïs, trug dazu in einer Rede, die er um das Jahr 400 vor Kaiser Arcadius und dem Senat in Konstantinopel hielt, eine skurrile Erklärung über die hässlichen Hunnen vor, die aber den Zuhörern schwerlich völlig abwegig vorkam: Gleich ob Geten - sprich Goten - oder Massageten - sprich Hunnen -: es handelt sich immer um dieselben Steppenvölker. Die einen haben ihren Namen geändert, die anderen haben künstlich ihr Aussehen entstellt, um als neues und anderes Volk zu erscheinen und die Römer in Schrecken zu versetzen.[58]

Stillschweigend rückte Ammianus Marcellinus von der Meinung ab, die Hunnen seien Skythen oder Massageten. Einmal hatte er die Goten als Skythen bezeichnet, und die Perser waren seiner Meinung nach skythischer Abstammung.[59] Was er dagegen über die Hunnen in Erfahrung bringen konnte, erinnerte ihn eher an die sarazenischen Nomaden, die er auf Julians Perserfeldzug als Verbündete wie als Gegner erlebt hatte. Auch Eigenschaften anderer Nomadenvölker, von denen er gelesen hatte, kamen ihm in den Sinn, als er beschloss, der verhängnisvollen Entwicklung der Jahre 375 bis 378, mit denen er sein Geschichtswerk beendete, einen Exkurs über die Hunnen voranzustellen. Ethnographische Neugier war ein Grund. Sie hatte ihn schon vorher zu zusammenfassenden Exkursen über die Sarazenen, die Gallier und die Perser veranlasst. Dazu hatte er in seine großen Länderexkurse über Thrakien und die Schwarzmeerregion, über Ägypten und Persien zahlreiche Einzelbemerkungen zu deren Bewohnern und ihren Sitten eingeflochten.[60] Jetzt aber sollten seine Leser auch wissen, mit welch brutalem Gegner es die Römer zu tun bekommen würden, was «der Ursprung verschiedener Katastrophen war, welche die Kriegsfurie mit einer noch nie dagewesenen, alles durcheinanderwirbelnden Feuersbrunst hervorrief».[61] Wilde Germanen hatten die Römer zur Genüge kennengelernt. Doch das Hunnenvolk stellte die Germanen in den Schatten. «Es übertraf jedes Maß an Wildheit» - so der Einleitungssatz. Recht hatten seine christlichen und nichtchristlichen Zeitgenossen, die vom Schrecken sprachen, den die Hunnen verbreiteten. Er wollte jetzt nachholen, was die anderen Schriftsteller noch nicht getan hatten, und die Urheber des Schreckens in einem eigenen Exkurs ausführlich in den Blick nehmen. Er begann mit ihrem Aussehen, das allein schon jeden zivilisierten Menschen zurückschrecken ließ:

«Weil sie in die Wangen ihrer männlichen Säuglinge gleich nach der Geburt mit einem Eisen tiefe Rillen schneiden, um den Bartwuchs während der Geschlechtsreife zu verhindern, sind sie im Mannesalter bartlos, haben keinerlei Charme und sehen wie Eunuchen aus. Alle haben sie muskulöse, starke Gliedmaßen und einen feisten Nacken, und sie sind so abgrundtief hässlich und missgestaltet, dass man sie für zweibeinige Tiere halten könnte oder für roh zubehauene Figuren, wie sie an Brückengeländern stehen. Mit ihrem abstoßenden menschlichen Erscheinungsbild verbinden sie eine raue Lebensweise, weshalb sie weder Feuer noch schmackhafte Speisen benötigen, sich vielmehr von den Wurzeln wilder Kräuter und dem halbrohen Fleisch irgendwelcher Tiere ernähren, das sie zwischen ihre Schenkel und den Rücken ihrer Pferde klemmen und kurz anwärmen. Nie suchen sie in Häusern Unterschlupf, sondern meiden sie, als wären es Gräber, die nicht zum allgemeinen Gebrauch bestimmt sind. Nicht einmal eine Strohhütte findet sich bei ihnen, sondern sie durchstreifen Berge und Wälder, und von Kindesbeinen an sind sie gewohnt, Frost, Hunger und Durst zu ertragen. Außer in der größten Not gehen sie auf keinen Fall unter ein Dach, weil sie sich unter Dächern nicht sicher fühlen.»

«Bekleidet sind sie mit einer Tracht, die aus Leinen oder aus Fellen von Waldmäusen zusammengenäht ist. Daheim haben sie nichts anderes an als draußen, und ihr Gewand, einmal am Hals zusammengebunden, legen sie nicht eher ab oder wechseln es, als bis es schmutzig verfärbt und durch die tägliche Abnutzung verschlissen ist und sich in Lumpen auflöst. Ihren Kopf bedecken sie mit einer kugeligen Kappe, schützen ihre struppigen Waden mit Ziegenhäuten, und ihr unförmiges Schuhwerk erlaubt ihnen nicht, frei auszuschreiten. Deshalb sind sie auch für den Kampf zu Fuß schlecht geeignet, sondern sie kleben fast auf ihren ausdauernden, aber hässlichen Pferden, auf denen sie bisweilen im Damensitz alle anfallenden Geschäfte erledigen. Von ihnen herab besorgt ein jeder in diesem Volk bei Tag wie bei Nacht seine Einkäufe und Verkäufe, nimmt Speise und Trank zu sich, und an den schmalen Kamm seines Tieres gelehnt versinkt er in einen tiefen Schlaf voll bunter Träume.»

«So zu Pferd beraten sie gemeinsam, wenn eine Entscheidung über wichtige Dinge ansteht. Von keinem strengen Königtum regiert begnügen sie sich von Fall zu Fall mit der Führung von Häuptlingen und überrennen, was ihnen im Weg ist. Bisweilen werden sie handgemein, ohne herausgefordert zu sein, und beginnen in Keilform ihren Kampf, wobei sie unterschiedliche grässliche Töne von sich geben. Leichtbewaffnet und beweglich sind sie zu einem raschen Manöver fähig, sodass sie sich plötzlich wie auf Kommando auseinanderziehen und in lockerer Schlachtordnung unter ungeheurem Gemetzel hin- und herstürmen, und wegen ihrer außergewöhnlichen Schnelligkeit merkt man erst nicht, wie sie zum Plündern in eine Verschanzung oder in ein Lager einbrechen. Man muss sie auch deswegen zu Recht als die schlimmsten Krieger bezeichnen, weil sie mit Ferngeschossen kämpfen, die anstelle von Pfeilspitzen zugespitzte, mit erstaunlicher Kunstfertigkeit angenietete Knochen haben. Im Nahkampf kämpfen sie ohne Rücksicht auf sich selbst mit dem Schwert, und während sie die Schwerthiebe des Gegners abpassen, werfen sie ein geflochtenes Lasso über ihn, zurren die Glieder der sich Wehrenden fest und hindern sie so am Wegreiten oder Wegrennen.»

«Keiner von ihnen bestellt ein Feld oder legt jemals Hand an einen Pflug. Denn ohne bestimmte Wohnsitze und häusliche Religion, ohne Gesetz und feste Ordnung schweifen sie alle wie Flüchtlinge unablässig umher mit Wohnwagen, in denen ihre Frauen ihnen ihre hässlichen Gewänder weben und ihren Männern beiwohnen, in denen sie gebären und ihre Kinder bis zur Geschlechtsreife aufziehen. Bei ihnen sind die Frage und die Antwort überflüssig, woher einer stammen könnte: Am einen Ort wird er gezeugt, weit davon entfernt geboren und in noch größerer Entfernung aufgezogen.»

«Bei Verträgen sind sie treulos und wankelmütig, und bei jedem Hauch einer sich bietenden neuen Hoffnung sind sie höchst windig und geben ihrem aufbrausenden Temperament nach. Wie unvernünftige Tiere haben sie nicht die geringste Vorstellung von Ehre und Schande, sind zweideutig und verschlagen, nie gebunden an die Achtung vor einer Religion oder einem Aberglauben, nur erfüllt von der brennenden Gier nach Gold, und so irrlichternd und schnell erzürnt, dass sie oft an ein und demselben Tag, ohne herausgefordert zu sein, von ihren Verbündeten abfallen und sich wieder mit ihnen versöhnen, und keiner kann sie besänftigen.»

Der Leser spürt in Ammianus' Hunnenbild noch das Entsetzen des Zeitgenossen über einen unheimlichen Menschenschlag, wie ihn Rom in seiner tausendjährigen Geschichte noch nicht erlebt hatte. Auch dem Historiker, der als junger Offizier kreuz und quer durch das Römische Reich geritten war und die verschiedensten Barbarenstämme kennengelernt hatte, waren Gestalten mit so abstoßenden Zügen nie begegnet. Die Hunnen standen für ihn auf der untersten Stufe menschlicher Existenz: Sie kochten nicht, aßen nur rohe, für andere ungenießbare Speisen und besaßen keinen Funken eines Heimatgefühls oder einer Religion. Sogar den Gebrauch des Feuers, mit dem nach ehrwürdiger Mythologie die Kultur auf Erden begann, scheinen sie verachtet zu haben, weshalb sie Fleisch nur ein wenig zwischen ihren Schenkeln und dem Pferderücken anwärmten und dann verzehrten. Was es heißt, sein ganzes Leben Tag und Nacht, wachend und schlafend, auf einem Pferd zu verbringen, überstieg selbst die Erfahrung des Historikers, der bei manchem militärischen Unternehmen über Wochen von morgens bis abends im Sattel gesessen hatte. Die Phantasie ging hier mit ihm durch und er schrieb den schlafenden Hunnen gleich noch bunte Träume zu, für die es gewiss keine Zeugen gab. Dass Reiter schlecht zu Fuß sind, wusste Ammianus aus eigener bitterer Erfahrung.[62] Auf einen Fußkampf würden sich die Hunnen daher nie einlassen.

Ammianus' Darstellung des hunnischen Reiterkampfes lag die tiefsitzende, historisch bedingte Angst des Römers vor der urwüchsigen Kraft der Barbaren zugrunde. Wegen ihrer «maßlosen Wildheit» waren die Hunnen noch viel gefährlicher als die Barbarenstämme jenseits von Rhein und Donau, die Rom so manches Mal das Fürchten gelehrt hatten. Wenn die schnellen hunnischen Horden in das Römische Reich einfielen, würden seine Verteidiger dann mit den abgehärteten Nomadenkriegern, ihrer wendigen Taktik und ihrem rücksichtslosen Kampfeinsatz fertig werden?

Das war die bange, höchst aktuelle Frage, die den politischen Historiker Ammianus Marcellinus bei seinem Hunnenexkurs beschäftigte. Beantworten konnte ihm die Frage niemand. Sie im Stillen aufgeworfen zu haben, war der rote Faden seiner Darstellung. Lag darin der Grund, warum er über die Hunnen keine weiteren Erkundigungen einzog und die Literatur über Nomaden, die ihm zusätzliche Anregungen hätte geben können, nur selektiv zur Kenntnis nahm? Den kritischen Historiker hätten allerdings manche seiner eigenen Aussagen zu Nachfragen veranlassen können, die zwar nicht sein Bild von der hunnischen Gefahr, wohl aber von der hunnischen Gesellschaft erweitert hätten, wie es denn auch von der modernen Archäologie erweitert worden ist. So erwähnte er zum Beispiel Einkäufe und Verkäufe, die die Hunnen von ihren Pferden herab erledigten. Mit welchen Produkten handelten sie denn? Falls es die Beute war, die sie von ihren Kriegs- und Raubzügen mitbrachten, Gefangene darunter, was tauschten sie dafür ein? Nur das Leinen, aus dem die Frauen die Gewänder für ihre Männer herstellten? Oder nicht auch den Goldschmuck, den man zur Genüge in den Gräbern hunnischer Frauen entdeckt hat? Haben sie das Gold, auf das sie laut Ammianus Marcellinus so scharf waren, nur gehortet? Es gab doch gewiss Handwerker bei ihnen, die damit Bogen, Köcher, Schwerter und Sättel verzierten, die künftigen Grabbeigaben gefallener Krieger. Man hat solche kostbaren Funde mit Recht einer hunnischen Oberschicht zugeordnet. Ammianus erwähnte Anführer, beschränkte deren Stellung aber ausdrücklich auf einzelne Kriegszüge. Doch seine historische Erfahrung und seine Studien hätten ihm sagen müssen, dass sich solche Einzelpersönlichkeiten anschließend nicht einfach wieder in die Masse ihrer Stammesgenossen einreihten. Sie bildeten die Gruppe der *primates*, die auf ihren Pferden sitzend militärische Unternehmungen planten, Verträge schlossen und sie wieder mit jener Leichtigkeit brachen, die den Römer entsetzte. Die Ansicht, ein ganzer Stamm, also mehrere Tausend Reiter, würden in einem urdemokratischen Verfahren so lange palavern, bis sie zu einer gemeinsamen Entscheidung kamen, hätte jeden anderen stutzig gemacht. Wie sollte eine solche Beratung praktisch vonstattengehen? Ammianus sprach auch immer nur von den Hunnen im kollektiven Plural und wechselte gelegentlich in den repräsentativen Singular. Aber von Unterstämmen, deren Namen erst in der späteren Überlieferung erschienen, hatte er nichts gehört.

Manche Einzelheiten im Hunnenexkurs des Historikers hat man als unhistorische Übernahmen aus anderen Barbarenschilderungen verworfen. Keine Parallele findet sich in der antiken Literatur zu der hunnischen Sitte, Fleisch zwischen den Schenkeln und dem Pferderücken warm zu reiten. Man hat sie daher meistens als Erfindung abgetan. Doch Belege bei späteren Reitervölkern mahnen zur Vorsicht.[63] Das «halbrohe Fleisch irgendwelcher Tiere», von dem sich die Hunnen ernährten, hätte Anlass sein können, sich auf die alltägliche ökonomische Grundlage der Steppennomaden zu besinnen, die Viehherden, mit denen sie von Weideplatz zu Weideplatz zogen. Bei den nomadisierenden Alanen sprach Ammianus Marcellinus später davon. Jordanes, der Verfasser einer Gotengeschichte im 6. Jahrhundert, kannte zu seiner Zeit die hunnischen Altziagiri, die im Sommer ihre Herden auf der Krim weideten, «wohin sie jeweils das Futter für ihre Tiere einlud», und im Winter zur Nordküste des Schwarzen Meeres zogen.[64] Ammianus stellte die Hunnen noch eine Stufe unter die Alanen. Denn Pfeile mit Knochenspitzen schrieb die Überlieferung archaischen Gesellschaften zu, welche die Verarbeitung von Eisen nicht kannten.[65] Ammianus habe diese Waffe vorschnell auf die Hunnen übertragen. Tatsächlich aber wurden derartige Knochenspitzen in Hunnengräbern gefunden. Sie dienten vornehmlich zur Jagd auf Vögel und Pelztiere.[66] Merkwürdigerweise scheint der Historiker nichts von den Pfeilen mit dreiflügliger eiserner Spitze erfahren zu haben, deren Dornfortsatz in den Schaft getrieben wurde. Aus diesen in Asien und Europa weitverbreiteten Pfeilen bestand der Geschosshagel, mit dem die Hunnen ihre Gegner überschütteten, und entsprechend häufig wurden sie Kriegern ins Grab gelegt. Hunnische Schmiede müssen eifrig gearbeitet haben, damit ihren Stammesgenossen die gefürchtete Angriffswaffe nicht ausging. Noch größeres handwerkliches Geschick war nötig, um einen hunnischen Kompositbogen herzustellen. Das brachten selbst kunstfertige Reiter nicht «im Damensitz» (*muliebriter insidentes*) fertig.

Den mongolischen Einschlag im Erscheinungsbild eines Teils der

Hunnen, der, wie oben bemerkt, auf 20 bis 25 Prozent geschätzt wurde, hat Ammianus Marcellinus als ethnisches Merkmal verkannt.[67] Er sah im spärlichen Bartwuchs der Rasse die Folge der Schnitte, mit denen man das Gesicht der Säuglinge verunstaltet habe. Doch die Schnitte waren wohl Tätowierungen ähnlich denen, die man an Mumien im Altaigebirge beobachtet hat.[68] Die mongolischen Gesichtszüge erinnerten den Betrachter vielmehr an Eunuchen. Noch auffälliger war die dem Historiker unbekannte künstliche Schädeldeformation, die im frühkindlichen Alter eingeleitet wurde und die, wie vielleicht die Tätowierungen, ein Unterscheidungsmerkmal der Oberschicht war. Die Hunnen brachten die Sitte ebenfalls aus ihrer Heimat mit und gaben sie später an manche germanische Nachbarn weiter.[69] Ammianus hätte wohl ungläubig den Kopf geschüttelt, hätte ihm jemand versichert, dass es bei den Hunnen, die sich mit grauenerregendem Geschrei auf ihre Feinde stürzten, auch Lieder gab, die Mädchen zur Begrüßung, Sänger beim Gastmahl und Trauernde beim Tod eines Königs vortrugen.[70]

Wankelmut und Untreue bei Vereinbarungen waren beliebte Topoi im Barbarenbild, ebenso die Erklärung, sie seien die Folge eines treulosen und unbeherrschten Charakters. In Ammianus' Augen waren die Hunnen besonders schlimm und unberechenbar. Wie viele seiner Vorgänger verkannte er das unterschiedliche Verständnis für Verträge. Der römische Vertragspartner stand für den römischen Staat. Der Vertragsschluss war ein überpersonaler Rechtsakt, der folglich nicht an die Lebenszeit eines Kaisers gebunden war. Diese abstrakte Vorstellung von Staatlichkeit war den Nomaden fremd, für die im besten Fall ein Vertrag so lange galt, wie der Herrscher auf der Gegenseite, mit dem er geschlossen worden war, lebte und regierte. Starb er, erlosch auch die persönliche Bindung. Ammianus erklärte sich die Kurzlebigkeit von Verträgen zusätzlich mit dem Fehlen jeglicher Religion, die Wortbrüchigkeit aus Angst vor göttlicher Strafe hätte verhindern können. Ein Volk, bei dem die Kräfte der umgebenden Natur und die Erinnerung an die Ahnen, die beiden Urgründe des Götterglaubens, keinen religiösen Funken entzündet hatten, wäre tatsächlich von einer tierischen Existenz nicht weit entfernt gewesen – wenn es denn ein solches Volk je gegeben hat. Doch diese naheliegende Überlegung versagte sich ausgerechnet jener Historiker, der wie kein anderer griechischer oder römischer Geschichtsschreiber Cicero studiert hatte. Denn dieser Philosoph und Redner hatte sich wie vor ihm der griechische Philosoph Epikur die Frage gestellt: «Welches Volk oder welches Menschengeschlecht gibt es, das frei von einer Lehre keinen Begriff von den Göttern hat?»[71] Lieber wurde Ammianus zum Mythologen, der sich eine urtümliche Gesellschaft ausmalte. Das hatte zu Beginn des 7. Jahrhunderts v. Chr. schon Homer im neunten Buch der *Odyssee* getan: Odysseus kam ins Land der Kyklopen, «der Urwüchsigen, Gesetzlosen, die nicht an die unsterblichen Götter glauben und mit ihren Händen weder pflanzen noch pflügen». Im 5. Jahrhundert machte sich der athenische Dichter und Philosoph Kritias, der Onkel Platons, Gedanken über die Entstehung der Kultur und kam zu dem Schluss: «Es war einmal eine Zeit, in der das Leben der Menschen ohne Ordnung und den Tieren gleich war und allein auf Körperstärke beruhte.» Ein Einzelbeispiel aus heller historischer Zeit, von dem man fast annehmen kann, Ammianus habe sich seiner erinnert und es auf die Hunnen insgesamt übertragen, ist das Zerrbild, das sich der Historiker Livius vom bösen Karthager Hannibal zurechtlegte: «Unmenschliche Grausamkeit, Treulosigkeit, die die punische noch überstieg, keine Ehrlichkeit, keine Frömmigkeit, keine Furcht vor den Göttern, keine eidliche Verpflichtung und keine Religion.»[72]

Dem Exkurs über die Hunnen schloss Ammianus Marcellinus einen zweiten, noch etwas längeren über die Alanen an.[73] Sie waren die ersten Opfer, die unter dem neuen Feind aus dem Osten zu leiden hatten. Der Zusammenprall der beiden Völker eröffnete die europäische Geschichte der Hunnen. Denn im Westen siedelten Alanen beiderseits des Don, der altbekannten Grenze zwischen Europa und Asien.[74] Der Angriff der Hunnen bestätigte das Bild, das der Historiker zuvor von ihnen entworfen hatte: «Dieser kampfbereite, zügellose Menschenschlag, der vor ungeheurer Gier, fremdes Gut zu rauben, loderte und bei seinen Nachbarn plündernd und mordend einfiel, gelangte bis zu den Alanen.»[75] Der Drang der Hunnen nach Westen entsprang in Ammianus' Augen also ihrer urtümlichen Lust am Rauben und Morden, die ihnen in ihrer kalten Heimat im Norden zur zweiten Natur geworden war. Zwangsläufig mussten sie einmal auf die Alanen stoßen, die nicht die letzten sein würden. Europa war gewarnt.

Den Römern waren die Alanen seit langem bekannt, weshalb sich Ammianus Marcellinus für ihre Beschreibung auf zuverlässigere Berichte stützen konnte.[76] Die Alanen, «die sich in volkreiche und ausgedehnte Stämme teilten», waren ebenfalls Nomaden und Reiterkrieger. Ausdrücklich vermerkte der Historiker daher, dass sie den Hunnen «in allen Dingen ziemlich gleich waren».[77] Krass war der Unterschied im Äußeren: Die Alanen waren in der Regel schlanke, schöne, mittelblonde Menschen, die jedoch mit einem gewissen grimmigen Blick ebenso einzuschüchtern vermochten wie mit der Schnelligkeit, mit der sie ihre leichten Waffen gebrauchten. Denn Räuber und Jäger waren auch sie, die ihre Züge bis zum Maeotissee und zum Kimmerischen Bosporus im Westen sowie nach Armenien und Medien im Süden ausdehnten.

In Ammianus' Hunnenexkurs hat man die Quelle für das knappe Bild gesehen, das der Dichter Claudius Claudianus wenig später von den Hunnen zeichnete.[78] Doch die Übereinstimmungen gehen eher auf Nachrichten zurück, die dem Historiker wie dem Dichter nach 375 zu Ohren kamen: Die Hunnen «sind ein Volk, das jenseits des eisigen Don lebt, wo Skythien sich zum äußersten Rand des Sonnenaufgangs erstreckt und der Norden kein wilderes Volk mehr hervorbringt. Es sind hässliche Erscheinungen und scheußlich anzusehende Gestalten. Ihre Gesinnung weicht keinem harten Kampf aus. Man isst, was man erbeutet, meidet den Ackerbau, tätowiert sich zum Spaß die Stirn und hält es für schön, bei den getöteten Ahnen zu schwören. Die von den Wolken Geborenen, die Zweigestaltigen, hat ihre Doppelnatur nicht enger an die ihnen verwandten Pferde geheftet». Claudianus verglich die hunnischen Reiterkrieger mit den aus den Wolken entstandenen Zentauren, Fabelwesen, die halb Mensch, halb Pferd waren. Die Tätowierungen auf der Stirn sah er als Spaß (*ludus*) an. Denn nach antikem Strafrecht wurden nur Verbrecher und vor allem flüchtige Sklaven im Gesicht gebrandmarkt, bis Konstantin der

Große diese Strafe verbot.[79] Der Dichter schloss mit derjenigen Eigenschaft der Hunnen, die sie für die Römer so unberechenbar und gefährlich machte. Es war ihre planlose, äußerste Beweglichkeit, weshalb man immer damit rechnen musste, dass sie unvermutet irgendwo auftauchten.

Der gallische Dichter und Staatsmann Sidonius Apollinaris beschrieb die Hunnen in einem Lobgedicht, das er am 1. Januar 468 im römischen Senat zu Ehren des Kaisers Anthemius und seines zweiten Konsulats vortrug. In den Jahren zuvor war er in Gallien genügend Hunnen begegnet. Mehr noch: Er schilderte ihr mongolisches Aussehen, ihre Gestalt und ihre Kampfeswut einem Kaiser, der, wie er selbst erwähnte, vor der Stadt Serdica – Sofia in der Dacia mediterranea – den Hunnen eine Schlacht geliefert hatte: «Ein Volk mit drohendem Sinn und drohenden Gliedmaßen, dessen Kinder einen eigenen Horror in ihrem Blick haben. Ihr Augenlicht besteht aus zwei Löchern unterhalb der Stirn, denn Augen haben sie keine. Kaum kann sich das Licht einen Weg in die tieferliegenden Windungen des Schädelinneren bahnen, die dennoch nicht verschlossen sind. Trotz des schmalen Sehschlitzes überblicken sie weite Räume, und die Punkte in ihren tiefliegenden Höhlen bieten ihnen so viel Sicht, als hätten sie große Augen. Damit die Nasenlöcher nicht aus den Wangenknochen herauswachsen, verschnürt ein ringsum angelegtes Band die Nase, sodass sie dem Helm Raum bietet. Auf diese Weise entstellt Mutterliebe die Söhne für den Kampf, weil die Nase nicht stört und die Wangenfläche so breiter wird.»

«Der restliche Körper ist bei den Männern hübsch: eine gewölbte Brust, mächtige Schultern und ein schlanker Unterleib. Stehen sie aufrecht, ist ihre Gestalt mittelgroß. Doch sieht man sie zu Pferd, ragt sie auf, weshalb man sie im Sitzen für hochgewachsen hält. Kaum vermag ein Knabe ohne die Mutter zu stehen, nimmt ihn ein Pferderücken auf. Man könnte meinen, Pferd und Mann seien miteinander verwachsen. Denn der Reiter sitzt stets wie angegossen auf ihm. Andere Völker lassen sich vom Pferderücken tragen, dieses Volk wohnt auf ihm.»

«Herzensangelegenheit sind ihnen gedrechselte Bogen und Pfeile.

Schrecklich und treffsicher sind ihre Hände. Unerschütterlich ist ihr Vertrauen, dass ihre Geschosse den Tod bringen, und ihre Kampfeswut ist darin geübt, zu verheeren, ohne daneben zu schießen.»[80]

Jordanes' verlorene Quelle Cassiodorus, dessen gleichnamiger Großvater eine Gesandtschaftsreise zum Hunnenkönig Attila unternommen hatte, bestätigte die ihm bekannten älteren literarischen Hunnenporträts. Auch er betonte den furchterregenden Blick der tiefliegenden Augen. Hinzu kamen Einzelheiten wie die dunkle Hautfarbe oder der Zweck der vernarbten Wangen: die Kinder sollten noch vor der Muttermilch an Schmerzen gewöhnt werden, mit der Folge, dass ihnen selbst in jungen Jahren jeglicher Charme fehlte. Für Cassiodorus waren die Hunnen von kleiner Gestalt, fielen durch ihre raschen Bewegungen auf und hatten einen muskulösen Nacken, der sich für das Bogenschießen eignete und stolz aufgerichtet war. «Unter einer menschlichen Gestalt leben sie in tierischer Wildheit», lautete das Fazit bei Cassiodorus' Benutzer Jordanes.[81]

Als abschreckendes Beispiel für leidenschaftliche Spielsucht dienten die Hunnen Bischof Ambrosius, der in seinem Traktat über das alttestamentliche Buch Tobias gegen das verhängnisvolle Würfelspiel wetterte: Das Würfeln habe viele Römer in die Klauen von Wucherern und schließlich in den Ruin und in die Schande getrieben. Ambrosius schrieb den Traktat im Jahr 375 oder 376, zu einer Zeit also, in der er schwerlich, wenn überhaupt, mehr von den Hunnen erfahren hatte, als dass auch sie das Würfelspiel liebten. Umso ungenierter konnte sich der geübte Kanzelredner in einem Bandwurmsatz zu einem bizarren Phantasiegemälde zügelloser hunnischer Spielleidenschaft versteigen: «Man berichtet, dass die Hunnenvölker alle Nationen mit Krieg überziehen, aber dennoch den Wucherern unterworfen sind, und während sie ohne Gesetze leben, allein den Gesetzen des Würfelspiels gehorchen, dass sie spielen, während sie sich zum Kampf rüsten, die Würfel und die Waffen zusammen mitnehmen, dass sie mehr durch die eigenen als durch feindliche Geschosse umkommen, dass sie noch während des Sieges zu Gefangenen werden und zulassen, dass sie von ihren eigenen Leuten ausgeraubt werden, was von den Feinden zu erdulden ihnen unbekannt ist, dass sie aus dem Grund niemals ihre Kriegslust ablegen, weil, wer im Würfelspiel besiegt worden ist und seinen ganzen Beuteanteil verloren hat, sich durch Kriegsgefahr wieder Spieleinsätze holen will, häufig aber von solcher Leidenschaft fortgerissen wird, dass er, nachdem er verloren hat, das, was er allein für wertvoll hält, nämlich seine Waffen, hergegeben hat und nun sein Leben für einen einzigen Wurf mit dem Würfel der Verfügungsgewalt des Siegers oder des Wucherers als Einsatz überlässt.» [82]

Die Hunnen, die nur Krieg führten, um ihre Spielschulden begleichen und um weiterspielen zu können – hier wird sich mancher Leser in den folgenden Jahren gefragt haben, ob der moralisierende Bischof nicht arg danebengegriffen hat. Doch im Jahr 375 hatte eben noch kein Hunne römischen Boden betreten. Tacitus hatte den Germanen dieselbe Leidenschaft für das Würfelspiel zugeschrieben, und der Historiker mag den Bischof beeinflusst haben.[83] Nach der Schlacht von Adrianopel berichtete Ambrosius erstmals von den schlimmen Folgen, die die Niederlage für den Balkan hatte, und fünfzehn Jahre später, als er seinen Kommentar zum Lukasevangelium schrieb, sah das Römische Reich anders aus. Die Hunnen hatten sich nicht nur als leidenschaftliche Spieler, sondern als gnadenlose Räuber und Mörder erwiesen, deren Erscheinen für den Bischof das Ende der Welt einleitete.[84]

Der gelehrte Ambrosius, der Seneca gelesen hatte, hätte sich von seiner teleologischen Geschichtsdeutung schwerlich durch die nüchterne Analyse abbringen lassen, mit der der Philosoph, von Kaiser Claudius nach Korsika verbannt, im Jahr 41 seine Mutter Helvia in Rom tröstete: Das Leben des Einzelnen wie das der Völker ist unbeständig. Wer wird das bestreiten, wenn er die Geschichte durchmustert und feststellt, dass immer wieder «ganze Stämme und Völker ihre Wohnsitze verlassen haben»? Dann geht Seneca die Gründe für ihre Wanderungen durch, von denen ein antiker Historiker des 4. und 5. Jahrhunderts manchen bei den Hunnen und ihren Nachbarn wiederentdeckt hätte:

«Leicht entschlossen zogen die Menschen durch unwegsames, unbekanntes Gelände. Ihre Kinder und Frauen und ihre vom Alter gebeugten Eltern nahmen sie mit. Manche wählten sich, nachdem sie lange umhergeirrt waren, nicht nach reiflicher Überlegung einen Platz, sondern erschöpft besetzten sie den nächstliegenden; andere verschafften sich auf fremder Erde mit Waffengewalt ihr Recht. Einige Stämme verschlang auf dem Marsch ins Ungewisse das Meer, und es gab welche, die ließen sich, weil sie überhaupt nichts mehr hatten, dort nieder, wo sie gerade waren. Auch hatten nicht alle denselben Grund, ihre alte Heimat zu verlassen und eine neue zu suchen. Die einen, die den Waffen der Feinde entkommen und des eigenen Landes beraubt waren, trieb die Zerstörung ihrer Wohnstätten in fremde Länder; andere verdrängte der innenpolitische Streit; dritte zwang das übermäßige Bevölkerungswachstum weg, damit die vorhandenen Ressourcen entlastet wurden; wieder andere verjagte die Pest oder häufige Erdbeben oder irgendwelche unerträglichen Missstände des armseligen Bodens; manche lockte die Kunde von einem fruchtbaren und hoch gepriesenen Landstrich fort. Den einen führte dieser, den anderen jener Grund aus seiner Heimat. Eines jedenfalls ist offenkundig: Ein Verbleiben am Ort der Geburt gab es nicht. Dauernder Wechsel gehört eben zum Menschengeschlecht. Täglich verändert sich etwas auf dem großen Erdenrund: Fundamente neuer Städte werden gelegt, neue Völkernamen kommen auf, nachdem die alten ausgelöscht oder in einem größeren Volk aufgegangen sind.»[85]

IV

Der Überfall

Sagen haben oft einen historischen Kern. Die Sagen von der Kuh und dem Hirsch, die erstmals einzelne Hunnen oder eine Gruppe von Hunnen über den Maeotissee ins Land der Goten führten, bewahrten die Erinnerung daran, dass die Lawine der Reiternomaden, die im Jahr 375 die Herrschaft des ostgotischen Königs Ermanarich überrollte und vernichtete, Vorboten hatte. Hunnische Streifscharen überquerten den Don und das Sumpfgebiet des Maeotissees. Im Winter war das für die kältegewohnten Steppenbewohner besonders leicht, weil der Maeotissee und der Kimmerische Bosporus zufroren. Schon früher hatten die alten Skythen auf der Krim die Wintermonate regelmäßig dazu benutzt, mit ihren Wagen über den vereisten Kimmerischen Bosporus zu fahren und gegen die Sinder auf der gegenüberliegenden Seite zu Felde zu ziehen.[1]

Mit harmloser Besichtigung, wie die Sagen erzählten, können sich die hunnischen Vorreiter nicht begnügt haben. Denn sie beunruhigten Volksgruppen im nordpontischen Raum und veranlassten sie, im Jahr 362 Gesandte zu Kaiser Julian nach Konstantinopel zu schicken. Sie boten jährliche Tribute an in der Hoffnung, als Gegenleistung römische Hilfe gegen die Eindringlinge zu bekommen.[2] Doch Julian sah sich zu der Zeit nicht in der Lage, das Angebot anzunehmen und die erbetene Hilfe zu gewähren. Da er gerade zum Perserkrieg rüstete, standen ihm keine überzähligen Truppen zur Verfügung. Immerhin äußerte er die Vermutung, die Skythen würden nicht mehr lange ruhig bleiben. Der Historiker Eunapius bewunderte den Weitblick des Kaisers, der voraussah, dass die Goten – sie waren mit den Skythen gemeint – dem wachsenden Druck aus dem Osten nicht standhalten und über die Donau ins Römische Reich drängen würden – was sie 376, also 14 Jahre später, auch getan haben.[3]

Der zweite Teil der beiden Sagen war sogar offenkundig Geschichtserzählung: Die Heimkehrer gaben den Anstoß zu dem Großangriff im Jahr 375. Die Sagen verschweigen nur, dass die Wegbereiter taten, was Nomadenreiter in der Steppe meistens zu tun pflegten, wenn sie auf ahnungslose reichere Nachbarn stießen: Sie überfielen rasch deren Siedlungen, plünderten nach Kräften und kehrten mit der Beute zurück. Nach den Gesandtschaften zu Julian, die Ammianus Marcellinus aufzählte, waren unter den Betroffenen die Anrainer des Phasis, des im Kaukasus entspringenden Rion, die Bosporaner, also die auf der Krim wohnenden Goten, sowie andere Stämme weiter im Norden. Die Sagen darf man erweitern: Die Kunde von der leicht errungenen Beute machte Appetit. Sie verbreitete sich nicht nur bei den Hunnen, sondern auch bei den anderen Steppenbewohnern, die sich ihnen inzwischen angeschlossen hatten oder, wie Teile der Alanen, noch anschließen sollten.

Die Vorreiter brachten neben der Beute auch die Nachricht mit, dass das Reich der Goten jenseits des Don kein leichter Gegner sein werde. Ammianus Marcellinus nannte sie ein «kriegerisches Volk» und ihren Herrscher Ermanarich sogar einen «äußerst kriegerischen König», der «wegen seiner zahlreichen verschiedenen Heldentaten bei den Nachbarvölkern gefürchtet war».[4] Mit seinen Ostgoten, den Greutungen, hatte Ermanarich, der aus der Königssippe der Amaler stammte, seine Herrschaft weit nach Norden und Osten ausgedehnt, auch wenn Jordanes' Katalog der Stämme, die er sich unterworfen habe, wohl zu seinen Ehren geschönt ist. Nicht geschönt dagegen ist die Aussage des gotischen Historikers, dass auch die unterworfenen Stämme «äußerst kriegerisch» waren, also bewiesen, wie groß die militärische Schlagkraft der Greutungen und das strategische Geschick ihres Königs waren.[5]

Sollte der Angriff auf eine solche Macht Erfolg versprechen, musste er gut vorbereitet sein. Die Hunnen beherzigten die Einsicht in den Jahren, die zwischen dem ersten Ausgreifen über den Don und dem Angriff 375 lagen. Der wichtigste, aber schwerste Teil der Vorbereitung war der Kampf gegen diejenigen Alanen, die in der Ebene zwischen Kaspischem Meer und Don siedelten. Sie bildeten einen Riegel nach Westen, der zunächst geknackt werden musste. Die Hunnen gingen gründlich vor. In ihrem Rücken sollte keine zweite Front entstehen. Ihre Auseinandersetzung mit den Alanen muss einige Zeit, vielleicht sogar mehrere Jahre gedauert haben. Denn in seinem Alanenexkurs hatte Ammianus Marcellinus vorweg betont, dass weiträumig Raub- und Jagdzüge die Alanen zu gewieften Kämpfern machten, die dank ihrer Bewaffnung und Schnelligkeit den Hunnen kaum nachstanden.[6] Jordanes meinte sogar, beide seien sich ebenbürtig gewesen.[7] Jetzt kämpften Reiternomaden gegen Reiternomaden. Knapp fasste Ammianus Marcellinus das Ergebnis zusammen: «Nachdem viele Alanen getötet und ausgeraubt worden waren, verbündeten sich die Hunnen mit den übrigen durch ein einvernehmliches Treueabkommen.» Ausdrücklich vermerkte der Historiker, dass die Sieger danach die Alanen mitnahmen und «mit noch größerer Zuversicht» gegen Ermanarich zogen. Es waren vornehmlich die am Don wohnenden tanaitischen Alanen, die Nachbarn der Greutungen, mit denen sie schon bisher so manchen Kampf als Angreifer wie als Verteidiger ausgefochten hatten.[8] Die gleiche Kampfweise erleichterte ihnen ihr Zusammengehen mit den Hunnen.

Auf dem Vormarsch wurden kleinere Stämme am Maeotissee und an der unteren Donau «mitgerissen». Die Alpilzuri, Itimari, Tuncarsi und Boisci zählte Jordanes auf und sprach von einem «Völkersturm» (*turbo gentium*), der auf die Goten zukam.[9] Wer einen Zeitgenossen nach der Größe des Völkersturms befragt hätte, wäre vielleicht mit einem Vers des Dichters Vergil beschieden worden, der bei solchen Fragen gern zitiert wurde: Er wolle wissen, wieviel Sand an der libyschen Küste vom Westwind aufgewirbelt werde.[10] Moderne Schätzungen schwanken denn auch und sind letztlich unverbindlich.[11]

Zunächst teilte sich der Sturm. Ein Teil der Hunnen überschritt den Kimmerischen Bosporus und fiel in die Krim ein. Er verdrängte die gotischen Tetraxiten und legte mehrere Städte in Schutt und Asche.[12] In Pantikapaion und Tyritake, zwei blühenden Wirtschaftszentren, konnten Ausgrabungen das Ausmaß der Zerstörung nachweisen, aber auch die bei den Hunnen vorkommende Sitte, Schädel künstlich zu deformieren, die jetzt plötzlich einsetzte. Arg zusammengeschmolzen lebten die Tetraxiten später auf der gegenüberliegenden Halbinsel Taman.[13] Dem schon länger schwächelnden bosporanischen Reich versetzten die Eindringlinge den Todesstoß. Wahrscheinlich schlossen sie dann zum Hauptheer auf, das weiter nördlich den Don überschritt.[14]

Die langfristige und weiträumige Planung verriet eine straffe Führung. An der Spitze stand König Balamber.[15] Er, der Vorgänger späterer Hunnenkönige, kam aus dem hunnischen Führungsstamm. Ihm half eine adlige Gruppe, die von Ammianus Marcellinus genannten *primates*, die schon bisher im Alltag der Steppe kleinere Unternehmungen geleitet hatten.[16] Die Überlieferung zu früheren Kriegszügen, die Reiternomaden im nordpontischen Raum und nördlich der Donau unternommen hatten, berichten Einzelheiten, die auch jetzt auf die Hunnen zutrafen: Die Skythen, die 512 v. Chr. mit dem Perserkönig Dareios I. zusammenstießen, schickten ihre Wagen mit den Frauen und Kindern und ihre Herden so weit weg, dass sie vom Kampfgeschehen nicht unmittelbar betroffen wurden. Sie hielten nur so viel Vieh zurück, wie sie zu ihrer Versorgung benötigten.[17] Auch 375 folgten den Hunnen Wagen, Frauen und Kinder.[18]

Bei den Skythen und ihren Nachbarn, den Sarmaten, zogen sogar Frauen zu Pferd mit den Männern in den Krieg. Zahlreiche Frauengräber, in denen Waffen und Zaumzeug gefunden wurden, sind dafür ein Beleg und bestätigen, dass die alten Erzählungen von den kriegerischen Amazonen aus dem Norden einen historischen Kern hatten.[19] Sollten die Hunnen mit dieser Tradition der Steppenvölker gebrochen und ihre Frauen, wie Ammianus Marcellinus meinte, auf die Wagen und die üblichen weiblichen Tätigkeiten beschränkt haben? Gräber von Hunninnen, die mit Pferdegeschirr oder sogar mit Pferden beerdigt wurden, schränken die Aussage des Historikers ein.[20] In einem Frauengrab wurde sogar ein Skelett gefunden, in dessen Schienbein eine Pfeilspitze steckte.[21] Procopius amüsierte sich, dass selbst der Geograph Strabo zu Beginn des ersten nachchristlichen Jahrhunderts an das Märchen von den Amazonen geglaubt hatte, und er erklärte seinen Ursprung mit den Frauen, die ihre Männer in den Krieg begleiteten. Zum Beweis führte er an, wie häufig Römer, die einen Angriff der Hunnen abgewehrt hatten, unter den Gefallenen Frauen entdeckten.[22] Wäre die Entdeckung Ammianus Marcellinus zu Ohren gekommen, so hätte er schwerlich die mythischen Amazonen zu den östlichen Nachbarinnen der Alanen gemacht.[23]

Hunnen folgten gewiss auch einer anderen Sitte, die bei Reiternomaden üblich war: Skythen und Sarmaten hatten eine kleine schnelle und feurige Pferderasse gezüchtet. Um die Hengste gefügig zu machen, wurden sie kastriert.[24] Die Quaden taten das Gleiche, um zu verhindern, dass die Hengste «sich weder durch den Anblick von Stuten fortreißen ließen noch in einem Hinterhalt ungebärdig wurden und ihre Reiter durch häufiges Wiehern verrieten». Ammianus Marcellinus, der selbst in Krieg und Frieden Tausende von Kilometern kreuz und quer durch das Römische Reich geritten war, verwies darauf, als er von einem Raubzug berichtete, den quadische und sarmatische Horden im Jahr 358 durch Pannonien und die Moesia prima unternahmen. Was er dem Leser weiter über die Eindringlinge mitteilte, nahm die Taktik späterer hunnischer Raubzüge vorweg, unter denen gerade Pannonien und Mösien zu leiden hatten: Quaden und Sarmaten «durchmaßen die weitesten Räume, setzten anderen nach, flohen dann wieder selbst, saßen auf ihren schnellen und gehorsamen Pferden, führten noch eines, manchmal auch zwei weitere mit, damit ein Wechsel die Kräfte der Tiere schonte und sich ihre Feurigkeit durch die zwischenzeitliche Ruhe wiederbelebte».[25]

Ermanarich blieb nicht verborgen, welche Gefahr sich östlich des Don zusammenbraute und mit der Unterwerfung einiger Stämme am Maeotissee und der Eroberung der Krim näherrückte. Die Hunnen würden sich mit diesen ersten Erfolgen nicht zufriedengeben. Es war nur eine Frage der Zeit, bis der große Sturm losbrach. Während er zusammen mit Stammesgenossen «über die Ankunft der Hunnen nachdachte» und die Abwehr plante, kam es zum Konflikt mit den Rosomonen, einem sonst unbekannten Stamm.[26] Dieser wollte die Gelegenheit nutzen, um mit Hilfe der Hunnen die gotische Herrschaft abzuschütteln. Die Überlieferung hat nur die aufsehenerregende Art und Weise bewahrt, mit der der erboste Ermanarich Sunilda bestrafte,

Anstürmende Hunnen, Johann Nepomuk Geiger (1805–1880)

die Frau eines ungenannten Angehörigen «des treulosen Stammes»: Er ließ sie durch Pferde vierteilen. Daraufhin rächten Sunildas Brüder Sarus und Ammius den grausamen Tod ihrer Schwester: Bei einem Attentat verwundeten sie den König schwer.[27]

Rosomonen dürften den Zustand Ermanarichs dem König Balamber gemeldet haben. Der sah die günstige Gelegenheit zu einem Überfall gekommen, und hunnische und alanische Reiterscharen «überrannten in plötzlichem Angriff Ermanarichs weit ausgedehnte und fruchtbare Gaue».[28] Den an Zahl unterlegenen Gegner zu überrennen war die übliche Strategie der Reiterkrieger. Seit langem war das Verb «überrennen» zum Terminus technicus solcher Angriffswellen geworden, der entsprechend der Wirklichkeit die Nebenbedeutung «plündern» miteinschloss.[29] Mehrmals vorpreschen, den Gegner mit einem Pfeilhagel überschütten und sich rasch wieder zurückziehen, wie das die Skythen gegen Dareius und die Perser und die Quaden und Sarmaten gegen die Römer getan hatten, gehörte 375 ebenfalls zur Kampfweise der Hunnen.[30] Sie bescherte ihnen auch später noch manchen Erfolg.[31]

Trafen die schnellen Reiter jedoch auf eine wohlgeordnete Phalanx von Fußsoldaten, die sich nicht schrecken ließen und gut gedeckt ihrem Angriff standhielten, bissen sie sich trotz ihrer überlegenen Zahl die Zähne aus. Die Skythen machten diese Erfahrung 512 v. Chr. gegen die persische Infanterie genauso wie die 50 000 sarmatischen Roxolanen um 110 v. Chr. auf der Krim, die den 6000 Fußsoldaten des Königs Mithridates Eupator unterlagen.[32] Dringend empfahl daher der Schriftsteller Vegetius in seinem «Abriss des Militärwesens», den er wahrscheinlich Kaiser Theodosius I. widmete, zur schweren Panzerung der Fußsoldaten zurückzukehren, die andernfalls «entblößt» dem Pfeilhagel der Reiterkrieger ausgesetzt seien.[33] Es werden somit vor allem die gotischen Fußsoldaten gewesen sein, die im Verbund mit der Reiterei Ermanarich vor einer schnellen Kapitulation bewahrten. Denn «lange Zeit versuchte er, fest und standhaft zu bleiben».[34] Von den stammverwandten Westgoten, den Terwingen, zu denen ein gespanntes Verhältnis bestand, durfte er keine Hilfe erwarten.[35] Auf die Dauer konnte er sein großes Herrschaftsgebiet, «die weitausgedehnten Gaue» (*late patentes pagos*), gegen die immer wieder an unerwarteter Stelle einfallenden Hunnen nicht verteidigen. Die Angreifer waren stets schneller als die Verteidiger, und «das sich allgemein verbreitende Gerücht von drohenden Gefahren vergrößerte noch den Schrecken».[36] Nicht zuletzt wird bei manchem der unterworfenen Stämme das Beispiel der Rosomonen nachgewirkt haben, und daher wird der Wille, die gotischen Eroberer bei der Abwehr der Nomaden zu unterstützen, nicht allzu groß gewesen sein. Die Ermattungsstrategie der Hunnen, die bereits gegen die Alanen erfolgreich war, verfehlte gegen die Goten ebenfalls nicht ihre Wirkung. Ermanarich sah keinen Ausweg mehr. Ammianus Marcellinus und Jordanes waren sich einig: Der König, der einst als *triumphator* gefeiert und von Stammesältesten mit Alexander dem Großen verglichen worden war, wollte sich die Schmach des Verlierers nicht antun und kam ihr durch Selbstmord zuvor. Dem gotischen Historiker Jordanes wird man schwerlich den entschuldigenden Zusatz abnehmen, er sei damals ja auch schon ein Greis von 110 Jahren gewesen.[37] Seine blutige Fehde mit den Rosomonen und sein Selbstmord bescherten ihm ein langes Nachleben in verschiedenen nordischen Sagenkreisen und lieferten einem anonymen Dichter den Stoff für die Ballade «Ermenrichs Tod».[38]

Trotzdem gaben die Goten den Kampf nicht sofort auf. Es war wohl dieselbe Adelsgruppe, die zuvor mit Ermanarich die Abwehr der Hunnen geplant hatte und nun nach seinem Tod nicht seinen Sohn Hunimund, sondern Vidimir aus der Amalersippe zum König wählte. Wahrscheinlich gaben ihm die Hunnen eine Verschnaufpause. In den «fruchtbaren Gauen» Ermanarichs hatten sie fürs Erste genügend Beute gemacht und taten sich daran bei ihren Wagen gütlich. Auch später kam es vor, dass die Masse der Beute ihre Beweglichkeit beeinträchtigte und ihre Feinde im Augenblick vor ihnen Ruhe hatten.[39] Solange die große Koalition zu Felde zog, konnte der Heerkönig Balamber sie zusammenhalten. Kam der Zug zum Stillstand, war das kaum mehr möglich. Prompt versuchten die alanischen Nachbarn der Goten allein ihr Glück und griffen Vidimir an. Der versuchte, den Teufel mit Beelzebub auszutreiben, und heuerte hunnische Krieger an. Es war ein zukunftsweisender Schritt. Ihm selbst half er nicht. Bei mehreren Scharmützeln zog er den Kürzeren, und schließlich verlor er in einer größeren Schlacht sein Leben.[40]

Während Ermanarichs Sohn Hunimund nicht zum Zug kam, wurde Vidimirs Sohn Viderich zum Nachfolger seines Vaters erhoben, obwohl er noch ein kleiner Junge war und kein Heer befehligen konnte. Die Goten stellten also das Erbkönigtum der Amalersippe nicht in Frage. Alatheus und Safrax, zwei kriegserfahrene Führer (*duces*), vertraten Viderich und übernahmen den Befehl über das militärische Aufgebot der Goten und mithin über den Gesamtstamm.[41] Die Doppelspitze sollte das Erbrecht des jungen Königs sichern und verhindern, dass ein einzelner Oberkommandierender später einmal die Königswürde usurpierte. Hatten beide Führer ursprünglich gehofft, die Hunnen doch noch zurückschlagen zu können, so mussten sie bald einsehen, dass das bisherige Gesamtgebiet gotischer Herrschaft nicht länger zu halten war. Den Ostteil gaben sie auf und zogen sich hinter den Danastrus, den Dnjestr, zurück.[42] Es waren wohl meistens die jungen Krieger, die ihnen folgten, während sich die ansässigen Greutungen den Hunnen unterwarfen.

Nun merkten auch die westgotischen Vettern, die Terwingen, dass die Gefahr näherrückte. Anders als bei den Greutungen stand bei ihnen kein König an der Spitze des Gesamtvolkes, sondern die einzelnen Stammesteile wurden von Häuptlingen geführt. Ihr bedeutendster war seit vielen Jahren Athanarich, der mittlerweile als «Richter» (*iudex*) eine Oberhoheit über die Terwingen gewonnen hatte.[43] Gegen die Hunnen plante er eine gestaffelte Verteidigung am Dnjestr. Seinen Generälen Munderich und Lagarimanus befahl er, mit anderen Adligen und einem Teil des Heeres den Fluss zu überschreiten. Sie sollten in einer Entfernung von zwanzig Meilen den Feind beobachten, ihn vielleicht sogar aufhalten. Mit dem anderen Teil des Heeres errichtete er ein Lager. Von dort aus wollte er den Hunnen eine Schlacht aufzwingen, während derer Munderich sie im Rücken angreifen würde.

Doch Athanarich hatte nicht mit der Schnelligkeit und Gewitztheit des Gegners gerechnet und damit, dass sich Steppenbewohner auch mühelos in der Nacht zurechtfanden. Denn nachdem die Hunnen durch Ortskundige oder Spione von den beiden Stellungen erfahren hatten, überquerten sie, ohne dass Munderich es merkte, im Mondlicht den Dnjestr und griffen plötzlich Athanarichs Lager an. Der hatte Glück, dass nicht allzu viele Reiter an dem Unternehmen beteiligt waren. Daher hielten sich seine Verluste in Grenzen, und es gelang ihm, sich rasch «in die Zuflucht steiler Berge» (*ad effugia montium praeruptorum*) zurückzuziehen. Die Berge waren das moldavische Zentralplateau jenseits des Pyretus, des heutigen Pruth. Zwischen der Westflanke des Plateaus und dem südöstlichen Karpatenbogen floss der Gerasus, der Sereth. «Von dessen Talhängen» (*a superciliis*) ließ Athanarich nun Erdwälle bis zur Mündung des Pruth in die Donau aufwerfen. Sie sollten den Zugang im Süden sperren. Denn von dort, der walachischen, von Taifalen bewohnten Ebene, war am ehesten ein Angriff der Hunnen zu erwarten. Tatsächlich streiften sie wenig später im Ostteil der Walachei mit ihren Wagen umher und stießen gelegentlich mit Athanarichs Soldaten zusammen. Zu einem größeren Schlag hatten sie jedoch noch keine Lust. Wie Vidimir kam Athanarich zugute, dass sie sich vorläufig lieber darauf verlegten, so viel

Beute zu machen, dass sie mit ihren schwerbeladenen Wagen nur langsam vorankamen.[44]

Nicht die Hunnen, sondern die eigenen Stammesgenossen bereiteten Athanarich die nächste Überraschung. Die Preisgabe des terwingischen Stammesgebiets bis zum Dnjestr, die schwierig gewordene Versorgungslage und die Schreckensmeldungen über hunnische Beute- und Zerstörungslust führten dazu, dass sich der größere Teil der Terwingen von Athanarich trennte, weil er ihm keinen Erfolg mehr gegen die umherziehenden Räuberbanden zutraute. Er schloss sich seinen innenpolitischen Gegnern Fritigern und Alaviv an.[45] Inwieweit bei der Trennung und der sie begleitenden bewaffneten Auseinandersetzung ein religiöser Gegensatz zwischen dem Arianer Fritigern und dem Christenverfolger Athanarich eine Rolle spielte, ist nicht zu entscheiden.[46] Die neuen Führer beschlossen, Gesandte zu Kaiser Valens zu schicken mit der Bitte, ihren Terwingen jenseits der Donau in Thrakien Land zuzuweisen. Nach zähen Verhandlungen im Kronrat stimmte Valens zu. Denn auch zum Kaiserhof waren Nachrichten gedrungen, wie sehr die Hunnen mittlerweile die Stämme vom Schwarzen Meer bis zu den Quaden und Markomannen in Unruhe versetzt und eine regelrechte Völkerwanderung entlang der unteren und mittleren Donau ausgelöst hatten.[47] Jahrhundertelang hatten die römischen Kaiser die Verhältnisse im Vorland des Reiches links der Donau durch Feldzüge, Verhandlungen und Verträge souverän gestaltet oder mitgestaltet. Jetzt bekamen sie auf einmal eine mächtige Konkurrenz, und es blieb abzuwarten, wieweit sie sich jenseits des «nassen Limes» gegen die neue Macht behaupten konnten.

Noch bevor Valens' Erlaubnis eintraf, hatten Fritigern und Alaviv ihre Terwingen an der Donau zusammengezogen. Den Römern auf der gegenüberliegenden Seite boten sie ein Bild des Jammers: «Sie standen am Flussufer, streckten aus der Ferne ihre Arme hinüber, stießen unter Tränen und Rufen ihre Bitten hervor, beweinten ihr Verhängnis und versprachen, sie würden ihnen eine zusätzliche Hilfe bieten.» Eunapius ergänzte seine Schilderung um die Angabe, allein die Zahl der waffenfähigen Jungen unter ihnen habe sich auf 200 000 Mann belaufen.[48] Die Zahl war gewiss zu hoch, obwohl auch

Ammianus Marcellinus der Masse derer, die über die Donau drängten, einen eindrucksvollen Exkurs widmete.[49] Jedoch bestätigen beide Historiker unausgesprochen, dass sich selbst eine bedeutende terwingische Streitmacht nicht mehr traute, den Hunnen die Stirn zu bieten. Deren bester Bundesgenosse war inzwischen ihr Ruf geworden, der ihnen Hunderte von Kilometern vorauseilte. Sie selbst sorgten weiterhin dafür, dass dieser Ruf immer wieder aufpoliert wurde.

Viderich und seine Regenten Alatheus und Safrax hielten es daher ebenfalls für das Beste, mit ihren Greutungen auf römischem Boden Zuflucht zu suchen. Aber Valens wollte keine weiteren Barbaren mehr im Land haben und lehnte ihr Anliegen ab. Danach warteten sie auf eine günstige Gelegenheit, setzten mit rasch zusammengezimmerten Flößen über die Donau und ließen sich in gehöriger Entfernung von Fritigerns Terwingen nieder.[50]

Athanarich spielte zunächst mit demselben Gedanken, aber Valens' Weigerung, die Greutungen aufzunehmen, schreckte ihn ab. Mit seinen Terwingen zog er nach Caucalanda, einer waldreichen und unzugänglichen Gebirgsregion, wo ihm die ansässigen Sarmaten Platz machen mussten. Von den hunnischen Steppenkriegern war er hier sicher, nicht dagegen vor Streitigkeiten in der eigenen Sippe. Sie zwangen ihn gegen Ende des Jahres 380 doch noch, mit seinem Gefolge bei Kaiser Theodosius in Konstantinopel Zuflucht zu suchen.[51]

Mit der Flucht vor den Hunnen zu den Römern kamen die Goten vom Regen in die Traufe. Denn die römischen Behörden waren mit den Barbarenmassen, die in immer größerer Zahl über die Donau drängten, völlig überfordert. Nicht nur Provinziale, sondern auch hohe Beamte nutzten deren Hunger schamlos aus, um sich zu bereichern. Sie sammelten möglichst viele Hunde und ließen sich je Hund einen Goten als Sklaven geben; so mancher Adlige war unter den Unglücklichen.[52] Ammianus Marcellinus schilderte im letzten Buch seines Geschichtswerks ausführlich und schonungslos die Mischung aus Gier und Inkompetenz, Korruption und Blindheit auf römischer Seite und die Folgen bei den Goten: Sie zogen plündernd und mordend durch die Balkanhalbinsel bis hinab zur Ägais.[53] Zwei Jahre lang waren Goten und Römer nicht fähig, durch Verhandlungen eine vernünftige Lösung zu erreichen.[54] So kam es nach kleineren Gefechten am 9. August 378 zur großen Schlacht bei Adrianopel. Schon 377 hatten sich Terwingen, Greutungen und die gotischen Taifalen zusammengetan.[55] Die Erwartung, in ihrem Gefolge besonders viel Beute zu machen, hatte sogar Hunnen und Alanen über die Donau gelockt und zu einem Bündnis mit den Goten veranlasst. Ihrem berüchtigten Wankelmut begegnete Fritigern mit dem Versprechen, sie fürstlich zu entlohnen.[56] Eine riesige Koalition stellte sich den Römern bei Adrianopel entgegen und siegte im Reitergefecht wie im Kampf Mann gegen Mann.[57] Valens musste die schweren strategischen Fehler, die er verschuldet hatte, mit dem Leben bezahlen. Auch zwei Drittel seines Heeres, viele Offiziere darunter, blieben auf dem Schlachtfeld.

Nachdem sich Alanen und Hunnen bei den Toten ihren Siegespreis geholt hatten, scheinen sie sich von den Goten getrennt zu haben. Denn bei deren anschließendem vergeblichen Sturm auf Adrianopel war von ihnen nicht mehr die Rede. Erst als Fritigern seinen Rückschlag bei der thrakischen Stadt Perinth gutmachen wollte, in deren Nähe sie bereits ein Lager bezogen hatten, kam es wieder zu einem gemeinsamen Unternehmen. Es beschränkte sich jedoch darauf, das Umland zu verheeren.[58] Die Nomadenreiter schätzten ihre Fähigkeiten richtig ein. Gut befestigte Städte zu erobern gehörte nicht dazu. Auch die Goten versagten hier noch, wie sie einsehen mussten, als sie schließlich sogar die Hauptstadt Konstantinopel einzunehmen versuchten. Ernüchtert machten sie sich in einzelnen Gruppen wieder auf die Wanderschaft, um im weiten Raum südlich der Donau bis zum Adriatischen Meer eine Heimat zu suchen.[59] Sie waren des guten Glaubens, das ungeschriebene Recht des Siegers, dem auch noch der Kaiser des Oströmischen Reiches zum Opfer gefallen war, erlaube ihnen, geeignete Gegenden als neue Herren in Besitz zu nehmen.[60]

Diesen Wunsch hatten Hunnen und Alanen nicht. Sie wollten ihr traditionelles Nomadenleben nicht aufgeben. Der reiche Gewinn, den sie gemacht hatten, genügte ihnen. Mit ihm verließen sie ihre gotischen Bundesgenossen und kehrten über die Donau zurück. Was sie außerdem mitnahmen, war die Erkenntnis, welche Gewinnmöglichkeiten das Römische Reich ihnen und ihren Stammesgenossen in

Zukunft bieten könne. Die alten Sagen vom Gelobten Land, das den Hunnen jenseits des Maeotissees offenstehe, ließen sich mit neuen Zielen fortspinnen.

In den folgenden Jahren hinterließen die Hunnen eine breite Spur der Verwüstung, die sich vom Dnjepr durch die rumänische Tiefebene bis zum äußersten Rand der Südkarpaten zog. Auffällig verringern sich die Funde der Sântana-de-Mureş-Černjachov-Kultur, die von den Goten mitgetragen wurde.[61] Doch auch nach dem Abzug der Terwingen unter Fritigern und Alaviv und der Greutungen unter Alatheus und Safrax blieben bedeutende Teile aus beiden Stämmen nördlich der Donau zurück.[62] Die Führung der Greutungen beanspruchte Vinitharius, der wie Ermanarich aus der Königssippe der Amaler stammte. Er unterwarf sich zunächst den Hunnen, wich aber dann nach Osten aus, wo er die Anten unter ihrem König Boz schlug. Um seine Oberhoheit zu demonstrieren und jeden Widerstand zu unterdrücken, ließ er den König, seine Söhne und 70 Adlige ans Kreuz schlagen. Nach einem Jahr begann der Hunnenkönig Balamber zusammen mit dem Gotenfürsten Gesimund, der sich ihm ebenfalls unterworfen hatte, einen Krieg gegen Vinitharius. Zwei Schlachten verloren sie, in denen die Hunnen schwere Verluste erlitten. Erst ein Überraschungsangriff am Fluss Erac wurde Vinitharius zum Verhängnis: Balamber traf ihn mit einem Pfeil in den Kopf.[63]

Allein Jordanes berichtet über diese Ereignisse, die Licht auf die hunnische Machtpolitik werfen. Die Anten, die nördlich des Maeotissees wohnten, gehörten in Balambers Augen zu seinem Machtbereich, hatten sich wahrscheinlich sogar beim hunnischen Vormarsch unterworfen und ihn jetzt um Hilfe gebeten.[64] Der Hunnenkönig nahm nicht hin, dass Vinitharius sein Untertanenverhältnis aufkündigte und gegen einen anderen seiner Untertanen zu Felde zog. Seinen Herrschaftsanspruch unterstrich er noch dadurch, dass er von Gesimund, der eilends seine als Bündnisvertrag deklarierte Unterwerfung erneuerte (*renovato cum eo foedere*), Waffenhilfe verlangte. Die neuerliche Unterwerfung der Goten des getöteten Vinitharius besiegelte Balamber zusätzlich dadurch, dass er dessen Enkelin Vadamerca heiratete. Über seine Herrschaft zog Jordanes danach folgendes Fazit:

«Nunmehr besaß er das gesamte unterworfene Volk der Goten in Frieden, und zwar in der Weise, dass über den Gotenstamm stets ein eigener Kleinkönig herrschte, wenn auch nach dem Beschluss der Hunnen.»[65] Jordanes sprach ausdrücklich nicht von *rex* (König), sondern benutzte das Deminutiv *regulus*. Denn dieser Herrscher, der das «gesamte Volk der Goten», also Greutungen und Terwingen, regierte, war ein Kleinkönig von Balambers Gnaden. Der erste Regent war Hunimund, der Sohn des Ermanarich, dem sein Sohn Thorismund folgte.[66]

Die Nachkommen des berühmten Ermanarich schienen den Hunnen die Gewähr zu bieten, dass sich die Goten mit ihren Oberherren abfinden würden. Wo es diesen von Nutzen war, durften die Könige sogar eigenständig Krieg führen. Hunimund zog erfolgreich gegen die Sueben, und Thorismund errang bereits im zweiten Jahr seiner Herrschaft einen Sieg über die Gepiden. Umso trauriger war, dass er «im Schmuck der Jugend» vom Pferd stürzte und starb.[67] Den Ostgoten ging sein Tod so nah, dass sie in Erinnerung an ihn 40 Jahre lang auf einen Nachfolger verzichteten.[68] Die hunnischen Herren hatten daran nichts auszusetzen. Denn inzwischen hatten sich viele Goten willig oder unwillig daran gewöhnt, den Wolfshunger der Hunnen zu stillen, den ein hunnischer Offizier in kaiserlichen Diensten Jahre später anprangerte: Die Hunnen, «denen nichts an der Bestellung des Bodens liegt, fallen wie Wölfe über die Nahrungsmittel der Goten her und rauben sie; und weil sich die Goten für die Ernährung der Hunnen abmühen, behandeln diese sie wie Sklaven». Nicht nur die Bauern, auch gotische und einheimische Handwerker arbeiteten weiter wie bisher.[69] Nur kamen jetzt hunnische Adlige als Auftraggeber hinzu, von deren Entgelt sie profitierten. Die Hunnen bezahlten mit Goldsolidi, die ihre Könige in Verträgen mit Ostrom als Tribut erhalten hatten. So kam ein Teil des abgepressten Geldes in den Wirtschaftskreislauf zurück. Es blieb nicht aus, dass sich die verschiedenen Seiten im Kulturgut einander annäherten. Der Brauch der künstlichen Schädeldeformation, der sich in der ersten Hälfte des 5. Jahrhunderts bis Niederösterreich und Südmähren ausbreitete, ist ein auffälliges Beispiel.[70] Einen anderen Hinweis liefert die Vergesell-

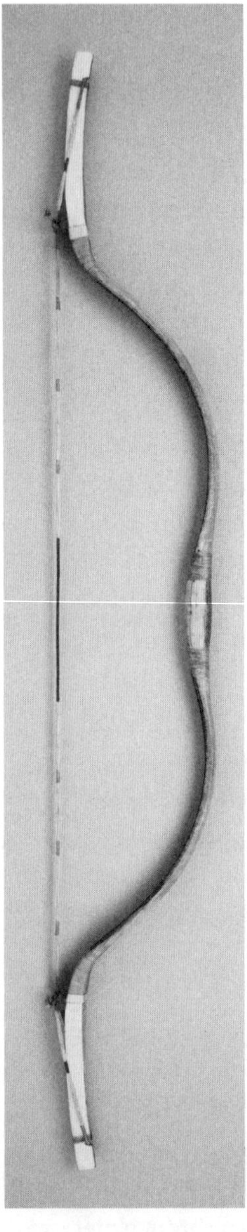

Rekonstruierter Sattel, wie er für die Reiternomaden typisch war. Die Sättel der Adligen waren mit Goldblech verziert.

Rekonstruktion eines aus Holz und Knochenteilen zusammengeleimten und gespannten Reflexbogens

Dreiflügelige Eisenpfeilspitzen; links Eisenlanzenspitze mit langer Tülle

Hunnenkessel, die in Ungarn gefunden wurden.

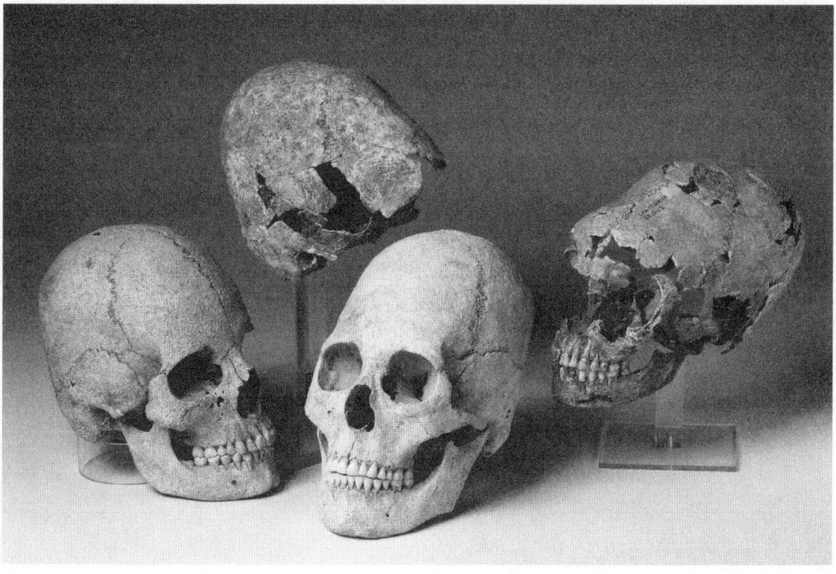

Künstlich deformierte Schädel

schaftung von ostgermanischen und reiternomadischen Waffen und Schmuck.[71] Aber nördlich der unteren Donau, des Schwarzen Meeres und des Kaspischen Meeres lässt sich auch ein eindeutiger hunnischer Kulturkomplex bestimmen, für den Grabsitten, Frauentracht, Kompositbögen, die sogenannten Hunnenkessel sowie blechbeschlagene Holzsättel bezeichnend sind.[72]

V

Zwischen Römischem Reich und Barbaricum

Rechts der Donau hinterließen die Hunnen nach 378, nachdem sich Balambers Großaufgebot inzwischen aufgelöst hatte, stärkere literarische Spuren. Gratian, der Kaiser im Westen des Reiches, hatte seinen Onkel Valens vergeblich beschworen, mit dem Angriff auf die Barbaren zu warten, bis er ihm Verstärkung herangeführt habe. Als er bald nach der Niederlage von Adrianopel im Osten erschien und erfuhr, was die umherziehenden und plündernden Goten, Alanen und Hunnen anrichteten, wurde ihm klar, dass er für seinen gefallenen Mitkaiser umgehend einen Nachfolger benötigte, um das wankende Imperium aufzufangen. Im Herbst 378 erhob er daher den erfahrenen General Theodosius zum Heermeister und im Januar 379 zum Mitkaiser.[1] Obwohl die Armee des Ostens noch weit von ihrer früheren Stärke entfernt war, gelang beiden Kaisern gemeinsam ein erster Erfolg gegen die Barbaren.[2] Dann riefen die Alamannen, die in Gallien eingefallen waren, Gratian in den Westen zurück, während Theodosius sich im Sommer 379 bemühte, sein Heer weiter aufzufüllen. Vor allem die Reiterei musste aufgerüstet und gedrillt werden, um den Reiterkriegern der Goten, Alanen und Hunnen gewachsen zu sein. Das war eine wichtige Lehre aus der Niederlage von Adrianopel.[3] Gegen gutes Geld gewann Theodosius auch Goten. Es waren bei weitem nicht die ersten, die in römische Dienste traten, obwohl immer wieder Stimmen laut wurden, die die Barbarisierung des Heeres verurteilten. Der für den Osten des Reiches zuständige Heermeister Julius zog daraus nach Adrianopel eine brutale Folgerung: In einem Geheimbefehl forderte er alle Truppenkommandanten auf, die in den

Städten und Feldlagern stationierten Goten mit angeblichen Soldzahlungen in die Vororte zu locken und an ein und demselben Tag niederzumachen. Der ehemalige Offizier Ammianus Marcellinus schloss mit diesem Gemetzel sein Geschichtswerk und betonte, der Heermeister habe «mit diesem klugen, ohne Lärm und Verzug durchgeführten Plan» den östlichen Provinzen große Gefahren erspart. Zu verwirklichen sei der Plan nur deswegen gewesen, weil zu der Zeit der seltene Fall eingetreten war, dass sämtliche Kommandanten Römer waren.[4]

Ein Glücksfall war der Gote Modares, der königlicher Abstammung war und vielleicht mit seinem ganzen Clan auf die römische Seite übertrat. Denn er überfiel bald darauf mit seinen Mannen im Morgengrauen einen Barbarenhaufen, der mehrere thrakische Dörfer ausgeplündert hatte und danach sinnlos betrunken am Fuß eines Hügels seinen Rausch ausschlief. Alle wurden bis auf den letzten Mann niedergemacht und ausgeraubt. Ausdrücklich hatte Modares befohlen, nur Schwert und Schild mitzunehmen und Abstand zum Nebenmann zu halten, um beim Anschleichen jedes Geräusch zu vermeiden und keinen der Schläfer zu wecken. Nach dem Blutbad eilte der Stoßtrupp zu den 4000 Wagen der Toten und nahm deren Frauen und Kinder gefangen.

Zosimus berichtete von dem Kommandounternehmen und sprach nur allgemein von Barbaren, die getötet wurden.[5] Man kann den Historiker zuverlässig ergänzen: Modares und seine gotischen Mitkämpfer haben schwerlich schlafende Stammesgenossen abgeschlachtet. Es war eine Hunnenhorde, die mit ihren Wagen umherzog und die sie ausspioniert und überrascht hatten. Der Alkohol wurde später noch manchem Hunnen zum Verhängnis. Ein König fraß und trank sich zu Tode, und übermäßiger Weingenuss war auch bei Attilas überraschendem Tod in der Brautnacht im Spiel.[6] Für den Historiker Procopius waren die Hunnen «unter allen Menschen die größten Säufer».[7]

Sollte Zosimus' Zahlenangabe nicht übertrieben sein, so bildete der Zug von 4000 Wagen eine beachtliche Kolonne. Die Wagen ließen sich rasch zu einer schwer einnehmbaren Festung zusammenstellen. Beeindruckt notierte der Militärschriftsteller Vegetius: «Alle Barbaren verbringen ihre Nächte sicher vor Überfällen, nachdem sie ihre Wagen ähnlich einem Lager zu einem Kreis verbunden haben.»[8] Wie die Römer erfahren hatten, lautete das gotische Wort für eine solche Wagenburg *carrago*.[9] Manche gotischen Wörter übernahmen auch die Hunnen.[10] Von der Wagenburg herab wurden Angreifer mit einem Pfeilhagel überschüttet. Bei Adrianopel hatten die Römer diese einschüchternde Abwehr erlebt, die sie schwere Verluste kostete, noch bevor der Kampf Mann gegen Mann begonnen hatte.[11] Rechnet man je Wagen auch nur einen Krieger, so musste man schon wie Modares eine günstige Gelegenheit abpassen, um mit 4000 Hunnen fertig zu werden, ohne einen einzigen Krieger zu verlieren. Zu ihrer Wagenburg, hinter der sie sicher gewesen wären, hatten es die Betrunkenen nicht mehr geschafft.

Modares machte neben den hunnischen Frauen und Kindern noch weitere Gefangene. Sie hatten die Wagen zu Fuß begleitet, waren also keine Hunnen, die sich mit ihren o-förmigen Reiterbeinen und den auffälligen Reitstiefeln beim Laufen schwertaten. Nicht ungewöhnlich war, dass sich durchziehenden fremden Truppen ‹Schlachtenbummler› anschlossen: verarmte Bauern, Schuldner, die ihre Gläubiger versetzten, Sklaven, die ihren Herren davonliefen, Deserteure, die oft in den Militärdienst gepresst worden waren, oder Abenteurer, die hofften, dass etwas Beute für sie abfalle. Den Ochsengespannen zu folgen, die die mit Beute schwer beladenen Wagen zogen, raubte ihnen gewiss nicht den Atem. Das Vorrecht, zu Pferd zu sitzen, ließen sich die Hunnen von dieser buntgewürfelten Schar, die sie auch zu mancherlei Diensten heranzogen, nicht schmälern. Dafür durften die Fußgänger abwechselnd auf den Wagen ausruhen. Auch ohne solchen Anschluss taten sich bisweilen entlaufene Sklaven und Soldaten zusammen, gaben sich schlauerweise als Hunnen aus und bekräftigten ihre Lüge dadurch, dass sie nicht weniger plünderten als ihre Namengeber.[12]

Der Aderlass, den Modares den auf dem Balkan umherziehenden Hunnen zufügte, führte nach Zosimus' Schlussworten dazu, dass Thrakien einige Zeit vor den Barbaren Ruhe hatte.[13] Zur Belohnung ernannte Kaiser Theodosius den Goten zum Heermeister. Mit diesem

Titel redete ihn der Kirchenvater Gregor von Nazianz in zwei Briefen an, die verrieten, dass er Christ war.[14]

Zur Beruhigung auf dem Balkan trug auch Theodosius selbst bei: Im Sommer und Herbst 379 entschied er mehrere Treffen gegen Goten, Hunnen und Alanen für sich. Es waren schwerlich die glänzenden Siege, für die ihn die Hauptstadt Konstantinopel feierte und die Literaten im Osten und Westen des Reiches bejubelten. Doch nach der Katastrophe von Adrianopel war man schon für bescheidene Erfolge über die hartnäckigen Reichsfeinde dankbar.[15] Dass die Erfolge bescheiden waren, zeigte sich im Frühjahr des folgenden Jahres. Weil sich herumgesprochen hatte, dass es mit dem Neuaufbau der Ostarmee haperte und die Verteidigung entlang der Donau entsprechend schütter war, drängten nicht nur neue Gruppen von Goten, Hunnen und Alanen über den Fluss, es kamen auch Markomannen und Quaden, Sarmaten und Vandalen.[16] Zu allem Unglück für das Reich erkrankte Theodosius so schwer, dass er Gratian zu Hilfe rufen musste. Bis der Mitkaiser aus dem Westen eintraf, hatte Fritigern mit seinen Terwingen bereits einen Raubzug durch Epirus und Griechenland unternommen, während sich Alatheus, Safrax und die Greutungen Pannonien vornahmen.[17] Inzwischen verstanden sich die Goten auch darauf, Festungsmauern zu brechen. Die Städte in Panonnien, wo der Militärbefehlshaber Vitalianus völlig versagte, bekamen das zu spüren.[18] Die Einwohner der thrakischen Stadt Nikopolis öffneten den Goten ihre Tore und rechtfertigten sich gegen den Vorwurf der Feigheit mit dem Argument, von kaiserlichen Truppen sei ja doch kein Schutz zu erwarten.[19]

Auf Theodosius' Hilferuf hin sandte Gratian zunächst den Heermeister Bauto und den Unterfeldherrn Arbogast, beide fränkischer Herkunft, mit einem bedeutenden Aufgebot nach Osten, wo sie die Goten Fritigerns aus Thessalien und Makedonien nach Thrakien abdrängten.[20] Der Kaiser folgte seinen Soldaten nach, und aus der Nähe erkannte er rasch, dass der Augenblickserfolg keine Dauerlösung bringen werde, zumal Alatheus und Safrax mit ihrer Schar Pannonien erneut verheerten. Wenigstens hier ging er einen Schritt weiter: Nach Absprache mit dem kranken Theodosius schloss er mit den beiden Führern einen Friedensvertrag, der ihrer «Dreivölkerkoalition» aus Goten, Hunnen und Alanen Siedlungsgebiete in der Pannonia prima und in der Valeria gab. Die Landschaft war bekannt für ihre Pferdezucht.[21] Gratian erfüllte damit den Wunsch, den Fritigern schon 376 und dann noch einmal unmittelbar vor der Schlacht von Adrianopel Kaiser Valens vorgetragen hatte.[22] Schon beim Übergang von Fritigerns Goten über die Donau waren die römischen Behörden zunächst darauf bedacht, nur eine begrenzte Zahl ins Reich zu lassen. Darauf hatten bereits frühere Kaiser geachtet, wenn sie fremde Stämme oder Stammesteile auf Reichsboden ansiedelten.[23] Doch 376 verloren die zuständigen Behörden wegen der nachdrängenden Massen schnell den Überblick und stellten das Zählen ein.[24] Dagegen war die Dreierkoalition unter Alatheus' und Safrax' Führung überschaubar. Die Neusiedler hatten den Status von *foederati*, die ein *foedus*, einen Vertrag, mit dem Kaiser abgeschlossen hatten.[25] Die Lebensmittel, die ihnen Gratian versprach, mussten von den Provinzialen aufgebracht werden. Sie waren der Lohn für den Kriegsdienst, zu dem Föderaten verpflichtet waren, wenn der Kaiser sie rief. In ihrem Fall kam die Verpflichtung hinzu, die Donaugrenze in Pannonien zu verteidigen. Dieser Vereinbarung, die zu ihrem eigenen Nutzen war, entzogen sie sich nicht. Denn im Jahr darauf wich ihnen eine Koalition von Skiren, Karpodakern und Hunnen aus und überschritt weiter östlich die Donau. Wie hier hielten sich einzelne Stammesteile der Hunnen weiterhin mit eigenständigen Angriffen auf das Römische Reich zurück und schlossen sich lieber den Unternehmungen anderer Stämme an, «um im Trüben zu fischen».[26] Theodosius gewann gegen die Eindringlinge eine Schlacht und warf die Überlebenden über die Donau zurück. Sein Sieg gerade auch über die Hunnen ließ die Provinzialen aufatmen und stärkte das Selbstbewusstsein seiner jungen Armee.[27]

Doch auch Theodosius wusste sehr wohl, dass er lediglich einen Augenblickserfolg errungen hatte. Die Bedrohung durch die Hunnen bestand weiter. Vielleicht hatte der Kaiser auch Nachricht bekommen, dass sie sich erneut zu einem großen Angriff rüsteten. Bei der Beweglichkeit der Reiternomaden musste man immer mit Überraschungen rechnen. Zur äußeren Gefahr kam die innere, die Goten Fritigerns. Sie zogen nun schon das dritte Jahr seit Adrianopel, das sechste seit ihrem Übergang über die Donau auf der Balkanhalbinsel umher und überfielen bald hier, bald dort die Provinzialen. Mit Waffengewalt war ihnen vorläufig kaum beizukommen. Es blieb nur eine einvernehmliche Lösung nach dem Vorbild des Friedensvertrags von 380 und dessen doppeltem Ziel: Ansiedlung und Reichsverteidigung. Im Herbst 382 war es soweit: Theodosius schloss mit den Goten ein Abkommen. Er gab ihnen Siedlungsland in den zur Diözese Thrakien gehörenden Provinzen Moesia secunda und Scythia minor gegenüber dem Donaudelta. Über den Vertrag von 380 hinaus sollten die Siedler autonom sein, allerdings wie die Dreivölkerkoalition Heeresfolge leisten. Theodosius erfüllte im Grunde die Forderung, die Fritigern unmittelbar vor der Schlacht von Adrianopel in einem geheimen Schreiben an Valens gestellt hatte: Nur wenn ihm der Kaiser ganz Thrakien überlasse, könne er «gleichsam als künftiger Freund und Bundesgenosse», also als autonomer Vertragspartner des Römischen Reiches, seine Goten ruhig halten. Zwischen Römern und Goten werde dann «ewiger Friede» (*perpetua pax*) herrschen.[28]

Was Valens damals entrüstet ablehnte, weil Rom fremden Siedlern noch nie einen autonomen Status eingeräumt hatte, gewährte nun Theodosius. Er tat es in der Hoffnung, die Autonomie werde ein wirksamer Anreiz für die Goten sein, nicht nur ihr neues, immer noch zum Römischen Reich gehörendes Stammesgebiet zu verteidigen, sondern auch fremde Angebote abzulehnen, gegen Rom gemeinsame Sache zu machen. Dementsprechend lautete ein Exzerpt des Historikers Eunapius: «Der Kaiser nahm sie auf und teilte ihnen Land zu in der Annahme, in ihnen wackere und unbezwingliche Verteidiger gegen die Einfälle der Hunnen in jener Gegend zu haben.»[29] Gegen Kritiker der staatlichen Neuerung verteidigte Themistius den Kaiser in einer Rede, die er im Januar 383 im Senat von Konstantinopel hielt: «Ist es besser, wenn Thrakien voller Leichen ist oder voller Ackerbauern?», rief der gebildete Senator pathetisch und erinnerte die Standesgenossen an die Galater seiner kleinasiatischen Heimat, die keiner mehr Barbaren nenne, weil sie längst echte Römer seien. So werde es auch mit den Goten gehen.[30] In Kastelle, die römische Soldaten verlassen hatten, zogen die neuen Föderaten ein, und nach archäologischen Funden zu schließen lebten sie dort mit Frauen und Kindern. Das militärische Areal verwandelte sich in eine befestigte ländliche Siedlung mit Wohnhäusern, die sogar verglaste Fenster hatten. Dazu kamen Wirtschaftsräume und Werkstätten.[31]

Im Jahr 383 traten zum ersten Mal hunnische und alanische Söldner in römische Dienste. Es war bezeichnend, dass der fränkische Heermeister Bauto sie warb – ein Barbar die Barbaren, wie seine Gegner am Kaiserhof kritisieren mochten. Alemannische Juthungen waren in Rätien eingefallen, und zur gleichen Zeit drohte der gallische Usurpator Magnus Maximus, in Italien einzumarschieren und den zwölfjährigen Kaiser Valentinian II., den Halbbruder des ermordeten Gratian, zu stürzen. Der Usurpator stand auch im Verdacht, er habe die Juthungen aufgefordert, in Rätien eine zweite Front zu bilden. Bauto sperrte die Alpenpässe mit römischen Truppen. Gegen die Juthungen blieb ihm nur, gemäß dem Bündnisvertrag von 380 die Hunnen und Alanen aus Pannonien zu holen. Die Nomaden folgten umso lieber, als sie sich in den vergangenen drei Jahren schwerlich für die Landwirtschaft begeistert hatten. Kaum näherten sich die Reiterkrieger 384 von Rätien aus Gallien, da bekam es Magnus Maximus mit der Angst zu tun: Er wolle auf den Marsch über die Alpen verzichten, wenn Valentinian die Barbaren nach Hause schicke, lautete sein Angebot. Der junge Kaiser stimmte zu, nicht ohne seine neuen Helfer reichlich zu entlohnen. Zum ersten Mal war Gallien ins hunnische Blickfeld geraten.[32]

Mit den Hunnen bekam es Magnus Maximus dann doch noch zu tun: Nach langem Zögern entschloss sich Theodosius 388, gegen den Usurpator vorzugehen, der im Vorjahr Italien besetzt und Valentinian II. zur Flucht gezwungen hatte. Jetzt bot auch er die Hunnen und Alanen in Pannonien auf, dazu die Goten. Es war nicht nur panegyrischer Überschwang, wenn sein Lobredner Pacatus beteuerte, wie eifrig sie alle unter die kaiserlichen Fahnen eilten.[33] Neben der Loyalität zum Kaiser wurde ihr Eifer von der Erinnerung an die vielen

Goldsolidi beflügelt, die Valentinian vier Jahre zuvor für ihre Dienste bezahlt hatte, sowie von der Erwartung, dass Theodosius genauso freigebig sein werde. Das ahnte auch Maximus, und er griff zu einem alten Mittel, um den Gegner zu schwächen: Er versprach Überläufern hohe Belohnungen. Der Lockruf habe bei den Barbaren verfangen, berichtete Zosimus. Sie seien jedoch rechtzeitig entdeckt worden, und als sie in die makedonischen Sümpfe flohen, seien sie verfolgt und hingerichtet worden.[34] Es waren wohl nicht allzu viele Deserteure, und gewiss waren unter ihnen einige Hunnen mit ihrer berüchtigten Geldgier. Doch die Mehrzahl der Alanen und Hunnen blieb Theodosius treu, zumal er gewiss das wirksamste Gegenmittel anwandte: Er zahlte einen Zuschlag zum vereinbarten Sold. Deswegen ertrugen seine Krieger auf dem Vormarsch auch klaglos Versorgungsmängel, wie Pacatus staunend bemerkte. Blieben die Hunnen vielleicht deswegen friedlich, weil sie sich von dem Fleisch nährten, das sie unter ihren Sätteln mürbe ritten?[35] Der Engpass konnte behoben werden, weil Theodosius wenig später auf Vorratslager stieß, die Maximus für seinen Einfall in Pannonien hatte anlegen lassen. Für Bischof Ambrosius bestand kein Zweifel: Christus hatte dem frommen Kaiser die Vorratslager geöffnet.[36]

Zwei Schlachten im Gebiet der Save und der Drau besiegelten das Schicksal des Usurpators. Theodosius' Überlegenheit beruhte nicht zuletzt darauf, dass es ihm gelungen war, aus römischen Legionären, gotischen Fußtruppen und hunnisch-alanischen Reiterkriegern eine taktische Einheit zu bilden.[37] Dazu kam der Ruf der Hunnen, der Maximus' Soldaten von vornherein erzittern ließ.[38] Die Hunnen waren es auch, die durch die Save – ein Flüsschen im Vergleich zu den Strömen ihrer heimatlichen Steppe – eine Attacke ritten, die den Gegner völlig überraschte. Zuviel der Ehre sollten sie jedoch nicht bekommen, weshalb der Römer Pacatus hier ihren Namen ebenso verschwieg wie bei den Wolken von Pfeilen, die er in der zweiten Schlacht erwähnte.[39]

Theodosius wusste jedoch, was er an den Barbaren hatte. Als er 394 gegen einen zweiten Usurpator, Flavius Eugenius, zog, nahm er wieder Goten und Alanen in Dienst. «Dazu bot er zahlreiche Hunnen aus den thrakischen Provinzen auf zusammen mit den Stammesführern, die mit ihnen zogen.»[40] In den vergangenen Jahren waren demnach immer wieder hunnische Gruppen mit ihren Häuptlingen über die Donau gekommen, die sich von Modares' Überfall nicht hatten abschrecken lassen. Neben den Reitern und den Fußsoldaten bildeten sie die Abteilung der «Bogenschützen zu Pferd» (*hippotoxotai*), die von ihren Häuptlingen geführt wurden. Die Goten standen unter dem Kommando der Goten Gainas und Alarich, die Alanen unter dem eines Saul, wahrscheinlich eines Stammesgenossen.[41] Theodosius griff auf eine alte Praxis zurück: Römische Feldherren hatten seit der ausgehenden Republik immer wieder fremde Kontingente eingesetzt, die bei ihrer herkömmlichen Bewaffnung und Kampfweise blieben und unter ihren eigenen Führern dienten.[42] Wahrscheinlich war sechs Jahre zuvor die Eingliederung der Nichtrömer in das Heer und seine Kommandostruktur nicht völlig gelungen und in so kurzer Zeit auch gar nicht zu leisten, weshalb Magnus Maximus mit einigem Erfolg Theodosius Soldaten abspenstig machen konnte.

Eugenius hatte ebenfalls ein starkes Aufgebot von Barbaren zusammengebracht. Als daher die Gegner am 5. September 394 beim Frigidus, der in den Isonzo mündenden Wippach, zum ersten Mal aufeinanderstießen und sich während einer Sonnenfinsternis ein blutiges Gemetzel bis in die Nacht lieferten, sah es zunächst für Theodosius nicht gut aus. Vor allem seine Hilfstruppen, die in vorderster Front aufgestellt waren, hatten starke Verluste erlitten, auch wenn die Zahl von 10 000 toten Goten übertrieben sein mag.[43] Der Usurpator feierte sich bereits als Sieger.[44] Aber er hatte sich zu früh gefreut. Denn der nächste Tag brachte eine Überraschung: Während Theodosius' Truppen in der Frühe erneut zum Kampf aufbrachen, erhob sich in ihrem Rücken eine Bora, einer der gefürchteten kalten Fallwinde an der dalmatischen Küste. Die barbarischen Einheiten des Kaisers, die wie am Vortag die Vorderfront bildeten, nutzten die Gunst der Stunde. Die Bora erhöhte die Reichweite und Durchschlagskraft der hunnischen Dreikantpfeile, während sie Eugenius' Soldaten den Sand in die Augen blies und ihnen kaum erlaubte, ihre Waffen zu ziehen. Am Abend des 6. September hatte der Usurpator die Schlacht und das Leben verloren.[45]

Fortem Fortuna adiuvat – «den Tapferen unterstützt das Glück», zumal wenn er der legitime Kaiser ist. An das bekannte Sprichwort mochte so mancher unter Theodosius' und Eugenius' gebildeten Offizieren denken. Aber der strenge Katholik Theodosius wollte nichts davon wissen, dass die heidnische Göttin Fortuna ihm die Bora zu Hilfe geschickt habe. Erst recht war ihm peinlich, dass er seinen Sieg und die Gesamtherrschaft über das Römische Reich hauptsächlich seinen Barbaren – den schrecklichen Hunnen unter ihnen – zu verdanken hatte.[46] Bald verbreitete sich daher eine Geschichte, die vielleicht von seinem Hauptquartier ausgestreut und von frommen Christen gern geglaubt wurde: Der Sieg über Eugenius, für den sich die heidnische Senatsaristokratie in Rom begeistert hatte, war ein Gottesurteil, mit dem der christliche Gott bewies, dass die Zeit der heidnischen Götter endgültig abgelaufen war. Theodosius war der zweite Mose. Als er bemerkte, dass seine Truppen ins Hintertreffen gerieten, bestieg er einen hohen Felsen, wo ihn beide Schlachtreihen sehen konnten. In inständigem Gebet erflehte er von Gott den Sieg. Und Gott erhörte ihn.[47]

Als Theodosius in den Westen zog, ließ er seinen siebzehnjährigen Sohn Arcadius, den er 383 zum Mitkaiser erhoben hatte, als Herrscher über das Ostreich in Konstantinopel zurück und stellte ihm den Prätorianerpräfekten Rufinus zur Seite.[48] Seinem zehnjährigen Sohn Honorius hatte er 393 die Kaiserwürde verliehen. Der Knabe sollte den Westen des Reiches regieren, weshalb er ihn nach dem Sieg über Eugenius nach Mailand kommen ließ. Wenig später, am 17. Januar 395, starb Theodosius überraschend. Eine weitere fromme Legende milderte nachträglich die Überraschung: Wie vor dem Feldzug gegen Maximus habe Theodosius auch 394 den Einsiedler Johannes in der ägyptischen Wüste befragen lassen. Er habe ihm prophezeit, er werde einen blutigen Sieg gegen den Usurpator erringen, aber bald danach in Italien das Zeitliche segnen.[49]

Vor seinem Tod hatte Theodosius noch den Heermeister Flavius Stilicho, den Gemahl seiner Nichte Serena, zum Vormund des Kinderkaisers Honorius bestimmt. Stilicho hatte auf dem Feldzug gegen Eugenius zusammen mit dem älteren Heermeister Timasius die taktische Führung inne.[50] Wahrscheinlich war er es auch, der in Thrakien, wo er zuvor Kommandant gewesen war, die Hunnen angeworben hatte.[51] Die Verbindung, die er mit ihnen geknüpft hatte, half ihm, als er sich nach dem Sieg junge Hunnen als seine Leibwache zusammenstellte. Denn im Osten und im Westen hatte er, der vandalischer Abstammung war und sich im Heer hochgedient hatte, nicht wenige Feinde, und ihre Zahl nahm in den folgenden Jahren noch zu. Wenn er inmitten seiner berittenen und bewaffneten Hunnentruppe in der Öffentlichkeit erschien, war das einerseits sein bester Schutz, andererseits eine Demonstration seiner Macht, die bei manchem für böses Blut sorgte.[52]

Gute Bezahlung und Leutseligkeit machten Stilicho zu einem beliebten Heerführer und ließen seine Leibwächter das bisherige Nomadendasein verschmerzen. Ihr Herr wird zusätzlich dafür gesorgt haben, dass sie sich nicht allzu sehr nach den Frauen in den heimatlichen Wagen sehnten. Sein Gegenspieler in Konstantinopel, der Prätorianerpräfekt Rufinus, umgab sich zur gleichen Zeit ebenfalls mit einem hunnischen Gefolge und kleidete sich in gotische Tracht.[53] Eine Leibwache aus Germanen hatten sich schon Kaiser Augustus und seine Nachfolger zugelegt.[54] Die Männer hatten neben ihren körperlichen Vorzügen den Vorteil, dass sie kein Latein verstanden, folglich auch nicht so leicht von Gegnern beschwatzt oder bestochen werden konnten. Aus Skythen und Kelten setzte sich Kaiser Caracallas Leibwache zusammen, die sogenannten Löwen.[55] Eine vollkommene Lebensversicherung bot ein solcher martialischer Trupp dennoch nicht, sofern Gegner ein Mordkomplott geschickt einfädelten. Augustus' Großneffe und übernächster Nachfolger Caligula erfuhr das im Jahr 41 ebenso wie Caracalla im Jahr 217. Stilichos Entmachtung und Sturz im Jahr 408 begann damit, dass seine Hunnen im Schlaf überfallen und niedergemetzelt wurden. Seine Feinde wussten, die Garde würde ihm seine Wohltaten vergelten und für seine Verteidigung ihr Leben opfern, «ohne Rücksicht auf sich selbst» – *sine sui respectu* –, wie Ammianus Marcellinus vom bedingungslosen Kampfeinsatz der

Hunnen sagte.[56] Vorgemacht hatte es Stilicho selbst. Im November 395 ließ er seinen Rivalen Rufinus ermorden, «nachdem dessen aus Hunnen bestehende Leibwache beseitigt worden war».[57]

VI

Das Römische Reich: Vorratskammer mit Selbstbedienung

Die Vorstöße, die einzelne hunnische Gruppen zuletzt über die Donau nach Thrakien unternommen hatten, waren für Theodosius unangenehme Nadelstiche, die er sogar noch dadurch belohnte, dass die Eindringlinge ihm Waffenhilfe leisten durften und dafür bezahlt wurden. Die Zivilbevölkerung griff nach Möglichkeit zur Selbsthilfe. Um das Jahr 386 errichtete der heilige Hypatius zusammen mit 24 Mönchen in Thrakien ein Kloster. Er machte aus ihm und anderen Bauten regelrechte kleine Festungen, «weil die Hunnen in der Nähe waren und mühelos die Gegend plünderten».[1] Hätten sich die Hunnen zu einem Großangriff auf das Ostreich zusammengefunden, wäre Theodosius nichts anders übrig geblieben, als Eugenius im Westen gewähren zu lassen, ihn sogar als Mitkaiser anzuerkennen, wie er das fast vier Jahre lang mit dem Usurpator Magnus Maximus getan hatte. Auch unter den Hunnen gab es zu dieser Zeit keinen Großkönig, der es gewagt hätte, die verstreuten Scharen zu sammeln und einen Kaiser herauszufordern, der sich als Feldherr einen Namen gemacht hatte.

Da verbreitete sich Ende Januar und im Februar 395 zwischen Donau und Kaspischem Meer die Nachricht, Theodosius sei gestorben. In Konstantinopel herrsche sein unbedarfter junger Sohn Arcadius, der Wachs in den Händen des Prätorianerpräfekten Rufinus sei, eines Zivilbeamten. Vor allem aber seien die römischen Truppen, die gegen Eugenius gekämpft hatten, noch nicht in den Osten zurückgekehrt. War das nicht die beste Gelegenheit, um das östliche Imperium Romanum auf breiter Front anzugreifen, 25 Jahre nach dem Großangriff auf das Gotenreich Ermanarichs?

Ob einzelne Hunnenstämme für sich beschlossen, die Gelegenheit zu nutzen, oder ob sie sich zu gemeinsamem gleichzeitigen Vorgehen absprachen, wusste später kein griechischer oder römischer Autor mehr zu berichten. Eine böswillige Überlieferung behauptete, Rufinus habe die Hunnen ins Land gerufen, um seinem Erzfeind und Konkurrenten Stilicho zu schaden. Dessen Lobredner Claudianus nahm als Erster die Verleumdung bereitwillig auf: Wie wenn der Windgott Aeolus seine Stürme losgelassen hätte, so habe der Prätorianerpräfekt überall den Barbarenstämmen den Weg geebnet und habe, damit keine Region verschont bleibe, das Unheil über das Reich verteilt.[2] Als Erste überschritten die Hunnen jenseits der unteren Donau mit ihren Wagen den zugefrorenen Fluss.[3] Andere Stämme an der mittleren Donau machten es ihnen nach. Ein Teil der Goten, die Theodosius eigentlich in Moesia secunda und Scythia angesiedelt hatte, damit sie das Reich gegen die Hunnen verteidigten, ergriff das Hasenpanier. Wären ihnen römische Truppen zu Hilfe gekommen, hätten sie gewiss wie gegen Magnus Maximus und Eugenius mehr Mut gezeigt. Doch jetzt zogen sie unter Führung Alarichs, der 394 das gotische Kontingent gegen Eugenius kommandiert hatte, durch Mösien und Thrakien auf Konstantinopel zu und plünderten dabei nach 376 und 378 die Provinzialen ein weiteres Mal aus. Die Hunnen hätten das nicht gründlicher besorgen können – ein Grund mehr, sie beide mit demselben Namen «Skythen» zu nennen. Vor den Toren der Hauptstadt machte Alarich Halt. Um ihn und seine Marodeure loszuwerden, schloss Rufinus mit ihnen ein neues Bündnis und wies ihnen Gebiete im östlichen Illyrien zu. Sie sollten dort Stilichos Pläne durchkreuzen, der die makedonische und die dakische Diözese für das Westreich beanspruchte. Die Goten folgten – mit verheerender Wirkung für die Gebiete, die sie durchquerten.[4] Ihr Führer Alarich konnte sich sogar mit dem Titel «Heermeister für das Illyricum» schmücken, den ihm Kaiser Arcadius 396 verlieh.

Inzwischen hatten zwei hunnische Anführer, Basich und Kursich, ein weiteres großes Heer am Maeotissee aufgestellt, um herauszufinden, was jenseits des Kaukasus zu holen sei. Zum ersten Mal erwähnte die Überlieferung eine hunnische Doppelspitze, die gewiss schon öfter vorgekommen war. Priscus hörte dazu am Attilahof Näheres über die beiden und ihren Feldzug: Basich und Kursich kamen aus dem Verband der königlichen Hunnen. Den Königstitel versagte man ihnen, denn Könige hatten die Hunnen zu der Zeit nicht. Beide gehörten in die Reihe der *primates*, von denen Ammianus Marcellinus gesprochen hatte.[5] Anlass für ihren Feldzug im Jahr 395 war eine Hungersnot und die Nachricht, dass bei den Römern Krieg herrschte. Gemeint war die Auseinandersetzung Konstantinopels mit Alarich und den Goten, wozu der Streit zwischen Ostreich und Westreich, zwischen Rufinus und Stilicho kam. Auch waren immer noch nicht alle Truppen zurückgekehrt, die Theodosius gegen Eugenius geführt hatte. Die Gelegenheit, einen weiteren Schlag gegen den Ostteil des Römischen Reiches zu führen, war also günstig.

Basich und Kursich überschritten den Don und zogen durch die Steppe nach Süden zum Kaukasus, den sie an der Kaspischen Pforte (*Caspia claustra*) überquerten. Großarmenien und Melitene war ihr erstes Ziel. Vielleicht teilten sie sich dort, und die einen nahmen sich Kleinasien vor, während die anderen dem Euphrat folgten und ihr Glück in Syrien versuchten. «Glück» hieß hier wie dort Raub und Mord.[6] «Überall tauchten sie unvermutet auf, überholten noch ihren Ruf und zeigten weder Mitleid mit der Religion noch mit der Standeswürde, weder mit dem Greisenalter noch mit dem Säugling», so Hieronymus in Bethlehem, der aus seiner Angst keinen Hehl machte. Seine Mönche und Nonnen verließen mit ihm ihre Klausen und begaben sich hinab ans Meer, um sofort ein Schiff zu besteigen, falls sich die Feinde näherten und Miene machten, gottgeweihte Jungfrauen zu vergewaltigen.[7] Doch sie konnten bald wieder aufatmen. Wie schon früher machte die Beute die Hunnen schwerfällig und begrenzte ihren Radius.

Der in Syrien beheimatete christliche Dichter Cyrillonas flehte in einem Gebet um Erlösung von einer Heuschreckenplage und von der Hunnenplage. Wenn er die Heuschrecken beschrieb, schien er zugleich die nicht weniger verderblichen Hunnenhorden zu meinen: «Wolken von Heuschrecken breiten ihre Flügel aus und bedecken unser Land mit ihren Scharen. Statt der Regentropfen erhalten wir diese Schwertträger, statt des Taus die Lanzenführer, statt der Wolkengüsse zur Tränkung unseres Bodens müssen wir sehen, wie jene ihre Beile gegen unsere Pflanzen wetzen.» Verzweifelt richtete der Dichter an Gott die Frage: «Wenn mich die Hunnen, o Herr, besiegen werden, warum habe ich dann meine Zuflucht zu den heiligen Märtyrern genommen?»[8] Man hat vermutet, dass Cyrillonas in Edessa lebte. Die Stadt wurde von den Hunnen berannt, aber von einer römisch-gotischen Besatzung verteidigt. Die *Akten der edessenischen Märtyrer* erwähnten den Ansturm einleitend zu einer Legende und ergänzten, dass die Räuber auf ihrem Zug zahlreiche Gefangene machten.[9] Die Hunnen drangen weiter zum Tigris und zur Stadt Amida vor. Deren umliegende Festungen, in die sich die Landbevölkerung geflüchtet hatte, eroberten und zerstörten sie, metzelten die Verteidiger nieder und führten die übrigen ebenfalls in die Gefangenschaft. Die syrische Chronik des Pseudo-Dionysius von Tel-Mahre, deren genaue geographische Angaben für eine zuverlässige Überlieferung sprechen, entsetzte sich über ihre Grausamkeit.[10] Doch dann stießen sie mit einem persischen Aufgebot unter König Yezgerd (Yazdegerd) I. zusammen, der ihnen einen Großteil ihrer Beute abjagte. Priscus verschwieg ihre Niederlage nicht.[11] Ausführlicher war die *Vermischte Weltchronik bis zum Jahr 726* in syrischer Sprache, auch *Buch der Kalifen* genannt: Yezgerd hat 18 000 Gefangene befreit und sie mit Brot, Wein, Dattelwein und Öl versorgt.[12] Die *Akten der edessenischen Bekenner* berichteten weiter, dass die Hunnen im Jahr darauf ihren Angriff auf Edessa wiederholten, jetzt im Bund mit den Persern.[13] Zum Jahr 397 konnte Hieronymus der römischen Adligen Fabiola, die vor den Hunnen aus Bethlehem nach Rom geflohen war, in einem Brief mitteilen, in Palästina herrsche wieder Ruhe – eine stille Aufforderung, sie möge zurückkehren.[14]

Nachdem die Hunnen 398 erneut den Kaukasus überquert hatten und in Kleinasien eingefallen waren, verheerten sie Kappadokien und Phrygien. Von dort war es nicht mehr allzu weit bis Konstantinopel, wo der Oberkämmerer Eutropius, der *praepositus sacri cubiculi*, mittlerweile am Kaiserhof der starke Mann war. Ein Feldzug gegen die hunnischen Räuber würde für ihn, den Eunuchen, das beste Mittel sein, um seine Macht zu sichern und innere Gegner zum Schweigen zu bringen. Er bot daher gotische Reiterkrieger auf, und es gelang ihm, die Hunnen bis nach Armenien zu verfolgen. Als Belohnung forderte Eutropius für das Jahr 399 das Konsulat – der erste Eunuch in diesem Amt. Die Würde sicherte ihm jedoch nicht das Leben. Er wurde noch vor Ablauf seiner Amtszeit gestürzt und wenig später hingerichtet.[15]

VII

Hunnische Könige und römische Kaiser

Im Jahr 399 hielt der Philosoph und Politiker Synesius von Kyrene eine Rede vor Kaiser Arcadius und dem Senat von Konstantinopel. Ausführlich prangerte er die Barbarisierung des Heeres an und forderte eine Armee, in der unter der Führung des Kaisers nur noch Römer dienten – ein kaum mehr zu verwirklichendes Ideal. Mit deutlichem Blick auf die Hunnen jenseits der Donau wandte sich der Redner auch gegen eine Politik, die sich deren Wohlverhalten mit Geld erkaufte.[1] Fremde Stämme durch hohe Geldgeschenke ruhigzustellen war ein bewährtes Mittel römischer Kaiser, das in der Regel billiger als ein Feldzug war. Man sprach nicht von Tributen an auswärtige Könige, sondern von Geschenken, von *dona* oder *stipendia*, um Kritikern zuvorzukommen, in deren Augen solche Zahlungen der römischen Größe unwürdig waren. Unterworfene Völker hatten dagegen *tributa* an Rom zu entrichten.

Bei dem Geld für die Hunnen dachte Synesius nicht an den Sold, mit dem Theodosius seine hunnischen Kämpfer für die Feldzüge gegen Magnus Maximus und gegen Eugenius entlohnt hatte. Die Zahlung, auf die der Redner anspielte, muss auch später stattgefunden haben als der Feldzug des Eutropius 398 oder die Einfälle hunnischer Streifscharen in Mösien und Thrakien, die Theodosius' Krieg gegen Eugenius 394 vorausgingen. Es bleibt das Jahr der Rede 399, und das Geld ging an König Uldin, der dafür seine Krieger von neuerlichen Einfällen südlich der Donau abhielt. In den griechischen und römischen Quellen erscheint Uldins Name erstmals im Jahr 400. Nach dem Großkönig Balamber, der 375 den Angriff auf Ermanarichs

Goten geleitet hatte, war er der nächste namentlich genannte König, «der zu jener Zeit die Führung der Hunnen innehatte».[2]

Es waren die fortdauernden Machtkämpfe in Konstantinopel, die dazu führten, dass mit Uldin im Jahr 400 ein Hunnenherrscher, dem die Überlieferung den Königstitel gab, erstmals einen Schritt in die römische Innenpolitik machte. Uldin beschränkte sich nicht darauf, nur Soldaten zu stellen. Der Gote Gainas, einer von Theodosius' Truppenführern gegen Eugenius, hatte 399 Eutropius ausgeschaltet und war zum Heermeister ernannt worden. Im Jahr darauf scheiterten seine eigenen Machtpläne, und er floh mit seinem gotischen Gefolge durch Thrakien über die Donau. Er wollte sich in der alten Heimat niederlassen, die jedoch inzwischen die neue Heimat der Hunnen geworden war. Die ehemaligen Bewohner hatten hier nichts mehr verloren. Uldin verteidigte sein Herrschaftsgebiet in mehreren Kämpfen, in denen Gainas' Gefolge langsam aufgerieben wurde, bis er selbst am Ende fiel. Uldin schlug dem Toten den Kopf ab, ließ ihn einbalsamieren und sandte ihn zu Arcadius.[3] Die Trophäe war der Dank für dessen Zahlungen. Der Hunnenkönig verband mit seiner Gabe die Erwartung, dass demnächst wieder kaiserliche Boten über die Donau kommen und ihm nicht einen *sacculus*, einen Geldbeutel, sondern einen *saccus*, einen Geldsack, voll goldener Solidi mitbringen würden. Der Historiker Ammianus Marcellinus war nicht der Einzige, der den Hunnen «eine brennende Gier nach Gold» zuschrieb.[4]

Uldin wurde nicht enttäuscht. Arcadius' Boten brachten sogar noch mehr mit: einen Bündnisvertrag. Zum ersten Mal schloss ein römischer Kaiser mit einem hunnischen König ein Abkommen, das die Existenz des neuen Machtgebildes jenseits der Donau anerkannte.[5] Gainas' Kopf, der am 3. Januar 401 in Konstantinopel öffentlich ausgestellt wurde, war die sichtbare Begründung und Bestätigung des Vertrags.[6] Der hunnische Vertragspartner hatte Arcadius und das Oströmische Reich von einem Hochverräter befreit, der einen Staatsstreich geplant zu haben schien.[7] Seit der späten römischen Republik gehörte es nach blutigen innenpolitischen Machtkämpfen zum Ritual des Siegers, den Kopf des Unterlegenen zur Schau zu stellen, um so zusammen mit seinen Anhängern den Sieg auszukosten und künftige

Gegner abzuschrecken. Darauf verzichtete auch der Christ Arcadius nicht.[8]

Einzelheiten des Vertrags von 401 lassen sich mit einiger Sicherheit vermuten: Uldins Hunnen sollten sich nicht versagen, wenn Arcadius militärischer Hilfe bedurfte. Dafür versprach der Kaiser, ihm Jahresgelder zu zahlen, wie das frühere Kaiser in solchen Fällen ebenfalls getan hatten. Der Vertrag verschaffte Konstantinopel an der Donaufront für einige Zeit Ruhe. Den Hunnen aber bot er die Gelegenheit, sich nach Westen auszurichten. Ihr Druck in diese Richtung löste zwei große Völkerbewegungen aus, eine kurzfristige, die der Gote Radagaisus anführte, und eine langfristige, die erst Gallien, bald darauf Spanien und schließlich Africa traf.

Radagaisus sammelte ein riesiges Heer, das nach einer Überlieferung mehr als 200 000 Mann, nach einer anderen sogar 400 000 Mann stark war. Die Goten hatten in ihm das Übergewicht, darunter viele, die mit dem Frieden unter hunnischer Herrschaft, von dem Jordanes gesprochen hatte, nicht glücklich waren.[9] Hinzu kamen weitere germanische sowie keltische Kontingente.[10] Nach Alarichs Vorbild führte Radagaisus seine Scharen nach Italien in der vagen Hoffnung, sich dort niederlassen zu können. Zunächst aber plünderten sie Oberitalien weidlich aus, denn der Heermeister Stilicho benötigte einige Zeit, bis er ein größeres Heer zusammengestellt hatte. Das war ihm nur möglich, weil er «so viel wie möglich alanische und hunnische Bundesgenossen» aufbot, unter ihnen Uldin.[11] Versorgungsmängel zwangen Radagaisus, sein Heer zu dritteln. Mit seinem Drittel marschierte er auf Florenz zu, wurde aber von Stilicho auf die benachbarte Höhe von Faesulae, heute Fiesole, gedrängt und dort eingeschlossen. Nun leisteten Uldin und seine Hunnen dem Heermeister den besten Dienst: Auf ihren schnellen Pferden verhinderten sie jeden Ausbruch, und als Radagaisus doch zu fliehen versuchte, fiel er ihnen in die Hände.[12] Nach Gainas war er der zweite Gote, den Uldin vor den Toren von Florenz um einen Kopf kürzer machte. Es war der 23. August 406.[13] Der Kopf wurde wahrscheinlich zu den Eingeschlossenen und Ausgehungerten emporgehalten, die sich danach sofort ergaben. Anschließend erwiesen sich Uldin und Sarus, der

Führer von Stilichos verbündeten Goten, als besonders geschäftstüchtig: Für einen Goldsolidus pro Mann verkauften sie Gefangene in die Sklaverei.[14] Ein Solidus für einen Sklaven war ein Schleuderpreis. Der geldgierige Uldin hätte sicher gern mehr verlangt. Aber wie schon in früheren Zeiten ließ das Überangebot keinen höheren Preis zu. Währenddessen nahm Stilicho 12 000 adlige Goten ins römische Heer auf.[15] Auch die beiden anderen Heerhaufen des Radagaisus wurden geschlagen. Eine Seuche tat ein Übriges. Nach Augustinus verloren 100 000 Mann ihr Leben.[16]

«Zum Schutz der Römer» (*praesidio Romanorum*) hatten Uldin und Sarus am Abwehrkampf Stilichos teilgenommen, vermerkte Orosius befriedigt. Der Historiker schwankte zwischen der Furcht vor den Barbaren und der Hoffnung, sie würden eines Tages nicht nur gute römische Bürger, sondern sogar gute katholische Christen werden.[17] Gegen Stilicho erhob er den Vorwurf, er sei zu barbarenfreundlich.[18] Der Heermeister dürfte es auch gewesen sein, der nach dem Sieg über Radagaisus 300 Hunnen auswählte und sie nach Ravenna schickte, wo sie Kaiser Honorius und seine Residenz schützen sollten. Sie unterstanden dort dem *magister officiorum* Olympius, dem Oberhofmeister, und erhielten als *schola palatina*, als Palasttruppe, einen höheren Sold. Dass sie ihr Geld wert waren, bewiesen sie im turbulenten Jahr 408: Alarich, der sich mit Honorius überworfen hatte, fiel mit seinen Goten in Italien ein und unternahm einen ersten Marsch auf Rom. Er bat seinen Schwager Athaulf, der in Pannonien ein bedeutendes Aufgebot gesammelt hatte, mit ihm zu kommen. Athaulf folgte seiner Bitte und marschierte ebenfalls nach Italien. Als seine Streitmacht an Ravenna vorbeizog, befahl Honorius den 300 Hunnen, sich an ihre Fersen zu heften. Unter Olympius' Führung überfielen sie die Eindringlinge bei Pisa und töteten 1100 von ihnen, während sie selbst nur 17 Mann verloren. Unter den Toten müssen sich auch Hunnen befunden haben. Denn Athaulf verfügte «über eine nicht unbeträchtliche Menge von Goten und Hunnen».[19] Olympius aber stürzte im selben Jahr seinen Rivalen Stilicho, nachdem er zuvor dessen hunnische Leibwache im Schlaf hatte niedermetzeln lassen. Vorsichtshalber hatte er den Befehl zu dem Blutbad nur dem Goten Sarus und seiner Truppe erteilt.[20]

Schon gegen Alarich und dann wieder gegen Radagaisus musste Stilicho Truppen von der Rheinfront abziehen.[21] Die ausgedünnte Verteidigung im Westen und der hunnische Druck von Osten, den die Goten verstärkten, setzten eine weitere Wanderungswelle in Bewegung. Vandalen machten den Anfang. Vandalische Föderaten, denen Konstantin der Große um 335 Land in Pannonien zugewiesen hatte, sagten sich von Rom los. Sie verbündeten sich mit Alanen, die schon bei Stilichos Kampf gegen Radagaisus unsichere Helfer gewesen waren.[22] Die Quaden links der Donau schlossen sich an. Hieronymus erwähnte in einem Brief außerdem Sarmaten, Gepiden, Heruler, Sachsen, Burgunden und Alamannen. Zum Schluss nannte er voller Entsetzen – «o bedauernswerter Staat» – feindliche Pannonier, die sich ebenfalls mit den Barbaren auf den Weg machten.[23] Sie kamen aus der verarmten Landbevölkerung, während Angehörige der pannonischen Oberschicht nach Italien auswichen.[24] Orosius und Zosimus beschränkten sich auf Alanen, Sueben und Vandalen, die drei großen Volksgruppen, die von 406 bis 409 Gallien leerplünderten, dann die Pyrenäen überschritten und sich in Spanien niederließen. Doch Hieronymus dürfte auch von kleineren Stammesverbänden jenseits seiner pannonischen Heimat erfahren haben, die auf ihrem Weg entlang der Donau zu den Großgruppen stießen. Im Maingebiet kamen noch Burgunden hinzu.[25] Procopius wusste von einer Hungersnot, die die Vandalen gezwungen habe wegzuziehen.[26]

Stilicho war nicht so leichtfertig gewesen, wie ihm feindliche Stimmen vorwarfen.[27] Die Verteidigung der Rheingrenze hatte er fränkischen Föderaten anvertraut.[28] Sie taten ihre Pflicht und stellten sich den Vandalen entgegen. Es kam zu einer Schlacht, die den Vandalenkönig Godegisel und 20 000 Stammesgenossen das Leben kostete. Falls die Zahl zutrifft, müssen mit den pannonischen Vandalen auch große Teile der nördlich der Donau siedelnden Stammverwandten mitgezogen sein. Die Verlierer wären aufgerieben worden, wenn ihnen nicht der Alanenkönig Respendial zu Hilfe geeilt wäre.[29] Am 31. Dezember 406 überschritten die Barbaren den Mittelrhein, und für Gallien begann eine dreijährige Leidenszeit.[30] Die Hunnen hatten sich inzwischen in Pannonien breitgemacht.[31]

Sechzehn Monate später, am 1. Mai 408, starb Kaiser Arcadius in Konstantinopel. Für seinen Sohn und Nachfolger Theodosius II., der erst sieben Jahre alt war, führte der Prätorianerpräfekt Anthemius die Regierungsgeschäfte. Sobald Uldin vom Herrscherwechsel erfahren hatte, bot er Hunnen und Skiren auf, und die Koalition fiel nach 380 ein zweites Mal in Mösien und Thrakien ein.[32] Nachdem sein Bündnis mit Arcadius bereits vorher brüchig geworden war, hielt der Tod des Vertragspartners den Hunnenkönig erst recht nicht davon ab, seine Führerstellung durch einen weiteren Kriegszug gegen das Oströmische Reich zu festigen. Das Unternehmen ließ sich gut an. Die Archäologen haben mehr als 70 Grenzstädte und Kastelle gezählt, die damals zerstört wurden.[33]

Die Stadt Castra Martis fiel durch Verrat, und in Thrakien traf Uldin auf so geringen Widerstand, dass er ein Friedensangebot Konstantinopels höhnisch zurückweisen konnte. Dem in Thrakien kommandierenden Heermeister, der ihn zu einem Friedensgespräch aufsuchte, hielt er selbstbewusst entgegen, es sei ihm ein Leichtes, alles Land unter der Sonne zu erobern. Dabei deutete er zur aufgehenden Sonne. Danach nannte er eine Phantasiesumme, für die sich die Römer den Frieden erkaufen könnten. Andernfalls sollten sie sich auf Krieg gefasst machen. In den Augen des Kirchenhistorikers Sozomenus wurde der Barbar für solche Überheblichkeit von Gott bestraft.[34] Allerdings halfen die Römer Gott kräftig nach: Sie bestachen Gefolgsleute und Unterführer Uldins, die überliefen und sich römischen Einheiten anschlossen. Zuvor hatten sie sich über die römische Politik und die Menschenfreundlichkeit des Kaisers ausgetauscht sowie über die Auszeichnungen, mit denen er tapfere Männer bedachte. Längst hatte sich bei den Hunnen herumgesprochen, dass Kriegsdienst unter römischen Fahnen einträglicher als mancher Raubzug sein konnte, zumal zum Sold auch noch Beute kam. Uldin aber konnte sich nur noch mit knapper Not über die Donau retten. Er war der lebende Beweis dafür, dass die Stellung eines Häuptlings oder Königs noch nicht auf dynastischer Anhänglichkeit beruhte, sondern auf seinen militärischen Fähigkeiten und seinem Kriegsglück. Sie zusammen bescherten seinen Kriegern den Gewinn, der ihnen ermöglichte, ein Leben zu führen, das keineswegs mehr so ärmlich war wie einst in der Steppe. Dazu kam das Bewusstsein, stets jedem Gegner überlegen zu sein, folglich eine sichere Zukunft zu haben, gleichviel ob man angreifen würde oder sich verteidigen müsste.

Die führerlosen Skiren wurden vom römischen Heermeister, dem *magister militum per Thracias*, geschlagen. Eine kaiserliche Verordnung vom 12. April 409 bestimmte, was mit den Überlebenden geschehen solle. Der *Codex Theodosianus* hat ihren Text bewahrt, den die in Theodosius' Namen sprechende Kanzlei mit dem historischen Anlass eröffnete: «Wir haben die Skiren, eine barbarische Nation, unserer Herrschaft unterworfen, nachdem sehr viele Truppen der Hunnen, mit denen sie sich verbündet hatten, vertrieben worden waren.» [35] Nun erlaubte der Kaiser allen Landbesitzern, sich Skiren als Knechte zu besorgen. Sie sollten die Rechtsstellung von *coloni* haben, von Landarbeitern, die an die Scholle gebunden waren. Für einen geringen Preis oder sogar unentgeltlich seien sie abgegeben worden, ergänzte Sozomenus. Eine Bedingung, die der *Codex Theodosianus* und Sozomenus betonten, war damit verbunden: Kein Skire durfte in Thrakien und Illyrien – in Konstantinopel oder Europa, so Sozomenus – eingesetzt werden, also in der Nähe der alten Heimat. Die Skiren sollten keine Möglichkeit mehr haben, sich erneut mit den Hunnen zu verbünden. Der Kaiser dachte vor allem daran, der Landwirtschaft in Kleinasien aufzuhelfen. Es blieben noch genug «unverkäufliche» Skiren übrig. Sozomenus traf sie später im gebirgigen Bithynien, wo sie auf Einzelhöfen das Land bestellten. Auch hier beugte man durch die Siedlungsform der Gefahr vor, damit sie sich nicht eines Tages wieder zusammenrotteten.[36]

Von den Hunnen, die in den römischen Militärdienst traten, sprach Theodosius' Verordnung nicht. Nicht zuletzt war man sich am Kaiserhof im Klaren, dass sich Hunnen nicht als *coloni* eigneten. Noch immer galt Ammianus' Feststellung: «Keiner von ihnen bestellt ein Feld oder legt jemals Hand an einen Pflug.»[37]

Die hunnischen Überläufer waren für das Ostreich ein zweischneidiger Gewinn. Denn gerade im Jahr 409 kam es zu einer Hungersnot, von der besonders Konstantinopel betroffen wurde.[38] Die Kornversorgung aus Ägypten stockte, und das Umland der Hauptstadt war nicht in der Lage, den Ausfall zu ersetzen. In Ravenna liefen derweil die Verhandlungen mit Alarich, der für sich erneut den entsprechend dotierten Titel eines Heermeisters forderte, den ihm Stilicho 405 zum zweiten Mal verliehen hatte. Für seine Goten wollte er außerdem Land in Noricum samt Jahrgeldern und Kornversorgung haben. Doch Honorius zeigte ihm die kalte Schulter. Warum sollte er ihm entgegenkommen, wo er gerade 10 000 Hunnen zu Hilfe gerufen hatte, die Alarich in die Schranken weisen sollten? Nur Zosimus erwähnte den Hilferuf, überging aber, woher die Zehntausend kamen.[39] Waren es die Hunnen, die Uldin davongelaufen waren und die Theodosius' Prätorianerpräfekt Anthemius umso lieber zu Honorius schickte, als ihr Abzug Konstantinopels Finanzen und Lebensmittelversorgung entlastete? Die Vermutung liegt auch deswegen nahe, weil der Kaiser in Ravenna vorweg ihre Versorgung sicherstellte: Er befahl der Provinz Dalmatien, Getreide, Kleinvieh und Großvieh zu liefern. Für die Provinzialen war die Lieferung eine Sondersteuer.[40] Aber die Steuerzahler kamen mit ihr immer noch billiger davon, als wenn sich die Hunnen auf ihrem Weg nach Westen auf eigene Faust versorgt hätten. Von ihrem Einsatz weiß die Überlieferung allerdings nichts mehr. Vielmehr habe Anthemius 4000 Mann über das Meer nach Ravenna geschickt. Sie sollten Honorius verteidigen, der bereits geplant hatte, vor Alarich aus der Stadt zu fliehen.[41] Nicht verhindern konnten sie, dass der Gote am 24. August 410 Rom eroberte und der ganzen römischen Welt einen Schock versetzte. In fast 800 Jahren, seit dem Galliersturm 387 v. Chr., war die ehrwürdige Hauptstadt des Reiches, das Symbol römischer Größe, nie fremden Truppen in die Hände gefalllen.

Sollten inzwischen die 10 000 Hunnen ihr Handgeld und die Versorgungsgüter in Empfang genommen und sich danach über die Donau empfohlen haben, wohl wissend, dass Uldin zu schwach war, um sie für ihre Untreue zu bestrafen? Nicht nur sie, sondern auch die Hunnenhäuptlinge verschwanden nach seinem Rückzug über den Fluss aus dem Blick der griechischen und römischen Quellen. In der Folgezeit gab es offensichtlich weder mit Ostrom noch mit Westrom irgendwelche größeren militärischen Auseinandersetzungen. Erst im Jahr 422, fast eineinhalb Jahrzehnte nach Uldins Angriff, kam die Überlieferung wieder auf einen hunnischen Einfall in Thrakien zu sprechen. Mehrere Gründe waren für die ruhige Zwischenzeit verantwortlich: Die diplomatischen Beziehungen, die Römer und Hunnen unterhielten; die Verteidigungsanstrengungen, die der energische Prätorianerpräfekt Anthemius vornahm; schließlich die ersten Schritte der Hunnen, ihr Nomadenleben aufzugeben und sich nördlich der Donau sesshaft zu machen.

Die diplomatischen Beziehungen erwähnt ein Fragment aus dem griechischen Geschichtswerk des Olympiodorus, der selbst eine Gesandtschaftsreise zu den Hunnen unternahm. Einzelheiten des Fragments sind aufschlussreich, auch wenn sein größerer Zusammenhang kaum zu beantwortende Fragen aufwirft:[42] Olympiodorus «berichtet über Donatus, über die Hunnen und über die herausragende Bogenkunst ihrer Könige sowie darüber, dass der Historiker eine Gesandtschaft zu ihnen und zu Donatus unternahm. Seine Irrfahrt über das Meer und ihre Gefährlichkeit streicht er heraus, und wie Donatus, durch einen Eid getäuscht, in ungesetzlicher Weise abgeschlachtet wird. Ferner, wie Charaton, der erste unter den Königen, in Zorn gerät und durch kaiserliche Geschenke besänftigt und beruhigt wird. Damit enden die ersten zehn Bücher seines Geschichtswerks.»

Nach den umgebenden Fragmenten zu schließen reiste Olympiodorus im Jahr 412 oder 413 zu den Hunnen. War es Honorius in Ravenna, der ihn zu den Barbaren sandte?[43] In dem Fall hätte er den Nordzipfel des Adriatischen Meeres überquert, wo man sich jedoch weder verirren konnte noch Gefahren zu bestehen hatte. Die gab es nur auf dem Landweg, wenn man auf umherstreunende Goten stieß. Eher war Olympiodorus also von Theodosius in Konstantinopel beauftragt worden, mit den Hunnen nördlich des Schwarzen Meeres und des Maeotissees zu verhandeln. Er nahm seinen Papagei mit, der ihn zwanzig Jahre lang überallhin begleitete. Die Hunnen werden über den Vogel, den es in der Steppe nicht gab, gestaunt haben. Denn der Papagei ahmte alle menschlichen Bewegungen nach, und er konnte tanzen, singen und jemanden beim Namen rufen.[44] Überrascht war Olympiodorus, als er bei den Hunnen auf einen Mann traf, der den lateinischen Namen Donatus trug. Er war wohl ein Römer, der zu den Hunnen geflohen war, wie das auch später vorkam.[45]

Die führenden Hunnen bezeichnete Olympiodorus mit dem lateinischen Titel *reges* als Könige. Doch da es unter ihnen mit Charaton einen Primus inter Pares gab, waren damit eher Adlige gemeint. Zu ihrem Vorrang gehörte ihre außergewöhnliche Kunstfertigkeit im Bogenschießen, mit der sie sogar ihre einfachen Stammesgenossen übertrafen, die dafür berühmt waren. Als Anführer im Krieg und auf der Jagd mussten die *reges* die besten Schützen sein und sich immer wieder auszeichnen. Gewiss gaben sie vor dem Gesandten voller Stolz eine Kostprobe zu Pferd. Olympiodorus hat die unausgesprochene Warnung der Demonstration nach der Rückkehr seinem kaiserlichen Auftraggeber nicht verschwiegen und deswegen auch in seinem Geschichtswerk von dem Erlebnis gesprochen. Um die hohe Technik zu erreichen und zu erhalten, bedurften Ross und Reiter beständiger Übung. Verschiedene Vorteile gaben den Adligen dazu die nötige Muße: ein größerer Anteil an der Kriegsbeute und an den Naturalabgaben, die die unterworfene Bevölkerung liefern musste, dazu eine Anzahl Kriegsgefangene, die für sie die Alltagsgeschäfte zu verrichten hatten.

Donatus scheint in innerhunnische Streitigkeiten verwickelt worden und dabei eines gewaltsamen Todes gestorben zu sein. Das geschah gegen den Willen Charatons. Der Oberkönig muss den begründeten Verdacht gehabt haben, dass der Hof von Konstantinopel seine Hand im Spiel hatte. Vermutete man dort, Donatus, vielleicht ein ehemaliger römischer Beamter oder Offizier, könne Wegweiser für einen hunnischen Teilstamm werden, der ohne Wissen Charatons einen Einfall ins Römische Reich plante? Donatus wäre nicht der erste Römer gewesen, der sich auf diese Weise für erlittenes Unrecht zu rächen suchte.[46] Bestand Olympiodorus' Auftrag darin, Charaton mit einer bedeutenden Geldspende in seinem Vorrang zu bestätigen und so für innerhunnische Ruhe zu sorgen, die auch zur Ruhe an der römischen Grenze beitrug? Aus religiösen Gründen hatte sich der Oberkönig gewiss nicht über den gebrochenen Eid empört, der Donatus zum Verhängnis wurde.

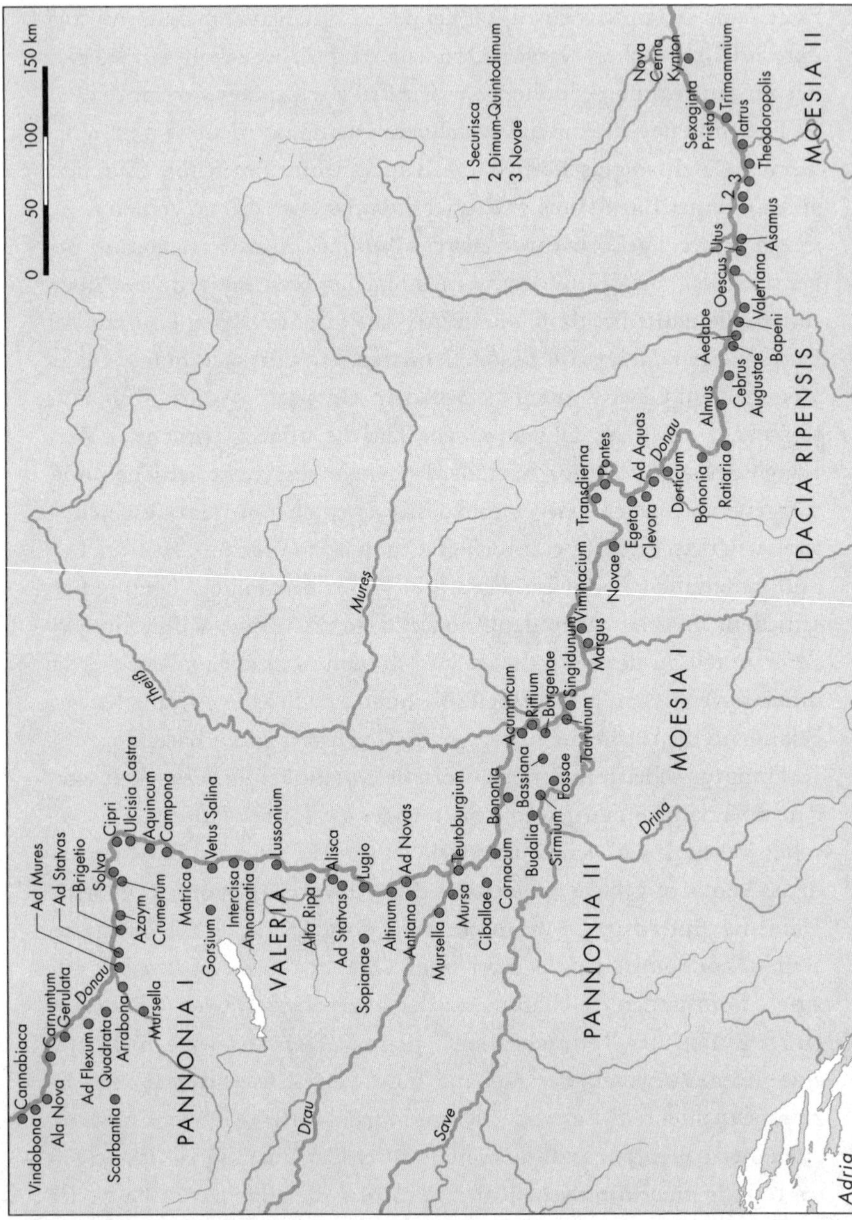

Die spätrömischen militärischen und zivilen Siedlungen an der mittleren und unteren Donau

Einen Hunnenführer durch Geldgeschenke friedlich zu stimmen war ein Tropfen auf den heißen Stein, der rasch verdampfen konnte. Den militärischen Schutz der Donaugrenze, des langen nassen Limes, durfte man darüber nicht vernachlässigen. Das wusste der Prätorianerpräfekt Anthemius, der damals in Konstantinopel die Fäden der Politik in der Hand hielt. Nach der Erfahrung von 378 ließ er von 412 bis 417 die große Theodosianische Mauer bauen, die die Hauptstadt weiträumig gegen Einfälle abschirmte.[47] Das Bollwerk musste schon äußerlich jeden Angreifer abschrecken: Hinter einem Graben von zehn Metern Breite und fünf bis sieben Metern Tiefe erhob sich eine Vormauer, die drei Meter dick und acht Meter hoch war. Im Abstand von 70 Metern ragten halbrunde und mehreckige Türme vor, die durch einen Wehrgang miteinander verbunden waren. Ein Zwischenraum von 15 Metern trennte die Vormauer von der imposanten Hauptmauer, die 15 Meter hoch und viereinhalb Meter breit war.

Anthemius stand auch hinter der Verordnung vom 12. Januar 412 für die Provinzen Moesia secunda und Scythia, die im Osten an das Schwarze Meer und im Norden an den Unterlauf der Donau und ihr riesiges Mündungsgebiet grenzten. Im Namen der beiden Kaiser Honorius und Theodosius II. richtete sich die Verordnung an den thrakischen Heermeister, in dessen Diözese die beiden Provinzen lagen. Für die Bearbeiter des *Codex Theodosianus* war der Gegenstand der Verordnung noch nach mehr als drei Jahrzehnten so aktuell, dass sie den Text nicht wie üblich auf wenige Kernsätze verkürzten. Sie nahmen ihn fast vollständig in ihre Gesetzessammlung auf und gaben ihm einen eigenen Sachtitel.[48] Der Text ist auch ein gutes Beispiel für den Sprachstil und die Schachtelsätze, die die spätantiken Kanzleien liebten:

«Wir ordnen an, dass für die mösische Flussgrenze (*limes*) 90 frischgebaute Patrouillenboote (*lusoriae*), dazu zehn reparierte aus dem Altbestand bestimmt werden und für die skythische Flussgrenze, die sich weit und unübersichtlich entlangzieht, 110 neue samt 15 überholte aus den alten, und zwar unter der Bedingung, dass Jahr für Jahr an der moesischen Flussgrenze vier Boote für die Spionage (*iudiciariae*) und 12 Boote für die Uferstationen (*agrarienses*) völlig neu gebaut werden und die alten ersetzen, und an der skythischen Flussgrenze fünf Boote für die Spionage und 12 Boote für die Uferstationen und dass sie mit ihrer gesamten Ausrüstung bewaffnet werden, worauf der Militärstatthalter (*dux*) bestehen muss und sein Stab verantwortlich ist, sodass durch diese Ergänzung im Lauf von sieben Jahren die Reparatur des Gesamtbestandes unverzüglich durchgeführt wird, wobei Euer Ehren energisch dafür zu sorgen hat, dass deren Bau und Fertigstellung erledigt wird. Wir sind der Meinung, dass das richtig angeordnet ist, und verlangen Vollzugsmeldung. Wenn aber die genannte Zahl von Patrouillenboten mit ihrer vollständigen Ausrüstung nicht aufgestellt wird, so werden der Militärstatthalter, zu dessen Dienstzeit die Anordnung verschleppt worden ist, mit 30 Pfund Gold und sein Stab mit 50 Pfund Gold unerbittlich bestraft werden, und auch der Stab von Euer Ehren wird einer Strafe von 50 Pfund Gold unterworfen werden, falls er nicht Jahr für Jahr dem Heermeisteramt die vollständige Anzahl gemeldet hat beziehungsweise, wieweit sie durch unzweifelhafte Nachlässigkeit verfehlt worden ist. Nicht weniger ist darauf zu achten, wenn für die Unwägbarkeit eines Krieges diese Dinge gemäß der Anordnung Eurer Exzellenz vorbereitet worden sind und Ihr zum Ausspähen im Konfliktfall oder zum Losfahren bei günstiger Gelegenheit die am stärksten befestigte Schiffstation wählt, dass dann nur reparierte Boote aus den Altbeständen zum Transport von Versorgungsgütern abgestellt werden.»

Überraschende Auskünfte über die Hunnen, die sich seit 375 auf der Krim niedergelassen hatten, gibt eine andere Verordnung, die die Kaiser am 24. September 419 an Anthemius' Nachfolger Monaxius richteten: «Nachdem denjenigen, die den Barbaren die ihnen vorher unbekannten Kenntnisse des Schiffsbaus verraten haben, aufgrund der Bitte des hochverehrten Asclepiades, des Bischofs der Stadt Chersonesus, die drohende Strafe und das Gefängnis erlassen worden waren, haben wir bestimmt, dass für sie und für andere die Todesstrafe festgesetzt wird, wenn in der Folgezeit ein ähnliches Verbrechen begangen wird.»[49] Die Hafenstadt Chersonesus hatte wie andere Küstenstädte auf der Krim selbstverständlich Schiffswerften. Die Hauptstadt Pantikapaion besaß in der frühen Kaiserzeit sogar Docks für dreißig Schiffe.[50] Die Schiffsbauer wollten ihr Handwerk, mit dem sie ihren Lebensunterhalt bestritten, unter den Hunnen nicht aufgeben. Den Nomaden, die bisher nie zur See gefahren waren, brauchten sie nicht lange zu erklären, dass auch Seeräuberei eine einträgliche Einnahmequelle war. Matrosen, die die Piratenschiffe bemannten, waren auf der Krim für eine ordentliche Heuer leicht zu haben. Von dort aus konnten sie mit den Hunnen an Bord einen Kranz von Städten entlang der Ostküste des Schwarzen Meeres bis hinab nach Konstantinopel ansteuern.

Solches Zusammenspiel war nicht neu: Als die Goten um die Mitte des 3. Jahrhunderts auf ihrer Südwanderung das Schwarze Meer erreicht hatten, stellten die Einwohner des Bosporanischen Reiches den ‹Landratten› Boote zur Verfügung und dienten ihnen als Führer. Die Goten und mit ihnen andere Stämme an der Donau unternahmen nun weiträumige Kaperfahrten und überfielen kleinasiatische Städte.[51] Die Einheimischen hätten mehr aus Angst als aus eigenem Entschluss gehandelt, fügte Zosimus rechtfertigend hinzu, was nur die halbe Wahrheit war. Denn auch sie mussten sich und ihre Familien weiter ernähren.[52]

In Konstantinopel war man im Jahr 419 alarmiert, und als den Römern einige Schiffsingenieure aus Chersonesus ins Netz gingen, darunter Gemeindemitglieder des Bischofs Asclepiades, wurden sie wegen Hochverrats zum Tode verurteilt. Der Bischof, der vielleicht bis zum Kaiserhof vordrang, erwirkte ihre Begnadigung. Auch sein Zeitgenosse Augustinus von Hippo und andere Bischöfe, die die Todesstrafe selbst bei Schwerverbrechern strikt ablehnten, unternahmen solche Bittgänge oder schrieben Petitionen.[53] Der strenge Katholik Theodosius ließ sich dieses Mal erweichen und Gnade vor Recht ergehen. Doch sollte dieser eine kaiserliche Gnadenakt kein Präzedenzfall werden. Wer zum Schaden des Römischen Reiches mit den Barbaren jenseits der Grenze zusammenarbeitete, ihnen gar Kriegsgerät lieferte, beging Hochverrat. Darauf stand nach alter Sitte die Todesstrafe. Konstantin der Große bestand sogar auf ihrer grausamsten Form: Der Übeltäter sollte bei lebendigem Leib verbrannt werden.[54]

Im Jahr darauf, am 5. Mai 420, erhielt Monaxius eine kaiserliche

Verordnung, die in sämtlichen orientalischen und kleinasiatischen Provinzen den Gutsbesitzern erlaubte, ihre Anwesen mit Mauern zu umgeben.[55] Der Kaiser dachte an die persische Bedrohung. Aber das Jahr 395 hatte auch gezeigt, dass selbst Gegenden tief im Innern des Reiches nicht vor einem raschen hunnischen Überfall sicher waren. Bis Soldaten des Kaisers an Ort und Stelle waren, hatten die beutebeladenen Räuber auf ihren schnellen Pferden längst das Weite gesucht. Gegen Mauern anzustürmen, sie gar längere Zeit zu belagern, waren die Steppenkrieger jedoch noch nicht in der Lage.[56] Private Verteidigungsmaßnahmen versprachen daher einen ersten Schutz vor bösen Überraschungen.

VIII

Das erste hunnische Doppelkönigtum: Octar und Rua

Für die Zeit um 420 erwähnt die Überlieferung zum ersten Mal ein hunnisches Doppelkönigtum: Die Brüder Octar und Rua hatten die Königsherrschaft (*regnum*) inne, allerdings nur über einen Teil der Hunnen, wie Jordanes betonte.[1] Das war nicht anders zu erwarten, nachdem die Hunnen Herren in einem Gebiet geworden waren, das sich von der Steppe jenseits der Wolga bis nach Pannonien erstreckte. Jordanes ergänzte, dass die beiden Könige einen dritten Bruder hatten, Mundzuc, den Vater der Brüder Attila und Bleda.[2] Es hatte sich also eine Königssippe herausgebildet, in der aber nicht alle Brüder gleichrangig waren. Einen vierten Bruder, Oëbarsius, lernte Priscus an Attilas Hof kennen. Bei einem Gastmahl des Königs nahm er den Ehrenplatz neben seinem Neffen ein.[3] Gewiss waren Octar und Rua die beiden Ältesten, und sie waren vorsichtig genug, die Macht nicht mit ihren jüngeren Brüdern zu teilen, die vielleicht auch von einer anderen Mutter stammten. Denn Priscus erwähnte ausdrücklich, dass Oëbarsius Attilas Onkel vom Vater her war.

Die zwei Könige teilten nicht ihr *regnum*, sondern einigten sich nur auf ihre jeweilige Stoßrichtung bei der Festigung und Ausdehnung ihrer Herrschaft. Basich und Kursich waren 395 noch gemeinsam in Kleinasien eingefallen. Aber inzwischen war die Macht der Könige gewachsen. Octar übernahm den Westen, wo er 430 gegen die Burgunden zog.[4] Rua war für den Osten zuständig, und er allein fiel 422 in Thrakien ein.[5]

Der Zeitpunkt für den Einfall war klug gewählt. Denn 421 war zwischen Ostrom und Persien ein Krieg ausgebrochen, der sich auch noch ins folgende Jahr hinzog.[6] Der römische Feldherr Ardabur, ein Alane, hatte deswegen Truppen aus den europäischen Provinzen abgezogen. Rua bekam freie Bahn und verwüstete Thrakien so gründlich, dass sich Kaiser Theodosius gezwungen sah, mit Persien Frieden zu schließen. Marcellinus Comes lässt in seiner Chronik das eine Ereignis unmittelbar auf das andere folgen.[7] Eine hilflose Landesverteidigung vermochte den Hunnen kaum etwas entgegenzusetzen, sodass sich Rua zu der Ankündigung verstieg, er werde Konstantinopel belagern, erobern und dem Erdboden gleichmachen. Der Kirchenhistoriker Theodoretus gab diese Drohung wieder, um dann aufzuatmen: Gott rettete die Stadt durch ein Unwetter, bei dem Rua vom Blitz getroffen wurde und verbrannte, während sein Heer unterging.[8] Beim Kirchenhistoriker Socrates betete der eifrige Katholik Theodosius das Unwetter und den für Rua tödlichen Blitzstrahl herbei. Das Gebet half nicht nur gegen den König, sondern auch gegen seine Soldaten. Die meisten erlagen der Pest und dem Feuer, das vom Himmel fiel.[9] Das waren fromme Legenden, über die mancher miterlebende Zeitgenosse den Kopf schüttelte, die jedoch spätere Leser erbauten. Die Wirklichkeit sah trüber aus: Konstantinopel erkaufte sich den Abzug der Hunnen durch einen Friedensvertrag, der kräftig vergoldet wurde. Künftig sollte Rua Jahr für Jahr 350 Pfund Gold erhalten.[10] Das waren 25 200 Solidi, das Pfund nach üblichem Standard zu 72 Solidi gerechnet. Der Kaiser hatte den Vertrag mit Rua geschlossen, der sich daher auch nicht genötigt fühlte, das jährliche ‹Geschenk› aus Konstantinopel mit seinem Bruder Octar zu teilen.

Mit dem Friedensvertrag hatte Kaiser Theodosius dem Hunnenkönig die Hand gereicht. Rua nahm das zum Anlass, bei jeder Unstimmigkeit, die zwischen Römern und Hunnen aufkam, seinen Gesandten Esla nach Konstantinopel zu schicken. Als gleichberechtigter Partner mit dem Kaiser zu verhandeln stärkte sein Selbstbewusstsein und seine Stellung, während sein Gesandter jedes Mal mit reichen Geschenken zurückkam.[11] Nach späteren Auseinandersetzungen zu schließen, waren eher die Römer als die Hunnen bereit nachzugeben. Anfang der dreißiger Jahre schien es jedoch zum Bruch zu kommen, und Rua drohte, den Friedensvertrag aufzukündigen. Es ging um die Stämme nördlich des Schwarzen Meeres, die Alpilzuren, Itimaren, Tunsuren und Boïsker sowie weitere Stämme an der Donau. Sie waren im Jahr 375 beim Angriff auf Ermanarichs Reich von den Hunnen überrollt und unterworfen worden.[12] Später hatten sie sich gegen ihre neuen Herren nach Konstantinopel gewandt und ein Bündnis mit dem Kaiser geschlossen. Stammesangehörige waren auch über die Donau gegangen, hatten sich mit kaiserlicher Erlaubnis auf römischem Boden niedergelassen oder sich dem Kaiser als Söldner angedient. Jetzt drohte Rua den Stämmen mit Krieg, und von den Römern verlangte er, das Bündnis mit ihnen aufzulösen und «alle auszuliefern, die sich zu ihnen geflüchtet hatten». Sein Gesandter Esla trug die Forderung in Konstantinopel vor mit dem Ultimatum, weigere sich der Kaiser, so sei der Friedensvertrag für seinen Herrn erledigt. Eslas Mission war für Ruas Herrschaftsanspruch bezeichnend: Wo jenseits der römischen Reichsgrenzen ein Hunnenkönig in einem Gebiet regierte, das von seinen Vorfahren erobert worden war, hatten die Römer nichts mehr zu suchen. Den gleichen Herrschaftsanspruch hatte schon König Uldin im Jahr 400 gegen Gainas und seine Goten vertreten.[13] Eher war Rua bereit, den Friedensvertrag zu verwerfen und auf die jährlichen 350 Pfund Gold zu verzichten, als hier nachzugeben. Den Stämmen, die in seinen Augen von ihm abgefallen waren, wird er sofort mit Krieg gedroht haben, sollten sie sich weigern, das Bündnis mit Theodosius aufzugeben.

Am Kaiserhof beschloss man, mit Rua zu verhandeln. Bevor Gesandte abgingen, sollte Esla zu ihm zurückkehren, um ihn vorweg zu besänftigen. Man wusste mittlerweile, wie leicht sich Hunnen in Zorn steigern konnten. Die Gesandtschaft war hochrangig: Plinthas und Dionysius, der eine gotischer, der andere thrakischer Herkunft, waren beide Heermeister und ehemalige Konsuln. Plinthas habe, so ergänzte Priscus, zuvor Esla noch seinen Freund Sengilachus mitgeschickt. Er sollte Rua überreden, nur mit ihm und keinem anderen Römer zu verhandeln.[14] Der Historiker nannte keinen Grund. Doch der war durchsichtig: Es mochte sich einmal auszahlen, persönliche Beziehungen zu einem Hunnenkönig zu haben, der einem nötigenfalls mit einem Trupp hunnischer Krieger beisprang. Plinthas dachte an einen Zeitgenossen: Flavius Aëtius.[15]

Die Gesandten kamen von Rua mit leeren Händen zurück. Der bisherige Tribut wurde ihm unvermindert weiterbezahlt.[16] Der Friedensvertrag blieb also in Kraft. Daraus kann man schließen, dass Theodosius auch Ruas Forderung erfüllte und das Bündnis mit den Stämmen am Schwarzen Meer und an der Donau zwar nicht offiziell annullierte, aber deren Angehörige des Landes verwies. Er ersparte damit dem Hunnenkönig einen Feldzug.

Konstantinopel durfte sich nicht in den hunnischen Machtbereich einmischen. Wohl aber hatte sich Rua schon früher diese Freiheit im Westen des Reiches genommen, und das in der bisher üblichen Weise: mit einem Aufgebot hunnischer Söldner. Kaiser Honorius war am 15. August 423 gestorben. Nachdem sein vierjähriger Enkel und vorgesehener Nachfolger Valentinian III. mit seiner Mutter Galla Placidia Anfang 423 vor den inneren Machtkämpfen nach Konstantinopel entwichen war, ließ sich in Rom der hohe Beamte Johannes zum Kaiser ausrufen. Theodosius verweigerte ihm die erbetene Anerkennung. Danach war ein Waffengang zwischen Ost und West abzusehen. Johannes schickte deswegen seinen Hofmarschall Aëtius, zuständig für die *cura palatii*, mit einer großen Menge Gold zu Rua, um hunnische Truppen anzuwerben. Sobald das Heer des Theodosius den Westen angreifen werde, sollten sie ihm in den Rücken fallen.

Johannes' Wahl fiel auf Aëtius, weil er längere Zeit als Geisel bei den Hunnen verbracht und dort viele Freundschaften geschlossen hatte. Schon vorher war er drei Jahre Geisel bei Alarich gewesen.[17] Umstritten ist die Chronologie der zweiten Geiselhaft, die vor 425 geendet haben muss.[18] Aëtius' Vater Gaudentius kam aus einer der führenden Familien der Provinz Scythia minor; sein Sohn war um das Jahr 390 im mösischen Durostorum geboren.[19] Gaudentius war von 399 bis zu seiner Ermordung 425 Heermeister in Gallien, und Aëtius diente zunächst als junger *tribunus praetorianus* am westlichen Kaiserhof. Folglich entschied man dort, ihn den Hunnen als Geisel zu geben. Priscus berichtete, die Hunnenführer Basich und Kursich, die 395 den Vorderen Orient heimgesucht hatten, seien später nach Rom gegangen, wo sie einen Bündnisvertrag abschlossen.[20] Datum und Anlass des Vertrags sind unbekannt. Doch am ehesten war Rua der Vertragspartner, der auch auf dem Austausch von Geiseln bestand, um das Bündnis zu sichern. Daher nahmen Basich und Kursich den Sohn des gallischen Heermeisters mit in ihre Heimat. Der Blick von Ruas Bruder Octar nach Gallien und auf den gallischen Heermeister Gaudentius mag mit ein Grund gewesen sein, dass Aëtius als Geisel gewählt wurde.[21]

Es verging einige Zeit, bis Johannes' Gold und Aëtius' Freundschaft mit Rua ihre Wirkung entfalteten – zu viel Zeit. Denn als Aëtius 425 endlich mit 60 000 Reitern vor Ravenna erschien, war Johannes seit drei Tagen tot.[22] 424 hatten Theodosius' Heermeister Candidianus und Ardabur sowie dessen Sohn Aspar begonnen, den Gegenkaiser zu Wasser und zu Land einzukreisen. Der hatte zunächst das Glück, dass Ardabur auf See eher zufällig in Gefangenschaft geriet. Doch 425 gelang es Aspar, die Residenzstadt Ravenna im Handstreich zu erobern. Beim Kirchenhistoriker Socrates verdankte sich der Erfolg einmal mehr göttlicher Hilfe, um die Theodosius, «der von Gott geliebte König», den Himmel angefleht hatte.[23]

Dem siegreichen Aspar war inzwischen gemeldet worden, dass sich Aëtius und die Hunnen näherten. Daher hielt er es für das Klügste, den Kriegsgrund ein für alle Mal aus dem Weg zu räumen, zumal Valentinian und seine Mutter Galla Placidia inzwischen aus Konstantinopel eingetroffen waren: Er ließ Johannes hinrichten. Der unwiderrufliche Schritt ersparte ihm allerdings nicht die nachfolgende Schlacht gegen Aëtius. Sie ging nach blutigem Kampf unentschieden aus.[24]

Obwohl Aëtius im Bürgerkrieg auf der falschen Seite gestanden hatte, waren seine Hunnen ein Druckmittel, um Galla Placidia und Valentinian zu zwingen, ihm die Würde eines *comes* zu verleihen.[25] Es war der Beginn einer Laufbahn, die in der römischen und hunnischen Geschichte des 5. Jahrhunderts tiefe Spuren hinterlassen sollte. Im Jahr 429 kam das Amt eines Heermeisters für Gallien hinzu.[26] Während seiner Geiselhaft hatte Aëtius nicht nur Bogenschießen, sondern gewiss auch Hunnisch gelernt. Dazu hatte er sich an die harte

Lebensweise der Steppenkrieger gewöhnt und sich ihre Kampftaktik abgeschaut. Er war aber klug genug, nicht alles von seinen Lehrmeistern zu übernehmen. Ihr aufbrausendes Temperament und ihre unüberlegten Entschlüsse blieben ihm zeitlebens ebenso fremd wie ihre Habsucht und Goldgier. Von Vaters und Mutters Seite war er reich genug. Sein Lobredner Renatus Profuturus Frigeridus, der Gewährsmann Gregors von Tours, sah in ihm den edlen und mustergültigen Römer. Das Porträt, das er von ihm entwarf, reihte ihn in die Galerie der Helden ein, die Rom einst groß gemacht und der Römischen Republik Glanz verliehen hatten.[27] Der römische Historiker war nicht Aëtius' einziger Bewunderer. Andere riefen ihn sogar zum «Letzten Römer» aus. Der Grieche Procopius schränkte das Urteil nur insofern ein wenig ein, als er zugleich mit ihm dem Heermeister Bonifatius, seinem großen Widersacher im Westen des Reiches, diese Auszeichnung verlieh.[28]

In Ravenna vermittelte Aëtius einen Friedensvertrag zwischen Valentinian und den abziehenden Hunnen. Er dürfte an den früheren Vertrag angeknüpft haben, den Basich und Kursich unter der Regierung des Honorius geschlossen hatten. So blieb die Kontinuität gewahrt, die für die Hunnen nach dem Tod eines Vertragspartners nicht selbstverständlich war. Erneut tauschten beide Seiten Geiseln aus.[29] Galla Placidia, die für ihren minderjährigen Sohn handelte, förderte das Einvernehmen durch großzügige Geschenke.[30] Um die hunnischen Geiseln wird sich Aëtius gekümmert haben. Sie waren für ihn zugleich eine Art Leibwache, die seinen Gegnern Respekt einflößen sollten. Die heimkehrenden Hunnen aber versprachen ihm, sich nicht zu verschließen, falls er wieder einmal ihre Hilfe benötigte. Ihren «Eifer für ihn» vermerkte Prosper Tiro im Blick auf die Zukunft.[31]

Vielleicht machten die Hunnen ihr Versprechen schon kurze Zeit später wahr, als Aëtius, zunächst als *comes rei militaris*, noch im Jahr 425 nach Gallien ging, um die Stadt Arelate, das heutige Arles, zu befreien, die von den Westgoten belagert wurde. Ihnen hatte die Reichsregierung 418 großzügig Wohngebiete in Südwestgallien zugewiesen. Sie sollten ein Bollwerk gegen das unruhige Nordgallien bilden, wo die sozialrevolutionäre Bewegung der Bagauden seit fast eineinhalb Jahrhunderten einen Unruheherd bildete. Doch die Goten waren keineswegs die willfährigen Föderaten, die man sich in Ravenna erhofft hatte. Der gallische Heermeister Gaudentius musste sie in die Schranken weisen, und als er bei einem Soldatenaufstand sein Leben verlor, griffen sie dessen Amtssitz Arelate an. Mit dem Amtsbereich Gallien übernahm Aëtius das schwierige militärische Erbe seines Vaters. Auf die Hunnen konnte er sich im Augenblick mehr verlassen als auf aufmüpfige römische Truppen.[32]

Theodosius' Hilfe für Galla Placidia und Valentinian, der in Konstantinopel mit der Kaisertochter Licinia Eudoxia verlobt wurde, war nicht kostenlos. Als Lohn verlangte er, dass ihm der Westteil des Illyricums zurückgegeben werde, den Honorius 396 erhalten hatte. Galla Placidia stimmte zu.[33] Theodosius' Militär, durch den Erfolg gegen Johannes gestärkt, griff danach in Pannonien ein und vertrieb mit Hilfe gotischer Föderaten die Hunnen, die dort seit 380 siedelten. Der kurze Hinweis bei Marcellinus Comes zum Jahr 427 und bei Jordanes hat eine breite Diskussion hervorgerufen.[34] Der oströmische Feldherr könnte Aspar gewesen sein, der auch 431 Truppen nach Africa führte, um gegen die Vandalen zu kämpfen. Doch die Hunnen ließen Pannonien nicht mehr aus den Augen.

Die Machtkämpfe, die die Heermeister Aëtius, Bonifatius und Felix gegeneinander austrugen, boten Rua erneut Gelegenheit, in der römischen Innenpolitik mitzumischen. Aëtius vermochte Felix 430 zu stürzen. Aber gegen Bonifatius, dem Galla Placidia Aëtius' Heermeisteramt übertragen hatte, unterlag er 432 später in einer Schlacht bei Rimini. Der Verlierer hatte Glück im Unglück: Der Sieger wurde im Kampf so schwer verwundet, dass er wenig später starb. Die Kaiserin verlieh daraufhin das Heermeisteramt Bonifatius' Schwiegersohn Sebastianus. Der hatte nichts Eiligeres zu tun, als zu versuchen, sich seines Rivalen Aëtius, der sich als Privatmann auf seine Güter zurückgezogen hatte, endgültig zu entledigen. Doch Aëtius hatte wieder Glück. Er entkam einem Mordkomplott und floh zu Rua. 433 kehrte er ein zweites Mal mit einem hunnischen Heer zurück. Placidia blieb nichts anderes übrig, als ihm das Heermeisteramt zurückzugeben.[35]

Der entmachtete und seines Lebens nicht mehr sichere Sebastianus verschwand schleunigst nach Konstantinopel.[36] Zwei Jahre später, am 5. September 435, erhielt Aëtius dann noch die Ehrenstellung eines *patricius*.[37]

Dank den Hunnen war Aëtius zum mächtigsten Mann im Westen des Reiches aufgestiegen. Nunmehr konnte er sich aus der Staatskasse bedienen, um seine Helfer zu entlohnen. Jenseits der Donau aber stand Rua auf der Höhe seiner Macht. Er durfte sich sagen, dass er mittlerweile zu einem Schwergewicht in der römischen Innenpolitik geworden war. Dazu kam der Tod seines Bruders Octar, durch den er zum Alleinherrscher über die Hunnen wurde. Octar hatte den Versuch, die hunnische Herrschaft bis an den Rhein auszudehnen, nicht überlebt. Die Expansion hatte er durch zahlreiche Überfälle auf diejenigen Burgunden vorbereitet, die im Jahr 406 nicht mit ihren Stammesgenossen und den anderen Stämmen in Gallien eingefallen, sondern lieber im Rhein-Main-Gebiet zurückgeblieben waren. Dort lebten sie friedlich und verdienten ihren Lebensunterhalt als Zimmerleute bei ihren Nachbarn. Die Hunnen verheerten immer wieder ihr Land und führten viele von ihnen fort, wie der Kirchenhistoriker Socrates berichtete.[38] Sie dachten dabei nicht nur wie üblich an das Lösegeld, das die Gefangenen einbrachten. Eine weitere Absicht erfährt man beim Historiker Priscus, der zwei Jahrzehnte später auf einer Gesandtschaftsreise zu Attila erstaunt feststellte, dass dessen Reiterkrieger längst nicht mehr in Wagen hausten. Sie lebten in Dörfern, in denen einzelne Adlige, vornehme Frauen darunter, sich nach dem Vorbild ihres Herrschers respektable Anwesen gebaut oder von ihren Vorbesitzern übernommen hatten, was gewiss nicht immer freiwillig geschah. Onegesius, der zweite Mann nach Attila, ließ sich sogar ein Bad einrichten.[39]

Germanen rechts des Rheins, die seit Jahrhunderten mit den Römern Handel trieben, hatten sich früher schon der Handwerkskünste römischer Kriegsgefangener oder derjenigen Provinzialen bedient, die, aus welchen Gründen auch immer, ihrer Heimat entflohen waren.[40] Auch den Hunnen waren die gefangenen burgundischen Zimmerleute zu Diensten. Denn spätestens unter Rua setzte eine Veränderung ihrer Lebensweise ein, für die die sesshafte einheimische Bevölkerung Vorbild war. Abwegig wäre die Vorstellung, dass sich die Sachgüter, die sie von ihren Raubzügen mitbrachten, nutzlos bei ihren Wagen stapelten. Bezeichnend für den Wandel war die Geschichte, die man sich von Octars Ende erzählte: Er starb eines Nachts, weil er sich überfressen hatte und ihm der Magen geplatzt war. Das wäre keinem seiner Vorgänger, die kaum von ihren Pferden herunterkamen, je passiert.[41] Die Völlerei des Königs ahmten seine Untertanen nach, die auch sonst im Privatleben maßlos waren. Ganz Unrecht hatte Bischof Ambrosius nicht, als er sie als abschreckendes Beispiel für leidenschaftliches Würfelspiel zitierte.[42]

Nachdem die Burgunden von Octars Tod erfahren hatten, sammelten sie sofort ein Heer und zogen gegen ihre Peiniger. Erstmals mussten die Reiterkrieger ohne ihren angestammten Heerführer kämpfen, weshalb sie trotz ihrer Überzahl von 10 000 Mann prompt den 3000 Burgunden unterlagen.[43] Für Christen war dieser unwahrscheinliche Sieg ein Lohn ihres Gottes. Denn von ihm hatten sich die Burgunden, die so oft von den Hunnen gequält worden waren, Hilfe erhofft und sich nach der nötigen Katechese von einem gallischen Bischof taufen lassen. Sie wurden in ihrer Hoffnung nicht enttäuscht.[44]

Seine Macht konnte Rua nicht mehr allzu lange genießen. Umstritten ist sein Todesdatum. Die *Chronica Gallica* nennen das Jahr 434.[45] Eine andere Vermutung lässt ihn zwischen 438 und 440 sterben. Sie stützt sich auf die Gesandtschaft, die der Senat von Konstantinopel zu Ruas Nachfolgern Attila und Bleda schickte und an der Epigenes teilnahm. Dieser Gesandte war *quaestor sacri palatii*, eine Art Justizminister, der «wegen seiner Klugheit hochberühmt war», wie Priscus lobte.[46] Von 435 an war er Mitglied der Viererkommission, die in vier Jahren den *Codex Theodosianus* erstellte.[47] Doch nicht ausgeschlossen ist, dass Epigenes schon vorher mit zu den Hunnen gereist war und dass das überlieferte Todesjahr Ruas in der Gallischen Chronik richtig ist. Vor seinem Tod unternahm Rua noch einen Feldzug nach Thrakien und kehrte mit Kriegsgefangenen zurück. Die freuten sich über seinen Tod. Denn während die Hunnen ihren toten König betrauerten, nutzten sie die Gelegenheit und flohen in die Heimat.[48]

IX

Das zweite hunnische Doppelkönigtum: Bleda und Attila

«Als aber Rua gestorben und das Königtum der Hunnen auf Attila und Bleda übergegangen war ...». Nüchtern verzeichnete der Historiker Priscus den Herrscherwechsel. Ebenso nüchtern berichtete Jordanes, Attila sei zusammen mit seinem Bruder Bleda dem Onkel Rua in der Herrschaft nachgefolgt (*in regno successit*).[1] In den Augen der beiden Geschichtsschreiber war das hunnische Doppelkönigtum zu einer Institution geworden, weshalb der ältere Bleda die Stellung an der Spitze mit seinem Bruder teilen musste. Ruas kurzzeitige Alleinherrschaft hatte an der Institution nichts geändert. Das war ganz im Sinn der Königshunnen und der anderen hunnischen Stammesgruppen. Fraglich ist nur, ob die neuen Träger der Institution auch in Ruas Sinn handelten oder gar von ihm designiert worden waren. Hätte er nämlich zwei erwachsene Söhne gehabt, so hätte er sie gewiss gern als seine Nachfolger gesehen und sich zu Lebzeiten um die Zustimmung zumindest der Königshunnen bemüht. Doch davon schweigt die Überlieferung. Seine Neffen werden bei ihren Stammesgenossen rechtzeitig die Weichen für ihre Nachfolge gestellt haben. Von einer regelrechten Wahl weiß die Überlieferung ebenfalls nichts, wohl aber davon, wie sich wenig später zeigte, dass es Widerstand gegen Attila und Bleda gegeben hat.

Eine Neuerung führten die beiden Brüder ein: Sie legten eine innerhunnische Grenze für ihre Herrschaftsbereiche fest, und Bleda als der Ältere beanspruchte den größeren Teil.[2] Zunächst traten sie jedoch gemeinsam auf, um möglichen Herrschaftsansprüchen anderer Königshunnen zu begegnen. Damit der Goldstrom aus Konstantinopel nicht versiegte, zeigten sie ihre Doppelherrschaft Kaiser Theodosius an. Von ihren Vorwürfen gegen die Römer schwiegen sie. Die kamen erst zur Sprache, als der Senat nach der Anzeige des Herrscherwechsels beschloss, den Heermeister Plinthas zusammen mit Epigenes zu ihnen zu schicken. Als Treffpunkt wurde der Außenbezirk von Margus vereinbart, einer Stadt in der Moesia prima, die dort lag, wo der gleichnamige Fluss, die heutige Morava, in die Donau mündet. Gegenüber auf dem linken Flussufer befand sich die Festung Constantia.[3] Man hätte auch dort verhandeln oder Kaiser Valens folgen können, der sich 367 mit dem Goten Athanarich auf Booten in der Mitte der Donau getroffen hatte.[4] Aber die Römer kamen den Hunnen entgegen, die auf römischem Boden auftreten wollten. Es blieb nicht das einzige Entgegenkommen. Nach ihrer Ankunft dachten die hunnischen Gesandten nicht daran, von ihren Pferden zu steigen. Noch nie hatten Hunnen im Stehen oder auf einem Stuhl sitzend verhandelt. Um nicht untertänig zu ihnen emporschauen zu müssen, hatten die Römer keine andere Wahl, als ebenfalls im Sattel zu bleiben.[5] Der gebildete Epigenes wird sich dabei erinnert haben, wie oft er von früheren barbarischen Häuptlingen und Unterhändlern gelesen hatte, die sich ehrfürchtig den römischen Feldherren oder Kaisern näherten und sich ihnen zu Füßen warfen.[6]

Der erste Gegenstand der Verhandlung war ein Auslieferungsbegehren der Hunnen. Drei Gruppen sollten die Römer zurückführen: diejenigen, die sich auf der Flucht befanden, diejenigen, die sich schon vor längerer Zeit zu den Römern geflüchtet hatten und schließlich die kriegsgefangenen Römer, die ohne Lösegeld in ihre Heimat zurückgekehrt waren.[7] Mit denen, die sich schon vor längerer Zeit zu den Römern geflüchtet hatten, wiederholten die Unterhändler eine Forderung, die bereits Uldin gestellt hatte: Angehörige der Stämme, die die Hunnen links der Donau unterworfen hatten, sollten sich nicht mit römischer Hilfe gegen sie erheben können.

Vielleicht erinnerten die Dolmetscher der Hunnen bei der Rückgabeforderung ihre Gegenüber daran, dass Kriegsgefangene seit alters nach dem ungeschriebenen Völkerrecht, dem *ius gentium*, Sklaven und damit Eigentum ihres Herrn, des *dominus*, wurden. Jeder Römer musste das doch wissen, der sich auch nur ein wenig mit den beim Personenrecht beginnenden Anfangsgründen des römischen Rechts in den *Instiutionen* beschäftigt hatte.[8] Floh ein Sklave, so entzogen er und diejenigen, die ihm bei der Flucht behilflich waren oder ihn versteckten, dem Herrn rechtmäßiges Eigentum. «Ein flüchtiger Sklave begeht einen Diebstahl seiner selbst» – *servus fugitivus furtum sui facit*, lautet ein Rechtsgrundsatz.[9] Der Sklave musste zurückgegeben und bestraft werden. Es sei denn, der Verlust, das *damnum*, das der Herr durch die Flucht erlitten hatte, wurde durch ein zu vereinbarendes Lösegeld, das *pretium redemptionis*, gutgemacht. Fast klang es, als hätten die Hunnen die Gesandten vorwurfsvoll gefragt, warum die Römer nicht schon längst nach diesen bekannten Rechtsgrundsätzen gehandelt, die Flüchtigen aufgespürt und über die Donau zurückgeschickt hätten. In diesem Fall würden sich Bleda und Attila mit acht Solidi für jeden Gefangenen begnügen, einer verhältnismäßig geringen Summe. Später wurde das Lösegeld teurer. Für die Frau eines Mannes namens Sulla, die mit ihren Kindern bei der Eroberung von Ratiaria, der Hauptstadt der Provinz Dacia ripensis, in Gefangenschaft geraten war, verlangte Attilas Wesir Onegesius 500 Solidi. Er wollte viel an ihnen verdienen, bemerkte Priscus zu dem hohen Preis.[10] Für die Freilassung des Dolmetschers Vigilas, der in ein Komplott gegen Attila verwickelt war, musste sein Sohn sogar 50 Pfund Gold, also 3600 Solidi aufbringen.[11]

Das Lösegeld für die Kriegsgefangenen war nicht die einzige finanzielle Forderung, die die hunnischen Gesandten vorbrachten. Hinzu kam die Neuregelung der jährlichen Zahlungen des Kaisers Theodosius. Rua hatte 350 Pfund Gold erhalten. Von seinem Bruder Octar war dabei nicht die Rede.[12] Jetzt aber stand dem Kaiser ein Königspaar gegenüber, und es war nur recht und billig, dass die bisherige Summe verdoppelt wurde.[13] Noch deutlicher als bei Rua verriet die Verdoppelung, dass die Jahrgelder an die Hunnenkönige persönlich gezahlt wurden. Sie konnten sie für sich verwenden. Aber sinnvoll war, das Geld wenigstens zum Teil adligen Freunden weiterzuschenken und sich so ihr Wohlwollen zu sichern und auf diese Weise die eigene Stellung zu festigen. Auch bei seinen einfachen Kriegern konnte sich ein König beliebt machen, wenn er aus seinen Einnahmen Gastmähler für sie bestritt, ihnen einen neuen Bogen bezahlte oder sie mit Zuschüssen für den Lebensunterhalt bedachte, sofern sie nicht gerade auf einem Beutezug waren. Goldsolidi der Zeit, die in der pannonischen Ebene gefunden wurden, belegen, dass von den Jahrgeldern auch ‹unten› etwas ankam.[14]

Wie sehr die Könige auf ihre eigene Sicherheit achteten, ging aus der an erster Stelle genannten Forderung der Gesandten hervor, diejenigen auszuliefern, die sich auf der Flucht aus dem hunnischen Machtbereich, «dem Skythenland», befanden. Hier konnten die hunnischen Gesandten ebenfalls auf eine römische Praxis verweisen: Auch die Römer forderten in zwischenstaatlichen Verträgen, dass ihnen nicht nur die Kriegsgefangenen, sondern auch die Überläufer ausgeliefert wurden.[15] Je nach Umständen erwarteten die Deserteure verschiedene Strafen bis hin zur Todesstrafe. Bestraft wurde auch, wer einem Überläufer Unterschlupf gewährte. Der *Codex Theodosianus* enthält für die Jahre 365 bis 412 im Titel *De desertoribus et occultatoribus* 18 Strafgesetze gegen Fahnenflüchtige, Überläufer und diejenigen, die sie verstecken.[16] Die Zahl der Gesetze verrät, wie häufig solche Vergehen gewesen sein mussten. Der Forderung der Gesandten kamen die Römer nach, wie Priscus im Anschluss an die Gesandtschaft berichtete. Unter denen, die sie den Hunnen übergaben, waren die Jugendlichen Mama und Attakam. Sie waren Angehörige der Königsfamilie, also nicht nur der Königshunnen, sondern der Verwandtschaft von Attila und Bleda. Der Herrscherwechsel von Rua zu ihnen war also doch nicht so reibungslos verlaufen, wie das Priscus und Jordanes zu behaupten schienen. Wären Mama und Attakam Söhne Ruas gewesen, hätte Priscus das gesagt. Ihr Vater war vielleicht einer seiner anderen Brüder. Ihre Abstammung machte sie zu möglichen späteren Inhabern des Doppelkönigtums, wenn sie sich nicht sogar schon nach Ruas Tod Hoffnungen gemacht hatten, ihn und Octar zu beerben. Sie fanden sogar Anhänger, die dann mit ihnen flohen, als Attila und Bleda keinen Zweifel an ihrem eigenen Anspruch aufkommen ließen. Dass dieser Anspruch Lebensgefahr für Andersdenkende bedeutete, musste man keinem Hunnen erklären. Das Ende der beiden Prinzen bewies es erschreckend deutlich: Sie wurden in der thrakischen Festung Karsos den Abgesandten der Könige übergeben, die sie an Ort und Stelle kreuzigten. Es war die Strafe für ihre Flucht, so lautete Priscus' Begründung. Denn mit ihr verrieten sie, dass sie Gegner Attilas und Bledas waren.[17]

Eine auswärtige Macht, die an ihren Angehörigen auf römischem Boden in Friedenszeiten die Todesstrafe vollzog, und das in ihrer spektakulärsten Form – so etwas hatte es in der Geschichte Roms noch nicht gegeben. Kein römischer Statthalter oder General wagte einzuschreiten. Hatte schon die Forderung, die Kriegsgefangenen auszuliefern, gezeigt, dass Attila und Bleda beanspruchten, auf der Grundlage des Völkerrechts mit Rom von Gleich zu Gleich zu verhandeln, so machte die Kreuzigung der beiden Prinzen in der Diözese Thrakien die Römer zu unrühmlichen Erfüllungsgehilfen einer überlegenen hunnischen Macht.

Mögliche Gegner zu beseitigen war ein Mittel der beiden Könige, ihre Herrschaft zu festigen. Nur schloss dieses Mittel nicht aus, dass bei deren Verwandten, Freunden und Anhängern ein stiller Widerstand zurückblieb, der mit der Zeit zu einer Gefahr werden konnte. Wirkungsvoller war das zweite Mittel, einen oder mehrere erfolgreiche Feldzüge zu unternehmen, die den Kriegern Beute einbrachten und das Ansehen ihrer Führer erhöhten. Ein Sieger auf dem Thron machte sich fast unangreifbar, versprach er doch eine ebenso siegreiche Zukunft. «Könige über viele Völkerschaften» nannte der Chronist Marcellinus Comes einige Jahre später die beiden Brüder und meinte mit den Völkerschaften hunnische wie nichthunnische Stämme.[18] Vom Pferd herab besorgt jeder Hunne «bei Tag wie bei Nacht seine Einkäufe und Verkäufe», hatte Ammianus Marcellinus von den Steppenbewohnern berichtet. In Margus folgte die Fortsetzung, die zeigte, wie sich die Hunnen in den letzten 40 Jahren weiterentwickelt hatten. Von ihren Pferden herab vereinbarten Bledas und Attilas Gesandte noch einen Zusatz zu den bisherigen Bestimmungen, der ihnen nicht weniger wichtig war: «Römern und Hunnen sollen zu gleichen Rechten und ungefährdet Märkte zur Verfügung stehen.»[19] Das Margus gegenüberliegende Constantia war einer der Märkte, wie sich wenig später zeigte. Den Hunnen lag anscheinend daran, nicht nur Krieg mit den Römern zu führen, sondern auch friedlichen Handel mit ihnen zu treiben. Nicht im Vertrag stand, dass sie die Zwischenzeit nutzen wollten, um Teile ihrer Beute zu verkaufen und Lösegeld für ihre Kriegsgefangenen zu erzielen.

Die Vereinbarungen von Margus waren ein Präliminarvertrag, den beide Seiten «nach überkommenem Eid beschworen». Die Eidesformel der christlichen römischen Gesandten wird nicht viel anders gelautet haben als der Fahneneid, den die christlichen Soldaten seit Theodosius I. ablegten: «bei Gott, bei Christus, beim Heiligen Geist und bei des Kaisers Majestät, die nächst Gott vom Menschengeschlecht zu lieben und zu verehren ist».[20] Gerne wüsste man, bei welcher göttlichen Macht die Hunnen schworen. War es nur eine Vermutung des Dichters Claudianus, oder wusste er aus guter Quelle, dass die Hunnen bei ihren im Kampf gefallenen Ahnen schworen? Oder legten sie den Eid auf ihre Bogen ab, so wie die Quaden auf ihre Schwerter, die sie wie Götter verehrten? Auch ein Schwur mit Handschlag war bei den Hunnen üblich.[21]

In Konstantinopel wird Theodosius den Friedensvertrag, den er durch seine Unterschrift ratifizierte, mit der Begründung gerechtfertigt haben, er verschaffe dem Ostreich an der Donaufront Ruhe. Denn man musste immer auch mit den Persern rechnen. Dazu stand Aspar, des Kaisers bester General, zur selben Zeit mit Truppen in Africa, wo er versuchte, den Vandalen Einhalt zu gebieten, die seit 429 unter ihrem König Geiserich die nordafricanischen Provinzen heimsuchten.[22] Ausdrücklich versprach Theodosius, die Jahrgelder in der geforderten Höhe zu zahlen, wahrscheinlich auch die Lösegelder für die Kriegsgefangenen. Er erklärte sich ferner bereit, keine Stämme mehr im hunnischen Machtbereich zu unterstützen. Denn – so Priscus im Anschluss an den Vertrag – «die Mannen um Attila und Bleda gingen daran, die Völkerschaften auf hunnischem Boden zu unterwerfen, und sie führten Krieg gegen die Sorosger».[23] Im Stillen aber mochte mancher in Konstantinopel die Vereinbarung mit den Hunnen einen Schandfrieden nennen und den Jahrhunderten nachtrauen, in denen Rom nie klein beigab, sondern den Barbaren die Friedensverträge diktierte.

Wie die Hunnen, die Rua dem befreundeten Aëtius mitgegeben hatte, Attilas und Bledas Doppelherrschaft aufnahmen, wird nirgends erwähnt. Es ist gut möglich, dass sie sich in ihrer Haltung gegenüber den neuen Doppelkönigen mit den Prinzen Mama und Attakam einig waren. Nur konnten ihnen Attila und Bleda nichts anhaben. Ihr Kriegsherr war Aëtius, und der Sold, den er ihnen zahlte, machte sie unabhängig. Auch sahen sie sich keineswegs als Vorkämpfer eines hunnischen Ausgreifens nach Westen. Attila überschritt erst 16 Jahre später den Rhein. Vielleicht haben Aëtius' Krieger Zulauf von Stammesgenossen erhalten, die ebenfalls Gegner Attilas und Bledas waren und deren Zahl so groß war, dass es den Königen unmöglich war, ihre Auslieferung zu verlangen.[24]

Ohne die Hunnen wäre es Aëtius nicht möglich gewesen, während der Jahre 435 bis 439 in Gallien drei Brandherde, die das Land in Aufruhr versetzten, wenn nicht zu löschen, so doch einzudämmen: die Burgunden an der Ostflanke, die Bagauden im Nordwesten und die Goten im Westen und Südwesten. Die links des Mittelrheins angesiedelten Burgunden hatten unter ihrem König Gundichar versucht, ihre Macht in die Belgica prima auszudehnen. Aëtius, gerade zum *patricius* geadelt, schritt vielleicht noch im Herbst 435 oder im Frühjahr 436 ein, und Gundichar musste nach einer Niederlage um Frieden bitten. Der Frieden dauerte nicht lange. Im Jahr darauf schlugen Aëtius' Hunnen, wahrscheinlich im Auftrag des Heermeisters, erneut zu, und ein Großteil von Gundichars Stamm wurde vernichtet. Nach Aussage des spanischen Chronisten Hydatius fielen 20 000 Burgunden.[25] Nur wenige Einzelsätze in den lateinischen Chroniken des 5. Jahrhunderts berichten von Aëtius' Kampf gegen die Burgunden.[26] Doch «der denkwürdige Krieg» (Hydatius) wurde bald darauf in Liedern und Sagen verklärt und mündete schließlich in das Nibelungenepos.[27] Den Resten des Stammes gab Aëtius 443 neue Wohnsitze in der Sapaudia am unteren Genfer See. Als Föderaten leisteten sie ihm 451 Heeresfolge gegen Attila.[28]

Das Ausgreifen der Burgunden in die Belgica mag den Bagauden in der Armorica, der heutigen Bretagne, den Anstoß gegeben haben, sich von der Zentralregierung loszusagen. Auch die umgekehrte Reihenfolge hat man angenommen oder überhaupt eine Verbindung zwischen beiden Ereignissen verneint. Denn schon die Usurpation Konstantins III. im Jahr 407 war für die Provinzen im Nordwesten Galliens der Anlass gewesen, sich nach dem Beispiel Britanniens für unabhängig von Rom zu erklären. Sie verjagten die römischen Beamten und richteten eine eigene Regierung ein.[29] Dem Prätorianerpräfekten Exuperantius gelang es 417, die abgefallenen Provinzen zurückzugewinnen.[30] Doch 435 gewann die Unabhängigkeitsbewegung, in der sich soziale, wirtschaftliche und politische Gründe mischten, neuen Schwung, nachdem sich Tibatto, wahrscheinlich ein einheimischer Adliger, an ihre Spitze gestellt hatte.[31] Aëtius sah die Gefahr für das Reich und sandte Litorius, seinen *comes rei militaris*, mit einem hunnischen Aufgebot nach Nordwesten. Es muss zu schweren Kämpfen gekommen sein. Denn erst 437 gelang es Litorius, Tibatto und andere Führer der Erhebung gefangen zu nehmen. Einige ließ er hinrichten.[32] Tibatto verschonte er in der Hoffnung, er werde ihm die Begnadigung danken und zur dauernden Befriedung der Armorica beitragen. Das mag Tibatto auch bis zum Jahr 448 getan haben. Dann zettelte er erneut einen Aufstand an, der mit seiner Hinrichtung endete.[33]

Litorius hatte es 437 nach seinem Sieg eilig. Aëtius hatte ihn zum dritten Brandherd in Gallien gerufen. Mit seinen hunnischen Reitern jagte er nach Süden, durchquerte die Auvergne und erreichte Narbo, das heutige Narbonne, die Metropole der Provincia Narbonensis.[34] Sie wurde schon seit mehreren Monaten von den Westgoten belagert. Ihrem König Theoderid war Aëtius' erster Feldzug gegen die Burgunden gerade recht gekommen. Wie die Germanen am Rhein wollte er sein *regnum Tolosanum* erweitern, das ihm der Heermeister Constantius 418 zugewiesen hatte. 425 war er bei dem Versuch, die Residenzstadt Arelate zu erobern, an Aëtius gescheitert.[35] Auch einen zweiten Versuch, die Stadt einzunehmen, wehrte der Heermeister erfolgreich ab.[36] Theoderid beschloss daher 436 loszuschlagen, bevor Aëtius die Hände wieder frei hatte. Neben anderen südgallischen Städten stach ihm vor allem das reiche und prächtige Narbonne in die Augen.[37] Sein Vorvorgänger Athaulf hatte die Stadt 413 schon einmal erobert und dort Hochzeit mit der Kaiserschwester Galla Placidia gefeiert. Aber schon Anfang 415 war er vom Heermeister Constantius wieder vertrieben worden.[38] Dieses Mal hatten die Goten Narbonne fast ausgehungert und schon Breschen in die Befestigungsanlagen geschlagen, als Litorius mit seinen hunnischen Reitern heransprengte, sie in die Flucht schlug und die darbenden Bewohner mit Getreide versorgte.[39] Eine Überlieferung nannte Aëtius als Retter, ein Hinweis auf den Oberherrn des hunnischen Aufgebots, der er auch blieb, nachdem Litorius die ihm nachgeordnete Stellung eines Heermeisters erhalten hatte.[40] Vielleicht hätte Aëtius genug Autorität gehabt, um einen Trupp Hunnen zurückzuhalten, der Litorius verließ und in der Auvergne auf eigene Faust zu marodieren begann. Der gallische Senator Avitus, der mehrere Jahre unter Aëtius gedient und zuletzt seinen Feldzug gegen die Burgunden mitgemacht hatte, bemühte sich, mit einer Bürgerwehr das Schlimmste zu verhindern.[41]

Die Erfolge, die Litorius in der Armorica und vor Narbonne errungen hatte, und der Wunsch, Aëtius als Heermeister auszustechen, ließen in ihm den Plan reifen, die Goten in ihrer Hauptstadt Toulouse anzugreifen und das *regnum Tolosanum* zu beenden. Ein solches Unternehmen würde auch seinen Hunnen ein lohnendes Ziel bieten und sie von aufmüpfigen Gedanken abbringen. Im Jahr 439 überfiel er die Stadt. Aber dieses Mal hatte er die Goten, die ihre neue Heimat verteidigten, unterschätzt. Wahrscheinlich im Straßenkampf, der für die Hunnen ungewöhnlich war und ihnen nicht erlaubte, ihre Reit- und Schießkünste zu entfalten, wurden sie aus der Stadt geworfen. Litorius erlitt dabei eine Verwundung, wurde gefangengenommen und wenig später hingerichtet. Für die Christen war sein Tod die gerechte Strafe dafür, dass ihm heidnische Wahrsager und Dämonen einen Sieg vorgegaukelt hatten.[42]

Für Aëtius war Litorius' leichtsinniges Unternehmen ein herber Rückschlag. Dazu kam, dass dessen Hunnen sich, nachdem ihr Führer in Gefangenschaft geraten war, aus dem Staub gemacht hatten.[43] Aëtius griff nun selbst Tolosa an. Denn die anonyme Stadt, deren

Belagerung der spanische Dichter Merobaudes in einem Panegyricus auf den Heermeister schilderte, hat man seit langem mit der gotischen Metropole identifiziert.[44] Einen überzeugenden Sieg errang weder die römische noch die gotische Seite. Doch am Ende konnte Aëtius den Gotenkönig Theodorid zu einem Friedensvertrag zwingen.[45] Eine wichtige Vermittlerrolle spielte Avitus, der inzwischen zum Prätorianerpräfekten für Gallien ernannt worden war.[46] Von Hunnen aber war in Gallien nichts mehr zu sehen, bis Attila im Jahr 451 einmarschierte.[47]

Aëtius kehrte noch 439 nach Italien zurück. Für den Heermeister gab es neue Herausforderungen. In Africa hatten die Vandalen 434 Hippo Regius besetzt und im Oktober 439 die Hauptstadt Karthago im Handstreich genommen. In Ravenna plante man zusammen mit Konstantinopel einen wuchtigen Gegenschlag, und Theodosius sandte dazu ein großes Flottenaufgebot nach Sizilien. Doch dann machte der Osten dem Kaiser mehr Sorgen. Die Perser waren Anfang 441 in den römischen Teil Armeniens eingedrungen.[48] Zur gleichen Zeit unternahmen die Tzanni im Kaukasus, die Sarazenen auf der arabischen Halbinsel und die Isaurier in Kleinasien Plünderungszüge. Die Heermeister Anatolius und Aspar hatten alle Hände voll zu tun.[49] Da wurde die nächste Katastrophe gemeldet: Attila und Bleda hatten auf breiter Front die Donau mit einem riesigen Heer überschritten und verwüsteten das Illyricum.[50] Wie ihre Vorgänger Uldin und Rua hatten sie gelauert, bis Ostrom in militärische Schwierigkeiten geriet und notgedrungen seine Aufmerksamkeit von der Donaufront abwandte. Dann schlugen sie los. Untätig waren beide Könige auch zuvor nicht gewesen. Priscus' Bemerkung nach dem Frieden von 434, sie hätten sich die Stämme im Skythenland unterworfen und Krieg gegen die Sorosger geführt, deutet auf den energischen Ausbau ihrer Herrschaft westlich des Schwarzen Meeres hin.[51] Wie schon Rua vorgesehen hatte, sollte die ungarische Tiefebene deren Mittelpunkt sein. Um sie zu sichern, galt es, das Vorland rechts der Donau mit seinen bedeutenden Städten und Militäranlagen hinzuzugewinnen.

Zunächst musste die römische Enklave Constantia auf der linken

Donauseite beseitigt werden. Die Römer sollten jenseits des Flusses keinen Stützpunkt mehr haben. Auch wollten die Könige Herren über den Handel zwischen Römern und Hunnen sein, dessen Freiheit im Frieden von 434 ausdrücklich garantiert worden war.[52] An einem der vertraglich vereinbarten Markttage, einer *panḗgyris*, drangen daher hunnische Bewaffnete in den befestigten Ort ein, überwältigten die römischen Soldaten und töteten viele Marktbesucher.[53] Eine römische Gesandtschaft protestierte gegen die Vertragsverletzung. Doch die Hunnen sahen sich im Recht: Sie hätten nur auf ein Verbrechen des Bischofs von Margus geantwortet. Der sei über die Donau gekommen und habe «königliche Gräber» ausgeplündert; gemeint waren Gräber der Königshunnen. Sollten die Römer ihn nicht ausliefern, dazu sämtliche Flüchtlinge, wie sie das nach dem Vertrag von 434 hätten tun sollen, so gäbe es Krieg. Im Gegenzug bestritten die Römer die Vorwürfe, während die Hunnen weiter auf ihnen beharrten, aber eine Untersuchung ablehnten. Die Ablehnung war eine Kriegserklärung, der auch sofort Taten folgten. Hunnen überquerten die Donau und begannen, das gegenüberliegende Mösien zu verwüsten.

Nun besann man sich auf römischer Seite, ob es nicht besser sei, den Bischof, den Stein des Anstoßes, auszuliefern. Der bekam Wind von der Absicht und trat die Flucht nach vorn an. Er begab sich über die Donau zu Attila und Bleda und bot ihnen an, Margus auszuliefern, wenn sie ihn entsprechend belohnten. Sie versprachen es unter Eid und überließen ihm eine große Kriegsschar, mit der er heimlich zurückkehrte und nachts in Margus einfiel. Die Stadt wurde zerstört, für die Hunnen ein wichtiger Erfolg, wie Priscus abschließend schrieb. Er war für sie umso wertvoller, als Margus der Sitz des Statthalters der Provinz Moesia prima war.[54] Die Hafenanlage, das Ausfalltor für künftige Unternehmungen, werden sie wohl verschont haben.

Dank einem goldgierigen Bischof, der lieber Hochverrat beging, als Sühne für einen Grabfrevel zu leisten, war den Hunnen Margus in den Schoß gefallen. Die Einnahme des bedeutenden Viminacium, wenige Kilometer östlich von Margus beim heutigen Kostolac gelegen, scheint ihnen auch keine Mühe bereitet zu haben. Vielleicht leg-

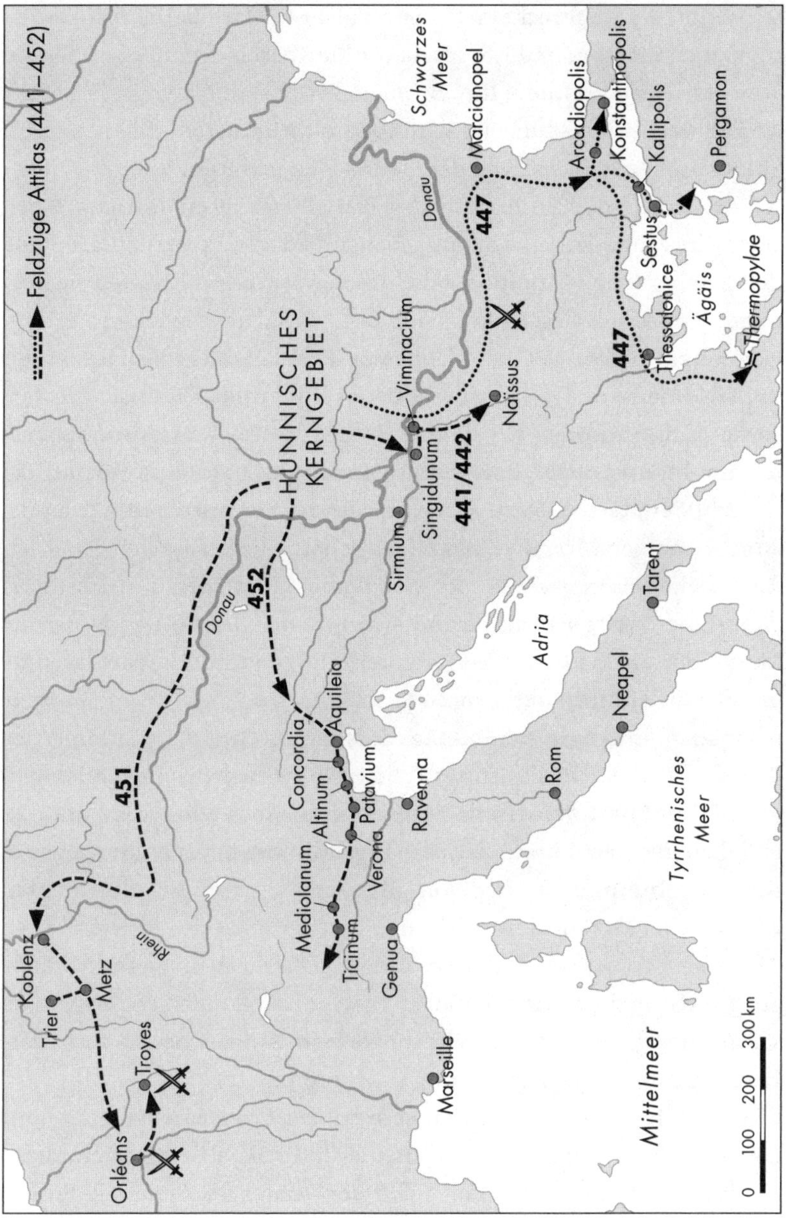

Feldzüge Attilas auf dem Balkan, nach Gallien und Italien, 441–452

ten sie die kurze Strecke nach dem Fall von Margus im Galopp zurück und stürmten in die Stadt, bevor die überraschten Bewohner die Tore verriegeln konnten. Ihre Schnelligkeit, die selbst von Gerüchten und Schreckensmeldungen nicht überholt wurde, half ihnen, weitere Städte und Kastelle entlang der Donau einzunehmen.[55] Umso schwerer fiel ihnen die Eroberung des stark befestigten Naïssus. Aber gerade hier durften sie nicht aufgeben, und das weniger, weil die Stadt der Geburtsort Konstantins des Großen war. So gut kannten sie sich in der römischen Geschichte nicht aus.[56] Wohl aber wussten sie, dass Naïssus eine wichtige Drehscheibe war. Hier lief die große Heerstraße nach Norden zur Donau durch, deren Endpunkt Viminacium war, sowie nach Südosten, wo sie den Bosporus und Konstantinopel erreichte. Ihre westliche Fortsetzung entlang der Donau verband Italien mit dem Osten. Dazu kamen Querwege zur mittleren Adria und zum Schwarzen Meer. Die Verkehrslage hatte die Stadt reich gemacht. Auch beherbergte sie eine der vier Waffenschmieden für das Illyricum. Eine zweite Fabrik befand sich in dem kleinen Ort Horreum Margi, der auf halbem Weg zwischen Margus und Naïssus lag und um den die Hunnen auf dem Zug nach Süden schwerlich einen Bogen machten.[57] Entgegen kam ihnen, dass die in Thrakien stationierten Truppen von einem Führungsstreit getroffen wurden. Seine Hintergründe sind undurchsichtig. Marcellinus Comes teilte zum Jahr 441 lediglich in einem kurzen Satz das Ergebnis mit, bevor er im nächsten Satz zur hunnischen Invasion überging: «Johannes, Heermeister vandalischer Herkunft, wurde durch die Hinterlist des Arnegisclus in Thrakien ermordet.» Aus der übrigen Überlieferung erfährt man auch nicht mehr.[58] Man hat aus Arnegisclus' Namen geschlossen, er sei Gote gewesen, und vielleicht spielte beim Mörder der Hass auf den Barbaren mit, in dessen Stellung er später nachrückte.

Antike Historiker verweilten gern bei der Eroberung von Städten. Der Angriff der Hunnen auf Naïssus gab Priscus Gelegenheit, diese Tradition fortzusetzen.[59] Vor allem die technische Seite der Eroberung stellte er in den Mittelpunkt. Sprachliche Anregungen holte er sich bei Thukydides, der ausführlich schilderte, wie die Spartaner im ersten Abschnitt des Peloponnesischen Krieges zwei Jahre lang

Plataiai belagerten und 427 endlich eroberten.[60] Eine naheliegende Frage überging Priscus, oder er schnitt sie zumindest in dem erhaltenen Fragment nicht an: Wer hat den Hunnen beigebracht, Naïssus in alterprobter Weise zu erobern? Denn eine Balkenbrücke über die an der Stadt vorbeifließende Danuba, die heutige Nischava, zu schlagen, über sie gutgepanzerte Belagerungsmaschinen auf Rädern an die Stadtbefestigung heranzufahren, schließlich mit einer Reihe von wuchtigen Rammböcken, den «Widdern», Teile der Mauer zum Einsturz zu bringen oder sie mit Leitern zu überklettern – das waren Fähigkeiten, die Reiterkrieger nie geübt hatten. Noch am besten konnten sie einzelne Verteidiger, die sich eine Blöße gaben, zielsicher vom Mauerkranz herunterschießen. Der umfangreiche technische Aufwand, den Priscus beschrieb, muss das Werk von Deserteuren gewesen sein, die in der römischen Armee als Pioniere gearbeitet hatten. Jetzt erhielten sie ihren Sold von ihren hunnischen Arbeitgebern, und wenn ihnen das Gewissen schlug, weil sie für Reichsfeinde arbeiteten, mochten sie es mit dem Beispiel des Bischofs von Margus beruhigen. Keinen Lohn bekamen die versklavten Kriegsgefangenen für ihre Zwangsarbeit. So manches Mal werden ihnen ihre Herren mit der Reitpeitsche oder dem Lasso Beine gemacht haben, damit es nicht zu lange dauerte, bis Naïssus fiel. Wenn einer sich mit seiner Lage zufrieden gab, selbst im Kampf gegen seine Landsleute guten Willen zeigte, konnte er sich sogar als freier Mann bei den Hunnen eine neue Existenz aufbauen mit einer Hunnin als Frau und mit Kindern. Erstaunt traf Priscus später auf einen solchen Mann.[61]

Als die Hunnen über Leitern und durch die Breschen, die die «Widder» in die Mauern geschlagen hatten, in die Stadt eindrangen, wehrten sich die Bewohner verzweifelt. Nachdem ihr Widerstand gebrochen war, rächten sich die Sieger und machten Naïssus dem Erdboden gleich. Die überlebenden Männer töteten sie, die Frauen und Kinder führten sie als Sklaven fort. Die Zahl der Kriegsgefangenen wuchs mit jeder weiteren Eroberung, und es gab niemanden, der so viel Geld aufgebracht hätte, um sie freizukaufen.[62] Mit acht Solidi pro Person wie im Jahr 434 gab sich Attila nicht mehr zufrieden. Vor allem bei vornehmen Frauen hatten die Preise für die Freilassung kräftig angezogen. Auch dann noch musste man den König inständig bitten, bis er sich gnädig herabließ und eine Frau freiließ.[63] Die anderen fristeten zerlumpt und verdreckt ein elendes Leben, es sei denn, sie konnten den Hunnen als Sekretäre, Baumeister oder Hilfskräfte im Krieg nützlich sein.[64]

Im Jahr 448 kam die Gesandtschaft, die Priscus zu Attila begleitete, durch Naïssus und fand nur noch Ruinen vor, dazu einige Kranke, die an kirchlichen Stätten ihr Leben fristeten. Als die Reisenden zum Fluss hinabstiegen, machten sie eine grausige Entdeckung: Das Ufer war übersät von den Gebeinen der gefallenen Verteidiger. Offensichtlich hatten die Bewohner noch einen Ausfall gewagt, und es war vor den Mauern der Stadt zu einem blutigen Gemetzel gekommen, bei dem die Hunnen die Oberhand behielten. Den gefangenen Frauen erlaubten die Sieger nicht einmal, ihre gefallenen Ehemänner, Brüder und Söhne zu beerdigen. Wie in der heimatlichen Steppe überließen sie die Leichen der Feinde, nachdem sie sie gefleddert hatten, den Vögeln und wilden Tieren. Bleichende Knochen auf dem Schlachtfeld waren zwar ein literarischer Topos, den das Proömium von Homers *Ilias* inspirierte, der erste Satz der abendländischen Literatur. Dem gebildeten Historiker Priscus war der Satz natürlich vertraut. Aber der Verdacht, er ahme ihn nach, wies er stillschweigend durch sein und seiner Begleiter Verhalten zurück: Aus Pietät gingen sie so weit den Fluss entlang, bis sie einen freien Platz fanden, auf dem sie ihre Zelte aufschlagen konnten.[65]

Im Friedensvertrag von 448 bestand Attila darauf, dass der bisherige hunnisch-römische Markt an der Donau fünf Tagesreisen weg in das zerstörte Naïssus verlegt wurde. Das Stadtgelände sollte beiden Seiten gehören.[66] Von der Erinnerung, die durch die Ruinen an den Sieg der Hunnen und die Niederlage der Römer geweckt wurde, sprach der König nicht. Sie war auch ohne Worte jedem Besucher gegenwärtig. Von daher wird verständlich, warum es Kaiser Theodosius im Jahr 449 ablehnte, dass sich einer seiner Gesandten mit konsularischem Rang im zerstörten Serdica mit Attila treffe.[67]

Nach Naïssus haben die Hunnen noch Singidunum, das heutige Belgrad, und viele andere Städte des Illyricums zerstört, vermerkte

Marcellinus Comes in seiner Chronik zum Jahr 441. Singidunum haben sie «sofort nach der Einnahme bis auf den Grund vernichtet und völlig menschenleer gemacht», ergänzte Procopius.[68] Marcellinus zählte zuvor die Völker auf, die damals das Oströmische Reich heimsuchten, von den Persern angefangen bis zu den Hunnen. Dann fuhr er fort, dass die Heermeister Anatolius und Aspar «gegen diese gesandt wurden und mit diesen einen einjährigen Friedensvertrag schlossen».[69] Mit dem Demonstrativpronomen «diese» meinte er zunächst die Perser. Denn der Historiker Procopius berichtete, auf welch spektakuläre Weise Anatolius damals den Perserkönig zu einer Vereinbarung bewog: Allein begab er sich zu Fuß ins Lager der Perser und trat vor den erstaunten König.[70]

Aspar dagegen schloss 441 mit den Hunnen einen einjährigen Vertrag. Auf ihn wirft eine Anekdote bei Priscus ein überraschendes Licht, welche die Suda, das byzantinische Lexikon des 10. Jahrhunderts, von ihm übernommen hat.[71] Der Heermeister muss zunächst eine Niederlage gegen Attila und Bleda erlitten haben, an die die Anekdote anschloss: Unter den Gefangenen, die den Hunnen danach in die Hände fielen, befand sich ein Liliputaner aus Mauretanien, der Aspar während seines africanischen Feldzuges gegen die Vandalen geschenkt worden war. Er lispelte, hatte verdrehte Füße und eine platte Nase, an der die Nasenlöcher seitlich saßen. Vor die beiden Könige gebracht grauste es Attila beim Anblick des armen Wichts, während Bleda sich köstlich über ihn amüsierte. Daher behielt er ihn beim nachfolgenden Friedensvertrag mit Aspar zurück. Er gab ihm den Spitznamen Zerkon, ein hunnisches Wort für einen Hofbeamten, das hier wohl ironisch gemeint war. Bleda nahm Zerkon fortan überall mit.[72] Selbst auf Feldzügen wollte er den Zwerg nicht missen, der ihn mit seiner drolligen Art immer wieder zum Lachen reizte. Trotzdem suchte Zerkon mit anderen Kriegsgefangenen eines Tages das Weite. Bleda befahl, diese laufen zu lassen und nur nach Zerkon zu fahnden. Nachdem er wieder eingefangen war, fragte Bleda ihn nach dem Grund seiner Flucht, wo er es doch bei den Hunnen besser als bei den Römern habe. Da stellte sich heraus, dass sich Zerkon sehnlichst eine Frau wünschte. Bleda erfüllte ihm den Wunsch und verheiratete ihn mit einer adligen Hunnin, die zur Dienerschaft seiner königlichen Gemahlin gehört hatte, aber wegen eines Fehltritts gehen musste. Damit war Zerkons Geschichte noch nicht zu Ende. Später wurde er zu einem Rädchen in der dynastischen Geschichte des hunnischen Königshauses, geriet in Priscus' Blick und kam so in die historische Überlieferung, die einen normalen Kriegsgefangenen Zerkon keines Wortes gewürdigt hätte.[73]

Der Friedensvertrag, den Aspar mit Attila und Bleda 441 schloss, hielt noch nicht einmal die vereinbarte Frist von zwölf Monaten. Denn schon zum Jahr 442 liest man bei Marcellinus Comes: «Die Brüder Beda und Attila und die Könige vieler Stämme verheerten das Illyricum und Thrakien.»[74] Der Heermeister Aspar, der sich ihnen mit den Generälen Ariobindus und Arnegisclus entgegenstellte, erlitt eine schwere Niederlage.[75] Unter den hunnischen Nachbarstämmen hatte sich herumgesprochen, mit welchen Beutemassen Attilas und Bledas Krieger von ihren Feldzügen zurückkehrten, zumal sie mit ihren ‹Einnahmen› einen schwungvollen Handel trieben. Als sich daher die Nachricht verbreitete, ein weiterer großer Zug über die Donau stehe bevor, boten die Stammeskönige ihre Teilnahme an, falls sie nicht sogar von Attila und Bleda eingeladen wurden. Die Einladung war in Wirklichkeit eine Aufforderung. Ob Angebot oder Einladung – beides war der Anfang einer Entwicklung, an deren Ende die Stämme unter hunnischer Herrschaft standen. Darüber haben Attila und Bleda wohlweislich geschwiegen.

Wenn die Hunnen nicht schon 441 Sirmium, das heutige Sremska Mitrovica an der Save, eingenommen hatten, so fiel es ihnen jetzt zu. Der Gewinn der größten Stadt Pannoniens war die Krönung beider Kriegsjahre. Denn seit der Tetrarchie Diokletians war Sirmium Residenz, in der sich die Kaiser oft lange aufgehalten hatten. Ihre Bürger hatten auch die Kaiserproklamation Theodosius' I. miterlebt. Der Fall und die Zerstörung der reichen Metropole der Pannonia secunda, die über mehrere Waffenfabriken und eine Flottenstation an der Save verfügte, war Jahrzehnte später noch nicht vergessen: «Dort befand sich die gesamte Spitze der zivilen und der bischöflichen Verwaltung», schrieb Kaiser Justinian rückblickend in einer Gesetzesnovelle des Jahres 535 und fuhr fort. «Dann aber, als zu Attilas Zeiten das Stadtgebiet verwüstet wurde, floh der Prätorianerpräfekt Apraeemius aus Sirmium nach Thessalonike.»[76] Die Stadt gehörte also damals zum Oströmischen Reich. Auch Procopius hatte die hunnischen Eroberungszüge von 441 und 442 vor Augen, als er Justinians Maßnahmen entlang der Donau behandelte. Der Kaiser wollte die Sicherheit des illyrischen Binnenlandes wiederherstellen, so wie sie früher einmal bestanden hatte: «Aber nachdem später Attila mit einem großen Heer eingefallen war, machte er ohne Mühe die Befestigungen dem Erdboden gleich, und da ihm niemand entgegentrat, plünderte er weithin das römische Gebiet aus.»[77]

Der sogenannte repräsentative Singular «Attila» anstelle des Plurals «Hunnen» hatte seine juristische Berechtigung. Denn alles, was sich in einer eroberten Stadt befand, Menschen und Güter, war zunächst Eigentum der Könige. Nach Gutdünken mochten sie etwa einen vornehmen Gefangenen mitsamt seinem Besitz als Sklaven an einen adligen Freund weitergeben.[78] Wenn Attila und Bleda jedoch Betrug oder Unterschlagung bei der Beute witterten, waren sie unbarmherzig. Ihren gallischen Sekretär Constantius, den ihnen Aëtius geschickt hatte, ließen sie deswegen kreuzigen. Ihm hatte der Bischof von Sirmium goldene liturgische Geräte übergeben mit der Bitte, sie zu benutzen, um ihn oder, sollte er nicht überleben, Mitbürger nach dem Fall der Stadt loszukaufen. Constantius aber war in Geschäften nach Rom gereist und hatte die Geräte bei einem Mann namens Silvanus als Pfand gegen Gold hinterlegt, das er offensichtlich nach der Rückkehr nicht ablieferte. Für diese Untreue musste er büßen. Weil Silvanus die Geräte später an Priester weiterverkaufte und Attila davon erfuhr, forderte er seine Auslieferung. Im Auftrag des Aëtius und Kaiser Valentinians sollte eine Gesandtschaft ihm den religiösen Grund der Transaktion erklären; den unschuldigen Silvanus werde man nicht ausliefern, wolle aber den König für den Verlust seines Eigentums mit Gold entschädigen.[79] Kaiser und Heermeister erkannten das ungeschriebene Völkerrecht an, dass Beute dem Sieger gehört. Auch Rom hatte stets darauf bestanden.

Nach den Feldzügen von 441 und 442 legten die Hunnen 443 eine

Pause ein. Denn «sie verbringen nach dem Krieg die Zeit in Muße, wobei ein jeder genießt, was er hat, und nicht im Geringsten Unruhe stiftete oder sich belästigen lässt». Dieses vernünftige Verhalten erfuhr Priscus an Attilas Hof von einem Griechen, der nach der Eroberung seiner Heimatstadt Viminacium Kriegsgefangener des Attila-Vertrauten Onegesius wurde, selbst einige Kriegszüge mitmachte, dann von ihm freigelassen wurde und als sein Tischgenosse ein zufriedenes Leben führte.[80] Selbst Attila wäre nicht in der Lage gewesen, seine Krieger Jahr für Jahr zu neuen Kämpfen zu treiben, weil sie schließlich ihre Beute im Kreis ihrer Frauen und Kinder genießen wollten.

Die Hunnen genossen die Ruhe umso mehr, als Theodosius noch 442 oder 443 eine Gesandtschaft zu Attila schickte. Gesandte waren Flavius Senator, der Konsul des Jahres 436, und Theodulus, der Heermeister von Thrakien, der sich ihm unterwegs angeschlossen hatte.[81] Attila bestand stets darauf, nur mit den höchsten Vertretern des Kaisers zu verhandeln. Wurde die Forderung nicht erfüllt, sah er darin eine Missachtung seiner Königswürde, die in seinen Augen auf gleicher Stufe mit der römischen Kaiserwürde stand.[82] Senator und Theodulus werden die Nachricht überbracht haben, dass der Kaiser die Jahrgelder wie bisher zahle, der Friede von 434 trotz der Feldzüge von 441 und 442 also weiterbestehe. Die fällige Rate werden sie zur Bestätigung mitgebracht haben.

Erst 447 brachen die Hunnen wieder zu einem großen Krieg auf und fielen in Thrakien ein. In den Jahren zuvor hatte Attila allerdings die Hände nicht in den Schoß gelegt. Er hatte seinen Bruder Bleda ermordet und sich zum Alleinherrscher gemacht. Das Jahr des Mordes ist ebenso umstritten wie der unmittelbare Anlass, mit dem er den Brudermord rechtfertigte. Eine gängige – erfundene oder berechtigte – Anklage gegen ein Mordopfer lautete, man sei dessen Anschlag zuvorgekommen. Auch Attila könnte diese Rechtfertigung wenigstens den Königshunnen gegenüber vorgebracht haben, um die eigentliche Ursache zu verschleiern, seinen Machttrieb: Er wollte die Herrschaft nicht länger mit dem Bruder teilen. Gab es auch sachliche Streitfragen zwischen den Brüdern, außenpolitische, die immer zugleich innenpolitische waren? Man kann das nur vermuten. Hielt Bleda die hunnische Herrschaft für saturiert? Darüber wäre Attila, nach seinen späteren Kriegen zu schließen, sicher anderer Meinung gewesen. War der Jüngere erbost, weil der Ältere humorvoller und daher bei allen Stammesgenossen beliebter war? Aus der Zerkon-Geschichte könnte man einen solchen Schluss ziehen. Einig waren sich Marcellinus Comes, die Chronica Gallica und Jordanes, dass Attila den Mord geplant hatte.[83] Danach habe er «das gesamte Volk unter sich vereinigt», fuhr Jordanes fort. Doch es gab Widerstand, weil Bleda die Mehrzahl der hunnischen Stämme, unter ihnen vor allem auch Königshunnen, regiert hatte. Prosper Tiro deutete die Schwierigkeiten an: Attila «zwang Bledas Völker, ihm zu gehorchen». Gern wüsste man, welche Zwangsmittel er anwandte, oder besser: anwenden konnte, ohne sofort seine Alleinherrschaft zu gefährden. Für sein politisches Geschick sprach, dass ihm am Ende die Einigung gelang. Wenigstens schonte er diejenigen Angehörigen von Bledas Familie, die ihm nicht gefährlich werden konnten. Eine seiner Frauen behielt ihre Stellung als Vorsteherin eines hunnischen Dorfes.[84] Zahlreiche Hunnen, adlige Königshunnen darunter, die Bleda nahegestanden hatten, flohen rechtzeitig über die Donau zu den Römern. Es war kein Ruhmesblatt für Theodosius II., den eifrigen Christen, aber schwachen Kaiser, dass er sie auf Attilas Forderung hin mit Gewalt zur Rückkehr zwingen wollte, sie sich aber verzweifelt wehrten und lieber im Kampf starben.[85]

X

Attila der Alleinherrscher

Nach Bledas Tod unternahm Attila einen Zug nach Italien. Eine Verbindung zwischen beiden Ereignissen spiegelte sich in Beobachtungen, die Priscus bei einem Gastmahl Attilas machte.[1] Das üppige Essen zog sich bis in die Abendstunden hin. Als es dunkel geworden war, traten zunächst zwei hunnische Sänger auf, die Attilas Siege und seine Tapferkeit besangen. Jede Anspielung auf Bleda werden sie vermieden haben. Nach ihnen kam ein hunnischer Narr, der mit seinem wirren Gerede für Heiterkeit sorgte. Schließlich erschien überraschend der Zwerg Zerkon – überraschend deswegen, weil Attila ihn nach Bledas Ermordung an den Heermeister Aëtius weiterverschenkt hatte. Die Frau, mit der ihn Bleda verheiratet hatte, musste damals jedoch zurückbleiben. Nach ihr sehnte sich der Zwerg und plante seine Rückkehr. Der hunnische Adlige Edekon riet ihm, zunächst bei Attila gut Wetter zu machen, bevor er ihn um seine Frau bat. Denn Edekon kannte seinen König und sah voraus, der werde es ungnädig aufnehmen, dass sich sein ‹Geschenk› dem beschenkten Römer entzogen hatte. Zerkon beherzigte den Rat. Vor der Tafelrunde gab er in seiner maurischen Tracht und mit seiner Lispelstimme, die hunnische, lateinische und gotische Brocken mischte, eine Vorstellung, über die sich alle vor Lachen bogen. Nur einer saß steif da, verzog keine Miene und sprach kein Wort: Attila. Der Zorn über die Rückkehr war ihm ins Gesicht geschrieben. Edekon hatte es geahnt. Doch nicht nur Zerkons Ungehorsam machte Attila wütend. Die Fortsetzung des Gastmahls verriet, was der von Priscus nicht genannte tiefere Grund war:[2]

Nach Zerkons Auftritt trat der jüngste Sohn des Königs, Ernac, ein und stellte sich neben seinen Vater. Der tätschelte ihm die Wange und sah ihn mit liebevollem Blick an. Verwundert fragte Priscus einen hunnischen Tischnachbarn, der Latein sprach, warum Attila seine älteren Söhne nicht beachte, die am Gastmahl teilnahmen. Der Hunne erzählte ihm unter dem Siegel der Verschwiegenheit, Seher hätten Attila prophezeit, sein Geschlecht werde einen Niedergang erleben, aber dank seinem jüngsten Sohn wieder auferstehen. Für Hunnen, die sich die Weissagung zuflüsterten, lag die Folgerung nahe: Attila hat mit dem Mord an seinem Bruder den Niedergang seines Geschlechts selbst verursacht. Hatten doch schon ihre Onkel Rua und Octar gewusst, dass zwei verträgliche Könige an der Spitze für die Sicherheit des Thrones wie für das Wohl ihrer Untertanen besser waren, und die Hunnenstämme unter ihrer Herrschaft waren derselben Meinung. In seinem Machtstreben hatte Attila trotz mehrerer Söhne diese Sicherheit aufs Spiel gesetzt. Zerkon hatte er nicht nur deswegen weggegeben, weil er dessen Anblick von Anfang an nicht ertrug, sondern auch, weil er ihn stets an seinen ermordeten Bruder erinnert hätte, der sich über dessen drollige Art gefreut hatte. Ausgerechnet während des Gastmahls weckte Zerkon diese Erinnerung. Attila hätte den Sklaven ohne Weiteres töten können. Doch daran hinderte ihn wohl eine urtümliche magische Scheu gegenüber Missgestalten. Andererseits war ein Zwerg, der seine Umgebung beständig zu erheitern vermochte, ein fürstliches Geschenk. Mit ihm drückte der Hunnenkönig seine Hochachtung für Aëtius aus. Zugleich war Zerkon eine Gegengabe für den Sekretär Constantius, den ihm der Heermeister geschickt hatte. Dem armen Zerkon half sein Auftritt nichts. Er musste wieder zu Aëtius gehen, der ihn schließlich seinem ursprünglichen Besitzer Aspar zurückgab.[3]

Als die Hunnen 442 die Save hinauf nach Sirmium zogen und der in der Stadt residierende Prätorianerpräfekt Apraeemius sich rechtzeitig nach Thessalonike absetzte, begleitet von einer Schar von Unterbeamten, war ihre Flucht für viele Bewohner das Signal, sich ebenfalls in Sicherheit zu bringen. Aber es gab auch einzelne Provinziale, die sich nicht scheuten, in Attilas Dienste zu treten. Einer von ihnen war Orestes, der später im Westreich zum *patricius* und Heermeister aufstieg und im Jahr 475 seinen Sohn Romulus mit dem Beinamen

Augustulus auf den römischen Thron setzte: «Zu der Zeit, als Attila nach Italien kam, schloss er sich ihm an und wurde sein Sekretär.» Die Excerpta Valesiana erwähnten rückblickend diesen ungewöhnlichen Schritt, als sie auf Orestes' Sohn Romulus zu sprechen kamen, und sie betonten, der Karriere des Vaters habe der Dienst bei Attila nicht geschadet.[4] Der griechischsprachige Orestes übernahm dann zweimal in Attilas Auftrag Gesandtschaften an den oströmischen Kaiserhof, die eine zusammen mit Edekon, die andere mit Esla, beides hohe hunnische Adlige.

Priscus traf Orestes und Edekon auf seiner Reise zu Attila und stellte sie bei der ersten Begegnung kurz vor: Der Hunne hatte im Krieg die größten Taten vollbracht, und der Römer war an der Save, also wohl in Sirmium, zu Hause, in dem Gebiet von Pannonien, «das dem Barbaren gemäß dem Vertrag mit dem weströmischen Heermeister Aëtius unterstand».[5] Auch bei den folgenden Begegnungen nannte Priscus die beiden Gesandten stets als Paar.[6] Edekon war ein Gote, der sich in vielen Schlachten ausgezeichnet hatte. Orestes war ein aus Pannonien stammender Römer, der Griechisch und Latein und mittlerweile wohl auch Hunnisch sprach. Solche Leute, die keine Bedenken hatten, in seine Dienste zu treten, konnte Attila brauchen. Kein Hunne wird es gewagt haben, über die internationale Zusammensetzung seiner Umgebung die Nase zu rümpfen. Erwähnte Priscus das Paar Edekon und Orestes mit leiser Ironie, weil er dabei an das Jahr 476 dachte? Denn am 28. August 476 ließ Edekons Sohn Odoacer den Heermeister Orestes in Placentia ermorden und einige Tage später auch noch dessen Bruder Paulus bei Ravenna. Anschließend setzte er den jungen Kaiser Romulus Augustulus ab und beendete nach einem halben Jahrtausend das weströmische Kaisertum.[7]

Orestes war nicht der erste Sekretär Attilas. Sein Vorgänger war der Gallier Constantius, den Aëtius dem König geschickt und der sich nach dem Fall von Sirmium dessen Gunst durch sein betrügerisches Geschäft in Rom verscherzt hatte.[8] Als Nachfolger sandte der Heermeister einen Italiker, der ebenfalls Constantius hieß und Orestes und Edekon auf der Reise nach Konstantinopel begleitete. Während Priscus zu beiden ausdrücklich bemerkte, dass Aëtius sie geschickt hatte, unterließ er das bei Orestes. Der Pannonier hatte sich selbst angeboten und wurde erst nach einiger Zeit Attilas Sekretär, worauf auch die *Excerpta Valesiana* deuten. Aëtius war schwerlich von sich aus auf den Gedanken verfallen, Attila mit einem Sekretär zu versorgen. Wenigstens den ersten Sekretär hatte der Hunne vom Heermeister erbeten, den er aus der Zeit kannte, als er Geisel bei König Rua war.[9] Vorbei war die Zeit, wo die *primates* der Steppenkrieger weder lesen noch schreiben konnten und über diese Fähigkeiten nur spotteten, weil sie mit Pfeil und Bogen, Lasso und Schwert kommunizierten. Wer jedoch mit dem Kaiser in Ravenna und dem Kaiser in Konstantinopel von Gleich zu Gleich verhandelte und sich nicht damit begnügte, nur Gesandte zum mündlichen Vortrag zu schicken, benötigte eine Kanzlei mit einem *notarius* für die lateinische und einem *hypographeús* für die griechische Korrespondenz.[10] Bisweilen gaben sich hunnische Gesandtschaften am Kaiserhof fast die Tür in die Hand, und jede wird einen Brief Attilas überreicht haben.[11]

Mit dem Fall des Attila-Reiches endete auch die kurze Blüte der hunnischen ‹Bürokratie›. Sandil, der König der hunnischen Utiguren, gab seinen Gesandten, die er 551 zu Kaiser Justinian schickte, nur mündliche Aufträge mit, keine Briefe. Dazu erläuterte der Historiker Procopius: «Die Hunnen haben nämlich keinerlei Ahnung von Schriftlichkeit und kümmern sich darum nicht. Sie haben auch keinen Schreiblehrer, und ihre Kinder werden groß, ohne die Mühe, Schreiben zu lernen.»[12]

Nachdem Attila und Bleda den ersten *notarius* Constantius einige Zeit nach der Eroberung von Sirmium, also etwa 443, mit dem Tod bestraft hatten, sandte Aëtius dessen Namensvetter aus Italien unaufgefordert zum Alleinherrscher Attila, um ihn für den eigenen – wenn auch unverschuldeten – Missgriff zu entschädigen. Das war frühestens 444 nach seiner Rückkehr nach Italien. Denn 442 und 443 führte der Heermeister in Gallien zwei große Umsiedlungen durch: Den Alanen gab er 442 in der Armorica und den überlebenden Burgunden 443 in der Sapaudia um den Genfer See eine neue Heimat. Hier wie dort machte er zur Bedingung, dass sich die Neusiedler mit der ansässigen Bevölkerung das Land teilten. Während die Burgunden von den

Vorbewohnern gewiss auch nicht freudig aufgenommen wurden, war der Unmut in der Amorica so groß, dass die Alanen zu den Waffen griffen und die früheren Grundbesitzer vertrieben.[13]

Bedeutsam war die Regelung, die Ravenna 442 mit dem Vandalenkönig Geiserich in Nordafrica traf: Er wurde offiziell als Herr der eroberten Gebiete anerkannt, auch wenn sie nach römischem Verständnis Teil des Imperiums blieben. Als *amicus* des römischen Volkes verpflichtete er sich, Rom die Kornkammer Africa nicht zu verschließen, und er stellte zur Sicherheit seinen Sohn Hunerich als Geisel.[14] Hat Constantius seinem neuen Herrn von Aëtius' Umsiedlungen und dem Vertrag mit Geiserich berichtet und Attila den Anstoß gegeben, sich von Ravenna diejenigen Teile Pannoniens bestätigen zu lassen, die er bereits in Besitz genommen hatte? Hat Attila seinem Anspruch dadurch Nachdruck verliehen, dass er auf der großen, Pannonien durchziehenden Heerstraße die Julischen Alpen überquerte und mit seinen Reitern einen raschen Vorstoß bis vor die Tore des stark befestigten Aquileia unternahm? Viel weiter scheint er nämlich nicht gekommen zu sein, weil lediglich die oben genannten *Excerpta Valesiana* beiläufig die Erinnerung an das Unternehmen bewahrt haben.[15] Das drohende Erscheinen Attilas diesseits der Julischen Alpen genügte, um Kaiser Valentinian und Aëtius seinen Wünschen gefügig zu machen.

Bei den nachfolgenden Verhandlungen, die vielleicht das Paar Edekon und Orestes mit Aëtius führten und deren Abmachungen später von Attila und Valentinian ratifiziert wurden, ging es um die Pannonia prima und die Valeria. Beide Provinzen grenzten an das Donauknie. Sicher unterstrich Attila seinen Anspruch mit dem Argument, dass Hunnen dort in der «Dreivölkerkoalition» des Alatheus und Safrax «50 Jahre» oder «fast 50 Jahre» gesiedelt hatten. Beide Provinzen blieben wie Geiserichs Herrschaftsgebiet Reichsterritorium. Doch dieser Teil Pannoniens «gehorchte» fortan Attila, nachdem er ihm «unterstellt worden war», wie sich Priscus ausdrückte.[16] Um dem schlimmen Vorwurf gegen einen Kaiser zu begegnen, er habe römischen Boden hergegeben, ging man in Ravenna noch einen Schritt weiter: Valentinian verlieh Attila die Würde eines Heermeisters. Seit

Constantius II., dem Sohn Konstantins des Großen, gab es eine lange Reihe von Heermeistern, die germanischer Abstammung waren. Sie hatten sich meistens in der Armee hochgedient, und manche wurden sogar Konsul.

Eine Sonderstellung unter den Heermeistern hatte der Gote Alarich: Kaiser Arcadius ernannte ihn 397 zum Heermeister für das Illyricum. Er sollte das Gebiet mit seinen Goten gegen Stilichos Absicht verteidigen, es dem Westteil des Reiches zuzuschlagen.[17] Sein Heermeisteramt erledigte sich, als er 401 nach Italien zog. Aber es wurde ihm 405 von Stilicho erneuert. Dagegen einen fremden König für die verheerenden Schäden, die er den Römern zugefügt hatte, auch noch mit dem Heermeistertitel belohnen – hieß das nicht: den Bock zum Gärtner machen, oder wie der Lateiner gesagt haben würde: dem Wolf die Schafe anvertrauen?[18] Weil hier erst recht Vorwürfe vorauszusehen waren, ließ man in Ravenna in verquerer Argumentation verlauten, die Jahrgelder, die man Attila zahle, seien weder Tribute noch Geschenke, sondern das Gehalt, das er wie jeder andere Heermeister beziehe.[19] Eine Vorstellung von dessen Höhe gab die Nachforderung, die Alarich für seine amtsfreie Zeit stellte und die Stilicho im römischen Senat gegen heftigen Widerstand durchsetzte: Es waren 4000 Pfund Gold. «Das ist kein Friedensvertrag, sondern ein Pakt auf Versklavung», empörten sich Stilichos Gegner.[20]

Im Unterschied zu Alarich erhielt Attila nicht das Amt, sondern nur die Würde eines Heermeisters, wie Priscus betonte. Andernfalls hätte Ravenna auch für seine dort stationierten Hunnen aufkommen müssen, die nicht mehr nur Föderaten, sondern regulärer Teil der römischen Armee geworden wären. Als Föderaten, Verbündete, hatten sie Anrecht, von der Provinzialbevölkerung verpflegt zu werden.

Wie bei allen bisherigen Verhandlungen verlangte Attila auch jetzt wieder, dass ihm sämtliche flüchtigen Hunnen auszuliefern seien, ebenso die römischen Kriegsgefangenen, die sich davongemacht und ihre Herren um das Lösegeld betrogen hatten.[21] Zur Sicherheit musste Aëtius ihm seinen Sohn Carpilio als Geisel überstellen. Im Jahr 449 forderte der Hunnenkönig erneut alle Hunnen von den Römern zurück «seit der Zeit Carpilios, der bei ihm Geisel war», also seit dem letzten Vertrag, in dem er diese Forderung gestellt und sich den Sohn des Heermeisters als Pfand ausbedungen hatte.[22] Es war nicht mehr als eine nette Geste Attilas, dass Edekon zum Schluss der Verhandlungen Aëtius den Zwerg Zerkon übergab, der sich deshalb wegen seiner späteren Rückkehr mit dem hunnischen Adligen beriet.[23] Großzügiger war Valentinian, der die Heermeisterwürde noch aufwertete und Attila zum «Freund des römischen Volkes» (*amicus populi Romani*) erklärte.[24]

Der anonyme *Geograph von Ravenna* erwähnte im 8. Jahrhundert eine Provinz Valeria Media, die in der Nachbarschaft Pannoniens lag.[25] Ihr Beiname «die Mittlere» sollte sie von der Provinz Valeria an der Donau unterscheiden, die Attila unterstellt wurde. Man hat vermutet, Aëtius habe damals deren Bewohner umgesiedelt und die Neusiedler hätten den Namen ihrer alten Heimat mitgenommen.[26] Nach Alanen und Hunnen war es Aëtius' dritte Umsiedlung, und sie sollte das Einfallstor nach Italien sichern. Vorläufer für die Verlegung eines Provinznamens waren Dacia mediterranea und Dacia ripensis. Die Provinzen wurden rechts der Donau eingerichtet, nachdem Kaiser Aurelian 271 die große Provinz Dacia links der Donau aufgegeben und ihre Bewohner jenseits des Flusses angesiedelt hatte. Ein späteres Beispiel war die Umbenennung der Armorica, wo Bewohner Britanniens Ende des 5. Jahrhunderts Schutz vor den Angeln und Sachsen suchten. Nach ihnen erhielt die Armorica in der zweiten Hälfte des 6. Jahrhunderts den Namen Brittannia, der in der heutigen Bretagne fortlebt. Gregor von Tours kannte in seinem Geschichtswerk die alte Bezeichnung schon nicht mehr und sprach nur noch von Brittannia und den Brittani.

Die Verträge mit Geiserich und Attila hatten für Ravenna spürbare finanzielle Einbußen zur Folge, weil die Steuereinnahmen aus den abgetretenen Gebieten wegfielen. Um den Verlust aufzufangen und den größten Posten im Staatshaushalt, die Heeresfinanzierung, nicht zu gefährden, erließ Valentinian am 14. Juli 444 ein Gesetz, das den Senatorenstand nicht länger von der Pflicht befreite, Rekruten zu stellen oder sie durch eine Geldzahlung, eine *adaeratio*, abzulösen. Jetzt wurde die *adaeratio* gestaffelt: 90 Solidi, je 30 für einen Rekruten, mussten die Angehörigen der höchsten Rangklasse, die *illustres*, bezahlen. 30 Solidi sowie 10 Solidi fielen auf die beiden nachfolgenden Klassen.[27]

Er denke beständig über Heilmittel für den Staat nach und sei überzeugt, man müsse angesichts der schwierigen Verhältnisse für ein großes und starkes Heer sorgen, verkündete Valentinian in einem weiteren Gesetz, das er im Herbst 444 erließ. Die Worte bereiteten die Einführung einer neuen Umsatzsteuer in Höhe einer *siliqua* vor, eines Vierundzwanzigstels pro Solidus. Die Einküfte aus diesem *siliquatium* sollten der Heeresversorgung zugutekommen, deren elenden Zustand der Kaiser mit bewegten Worten beklagte.[28] Falls sich nach den Friedensverträgen mit Attila und Geiserich unter den Steuerzahlern die Meinung verbreitet haben sollte, der Kaiser könne sie nun durch Abrüstung entlasten, so war Valentinian in Ravenna anderer Meinung. Die jahrhundertealte Erfahrung, die Rom mit der ‹Barbarentreue›, der *fides barbarica*, gemacht hatte, mahnte ihn zur Vorsicht.

Vorerst durfte Attila mit der Ernte zufrieden sein, die er bei Valentinian und Aëtius eingefahren hatte. Dagegen bot ihm Theodosius überraschend die Stirn. Während der König nach der Abreise der kaiserlichen Gesandten Senator und Theodulus auf weitere Zahlungen wartete, versiegte entgegen ihrer Abmachung bald darauf der Geldstrom aus Konstantinopel. Der Rücktransport von flüchtigen Hunnen und Kriegsgefangenen stockte ebenfalls. Für die Unterbrechung wird letztlich der Eunuch Chrysaphius verantwortlich gewesen sein, Theodosius' Oberkämmerer und seit 443 der neue starke Mann am Kaiserhof.[29] Sollte er seinem Herrn eingeflüstert haben, er müsse den Hunnen gegenüber stärker auftreten als Valentinian in Ravenna, zumal solche Stärke den Staatsfinanzen guttue, so dürfte der schwache Theodosius derartige Töne gern gehört haben. Chrysaphius verfiel im Jahr 449 sogar auf ein gängiges oströmisches Mittel der Konfliktlösung: Er fädelte ein Mordkomplott gegen Attila ein.[30]

Bald darauf drangen Nachrichten an den Kaiserhof, Attila rüste zum Krieg. Für Theodosius und seine Berater war das erst recht ein Grund, alle Zahlungen zu verweigern, und die Verweigerung wurde Attila mitgeteilt. Das gehörte zu Konstantinopels gutem diplomatischen Ton. Attilas Antwort folgte auf dem Fuß: Er verlangte, die Außenstände schnellstmöglich zu begleichen und die Überläufer zurückzuführen, «die man unter dem Vorwand dieses Krieges zurückbehalten habe». Damit nicht genug. Wegen der Höhe der künftigen Zahlungen solle man Unterhändler zu ihm schicken. Der Absender schloss mit einer Drohung, die für seine Stellung und für das Verhältnis zu seinen Kriegern aufschlussreich war: Sollten die Römer «zögern oder zu einem Krieg rüsten, werde er, selbst wenn er das wolle, die Massen der Hunnen nicht zügeln können».[31] Das Eingeständnis diente nicht nur dazu, den Druck auf den Kaiser zu erhöhen. Konstantinopel sollte wissen, dass es mit dem Feuer eines erbarmungslosen hunnischen Volkskriegs spielte. Die Beutegier der Hunnen ließ sich nicht einmal von ihrem König zähmen. Sie würden auch ohne ihn losschlagen. Immer noch hing die Sicherheit seines Thrones davon ab, dass er in regelmäßigen Abständen ihr Verlangen nach Beute stillte und so ihren Wohlstand mehrte.

Zur Sicherung seiner Stellung trug auch Attilas Forderung bei, die Überläufer auszuliefern, die er daher in allen Verhandlungen wiederholte. Überläufer hatten die Treue zu ihrem König gebrochen. Fielen sie ihm wieder in die Hände, erging es ihnen wie den geflohenen Prinzen Mama und Atakam und dem ungetreuen Sekretär Constantius: Sie wurden ans Kreuz geschlagen.[32] Kein Wunder, dass viele Flüchtlinge, die aus diesem Grund die Rückkehr verweigerten, lieber im Kampf gegen römische Häscher starben, als ein schmachvolles Ende vor gaffenden und spottenden Stammesgenossen zu erleiden.[33] Keine andere öffentliche Strafe wirkte so abschreckend und festigte zugleich die Solidarität unter den Zuschauern, die mit lustvollen Rachegefühlen den oft tagelangen, qualvollen Todeskampf der Gekreuzigten verfolgten. Überläufer erlitten ihre gerechte Strafe, weil sie die Kampfkraft ihres Stammes schwächten und die der Feinde stärkten. Sie waren Verräter am hunnischen Volkstum. Bezeichnend war die Frage Bledas an Zerkon, warum er geflohen sei, wo es ihm doch bei den Hunnen besser gehe als bei den Römern.[34] Auch römische Friedensverträge sahen in der Regel die Rückgabe von Überläufern vor, die gekreuzigt oder zum Feuertod verurteilt wurden.[35] Für Kreuzigungen wählte man «die belebtesten Straßen, wo sehr viele zuschauen und sehr viele sich von diesem furchterregenden Anblick bewegen lassen konnten». Der unbekannte kaiserzeitliche Autor, der diese Schaustellung bezeugte, fügte hinzu, dass sie vor allem als *exemplum* dienen sollte.[36]

Attila machte mit seinem Brief kein echtes Verhandlungsangebot. Denn seine Kriegsvorbereitungen liefen bereits, und die gedachte Möglichkeit, sie aufzuhalten, falls Theodosius sofort auf seine Forderungen eingehe, kam für ihn in Wirklichkeit gar nicht mehr in Betracht. Der Brief war ein durchsichtiges Manöver, mit dem er Zeit für die weiteren Vorbereitungen gewinnen wollte. Im Jahr 449 erlebte Priscus selbst einmal solche Vorbereitungen, als er unterwegs zu Attila war: An der Donau angekommen fand er zahlreiche einheimische Fährleute vor, die mit ihren Einbäumen bereitstanden, die Hunnen überzusetzen. Jetzt verdienten sie sich erst einmal das Fährgeld der römischen Gesandtschaft. Bei der Weiterreise begegneten ihr immer wieder hunnische Krieger, die auf dem Weg zur Donau waren. Angeblich sollten sie Attila begleiten, der beschlossen habe, jenseits des Flusses, also in der entmilitarisierten Zone von fünf Tagesreisen, auf die Jagd zu gehen. Tatsächlich aber sammelten sie sich zu einem Feldzug, weil die Römer wieder nicht alle Flüchtlinge ausgeliefert hatten. Vor allem auf sie sollte Jagd gemacht werden.[37]

Der Vorwand, Attila wolle zur Jagd gehen, klang nicht übel und überzeugte zunächst viele. Denn hunnische Großjagden glichen oft einem regelrechten Feldzug. Überhaupt waren sie eine gute Vorbereitung für den Krieg: Vorweg mussten sie organisiert werden; beim flächendeckenden Einkesseln von Hochwild kam es auf das Zusammenspiel verschiedener Gruppen an; der Einzelne übte seine Treffsicherheit mit dem Bogen und seine Geschicklichkeit mit dem Lasso; schließlich konnten der König und seine *primates* auch als Jäger beweisen, dass sie die Besten waren und ihren Vorrang verdienten.

Attilas Brief stieß in Theodosius' Kronrat auf einhellige Ablehnung: «Man werde die Flüchtlinge nicht ausliefern, sondern gemeinsam mit ihnen den Kampf aufnehmen, aber auch Gesandte schicken, um die Streitfragen zu bereinigen.»[38] Mittlerweile zogen nämlich zwischen Donau und Konstantinopel so viele Hunnen umher, die Attilas

Herrschaft den Rücken gekehrt hatten, dass man hoffen konnte, mit ihrer Hilfe den Angriff abzuwehren. Das war der eine Grund, der Theodosius' Berater mutig und kriegswillig machte. Mut dürfte ihnen auch der neu ernannte Heermeister für Thrakien, der Gote Arnegisclus, eingeflößt haben. Er brannte darauf, die Niederlage wettzumachen, die er 442 gegen Attila und Bleda erlitten hatte.[39] Vielleicht wäre man in Konstantinopel entgegenkommender gewesen, hätte man gewusst, was Attila in seinem Brief anscheinend verschwieg: Er hatte weitere Bundesgenossen gefunden, die bereit waren, mit ihm dem Oströmischen Reich auf breiter Front zuzusetzen: «die Gepiden unter Ardaricus, die Ostgoten unter Valamir und verschiedene andere Völker mit ihren Königen».[40] Kein hunnischer Volkskrieg, sondern ein Vielvölkerkrieg drohte. Es sei «ein gewaltiger Krieg, ein größerer als der vorhergehende» gewesen, und Attila habe durch seine Eroberungen fast ganz Europa in Mitleidenschaft gezogen, vermerkte Marcellinus Comes zum Jahr 447. Ohne ein zusätzliches Wort begründete er das Ausmaß des Krieges noch dadurch, dass er ihn durch eine Chronik der Katastrophen einrahmte, die das Oströmische Reich und insbesondere die «ehrwürdige» Stadt Konstantinopel in diesem Jahr trafen: Durch ein ungeheures Erdbeben, das verschiedene Gegenden heimsuchte, stürzten in der Hauptstadt der größte Teil der Stadtmauern und 57 ihrer Türme ein. Eine Hungersnot kam hinzu sowie eine Pest, die Tausenden von Menschen das Leben kostete und den Viehbestand dezimierte. Unter dem Prätorianerpräfekten Constantinus wurde die Mauer in drei Monaten wiederhergestellt.[41] Die Furcht vor einem hunnischen Angriff mobilisierte alle Kräfte.

Was Marcellinus Comes ebenfalls nicht aussprach, sondern nur durch die Reihung in der Chronik zum Ausdruck brachte, war die Tatsache, dass Attila, wie schon seine Vorgänger, die bedrängte Lage Ostroms beobachtete und die Kriegsvorbereitungen entsprechend vorantrieb. Gleich nachdem die Koalition die Donau überschritten hatte, trat ihr Arnegisclus am Flüsschen Utus entgegen. Es kam zu einer heftigen Schlacht, in der die Römer erneut unterlagen und ihr Führer nach tapferer Gegenwehr fiel.[42] Die Balkanhalbinsel lag offen. Bis zu den Thermopylen stießen die Sieger vor, um sich dann gegen

Konstantinopel zu wenden. Die Eile, mit der Prätorianerpräfekt Constantinus den Wiederaufbau der Festungsmauern betrieben hatte, rettete die Stadt. Eine Bauinschrift verherrlichte seine Leistung mit einem mythologischen Vergleich, der die heidnische Konkurrentin Athen und ihre Akropolis demütigte: Selbst die Göttin Pallas Athene hätte schwerlich so schnell eine so feste Burg errichten können.[43] Auch stark befestigte Städte wie Adrianopel und Herakleia in Thrakien überstanden den Sturm. Aber zahlreiche andere Städte und Festungen wurden zerstört.[44] Auf der Chersonnes, der Halbinsel Gallipoli, kam es noch einmal zu einer Schlacht, in der Römer abermals unterlagen. Theodosius musste um Frieden bitten.[45]

Ein Augenzeuge bestätigte und vervollständigte die späteren Chronisten: Um das Jahr 450 verfasste der Mönch Kallinikus die Lebensbeschreibung seines Abtes Hypatius. Er hatte in einer Vorstadt Konstantinopels ein Kloster errichtet und im Kreis seiner Mitbrüder, Kallinikus darunter, war er 446 gestorben. Auf dem Totenbett hatte Hypatius schwere Heimsuchungen prophezeit.[46] Kallinikus gab ihm Recht, als 30 Tage später ein schwerer Hagelsturm über die ganze Gegend fuhr und die gesamte Weinernte vernichtete. Hagelkörner so groß wie Steine gingen nieder und hatten ein Gebilde in der Mitte, das einem menschlichen Auge glich, als wollte es sagen: «Seht, was kommen wird.» Fünf Monate später erschütterten heftige Erdstöße das Land. Sie zogen die gesamte Region um das östliche Mittelmeer in Mitleidenschaft. In Syrien erlebte Bischof Theodoretus das Beben, in Ägypten der verbannte Bischof Nestorius. Dem Erdbeben folgte ein gewaltiger Tsunami, von dessen Auswirkungen der Kirchenhistoriker Euagrius eindrucksvolle Details berichtete. Danach fielen in Thrakien die Hunnen ein. Sie eroberten mehr als 100 Ortschaften und näherten sich drohend Konstantinopel, sodass ein Großteil der Bewohner die Stadt verließ. «Es gab so viel Mord und Blutvergießen,» – schauderte Kallinikus – «dass man die Toten nicht mehr zählen konnte. Die Hunnen nahmen Kirchen und Klöster ein und töteten eine große Zahl Mönche und Nonnen. ... Sie verwüsteten Thrakien so gründlich, dass es sich nicht mehr erholte und nie wieder wurde, wie es einmal gewesen war. Wir aber erinnerten uns voll Verwunderung an das, was der heilige Hypatius während seines Ablebens vorausgesagt hatte.»[47]

Hart waren die Bedingungen, die Attila den kaiserlichen Unterhändlern Anatolius und Theodulus diktierte. Langwierige Verhandlungen, die sich wohl bis ins Jahr 448 hinzogen, waren vorausgegangen.[48] Um den König nicht von vornherein zu vergrätzen, hatte Theodosius seine höchsten Beamten für die peinliche Mission ausgewählt: Anatolius war von 433 bis 446 Heermeister für den Orient und 440 Konsul. Seit kurzem hatte er den Titel *patricius* bekommen.[49] Theodulus war Heermeister für Thrakien. An erster Stelle bestand Attila darauf, «dass den Hunnen die Deserteure ausgeliefert würden». Diese Forderung war man mittlerweile von ihm schon gewöhnt, und sie erstaunte die Unterhändler nicht mehr. Dafür war die nächste Forderung umso schockierender. «6000 Pfund Gold für die ausstehenden Beträge sollten ihnen – den Hunnen – geliefert werden.» Es ging also nicht mehr nur um die überfälligen jährlichen Zahlungen an den König, die sich für die Zeit nach Bledas Ermordung auf ein Zwei- oder Dreifaches der vertraglich vereinbarten 350 Pfund Gold für Attila belaufen hätten. Der Geldsegen sollte vielmehr an die Hunnen weiterfließen, und das auch in Zukunft. Jahr für Jahr waren weitere 2100 Pfund Gold fällig. Dazu kam, dass für jeden römischen Kriegsgefangenen, der sich ohne Lösegeld in die Heimat davongemacht hatte, nicht mehr acht Solidi wie 434, sondern zwölf Solidi zu bezahlen waren. Andernfalls musste derjenige, der den Flüchtigen aufgenommen hatte, ihn ausliefern. Auch war es Römern fortan verboten, hunnischen Überläufern Unterschlupf zu gewähren.

Kein römischer Kaiser hatte sich je von einem Barbaren jenseits von Rhein, Donau oder Euphrat ein Paket derartiger Zwangsauflagen gefallen lassen müssen. Traurig versuchte sich der Historiker Priscus an einer Rechtfertigung, die in ein vorwurfsvolles Urteil über Theodosius und seine Umgebung mündete: «Notgedrungen und aus übermäßiger Furcht, die die Regierenden beherrschte, nahmen sie das gesamte Diktat trotz seiner Härte an, weil sie Frieden haben wollten, und sie willigten in die Zahlung der Tribute ein, die höchst belastend waren, weil die Finanzen und die kaiserlichen Kassen nicht für das

Nötige hergezogen worden waren, sondern für überflüssige Schauspiele und unvernünftige ehrgeizige Projekte, für Vergnügungen und hemmungslose Ausgaben, die sich kein verständiger Mensch selbst in reichen Verhältnissen leisten würde.» Dann schloss Priscus die bedenklichste, von politischer Blindheit zeugende Auswirkung dieses Leichtsinns an: Die Armee wurde vernachlässigt, sodass die Römer nicht nur den Hunnen, sondern allen barbarischen Nachbarn gehorchen und Tribute abführen mussten.[50]

Es war ein düsteres Bild, das Priscus von der inneren und äußeren Lage des Oströmischen Reiches zeichnete. Attila war nicht der Einzige, der dazu beitrug, wohl aber war er der Hauptschuldige. Der Historiker gehörte selbst zu den Leidtragenden, wie er durchblicken ließ, als er anschließend die brutale Steuerpolitik und ihre Folgen anprangerte, mit der die kaiserliche Regierung das Geld aus allen Schichten der Bevölkerung herauspresste, um den Vertrag mit dem Hunnenkönig erfüllen zu können. Ungeheuerlich war, dass selbst der Senatsadel nicht verschont blieb. Erschüttert erlebte Priscus, «dass sich viele zu Tode hungerten oder ihrem Leben mit dem Strick ein Ende setzten».[51] Nachdem Attilas Gesandter Skottas die 6000 Pfund Gold und das Lösegeld für die römischen Überläufer in Empfang genommen hatte, waren in Konstantinopel die Kassen leer. Nicht weniger blamabel war die Willfährigkeit der Regierung, als es galt, die hunnischen Überläufer zusammenzusuchen und auszuliefern, die sich im Kampf für die Römer geschlagen hatten. Doch die einfachen Krieger wie die Adligen wehrten sich bis aufs Blut, und wieder fielen die meisten lieber auf römischem Boden, als mit Skottas zurückzukehren.[52]

Für Priscus gab es in dieser traurigen Lage einen Lichtblick, dem er gebührend Rechnung trug: Es war der Heldenmut der Festung Asamus, die an der Mündung des gleichnamigen Flüsschens in die Donau lag.[53] Wenige Kilometer weiter westlich, am Utus, hatte die erste Schlacht gegen die Hunnen stattgefunden, in der Arnegisclus fiel. Römer, die dem Gemetzel entkommen waren, flüchteten sich in die Festung. Schon vorher hatte sie auch hunnische Überläufer aufgenommen. Attila erfuhr davon und befahl nach der Schlacht seinen besten Generälen, das Bollwerk zu erstürmen. Nach der *Notitia digni-*

tatum bestand dessen Besatzung aus *milites praeventores*, leichten Reitern.[54] Zusammen mit den Flüchtigen verteidigten sie sich nicht nur von den Mauern herab, sondern machten sogar einen Ausfall und schlugen die Angreifer zurück. Fürs Erste zogen die Hunnen ab, um ihren Zug nach Süden nicht hinauszuzögern. Während sie noch die Umgebung plünderten, heftete sich ein Spähtrupp aus Asamus an ihre Fersen. Im geeigneten Augenblick überfiel er die mit Beute beladenen und daher schwerfällig gewordenen Räuber. Trotz seiner Unterzahl jagte er ihnen ihre Beute ab, befreite die Römer, die sie gefangen hatten, und schleppte sogar eine Reihe von Hunnen mit in die Gefangenschaft.

Diese Niederlage war in Attilas Siegesbilanz ein hässlicher Fleck, der ihn heftig wurmte. Bei den Verhandlungen mit Anatolius und Theodulus schnaubte er, einen Friedensvertrag werde er so lange nicht unterzeichnen, bis die Asamuntier sämtliche Hunnen freigelassen hätten, ebenso die ehemals gefangenen Römer, falls für sie nicht ein Lösegeld von zwölf Solidi entrichtet werde. Vergebens versuchten die römischen Unterhändler, ihn von seinem Vorsatz abzubringen, um den tapferen Verteidigern nicht in den Rücken zu fallen. Ein Brief mit den hunnischen Forderungen ging an sie ab. Sie schrieben zurück, sie hätten alle römischen Flüchtlinge bereits nach Hause geschickt, die hunnischen Kriegsgefangenen aber hätten sie bis auf zwei hingerichtet. Leute Attilas hätten nämlich nach der Belagerung ihren Sklaven, die vor der Festung das Vieh hüteten, einen Hinterhalt gelegt und sie verschleppt. Nur im Austausch gegen sie würden sie die beiden Überlebenden, die sie nach Kriegsrecht noch besäßen, herausgeben. Nun ließen Attila und die römischen Gesandten nach den Sklaven suchen, die aber nicht aufzufinden waren. Wieder gingen Boten nach Asamus und versicherten unter Eid, die Sklaven seien nicht bei den Hunnen, worauf die beiden Gefangenen freigelassen wurden. Auch die Asamuntier schworen, dass sie die Forderung nach den ehemals römischen Kriegsgefangenen nicht mehr erfüllen könnten. Das war gelogen.

Priscus rechtfertigte die Notlüge: «Sie glaubten nämlich, um die Rettung ihrer Landsleute willen hätten sie keineswegs einen Meineid geschworen.»[55] Die kleine Festung Asamus hatte mehr Mut gezeigt als die feigen Politiker in Konstantinopel. Die Besatzung hatte bei der Verteidigung der Mauern und beim anschließenden Überfall auf die Hunnen bewiesen, dass auch Attilas Krieger zu schlagen waren, wenn man nur tapfer und klug genug war. Der rückblickende Historiker wusste, wie es mit Attila und seiner Herrschaft ausging, und durfte an dieser Stelle schon einmal Zuversicht verbreiten. Der Bischof und Kirchenlehrer Theodoretus aus dem syrischen Kyrrhos kannte die Zukunft nicht, als er im selben Jahr in einem Brief klagte: Wegen unserer Sünden hat Gott «gegen uns die Erde erschüttert und aus allen Richtungen die Barbaren gegen uns geführt».[56]

Der schlaue Attila hatte noch eine Quelle für Gold und Luxuswaren entdeckt: Es gehörte zum Zeremoniell am Kaiserhof, Gesandte, die in der Regel mit Geschenken in Konstantinopel eintrafen, mit Gegengeschenken für ihren Auftraggeber und für sie persönlich zu bedenken. Dabei das Gegenüber an Freigebigkeit zu übertreffen, war zugleich ein Mittel, den eigenen Vorrang zu demonstrieren. Ob Attilas Gesandtschaften Geschenke mitbrachten, ist nicht überliefert. Der Hunnenkönig war gewohnt zu nehmen, nicht zu geben. Mit Pferden und Tierfellen bedachte er später einmal Theodosius' Gesandte Anatolius und Nomus, mit denen er inzwischen auf vertrautem Fuß stand.[57] Die kaiserliche Regierung hielt sich auch den Hunnen gegenüber stets an ihre Gepflogenheiten, und Attilas Gesandte kehrten reich beschenkt in die Heimat zurück. Vielleicht hoffte man in Konstantinopel zur eigenen Befriedigung, die Hunnen auf die Weise zu beschämen und ihnen das Gefühl zu geben, unzivilisierte Barbaren zu sein, die von den kultivierten Sitten des diplomatischen Verkehrs keine Ahnung hatten.

Attila scherte sich darum nicht. Gleich nach Abschluss des Vertrags mit Anatolius mussten sich Gesandte auf den Weg zum Kaiser machen, um erneut auf der Auslieferung der Flüchtlinge zu bestehen. Die abschlägige Antwort, man habe keine mehr, wurde ihnen mit so vielen Geschenken versüßt, dass Attila eine zweite Gesandtschaft schickte, die ebenfalls reich bedacht wurde. Eine dritte und eine vierte folgten: «Denn der Barbar hatte es auf die Großzügigkeit der Römer abgesehen, die sie aus Gewissenhaftigkeit, den Vertrag nicht zu verletzen, einhielten, und er schickte all diejenigen unter seinen Gefolgsleuten zu ihnen, denen er etwas Gutes tun wollte, wobei er Anlässe erdichtete und leere Vorwände erfand».[58]

Aber Attila wusste auch: Vertrauen ist gut, Kontrolle ist besser. Sobald seine Leute wieder zu Hause angekommen waren, ließ er sich genau aufzählen, was der Einzelne von wem an Geschenken erhalten hatte.[59] Mitbringsel für ihn zu unterschlagen hätte keiner gewagt. Die Kreuzigung seines Sekretärs Constantius war ein warnendes Beispiel.[60]

Priscus machte keinen Hehl daraus, dass der große Feldherr Attila ein hinterlistiges, gieriges Schlitzohr war. Mit seinen Finten kam er nur durch, weil die Männer um Theodosius «jeder seiner Forderungen gehorchten und was er verlangte, als einen Befehl ihres Oberherrn ansahen». Zugutehalten musste man ihnen, dass sie unbedingt einen neuen Krieg vermeiden wollten. Sie konnten ihn sich nicht leisten, weil sie nach den Niederlagen des Jahres 447 erst wieder aufrüsten mussten, um den drohenden Kriegsgefahren im Osten und mehreren Unruheherden im Innern begegnen zu können.[61]

Auch davon hatte Attila erfahren. Seine Gesandten versorgten ihn mit den neuesten Nachrichten, und er wusste sie zu nutzen. Seinen Vertrauten Edekon und seinen Sekretär Orestes schickte er 448 nach Konstantinopel. Der hunnische Adlige überreichte im Kaiserpalast einen Brief, in dem der Absender dieses Mal wegen der Überläufer einen schärferen Ton anschlug. Nach heftigen Vorwürfen wegen der römischen Saumseligkeit drohte er mit Krieg, wenn man ihm deren Auslieferung weiterhin verweigerte. Dann forderte er, dass von nun an kein Römer mehr ein Gebiet rechts der Donau betreten dürfe, das sich in einer Breite von fünf Tagesreisen von Pannonien bis hinab zum thrakischen Novae erstreckte.[62] Mit Pannonien waren die Pannonia prima und die Valeria gemeint, die seit 445 unter seiner Herrschaft standen. Der Endpunkt Novae, der in der zur thrakischen Diözese gehörenden Provinz Moesia secunda lag, war eine bedeutende Garnisonsstadt gewesen, die mehrere Truppeneinheiten beherbergt hatte.[63] Das Militär, das seine Stellungen entlang der Donau gehalten hatte, sollte ebenso abziehen wie die Zivilbevölkerung, die die Flussebene und das anschließende Hügel- und Bergland bewohnte. Dieses Gebiet sei «speererworben», begründete Attila seinen Anspruch. Der Grieche Orestes dürfte ihm den Begriff genannt haben, der aus Herodot und vor allem aus der Geschichte und dem Völkerrecht der hellenistischen Zeit stammte.[64] Der gebildete Orestes machte Attila vielleicht auch auf Parallelen bei den Germanen aufmerksam. In Caesars *Gallischem Krieg* las man von den Sueben: «Für ihr Gemeinwesen ist es nach ihrer Meinung das höchste Lob, wenn jenseits ihrer Grenzen so weit wie möglich ödes Land liegt.» In seinem Germanenexkurs im sechsten Buch verallgemeinerte Caesar noch: «Für die Stämme ist es das höchste Lob, wenn ihre Grenzgebiete verwüstet sind und sie um sich herum Ödland haben.» An der Ostseite des Suebenlandes war diese Fläche 60 Meilen, also fast 90 Kilometer breit.[65] In fünf Tagen konnte man sie gut durchqueren, also in der Zeitspanne, die der Hunnenkönig «für einen rüstigen Mann» festlegte.[66]

Die römerfreie Zone sollte gewiss auch für Attila ein Zeichen seiner Macht sein. Sie war ein Cordon sanitaire gegen Angriffe, und zugleich eine Hürde, die abtrünnigen Untertanen die Flucht ins Römische Reich erschwerte. Wenn sie mit Wagen und Familien loszogen, waren sie von flinken Reitern leicht einzuholen. Attila gab selbst zu, dass er besonders diesen Zweck mitbedacht hatte, als er zwei Jahre später die Sperrzone unter der Bedingung aufhob, dass die Römer keine Flüchtlinge mehr aufnahmen.[67] Der Sicherheitsgürtel machte allerdings auch eine Neuregelung des Handelsverkehrs erforderlich, nachdem die Römer nicht mehr wie seit 334 an die Donau nach Margus kommen durften. Markt sollte künftig im zerstörten Naïssus sein. Die Stadt lag genau an der Südgrenze der Sicherheitszone, und ihre Ruinen hatten für Attila einen erfreulichen Nebeneffekt: Sie erinnerten die Römer daran, dass die Hunnen mittlerweile in der Lage waren, große und stark befestigte Städte im Innern des Imperiums zu bezwingen.[68] Eine unerfreuliche Wirkung war, dass die Sicherheitszone den Handel für beide Seiten erschwerte. Römische Kaufleute konnten ihre Waren nicht länger auf der Donau transportieren, und die bäuerliche Bevölkerung hätte sich nur durch einen neuen Krieg vertreiben lassen. Doch es dürften vor allem auch hunnische Beschwerden gewesen sein, die Attila zu Ohren kamen und die mit ein Grund waren, warum er die Sperrzone nach zwei Jahren aufhob. Der hunnische Adel hatte sich mittlerweile an Luxuswaren aus dem Imperium gewöhnt, und nach dem Weinkonsum am Hof Attilas zu schließen, stillte man dort gern seinen Durst mit den Produkten aus den pannonischen Anbaugebieten. Tauschmittel waren Tierfelle, dazu Beutegüter, für die es keine Verwendung gab, alte und kranke Kriegsgefangene darunter. Solche Handelsgeschäfte an Donau und Bosporus hatten eine Vorgeschichte, die weit hinter die Hunnenzeit zurückreichte.[69]

Attila selbst schien 448 der Markt Naïssus mit seinem lauten Gewühl nicht der würdige Ort zu sein, um mit kaiserlichen Beamten zu verhandeln. Daher schlug er die Provinzhauptstadt Serdica für die nächste Konferenz vor, auf der er Streitfragen klären wollte. Er wollte jedoch nur mit den höchsten Würdenträgern sprechen. Er würde ihnen entgegenkommen und sie in Serdica empfangen – was ihnen schwerlich den Schock über die Zerstörung ersparen würde, die die Hunnen im Vorjahr angerichtet hatten. Neue Verhandlungen waren das letzte Ansinnen Attilas, das sein Gesandter Edekon im Kaiserpalast von Konstantinopel überbrachte.[70] Der nächste Schritt wäre gewesen, dass der Hunnenkönig darauf bestanden hätte, mit Theodosius persönlich zu sprechen. Am Kaiserhof aber beschloss man, ihm den Triumph in den Ruinen von Serdica nicht zu gönnen, und lehnte es ab, Gesandte dorthin zu schicken.[71]

Gab es kein Mittel, den Kaiser aus der unwürdigen Abhängigkeit von Attila zu befreien, die in schreiendem Gegensatz zu den Epitheta stand, mit denen er in offiziellen Anreden begrüßt wurde, er, der «Herr des Erdkreises», der «glorreichste Sieger und immerwährende Triumphator»?[72] Klang es andererseits nicht verheißungsvoll, wenn Konstantinopels Zirkusparteien dem Kaiser in rhythmischen Akklamationen zujubelten: «Gott der Allmächtige, der dir zu herrschen befiehlt und dir jeden unterwerfen wird, der deine Kaiserherrschaft bekämpft»?[73]

Solche Gedanken mochten Chrysaphius, dem mächtigsten unter Theodosius' Hofbeamten, durch den Kopf gegangen sein, als er beschloss, ein Attentat auf Attila einzufädeln, und sich dazu Edekon näherte.[74] Der Hunne gestand ihm in einem Gespräch, das der Hofdolmetscher Vigilas übersetzte, wie sehr ihn der kaiserliche Palast und seine reiche Pracht beeindruckten. Hier witterte der Eunuch bei dem Kämpen, «der die größten Kriegstaten vollbracht hatte», eine schwache Stelle und schoss vorsichtig einen Pfeil auf sie ab: Auch Edekon dürfte Herr über Reichtum und Häuser mit Goldpracht werden, wenn er das Hunnenland verlasse und zu den Römern übergehe. Als Dienstmann seines Gebieters könne er das nicht ohne dessen Einwilligung tun, lautete die Antwort. Danach befragte Chrysaphius sein Gegenüber über sein Verhältnis zu Attila und erfuhr, dass Edekon einer seiner engsten Vertrauten war und zu seinen ausgesuchten Leibwächtern gehörte, die sich im Turnus beim bewaffneten Wachdienst ablösten. Für ein Attentat war er der ideale Mann, und Chrysaphius ging einen Schritt weiter: Er lud Edekon zum Essen ein, und weil er etwas Wichtiges mit ihm allein zu besprechen habe, bat er ihn, ohne seinen Begleiter Orestes und die übrigen Mitglieder der Gesandtschaft zu ihm zu kommen. Nur müssten sie beide unter Eid Stillschweigen über ihre Unterredung bewahren, und mit Hilfe des Dolmetschers gaben sie sich das Versprechen in die Hand. Selbst wenn er Chrysaphius' Vorschlag nicht folgen könne, werde er ihn nicht verraten, versicherte der Hunne. Bei ihrem Zusammentreffen ließ der Eunuch dann die Katze aus dem Sack, nicht ohne Edekon noch mit Geschenken überhäuft zu haben:[75] Sein Gast solle Attila ermorden und nach Konstantinopel zurückkehren, wo er sein weiteres Leben im größten Reichtum verbringen werde. Edekon willigte ein, bat nur um fünfzig Pfund Gold, mit denen er die erforderlichen Helfershelfer entlohnen werde. Mitnehmen könne er sie nicht, da die Summe bei seinen Begleitern Verdacht erregen und zu Hause Attilas Kontrolle nicht entgehen werde. Der Dolmetscher Vigilas solle an den Königshof kommen, und ihm werde er mitteilen, wie das Gold am besten zu ihm gelange.

All das leuchtete Chrysaphius ein, sodass er nach dem Essen sofort zu Theodosius eilte und ihn und den Hofmarschall Martialius in den Attentatsplan einweihte. Da er an Edekons Entschlossenheit und seiner Lust auf ein herrliches Leben in Konstantinopel keinen Zweifel hatte, überzeugte er die beiden. Der Hunne würde es schlauer anstellen als die vandalischen Adligen, die 442 ein Komplott gegen König Geiserich vorbereiteten, aber entdeckt und grausam hingerichtet worden waren. Edekon würde dasselbe Schicksal blühen, falls er oder ein anderer den Anschlag verrate.[76] Mit einem Mal würden das Oströmische wie das Weströmische Reich von seinem gefährlichsten Gegner befreit sein. Ohne ihren Kopf Attila würden die Hunnen ihre Schlagkraft verlieren. Der Sieg der Burgunden nach Octars Tod und der tapfere Abwehrkampf von Asamus gegen Attilas Generäle hatten es gezeigt.[77]

Noch durfte man die Siegesfreude nicht laut werden lassen, um keinen Verdacht zu erregen. Daher sollte auch die Gesandtschaft, die Attila angefordert hatte, zu ihm an seinen Hof und nicht nach Serdica gehen. Führen sollte sie Maximinus, der aus dem Adel kam und Vertrauter des Kaisers war, also Attila genehm sein müsste. Zur Sicherheit wurde ihm das Attentat nicht verraten, und daher war auch Priscus ahnungslos, den Maximinus bat, ihn auf der Reise zu begleiten. Mitwisser war allein Vigilas, der als Dolmetscher mitkam, nachdem er schon im Vorjahr die Verhandlungen zwischen Anatolius und Attila gedolmetscht hatte. Maximinus sollte einen Brief des Kaisers überreichen, in dem der Hunnenkönig aufgefordert wurde, sich an den mit Anatolius geschlossenen Vertrag zu halten und nicht in römisches Gebiet einzufallen.

Theodosius erkannte also die neue Sicherheitszone nicht an. Die sichere Erwartung, das Attentat werde gelingen, hatte ihn kühn gemacht. Entgegenkommend kündigte er an, er werde zu den Flüchtlingen, die er bereits zurückgeschickt habe, siebzehn weitere übersenden; mehr habe er nicht. Ein anderes Reizthema solle Maximinus nur mündlich ansprechen: Attila möge nicht darauf bestehen, dass immer nur hochrangige Gesandte zu ihm kommen sollten. Das sei auch bei seinen Vorgängern oder anderen Stammesfürsten nicht der Fall gewesen. Vielmehr habe man sich auch schon einmal eines Soldaten oder eines Briefboten bedient. Um solche Streitfragen beizulegen, möge er Onegesius nach Konstantinopel schicken – der nun allerdings aus dem hunnischen Hochadel stammte.[78]

Priscus' Darstellung der Intrige, die am Kaiserhof gesponnen wurde, erinnerte von fern an die klassische griechische und römische Komödie. Nur brachten Menander, Plautus und Terenz Verwicklungen auf die Bühne, wie sie im alltäglichen bürgerlichen Leben vorkamen. Hier aber suchte eine römische Regierung mit einem lächerlichen Anfangseinsatz von 50 Pfund Gold einen Feind zu erledigen, «den das Reich fürchtete», dem man am Kaiserhof unterstellte, er habe es auf den Staatsschatz abgesehen, ja wolle nicht nur das Römische Reich, sondern die Weltherrschaft übernehmen.[79] Der selbstbewußte Dolmetscher Vigilas, der sich lange Zeit etwas auf das Wohlwollen einbildete, das ihm Attila bei den Verhandlungen mit Anatolius gezeigt hatte, verhedderte sich erst in seinen Lügen, wurde dann zum betrogenen Betrüger und kämpfte schließlich, im Gegensatz zu den Verlierern auf der Bühne, verzweifelt um sein Leben.[80] Theodosius aber, der Kaiser von Gottes Gnaden, musste sich nach dem Scheitern des Komplotts von Attila als elender Wicht beschimpfen lassen.[81] Wenn im Theater der Vorhang fiel, klatschten die Zuschauer. Für Beifall sahen Priscus und seine Leser keinen Anlass. Vielmehr klang die vorwurfsvolle Frage des Historikers durch, warum sich der fromme Katholik Theodosius überhaupt auf den windigen Plan seines Hofeunuchen Chrysaphius eingelassen habe, um so die Schwäche des Reiches auszugleichen, die militärisch zu beheben er unfähig war.

XI

Ein Besuch bei Attila

Wenn es noch eines Beweises bedurfte, wie stark die Politik in Ravenna und Konstantinopel von Attila abhängig geworden war - die Kette der römischen und hunnischen Gesandtschaften, die zwischen beiden Städten und dem hunnischen Königshof hin- und hergingen, lieferte ihn. Nicht genau zu datieren ist die Mission, mit der Aëtius seinen Sohn Carpilio und den *tribunus et notarius* Cassiodorus betraute, den Großvater des gleichnamigen Senators, der die rechte Hand des Gotenkönigs Theoderich des Großen wurde. Man hat vermutet, Carpilio sei anschließend als Geisel bei Attila zurückgeblieben. Doch eher war er nach der Geiselnahme 445 inzwischen zurückgekehrt, und Aëtius wollte sich in Erinnerung an seine eigene Geiselhaft der Kenntnisse und Verbindungen seines Sohnes bedienen.[1] Diese Gesandtschaft dürfte derjenigen unmittelbar vorausgegangen sein, die Priscus 449 auf seiner Reise zu Attila traf.[2]

Theoderich der Große berichtete von Carpilios und Cassiodorus' Gesandtschaft in einem Brief, den er um das Jahr 507 an den römischen Senat richtete. Verfasst hatte ihn wie seine übrige Korrespondenz der jüngere Cassiodorus, der damit dem Großvater und dessen Begegnung mit Attila ein Denkmal setzte: «Unerschrocken blickte Cassiodorus auf den, welchen das Reich fürchtete. Im Vertrauen auf die Wahrheit sah er auf jene schrecklichen und drohenden Gesichtszüge von oben herab und zögerte nicht, der Schimpfkanonade dessen zu entgegnen, der aus unerfindlichem Wahn heraus nach der Weltherrschaft zu streben schien. Auf einen überheblichen König traf er, und er verließ einen, der besänftigt worden war. Dessen verleumderische Anschuldigungen zerpflückte er so glaubwürdig, dass jener um

Nachsicht bitten wollte, er, der es für angebracht hielt, den Frieden einer Kaisermacht mit all ihrem Reichtum zu verweigern. Dank seiner Standfestigkeit machte Cassiodorus seinen ängstlichen Leuten Mut, und man hielt diejenigen nicht mehr für unkriegerisch, die offensichtlich über solche Gesandten verfügten. Den Frieden, den man schon aufgegeben hatte, brachte er mit nach Hause.»[3]

Ob Cassiodorus tatsächlich im Angesicht eines finster blickenden Attila so überlegen aufgetreten ist, ihm gar «von oben herab» in die Augen geschaut hat? Das war eher Familiensaga der Cassiodori, die darüber den eigentlichen Auftrag der Gesandtschaft für nebensächlich hielten und verschwiegen. Aëtius' Gesandte werden vielmehr behutsam aufgetreten sein gegenüber einem selbstherrlichen, von Weltherrschaft schwadronierenden Hunnenkönig, der den Vorwurf falscher Anschuldigungen sofort mit dem Abbruch der Verhandlungen beantwortet hätte. Wie leicht er in Zorn geraten konnte, hatten auch andere Besucher erlebt. Mit reichen Geschenken und vielen freundlichen Worten bewogen ihn Carpilio und Cassiodorus zu einem gewissen Entgegenkommen, das nach ihrer Rückkehr in Ravenna als großer Friedensschluss gefeiert wurde.

Treue Untertanen Attilas wurden ebenfalls leicht zornig, wenn sie glaubten, ein Römer trete im Geringsten der Ehre ihres Königs zu nahe. Priscus berichtete dazu ein bezeichnendes Erlebnis: In Serdica trafen Edekons hunnische und Maximinus' oströmische Gesandtschaft ein, die auf dem Weg von Konstantinopel zu Attila waren. Die Römer luden die Hunnen zm Abendessen, und bei Tisch rühmten die einen ihren Kaiser, die anderen ihren König. Im Verlauf des Dialogs warf der römische Dolmetscher Vigilas ein, man könne doch Theodosius, einen Gott, nicht mit einem Menschen vergleichen. Empört fuhren die Hunnen auf, und der Abend wäre böse ausgegangen, wenn die Römer nicht sofort das Thema gewechselt und ihr Leiter Maximinus an die hunnischen Führer Geschenke verteilt hätte.[4] Der Teilnehmer Priscus versagte sich, den Dolmetscher zu berichtigen: Der byzantinische Kaiser war göttlich, wie sein traditionelles Epitheton lautete, aber er war kein Gott. Der Historiker schwieg, weil seine Leser das genau wussten und weil man den Unterschied zwischen dem Adjektiv «göttlich» und dem Substantiv «Gott» den Hunnen kaum hätte begreiflich machen können. Nicht dass sie Attila für einen Gott hielten, und es war lediglich diplomatische Schmeichelei, wenn das ein auswärtiger Stammesfürst einmal tat.[5] Ihnen lag allein daran, dass ihr König dem Kaiser im Rang nicht nachstand. Attila selbst legte darauf den größten Wert.

Priscus' Bericht über die Gesandtschaftsreise im Jahr 449 ist das ausführlichste und unmittelbarste Zeugnis über die Persönlichkeit Attilas, das Leben an seinem Hof und die Verhältnisse bei den Hunnen in ihrer neuen pannonischen Heimat.[6] Priscus war ein scharfer, unvoreingenommener Beobachter, der sich den Blick nicht durch die Schreckensnachrichten trüben ließ, die seit einem Dreivierteljahrhundert mündlich und schriftlich über die Hunnen im Umlauf waren. Er stammte aus Panion, das etwa 200 Kilometer westlich von Konstantinopel an der Propontis lag und zur *dioecesis* Thrakien gehörte. Die *Suda*, das byzantinische Lexikon aus dem 10. Jahrhundert, das Priscus einen kurzen Eintrag widmete und seine Heimat erwähnte, nannte ihn, der unter dem jüngeren Theodosius lebte, einen Sophisten, einen Mann also, der rhetorisch und philosophisch gebildet und literarisch tätig war. Er habe nämlich rhetorische Übungen und Briefe verfasst. Dazu kam eine *Byzantinische Geschichte samt Attilageschichte* in acht Büchern. Eine kurze Charakteristik der *Attilageschichte* bot der Kirchenhistoriker Euagrius im 6. Jahrhundert, als er einmal den Hunnenkönig erwähnte: Der Rhetor Priscus habe ihn «ausführlich, in äußerst kluger Weise und in höchst gewähltem Stil» beschrieben, außerdem die Zahl der Städte, die er eroberte und ausplünderte, und wie er danach starb.[7] Suda und Euagrius verrieten mit ihren kurzen Angaben, dass spätere Leser das Werk gern wegen der Geschichte Attilas in die Hand nahmen. Vor allem der Reisebericht zu dessen Residenz gegen Ende des dritten Buches wird die Neugier geweckt haben. Ihn hat daher auch im 10. Jahrhundert Kaiser Konstantinos Porphyrogennetos in voller Länge in seine Sammlung der *Gesandtenberichte* aufgenommen.

Wann Priscus' Geschichtswerk einsetzte, ist wegen der fragmentarischen Überlieferung nicht eindeutig zu beantworten. Gerade wegen der beherrschenden Rolle Attilas könnte das erste Fragment, in dem seine und Bledas Herrschaft im Jahr 334 erwähnt wird, nach einem traditionsgemäßen Proömium zu den Anfangskapiteln gehört haben.[8] Oder sollte der Historiker, der wahrscheinlich in Konstantinopels Hofbürokratie eine Stelle hatte, nicht eher mit dem Regierungsantritt Theodosius' II. im Jahr 408 begonnen haben? Schließlich schrieb er nicht hunnische, sondern byzantinische Geschichte, in der die 42 Regierungsjahre des Kaisers selbstverständlich einen Schwerpunkt bildeten. Darauf deuten auch die Fragmente 50–54, die Carolla zusammengestellt, allerdings mit einem Fragezeichen versehen hat. Geendet hat Priscus wohl mit dem Jahr 472. Denn offensichtlich schloss der Sophist Malchus an ihn an und schrieb eine *Byzantinische Geschichte* der Jahre 473 bis 480.

Wenn Euagrius Priscus' «höchst gewählten Stil» lobte, dachte er vor allem an die sprachlichen und literarischen Einflüsse der klassischen Historiker, die einem gebildeten Leser in seiner Darstellung auffielen. Damit stand er in der byzantinischen Geschichtsschreibung nicht allein. Zahlreiche Anklänge an Thukydides, Xenophon und Polybios zeigen seinen sogenannten Klassizismus. Vor allem aber hat ihn Herodot geprägt.[9] Die geographische Nähe, die Donau und das Skythenland, waren ein Grund. Nicht weniger wichtig war die historiographische Nähe, die gerade bei Priscus' Gesandtschaftsbericht gegeben war. Wie Herodot die fremden Länder an der Peripherie der griechischen Welt bereiste, um deren politische, kulturelle und ethnische Verhältnisse zu studieren und später darüber zu schreiben, so nahm Priscus die Gelegenheit wahr, Attila und die Hunnen jenseits der Donau kennenzulernen. Auch ihm ging es um Erkundung, *historíē*, und spätere Darstellung, *apódeixis*, innerhalb der Auseinandersetzung zwischen Griechen und Barbaren, um die Themen also, die Herodot in seinem programmatischen Einleitungssatz genannt hatte. Nach all dem, was er über die Hunnen gelesen und gehört hatte, hielt Priscus sich an den sprichwörtlich gewordenen Grundsatz des «Vaters der Geschichte»: «Die Ohren der Menschen sind weniger zuverlässig als die Augen.»[10]

Während Herodot jedoch über die persönlichen Umstände seiner

Reisen schwieg und nur gelegentlich Äußerungen in eigenem Namen machte, schrieb Priscus über seine Reise einen Erlebnisbericht. Eingeladen hatte ihn Maximinus, ein hoher Beamter am Kaiserhof, den Theodosius beauftragt hatte, mit Attila zu verhandeln.[11] Auch der Heermeister Plinthas hatte 434 zu Verhandlungen mit den Hunnen den Quaestor Epigenes mitgenommen, «der wegen seiner Klugheit den besten Ruf mitbrachte».[12] Die klugen Gefährten Epigenes und Priscus waren weniger Sekretäre als zuverlässige Gefährten, mit denen sich der Chef de Mission bei Schwierigkeiten beraten konnte, die gerade bei Verhandlungen mit Attila und den Hunnen vorauszusehen waren. Priscus machte seine Sache so gut, dass ihn Maximinus zu weiteren Gesandtschaftsreisen mitnahm, 450 nach Rom und 451 nach Damaskus und Alexandria. Unter Theodosius' Nachfolger Marcianus war er Berater von dessen *magister officiorum* Euphemius, der schwierige Friedensverhandlungen mit den Herrschern der Lazen, einem Kaukasusvolk, zu führen hatte.[13]

Da die Suda Priscus einen Verfasser von Briefen nannte, hatte der Gewährsmann des Lexikographen vielleicht einen Brief vor Augen, den der Historiker zunächst über seine Reise zu Attila schrieb und später in seinem Geschichtswerk als Vorlage benutzte oder ungekürzt einfügte. Das würde die lebendige Icherzählung erklären. Briefe mit literarischem Anspruch zu schreiben war bei den Byzantinern beliebt. Besonders dankbar waren Reisebriefe, die von fremden Gegenden und Abenteuern berichteten, die der Verfasser dort erlebt hatte und deren unerreichtes Vorbild Homers Odyssee war.[14]

Im Frühjahr 449 brachen Edekon und Maximinus mit ihren Begleitern gemeinsam von Konstantinopel auf.[15] Der Dolmetscher Vigilas nahm sich zusammen, um den Attentatsplan nicht durch eine unbedachte Bemerkung zu verraten. Gemeinsame Mahlzeiten waren gefährlich. Nach der abendlichen Zusammenkunft in Serdica, bei der es wegen seiner Bemerkung, Theodosius sei Gott, Attila nur ein Mensch, beinahe zum Eklat gekommen wäre, verteilte Maximinus zur Beruhigung an Edekon und Orestes seidene Gewänder und indische Edelsteine. Orestes lobte ihn, weil er auch ihn beschenkt habe, während Edekon in Konstantinopel allein eingeladen und mit Geschenken bedacht worden sei. Vigilas hinterbrachte dem Hunnen den Vorwurf und konnte ihn nur mit Mühe beruhigen.[16] Edekon hatte Orestes bewusst nicht in das Attentat eingeweiht. Bei einem weiteren Mitwisser hätte die Gefahr bestanden, dass er Attila den Mordplan verriet. Der Verräter hätte eine große Belohnung bekommen, aber um Edekon wäre es geschehen gewesen. Falls der Hunne selbst sich jedoch entschloss, der Regierung in Konstantinopel einen Strich durch die Rechnung zu machen, dann durfte kein anderer als er Attila über deren Hinterlist aufklären.[17]

In Naïssus, wo die Römer am Flussufer auf die Gebeine der gefallenen Bewohner stießen, scheinen auch die Hunnen ihre Zelte in gehörigem Abstand von der grausigen Stätte aufgeschlagen zu haben.[18] Tags darauf trafen sich die Gesandtschaften mit Aginthus, dem Heermeister des Illyricums, um die Attila versprochenen 17 Überläufer zu übernehmen. Aginthus konnte jedoch nur fünf stellen, die die Hunnen in Gewahrsam nahmen.[19]

Durch gefährliche Schluchten und über viele Umwege zogen die Gesandtschaften weiter zur Donau. Warum sie die bequemere große Heeresstraße mieden, erklärte Priscus nicht. Lieber hielt er sich mit den Fährleuten auf, die bereitstanden, Attila und seine Krieger für eine Großjagd überzusetzen.[20]

Auf hunnischem Boden durften Fremde, selbst wenn es kaiserliche Gesandte waren, sich nicht frei bewegen. Denn Attila wollte wissen, wer sich in seinem Reich aufhielt, vor allem, wenn er wie jetzt einen Feldzug vorbereitete. Vor Spionen konnte man nie sicher sein. Daher mussten die Römer nach einem Tagesritt jenseits der Donau in offenem Gelände Halt machen, während Edekon und seine Begleiter vorausritten, um dem König ihre Ankunft zu melden. Einige Hunnen blieben zurück, angeblich als Führer, eher aber als Wache. Die Gruppe war gerade beim Abendessen, da tauchten zwei hunnische Reiter auf und befahlen der Tischgesellschaft, zu Attila zu kommen. Die Einladung, erst noch mitzuessen, nahmen sie gerne an.[21]

Selbst der Verschwörer Vigilas wurde nicht misstrauisch und ahnte den eigentlichen Grund nicht, warum Edekon vorausgeritten war. Vielleicht hatte der Hunne von Anfang an nie die Absicht gehabt, den

Anschlag auf Attila auszuführen, und die Treue zu seinem König stand ihm höher als der Eid, den er Chrysaphius, dem Feind seines Volkes, geschworen hatte. Vielleicht kamen ihm aber auch erst Bedenken, je weiter er sich von Konstantinopel und den Verlockungen der Stadt entfernte. Inzwischen hatte er sich entschlossen, Attila vorweg den Mordplan zu verraten und ihm zu sagen, wozu Vigilas, der einzige Mitwisser in der Gesandtschaft, 50 Pfund Gold mit sich führte.

Am Nachmittag des folgenden Tages erreichten die Römer einen Platz, der mit Zelten übersät war, Attilas Kriegslager. Als erstes bekamen sie eine Lektion, wie empfindlich der Hunnenkönig reagierte, wenn einer auch nur im Geringsten an seiner Würde zu kratzen schien: Sie wollten ihre Zelte auf einem gegenüberliegenden Hügel aufschlagen, was ihnen aber sofort verboten wurde. Denn es durfte nicht sein, dass ihr Standort das tiefer stehende Zelt Attilas überragte. Kaum standen ihre Zelte ordnungsgemäß, da erschienen Edekon, Orestes, Skottas und andere adlige Hunnen und fragten sie, welches der Zweck ihrer Reise sei. Verdutzt antworteten die Gesandten, sie hätten Attila eine Botschaft des Kaisers zu überbringen. Die Antwort genügte den Hunnen nicht. Sie ritten zu Attila, kamen bald wieder ohne Edekon zurück und zählten alles auf, weswegen sie gekommen seien. Wenn sie dem König weiter nichts mitzuteilen hätten, sollten sie umgehend abreisen. Nun erst recht verwirrt rätselten alle, Vigilas ausgenommen, wie die Hunnen an ihr Wissen gekommen sein könnten. Auf die Verbindungslinie Chrysaphius – Vigilas – Edekon – Attila kamen sie nicht und verlangten daher, mit dem König selbst zu sprechen. Doch die Hunnen bestanden auf ihrer Abreise.

Während die Einen begannen, ihre Pferde wieder zu beladen, sah Vigilas seine Felle davonschwimmen. Sollte hier seine weltgeschichtliche Rolle als Retter des Römischen Reiches enden, als Stütze seines Kaisers, dessen Göttlichkeit er in Serdica verteidigt hatte? Vorsichtig machte er eine Andeutung, was es mit den 50 Pfund Gold, die er mitführte, auf sich habe, ohne Maximinus und Priscus reinen Wein über das Attentat einzuschenken. Nicht der geringste Zweifel kam ihm, dass Edekon seinen Eid gebrochen haben könnte. Er fürchtete lediglich, der Hunnenkönig zürne ihnen, weil Orestes ihm seine Bemerkung in Serdica über den Gott Theodosius und den Menschen Attila hinterbracht habe.[22]

Plötzlich schien sich doch noch eine Wende anzubahnen. Wieder kamen Hunnen und überbrachten Attilas Befehl, wegen der fortgeschrittenen Tageszeit mit der Abreise zu warten. Sogar einen Ochsen und Flussfische für das Abendessen ließ er ihnen bringen. Selbstverständlich reiste eine kaiserliche Gesandtschaft stets mit ansehnlichem Gefolge, das die Würde des Auftraggebers repräsentierte. Weil das jeder wusste, hatte Priscus bisher noch kein Wort über die Größe ihrer Gruppe verloren. Erst der Ochse, der ihr zum Abendessen spendiert wurde, erinnerte an die beachtliche Zahl hungriger Mägen.[23]

Nachdem der Hunnenkönig die Reisegesellschaft scheinbar fürsorglich zurückgehalten und großzügig für ihr leibliches Wohl gesorgt hatte, schliefen Maximinus und Priscus in der Erwartung ein, er werde sich am nächsten Morgen zugänglicher zeigen. Doch sie sahen sich getäuscht. Wieder kam Attilas Befehl, sie sollten abreisen. Eine winzige Hoffnung schoben seine Boten nach: es sei denn, sie hätten über die bekannten Äußerungen hinaus etwas Neues vorzubringen. Maximinus schüttelte den Kopf und ließ wieder packen. Nur Vigilas witterte noch einmal Morgenluft und beschwor ihn, er solle weitere Aufträge vorgeben.[24]

In diesem Augenblick griff Priscus ein, weil er sah, wie traurig Maximinus über das Scheitern seiner Mission war. Vielleicht ließ sie sich doch noch retten. Der Historiker hatte eine Idee. Unmittelbar zu Attila vorzudringen war nicht möglich. Aber konnte man ihn nicht auf einem Umweg erreichen? Zum Glück hatte sich unterwegs Rusticius, ein Weströmer, ihrer Gesandtschaft angeschlossen. Er wollte Attilas Sekretär Constantius aufsuchen, den zweiten dieses Namens, den Aëtius an den Hunnenhof geschickt hatte. Den Römer, der Hunnisch konnte, bat Priscus, als Dolmetscher mit ihm zu Skottas zu gehen. Er war der Bruder des Onegesius, den sich Theodosius von Attila als Gesandten erbeten hatte, um Streitfragen zwischen ihnen zu besprechen. Onegesius befand sich allerdings zur Zeit mit dem ältesten Attilasohn Ellac bei den Akatiren, einem hunnischen Stamm, den

Attilas Königshunnen in mehreren Schlachten unterworfen hatten.[25] Priscus kannte inzwischen den Charakter des Volkes gut genug und legte daher bei Skottas zunächst eine Lockspeise aus: Maximinus werde ihn reich beschenken, und er werde seinen Bruder, wenn er nach Konstantinopel komme, erst recht mit Geschenken überhäufen. Dann rückte er mit seinem Anliegen heraus: Er habe erfahren, Attila höre auf Skottas nicht weniger als auf seinen Bruder. Ob er der Gesandtschaft nicht eine Audienz beim König verschaffen könne? Geschmeichelt warf sich der Hunne sogleich auf sein Pferd und ritt zu Attilas Zelt, während Priscus wieder zu Maximinus ging. Er traf ihn, wie er mit Vigilas im Gras lag und beide unruhig auf seine Rückkehr warteten. Nach einem Lob für den umsichtigen Vermittler gaben sie Befehl, abzusatteln. Priscus riet ihnen, schon einmal die Geschenke für Attila bereitzustellen und sich zu überlegen, was sie ihm sagen wollten. Mitten in die Vorbereitungen platzte Skottas und teilte ihnen mit, Attila lasse bitten.[26]

Zu dritt betraten sie das von einer starken Wachmannschaft umstellte Königszelt, in dem Attila auf einem hölzernen Thron saß. Maximinus trat vor und überreichte ihm Theodosius' Schreiben mit den Worten, der Kaiser wünsche ihm und den Seinen alles Gute. Attila gab den Wunsch zurück. Es waren die üblichen diplomatischen Floskeln. Dann wechselte seine Tonlage, und über Vigilas ging ein Donnerwetter nieder: Er sei ein unverschämtes Biest, da er es wage, vor ihm zu erscheinen, obwohl er wisse, dass im Friedensvertrag mit Anatolius vereinbart worden sei, keine Gesandtschaft dürfe mehr zu ihm kommen, bevor nicht alle Überläufer ausgeliefert seien. Vigilas wandte ein, kein Hunne befinde sich mehr bei den Römern, die alle Überläufer überstellt hätten. Attila wurde nun erst recht zornig. Er würde ihn am liebsten für seine unverschämten Worte als Fraß für die Vögel kreuzigen lassen, wenn das Gesandtenrecht ihm das nicht verbiete. Dann rief er einen Schreiber, der die Namen zahlreicher hunnischer Überläufer verlas, die sich auf römischem Boden befinden sollten. Nichts ließ Priscus von ihrer Überraschung verlauten, wie genau in Attilas Kanzlei Buch über den Bestand der ihm unterstehenden hunnischen Stammesteile geführt wurde. Abgänge mussten offensichtlich sofort an sie gemeldet werden. Kaum war der letzte Namen gefallen, hieß Attila den Vigilas, unverzüglich mit dem Hunnen Esla abzureisen. In Konstantinopel solle er die Überstellung all der Hunnen verlangen, die «seit der Zeit des Carpilio» geflohen waren.[27]

Trotz seines Zorns verriet der König mit keinem Wort, dass er die Rolle kannte, die Vigilas bei seiner Ermordung spielen sollte. Er ließ ihn weiterhin im Glauben, Edekon habe das Komplott für sich behalten. Wollte Attila in diesem Katz-und-Maus-Spiel erst zuhauen, nachdem der Verschwörer seinem Befehl gefolgt und zu ihm zurückgekehrt war, um Meldung zu machen, dass sämtliche genannten Überläufer überstellt würden? Wie sehr ihm daran lag, sie in seine Hand zu bekommen, bekräftigte er mit der Drohung, die er dem Heimkehrer mit auf den Weg gab, damit er sie den Regierenden in Konstantinopel ins Stammbuch schreibe: Er, Attila, werde nicht zulassen, dass die hunnischen Helfer der Römer gegen ihn in den Kampf zögen. Mögen sie ihnen auch den Schutz des Reichsgebietes anvertraut haben, es würde ihnen nichts nützen. Denn welche Stadt oder welche Festung könnten sie retten, zu deren Eroberung er herbeieile? Priscus hatte sich Attilas hochtrabende Ankündigung gut gemerkt, ebenso dessen abschließende Doppelfrage, ob die Römer die Flüchtlinge ausliefern wollten oder den Krieg vorzögen, den er andernfalls ihretwegen unternehmen werde.[28]

Während Vigilas also sofort abzureisen hatte, sollte Maximinus warten, bis er Attilas Antwort auf den Brief des Theodosius mitnehmen könne. Nun verlangte der König die mitgebrachten Geschenke, und nachdem er sie erhalten hatte, kehrten die drei Römer zu ihren Zelten zurück, um sich über das, was sie erlebt hatten, zu besprechen. Vigilas hatte wegen des Komplotts immer noch nicht den geringsten Verdacht und konnte sich keinen Reim auf das Poltern Attilas machen, war er doch während der Gesandtschaft des Anatolius ihm gegenüber die Freundlichkeit selbst gewesen. Priscus rätselte, ob nicht doch die Affäre in Serdica ausgeplaudert worden sei und den Stimmungsumschwung hervorgerufen habe. Auch Maximinus schien das des Rätsels Lösung zu sein. Das bezweifelte Vigilas, und da er weiterhin nicht an die Möglichkeit glauben mochte, dass Edekon ihn verraten habe, hielt er lieber den Mund. Lügen musste er, als plötzlich Edekon selbst erschien, ihn beiseite nahm und von ihm die 50 Pfund Gold für seine angeblichen Mitverschwörer verlangte. Maximinus und Priscus wollten natürlich wissen, was es mit dem Hunnen zu bereden gab, und drangen in ihn. Edekon habe ihm nur gesagt, dass ihm Attila wegen der Überläufer zürne, lautete Vigilas' fixe Ausrede. Entweder müssten ihm alle zurückgebracht werden, oder bevollmächtigte Unterhändler müssten zu ihm kommen. Priscus konnte sich einen nachträglichen Triumph nicht verkneifen: Der Betrüger sei gerade selbst betrogen worden, schrieb er aus späterer Sicht, nachdem er die ganze Wahrheit über das Komplott erfahren hatte. Es war die Rache des Historikers dafür, dass er und sein Freund Maximinus angelogen worden waren.[29]

Die drei Männer sprachen noch miteinander, als Boten einen weiteren Befehl Attilas überbrachten: Weder Vigilas noch die anderen Gesandten dürften einen römischen Gefangenen oder einen nichtrömischen Freigelassenen loskaufen. Den nötigen Proviant ausgenommen, sei es ihnen auch verboten, Pferde oder andere Dinge zu erstehen, bevor nicht die Streitfragen zwischen Römern und Hunnen beseitigt seien. Um was es bei den neuerlichen Anordnungen ging, konnte sich Priscus ebenfalls erst nachträglich erklären: In Attilas Zelt waren er und Maximinus von ihm auch befragt worden, was es mit Vigilas' 50 Pfund Gold auf sich habe, von denen der König also ebenfalls wusste. Die seien für den Unterhalt der Gesandtschaft, lautete die Antwort der Ahnungslosen. Aus Vigilas' Mund war es eine weitere Lüge. Ihn wollte Attila nach seiner Rückkehr mit dem Gesamtbetrug konfrontieren und ihm auf den Kopf zusagen, wozu er das Geld tatsächlich mitgebracht habe.[30]

Vigilas musste sich nun verabschieden. Unvermindert hoffte er auf den Erfolg des Komplotts. Gewitzt bestärkte ihn Attila, indem er ihn mit den fünfzig Pfund Gold ziehen ließ in der Gewissheit, er werde sie wieder mitbringen und dann in die Falle tappen. Zur Sicherheit gab er ihm den adligen Esla mit, der schon unter König Rua als Unterhändler mit den Römern Erfahrung gesammelt hatte. Maximinus und Priscus aber erhielten die Weisung, auf Onegesius zu warten. Sobald er von den Akatiren eingetroffen sei, sollten sie ihm persönlich die Geschenke überreichen, die sie von Theodosius für ihn mitgebracht hatten.[31] Sah der Kaiser in Attilas Wesir, «bei den Hunnen der zweitmächtigste nach Attila», bereits dessen Nachfolger, sobald das Attentat geglückt war und Edekon ein luxuriöses Leben in Konstantinopel begonnen hatte? Für Priscus war die neue Wende der große Glücksfall, von dem ein Historiker sonst nur träumen konnte. Durften er und Maximinus doch in der Zwischenzeit als Attilas Begleiter oder mit hunnischen Führern seinen Herrschaftsbereich durchqueren und seine Residenz im Norden der ungarischen Tiefebene besuchen. Der König hätte ihnen diese Möglichkeit sicher nicht geboten, wenn ihn Edekon nicht überzeugt hätte, dass diese beiden mit seiner geplanten Ermordung nichts zu schaffen, ja nicht die geringste Ahnung davon hatten.

Nach Vigilas' Abreise blieben die Gesandten noch einen Tag im Zeltlager, dann brachen sie mit dem König nach Norden auf, mussten aber bald auf Befehl ihrer Führer einen eigenen Weg einschlagen. Denn Attila bog in ein Dorf ab, um dort die Tochter des Hunnen Eskam zur Frau zu nehmen. Warum die Römer die Heirat nicht miterleben durften, wurde ihnen nicht gesagt. Priscus konnte daher nur mitteilen, dass Attila schon sehr viele Frauen hatte und die neue nach hunnischer Sitte heiratete. Nach der Zahl ihrer Vorgängerinnen zu schließen war sie wohl jung und hübsch. Auch bei seiner letzten Gemahlin legte der alternde Attila darauf Wert.[32] Wichtiger aber war, dass die Polygamie für den König ein Mittel war, bedeutende adlige Väter an sich zu binden. Dass diese Politik bei den ausgedehnten Hochzeitsfeierlichkeiten, zu denen wohl eine große Gästeschar eingeladen wurde, zur Sprache kam, brauchten die Römer nicht zu wissen. Wollte man ihnen auch den Spott ersparen, mit dem sich die tafelnden Hunnen über die zarten monogamen Kaiser in Konstantinopel und Ravenna lustig machten?

Als Ersatz für die Hochzeit gab es für Priscus abenteuerliche Reiseerlebnisse, und er konnte aufschlussreiche ethnographische Beobachtungen machen: Die Gesandten überquerten mehrere Flüsse, von denen der Drekon, die heutige Bega im Süden der ungarischen Tiefebene, der bedeutendste war. Dazu benutzten sie die landesüblichen Einbäume oder Flöße, die auf Wagen durch das Sumpfland angefahren wurden. Verpflegung verschafften ihnen ihre Begleiter in Dörfern. Grundnahrungsmittel war anstelle des gewohnten Weizens die Hirse, und den geliebten Wein ersetzte ein Gebräu aus Gerste, das die Einheimischen Kamon nannten. Eines Abends schlugen sie nach langer Wegstrecke ihr Zelt an einem Teich auf, aus dem sich die Einwohner eines nahegelegenen hunnischen Dorfes ihr Trinkwasser holten. Plötzlich kam ein heftiges Gewitter mit Sturmböen und Regenmassen auf, unaufhörlich donnerte und blitzte es, ihr Zelt wurde umgerissen und ihre gesamte Ausrüstung in den Teich geschleudert. Erschrocken über die Gewalt des Unwetters verließen sie den Platz, verloren einander in der Dunkelheit und in den Regenwänden aus den Augen, und jeder suchte, so gut er konnte, dem Toben der Elemente zu entkommen. Schließlich gelangten die Ersten zu den Hütten des Dorfes und wiesen den anderen durch lautes Rufen den Weg. Vom Lärm aufgeschreckt entzündeten die Dorfbewohner Schilfrohre, ihr übliches Brennmaterial, und fragten nach dem Grund des Geschreis. Die hunnischen Begleiter erklärten ihnen, was die Naturgewalten angerichtet hatten. Darauf entfachten die Dörfler ein großes Binsenfeuer und gewährten den Geretteten Unterschlupf.[33]

Wieder nebenbei erfuhr der Leser, dass Maximinus und Priscus mit allen Teilnehmern der Gesandtschaft unterwegs waren, die nun dank ihres Unglücks hunnische Gastfreundschaft erfuhren. Es blieb nicht bei der bloßen Unterkunft, und was folgte, zwang sie erst recht, ihr Bild von den wilden Barbaren, wenn nicht völlig aufzugeben, so doch zu ergänzen: Die Dorfvorsteherin war eine der Frauen des ermordeten Bleda. Als sie von den durchnässten Römern erfuhr, die im Augenblick nur noch besaßen, was sie auf dem Leib trugen, schickte sie ihnen ein reichliches Abendessen und hübsche Frauen «für das gesellige Zusammensein». Das sei eine hunnische Auszeichnung, erläuterte Priscus. Die Römer zeigten sich als Kavaliere und luden die Frauen ein, mit ihnen zu speisen. Danach verzichteten sie jedoch auf ihre weiteren Dienste. Priscus schwieg über die Gründe für die auffällige Enthaltsamkeit und darüber, ob Maximinus sie seinen Untergebenen auferlegt hatte. Verwies der Historiker deswegen auf die Schönheit der Frauen, um anzudeuten, es seien keine Hunninnen gewesen, bei denen man Schönheit nicht erwartete, sondern Sklavinnen, Frauen und Töchter von Kriegsgefangenen? Dem Herodotverehrer wird auch eingefallen sein, dass sein Vorbild von den Persern berichtete, die nicht nur Ehefrauen, sondern auch Dirnen zu Gastmählern mitnahmen.[34]

Am nächsten Morgen suchten die Römer am Teich ihre Sachen zusammen. Manches lag noch am Ufer, anderes mussten sie aus dem Wasser fischen. Den Tag über verbrachten sie im Dorf weitere angenehme Stunden, nachdem der Sturm sich gelegt hatte und die Sonne schien; auch die Pferde und die übrigen Zugtiere mussten versorgt werden. Sie ritten also nicht nur, sondern hatten einen oder mehrere Wagen dabei, was wieder für die Größe der Gruppe sprach. Wenigstens einer der Wagen diente dazu, genügend Geschenke zu transportieren, um sich auch bei unvorhergesehenen Anlässen mit der Großzügigkeit erkenntlich zu zeigen, die von fremden Gesandtschaften erwartet wurde. Der Ruhetag im Dorf gab Maximinus und Priscus dazu auch sogleich die Gelegenheit: Sie machten Bledas Witwe ihre Aufwartung und dankten ihr für die Freundlichkeit des vergangenen Abends. Als Gegengabe schenkten sie ihr, die Priscus jetzt Königin nannte, drei silberne Schalen, rotgefärbte Lederhäute, indischen Pfeffer, Datteln sowie weitere Süßigkeiten, die es bei den Hunnen nicht gab und auf die sie daher besonders scharf waren. Mit guten Wünschen und nochmaligem Dank verabschiedeten sie sich.[35]

Sieben Tage setzten sie ihre Reise fort, da befahlen ihnen die hunnischen Führer, in einem Dorf Halt zu machen. Denn Attila benutzte denselben Weg wie sie. Die Hochzeitsfeierlichkeiten waren zu Ende, und sein und ihr Weg zur Residenz liefen wieder zusammen. Doch es durfte nicht sein, dass sie vor ihm ankamen. Sie mussten hinter ihm bleiben. Es war eine weitere aufschlussreiche Belehrung über das Selbstverständnis des Königs, das bisweilen für den Außenstehenden seltsame Blüten trieb. Der Aufenthalt bescherte den Oströmern eine Überraschung: Nicht nur sie mussten in dem Dorf warten, sondern auch eine weströmische Gesandtschaft, die auf dem Weg zu Attila war. Sie war hochrangiger besetzt als die oströmische. An der Spitze standen der *comes* Romulus sowie Promotus, der Statthalter von Noricum, und der Heereskommandant Romanus. Mit ihnen reisten Attilas Sekretär Constantius sowie Tatulus, der Vater des Orestes, der Edekon nach Konstantinopel begleitete hatte und Ehemann von Romulus' Tochter war.[36]

Im Gespräch erfuhr Priscus von ihnen, wozu Kaiser Valentinian und Aëtius sie zu Attila geschickt hatten: Sie sollten endlich dessen Zorn besänftigen, der nach mehr als sechs Jahren immer noch über die dunklen Geschäfte seines ersten lateinischen Sekretärs Constantius erbost war und Ersatz für den Teil der Beute haben wollte, der ihm nach der Eroberung Sirmiums entgangen war. Dass er den Betrüger nach seiner Rückkehr hatte kreuzigen lassen, war nur die angemessene Strafe, machte aber den Verlust nicht wett. Jetzt wollten die Römer erst einmal mit ihm verhandeln, ihm den religiösen Zweck der unterschlagenen Goldgefäße erklären und mit seiner Antwort zurückkehren.[37] Vielleicht schüttelte Priscus im Stillen den Kopf: Aëtius der Hunnenkenner hätte doch wissen müssen, wie die Sache am schnellsten und geräuschlosesten aus der Welt zu schaffen gewesen wäre. Er hätte nur die Gefäße wiegen und ihr Gewicht in Gold der Gesandtschaft mitgeben müssen. Aber in Ravenna musste man eben mehr sparen als in Konstantinopel.

Nachdem Attila eingetroffen war und seine Reise fortsetzte, zogen beide Gesandtschaften, wie befohlen, hinter ihm her. Wieder waren mehrere Flüsse zu überqueren, und schließlich gelangten sie zu einem Dorf, das größer war als alle, die sie bisher gesehen hatten. Seine prächtigsten Häuser bildeten zusammen die höhergelegene königliche Residenz. Die Gebäude auf dem riesigen Areal waren so kunstvoll aus Holz gebaut, dass man die Fugen der Balken mit bloßem Auge nicht sehen konnte. Türme schmückten die Anlage, die von einer Palisade umgeben wurde. Sie grenzte mehr den Königsbezirk ab, als dass sie der Sicherheit diente.[38] In seiner Residenz brauchte sich Attila nicht wie im Feldlager vor möglichen Attentaten zu schützen. Nirgends hielt er sich daher lieber auf. Vorsorge empfahl sich trotzdem. Die Gruppe «ausgewählter Männer», der *logades*, die ihn im Turnus Tag und Nacht umgaben, war Schutz- und Ehrenwache zugleich. Hinter dem Palastbezirk lagen die Wohnungen des Onegesius, auch sie prächtig gebaut und von einem Holzzaun umgeben. Türme hatten sie keine. Ein sichtbarer Unterschied zwischen dem Ersten und dem Zweiten der Hunnen musste sein. Dafür verfügte Onegesius in der Nähe des Zauns über einen einmaligen Luxus, ein steinernes Badehaus. Der verblüffte Priscus ließ sich erzählen, was es mit ihm auf sich hatte: Ein Kriegsgefangener aus Sirmium hatte das Bad erbaut. Die Steine mussten aus Pannonien herbeigeschafft werden. Denn in der Großen Ungarischen Tiefebene, dem späteren Alföld, gab es weder Steine noch Bäume. Der Baumeister hoffte, er werde als Lohn für seine Arbeit freigelassen. Er irrte sich. Onegesius wollte seine Dienste auch in Zukunft nicht missen und machte ihn zum Bademeister für sich und seine ganze Familie.[39]

Wie jeder Bürger Konstantinopels hatte Priscus so manches Mal die Ankunft des Kaisers in der Hauptstadt miterlebt: Dieser stand im feierlichen Purpurgewand auf einem Wagen, vor ihm und hinter ihm eine Prozession von Reitern in glänzenden Rüstungen, Soldaten mit Fahnen und Senatoren in weißen Gewändern. Die Bevölkerung begrüßte ihn mit rhythmischen Akklamationen, aus denen die Ideologie des gottgegebenen und siegreichen Kaisertums sprach. Der ganze *adventus*, der in anderen Städten ähnlich ausfiel, glich einem Triumphzug.[40]

Attilas Ankunft in seiner Residenz war demgegenüber geradezu zivil und familiär: Eine lange Reihe von Mädchen kam ihm Schritt für Schritt entgegen. Über die einzelnen Gruppen von sieben oder mehr Mädchen hielten Frauen zu beiden Seiten zarte weiße Schleier, und sie sangen dabei heimische Lieder. Der Weg führte Attila am Haus des Onegesius vorbei, aus dem dessen Frau trat und ihm die für einen Hunnen ehrenvollste Begrüßung erwies: Eine Schar von Dienerinnen trug Speisen und Wein herbei und hob sie ihm empor, der im Sattel sitzen blieb. Die Frau hieß ihn willkommen, bat ihn zuzugreifen, und er gab ihr, auch um ihres Mannes willen, die Ehre, kostete von den Speisen und leerte den dargebotenen Becher. Danach begab er sich in seine Residenz.[41]

Onegesius war ebenfalls zurückgekehrt. Er bat Maximinus und Priscus in sein Haus zum Essen, wo sie von seiner Frau und seinen Untergebenen bewirtet wurden. Er selbst entschuldigte sich, da er sogleich zu Attila musste, um ihm von seiner Mission bei den Akatiren zu berichten und ihm mitzuteilen, dass sich sein Sohn Ellac bei einem Sturz vom Pferd die Hand gebrochen hatte. Nach dem Essen schlugen Maximinus, Priscus und die wichtigsten Männer aus der Gesandtschaft ihre Zelte in der Nähe von Attilas Residenz auf, um sofort zur Stelle zu sein, sollten sie zu Verhandlungen gerufen werden. Am nächsten Morgen schickte Maximinus seinen Freund mit den Geschenken des Kaisers und ihren eigenen zu Onegesius, auch um ihn zu fragen, wann ihm eine Unterredung mit ihnen genehm sei. Priscus fand die Haustür noch verriegelt und beschloss zu warten, bis jemand ihm öffnete.[42] Griechen waren traditionell Frühaufsteher, während Hunnen in Friedenszeiten offensichtlich den Morgenschlaf genossen.

Während Priscus am Zaun des Hauses auf und ab ging, kam ein Mann heraus, den er nach seiner Kleidung für einen Hunnen hielt. Zu seiner Überraschung begrüßte ihn der andere jedoch mit einem griechischen *chaire*. War er wirklich ein Hunne, wo Hunnen höchstens noch Gotisch und Lateinisch sprachen und Griechisch nur dann, wenn sie in Thrakien oder an der illyrischen Küste in Gefangenschaft geraten waren? Solche Unglücksraben erkannte man jedoch leicht an ihren zerlumpten Kleidern und ihrem schmutzigen Kopf. Der Mann aber, der vor ihm stand, schien ein wohlgepflegter Hunne zu sein mit dem üblichen rundgeschorenen Schädel. Nach diesen Überlegungen kam Priscus zu dem Schluss, bei seinem Gegenüber müsse es sich um einen Griechen handeln, und er erwiderte seinen Gruß auf Griechisch. Dann fragte er ihn, wer er sei und wie er dazu komme, als Hunne zu leben. Sollte er ihn sogar gefragt haben, wie er dazu komme, als «Skythe» zu leben – denn diese Form benutzte der Historiker in der schriftlichen Wiedergabe ihres Gesprächs –, so hätte er dem Fremden sofort zu verstehen gegeben, dass er ihn für einen Mann von Bildung halte. Der andere befriedigte bereitwillig seine Neugier und gab lachend Auskunft: Er sei von Herkunft Grieche, habe lange als Kaufmann in Viminacium gelebt und dort eine reiche Frau geheiratet.

Nachdem die Stadt von Hunnen erobert worden sei, habe Onegesius ihn unter den Gefangenen wegen seines Reichtums ausgesucht. Denn nach Attila durften sich die hunnischen Adligen als nächste an der Beute bedienen. In späteren Kämpfen gegen die Römer und die Akatiren habe er sich ausgezeichnet, seine Kriegsbeute nach hunnischem Brauch seinem Herrn abgeliefert und so seine Freiheit wiedererlangt. Er habe eine Hunnin geheiratet, habe Kinder mit ihr und sei Onegesius' ständiger Tischgenosse geworden. So gehe es ihm jetzt besser als früher.[43]

Warum es ihm besser gehe, begründete der Konvertit mit einem einzigen Vorteil, dessen er sich wie alle anderen seiner neuen Stammesgenossen erfreute: Nach einem Krieg machen die Hunnen Urlaub. Jeder genießt, was er hat, und keiner belästigt den anderen oder wird belästigt. Unausgesprochen korrigierte der ehemalige Grieche die falsche Vorstellung der Feinde, Krieg sei der einzige Lebensinhalt der Hunnen, dem sie sich ununterbrochen widmeten. Falsch war in seinen Augen auch der Vorwurf, sie seien ein habgieriges Volk, und ihre Habgier müsse ihren Frieden im Innern gefährden. Vielmehr lebten sie einträchtig nach dem schönen römischen Grundsatz zusammen: «jedem das Seine» – *suum cuique*.[44] Da der Neuhunne nun selbst dieses Glück genoss, sparte er aus, dass es auf vorherigem hemmungslosen Raub und Mord beruhte. Einem möglichen moralischen Einwand beugte er anschließend durch einen Katalog der Nachteile vor, die das Leben im Römischen Reich mit sich brachte. Seiner Verteidigung entsprechend begann er mit einem Angriff auf das römische Kriegswesen:

Bei den Römern gehen die Menschen im Krieg leicht zugrunde, weil sie ihre Überlebenshoffnungen auf andere setzen. Wegen ihrer tyrannischen Kaiser haben sie nämlich keine Waffen. Andererseits ist für diejenigen, die für sie kämpfen, das Versagen der Feldherren, die selbst in den Krieg ziehen, verhängnisvoll. Der Kritiker legte den Finger auf einen alten wunden Punkt, die Wehrmüdigkeit der römischen Bürger, die das Kriegführen lieber fremden Truppen überließen. Es war ein sehr pauschaler Vorwurf, und seine Begründung war an den Haaren, sprich, aus der alten griechischen Tyrannentopik herbeigezogen: Die Kaiser, diese feigen Tyrannen, hätten es gemacht wie die griechischen Tyrannen, die aus Furcht vor Attentaten ihre Bürger entwaffnet und auswärtige Söldner in Dienst genommen hatten.[45] Von keinem Kaiser des gesamten 4. Jahrhunderts hätte man allerdings behaupten können, er habe sich aus Feigheit nicht ins Feld gewagt. Das änderte sich erst mit den Söhnen Theodosius' des Großen, die als Kinderkaiser auf den Thron kamen. Bisweilen wagte ein Redner vorsichtig einen Tadel, während die Hunnen gewiss oft und laut über die schwächlichen Thronfolger spotteten.[46]

Das Leben im Frieden sei im Römischen Reich noch schlimmer als im Krieg, fuhr der Fremde fort, dessen Namen Priscus – vielleicht auch erst der Excerptor – seinen Lesern verschwieg. Viele dürften wie er dieselben Erfahrungen gemacht und ihm von Herzen Recht gegeben haben: Die drückenden Steuerlasten nannte er an erster Stelle, danach die Schäden, die Verbrecher anrichteten. Gesetze seien nämlich nicht für alle gleich verbindlich. Wenn Reiche sie verletzten, würden sie nicht bestraft. Nur den unbedarften Armen, der die Schliche nicht kenne, treffe ihre ganze Härte, falls er nicht vor einem Urteil stirbt, weil Prozesse, für die er viel Geld geopfert hat, verschleppt werden. Das Schlimmste aber sei, dass man sich sein Recht erkaufen müsse. Selbst wem Unrecht getan wurde, bekomme vor Gericht sein Recht nur, wenn er dem Richter und seinen Beisitzern Geld gebe.[47]

Von ganzem Herzen hätte der Christ Salvianus von Marseille dem unbekannten Kritiker zugestimmt. Denn etwa um dieselbe Zeit prangerte der südgallische Presbyter in seinem Hauptwerk *Über die Herrschaft Gottes* die gleichen Schäden im römischen Steuersystem und Gerichtswesen an und klagte, wie sehr die Armen von den Reichen ausgebeutet würden. Salvianus hätte auch großes Verständnis für das neue Leben von Onegesius' Tischgenossen aufgebracht. Stellte er doch fest, dass viele ausgebeutete Provinziale auf ihr Bürgerrecht verzichteten und dem Römischen Reich den Rücken kehrten. «Und das, obwohl sie sich von denen, zu denen sie fliehen, in ihrer Lebensweise und ihrer Sprache unterscheiden und obwohl sie – um es herauszusagen – den Körpergeruch der Barbaren und den Gestank ihrer Kleider nicht riechen können.»[48] Salvianus fand sogar eine moralische

Rechtfertigung für die Hunnen und andere Barbarenvölker, die das Imperium seit einem Dreivierteljahrhundert vergewaltigt hatten: «Ist etwa die Unzucht der Hunnen so verbrecherisch wie unsere, ist die Trunksucht des Alamannen so tadelnswert wie die Trunksucht des Christen, oder ist die Raubgier des Alanen so zu verdammen wie die Raubgier des Christen? Wenn der Hunne oder Gepide betrügt, was ist daran erstaunlich, wo er doch nicht die geringste Vorstellung von Schuld hat? Wenn der Franke einen Meineid schwört, was tut er Ungewöhnliches, wo er den Meineid selbst für eine Redeweise hält und nicht für ein Verbrechen?»[49] Der Barbar, fast ein «edler Wilder», der kein Sündenbewusstsein wie der Christ hat – das war für die Betroffenen schwer zu ertragende Rabulistik. Es tröstete sie auch kaum, dass Salvianus mit anderen Kirchenschriftstellern der Meinung war, die Barbaren seien die Zuchtrute Gottes, mit der er eine verlotterte Christenheit – Klerus und Aristokratie an erster Stelle – strafen und bessern wollte.

Priscus' Gesprächspartner, nicht weit vom gallischen Priester entfernt, brachte noch weitere Anklagen vor, die der Historiker überging. Das brennendste Thema, Recht und Gesetz, hatte der Neuhunne ihm vorgegeben, der nun freundlich bat, der andere möge auch ihn anhören. Der Sophist und Rhetor, als den die Überlieferung Priscus bezeichnete, war gefordert. In einer *controversia* die guten und berechtigten Argumente des Gegners durch bessere und stichhaltigere zu widerlegen hatte er im Rhetorikunterricht gelernt, vielleicht anschließend als Redelehrer unterrichtet oder sogar als Anwalt praktiziert. Hätte er den *Codex Theodosianus* bei sich gehabt, der elf Jahre zuvor publiziert worden war, so hätte er viele Gesetze zitieren können, die belegten, dass die Kaiser seit Konstantin dem Großen unablässig eben die Schäden bekämpften, die der Kritiker angesprochen hatte.

Das Besondere, die schlechte Ausführung der Gesetze, ließ Priscus zunächst offen und wandte sich dem Allgemeinen zu, dem Staat, der Grundlage von Recht und Gesetz: Die Gründerväter Roms, diese «weisen und guten Männer», haben den idealen Staat geschaffen. Sie taten es im Bewusstsein, dass die menschlichen Verhältnisse sonst unerträglich wären. Unüberhörbar war die Kritik am hunnischen

Staat, dem Gegenbild, das am weitesten von einem idealen Staat entfernt war. Nach Platons Hauptwerk *Politeia*, Priscus' ungenanntem Vorbild, bestand auch für ihn der ideale Staat aus den drei Ständen: den Gesetzeswächtern, den Kriegern und den Bauern. Die Bauern sorgten dafür, dass sich die Krieger, ihre Beschützer, ganz der militärischen Ertüchtigung widmen konnten und danach mutig in den Kampf zogen. Wieder war ein stiller Seitenblick auf die Hunnen spürbar: Ihre militärische Überlegenheit und ihre Siege über die heutigen Römer waren nur möglich, weil diese die Staatsordnung ihrer Vorfahren aufgegeben hatten. Der Verrat an der «Sitte der Alten», dem *mos maiorum*, war seit der Späten Römischen Republik ein roter Faden der Staatskritik. Die Vorfahren hatten auch schon an die menschlichen Schwächen gedacht, denen die Fehler entsprangen, gegen die Priscus' Opponent wetterte: Sie hatten Männer eingesetzt, die den schwächeren Bürgern ihr Recht verschafften und den Richtern auf die Finger schauten, damit sie sich an die Gesetze hielten. Andererseits durfte dem rechtmäßig Verurteilten nur die vom Gesetz vorgeschriebene Strafe auferlegt werden. Auf die Weise sollte vermieden werden, dass die Prozessparteien immer weiter stritten. Sie hatten zudem für die ordentliche Bezahlung des Richters zu sorgen, der wie jeder Soldat und Bauer seines Lohnes wert war.[50]

Der Redner Priscus ging recht großzügig mit der römischen Geschichte um. Denn auch vor römischen Gerichten war das treffende Argument oft wichtiger als die historische Wahrheit, und oft genug stimmten beide nicht überein. Der *Codex Theodosianus* hätte den Verteidiger Priscus belehren können, dass erst Kaiser Valentinian 364 das Amt des *defensor civitatis* eingerichtet hatte, um die kleinen Leute vor der Bedrückung durch Reiche und Mächtige zu schützen. Im selben Jahr regelte er erstmals die Gebühren, die sogenannten *sportulae*, die für staatliche Dienstleistungen, später auch für die Rechtsprechung zu entrichten waren.[51] Bezeichnend für den Rhetor war, dass er die *sportulae* für Richter nicht nur durch den Lohn für Bauern und Soldaten rechtfertigte, sondern noch weitere scheinbar abseitige Vergleiche heranzog: Weil man die Dienste seiner Helfer vergelten soll, ist es richtig, dass der Reiter für sein Pferd, der Hirte für seine Rinder und der Jäger für seine Hunde sorgt; dasselbe gilt für alle anderen Tiere, die Nutztiere des Menschen sind oder ihm als Wächter dienen. Alle Hunnen, die mit ihren Reittieren verwachsen waren, hätten Priscus sofort zugestimmt, der daher den Reiter und sein Pferd an erster Stelle nannte. Dass die Hunnen neben Pferden auch Rinderherden hatten, wusste schon ihre alte Herkunftssage von der Kuh, die den ersten Hunnen über den Maeotissee geführt hatte. Hier erfuhr der Leser, dass sie sich auch Hunde hielten, mit denen sie auf die Jagd gingen.[52]

Noch einen weiteren Vorwurf wollte Priscus ausräumen, die Willkür von Richtern, die Prozesse verschleppten. Mehrere Gesetze des *Codex Theodosianus* geißelten im Titel *De appellationibus* ihre Saumseligkeit und drohten ihnen immer höhere Strafen an.[53] Überraschend sah Priscus das Problem von einer anderen Seite: Sprach eine lange Prozessdauer nicht für die Sorgfalt, mit der Richter einen Fall behandelten? Lief hastige Prozessführung nicht Gefahr, einem Menschen Unrecht zu tun, ja sogar, «sich gegen Gott, den Schöpfer des Rechts, zu versündigen»? Noch nirgends hatte Priscus bisher von Gott gesprochen. Er meinte nicht unbedingt den christlichen Gott. Schon zu Beginn des 7. vorchristlichen Jahrhunderts hatte der Dichter Hesiod erstmals eine griechische Grundanschauung angesprochen: Zeus hat «den Menschen das Recht gesetzt».[54]

Gott war Priscus' Stichwort, um erneut auf allgemeine Überlegungen zu Recht und Gesetz einzugehen: «Gesetze gelten für alle, sodass ihnen auch ein Kaiser gehorchen muss.» Selbst einem Griechen, der keine höhere Bildung genossen hatte, fiel bei diesem Satz das geflügelte, auf den Dichter Pindar zurückgehende Wort ein: «Das Gesetz ist der König aller.» Die Klage, Reiche könnten die Armen straflos unterdrücken, traf folglich nicht zu. Es sei denn, räumte Priscus ein, ein Verbrecher suche vor einem Prozess das Weite und sei nicht mehr aufzufinden. Prozessflucht komme jedoch bei Reichen wie bei Armen vor, und bei Mangel an Beweisen gebe es selbst für arme Gesetzesbrecher keine Strafe. Das sei nicht nur bei den Römern so, sondern überall auf der Welt.[55]

Im Schlussteil seiner Rede nahm sich Priscus sein Gegenüber persönlich vor: Für seine jetzige Freiheit habe er dem Glück zu danken, nicht seinem Herrn. Der habe ihn mit in den Krieg genommen, wo er wegen seiner Unerfahrenheit leicht hätte fallen oder in Gefangenschaft geraten und als Überläufer bestraft werden können. Die Anspielung, dass er nach dem Fall von Viminacium zunächst Sklave des Onegesius geworden war, gab Priscus einen letzten Trumpf in die Hand: Die Römer behandelten ihre Sklaven besser als die Hunnen. Priscus verwies auf die Haussklaven, die die Rolle von Eltern und Lehrern übernähmen und sich im stolzen Bewusstsein ihrer Verantwortung vor Vergehen hüteten. Werde einer doch einmal bei einem Unrecht ertappt, so weise man ihn zurecht, wie man das bei den eigenen Kindern tue. Wieder zeichnete der Advokat ein geschöntes und einseitiges Bild, das die hässlichen Seiten der römischen Sklaverei ausblendete. Einseitig waren auch seine abschließenden Angaben zu einigen rechtlichen Regelungen für Sklaven: Im Gegensatz zu den Hunnen dürften die römischen Herren ihre Sklaven nicht töten. Das Verbot galt seit Kaiser Hadrian, der aber bestimmt hatte, dass gegebenenfalls die Todesstrafe von einem ordentlichen Gericht verhängt werden müsse. Ihre Freilassung konnten Sklaven auf mancherlei Wegen erreichen. Dass sie ihnen auch verweigert werden konnte, verschwieg Priscus. Ungenau wurde er erst recht am Ende. Testierfreiheit, wie er behauptete, gab es für Sklaven grundsätzlich nicht. Allein Staatssklaven durften die Hälfte ihres Sondervermögens, des *peculium*, vererben. Selbst Freigelassene hatten nur ein eingeschränktes Testierrecht.[56]

Bei Priscus' letzten Worten brach sein Gesprächspartner in Tränen aus und schluchzte: «Der römische Staat ist gut und seine Gesetze sind in Ordnung. Doch die Herrschenden, die sich vom Geist der Vorfahren entfernt haben, verderben ihn.» Unter dem hunnischen Firnis kam der römische Bürger zum Vorschein, der das wiederholte, was die Kritiker Roms seit der Späten Republik vorgebracht hatten. Schon Cicero, Sallust und Livius hatten den Gegensatz zwischen einer idealen Vergangenheit und einer verdorbenen Gegenwart beklagt, und Cicero stellte fest: Der Niedergang selbst eines so idealen und durch die Mischverfassung fest gegründeten Staates wie Rom «geschieht eben nicht ohne die großen Fehler der führenden Männer» (*non ferme sine magnis principum vitiis evenit*).[57] Die Tränen seines Gegenübers sagten Priscus zu seiner Befriedigung, dass der andere im Herzen römischer Bürger geblieben war. Alle Vorteile seines jetzigen Lebens, die er eingangs hervorgehoben hatte, konnten sein griechisch-römisches Erbe nicht völlig verdrängen. Dem Leser aber sollten die Tränen des Mannes bedeuten, dass es nicht der Historiker war, der ihm nachträglich das Urteil über Geschichte und Gegenwart Roms in den Mund gelegt hatte, sondern dass es seiner eigenen Einsicht entsprang. Die Einsicht würde ihn allerdings nicht veranlassen, seine neue Heimat aufzugeben. Sein Förderer Onegesius würde ihm dieselbe Frage stellen, die Bleda dem Zwerg Zerkon gestellt hatte. Er hatte sie eingangs bereits selbst beantwortet: Warum sollte er weggehen, wo er es bei den Hunnen besser hatte als bei den Römern?[58]

Während die beiden noch miteinander sprachen, trat jemand aus dem Tor der Umzäunung, und kurz darauf kam Onegesius heraus. Priscus ging auf ihn zu, um ihm Maximinus' Geschenke zu überreichen, dazu das Gold, das der Kaiser ihm geschickt habe. Auch bitte der Gesandte ihn um eine Unterredung. Onegesius hieß seine Begleiter, Gold und Geschenke entgegenzunehmen. Er selbst werde gleich zu Maximinus kommen.[59]

Kaum war Priscus zurück, trat der Hunne in ihr Zelt, dankte für die Geschenke und fragte nach dem Grund der Unterredung. Maximinus erwiderte, der Kaiser wünsche seinen Besuch, um Streitfragen zu klären und um endlich Frieden zwischen Römern und Hunnen zu schaffen. Damit diene Onegesius nicht nur beiden Völkern, sondern auch seinem eigenen Haus. Denn er und seine Kinder würden so zu «Freunden» des Theodosius und seiner Nachfolger. «Freund des Kaisers» war seit langem eine titulare Auszeichnung hoher römischer Beamter. Daran dachte Maximinus, der noch immer nichts von der geplanten Ermordung Attilas wusste. Stutzig hätte ihn machen müssen, dass der Titel im zwischenstaatlichen Verkehr in der Regel souveränen Fürsten und Königen verliehen wurde. Das war Onegesius nicht, der offensichtlich nach seiner Rückkehr von Attila sofort über das Komplott unterrichtet worden war. Er ahnte, dass Kaiser Theodosius in ihm bereits den Nachfolger des ermordeten Attila sah. Vorsichtig stellte er die Frage, wie er dem Kaiser zu Diensten sein und zur Lösung der Streitpunkte beitragen könne, worauf Maximinus ihm nur bestätigend wiederholte, er, Onegesius, sei dazu in der Lage. Hätte der Gesandte Bescheid gewusst, so wäre ihm bei der Fortsetzung des Gesprächs klar geworden, dass mit Onegesius als Attilas Nachfolger nicht zu rechnen war. Unmissverständlich wies der Hunne nämlich ein solches Ansinnen von sich und beschämte zutiefst die kaiserliche Regierung, die mit Bestechungen Außenpolitik zu machen versuchte: Er werde dem Kaiser und seiner Regierung nur das sagen, was Attila wolle. Oder glaube man dort, er werde seinen Herrn verraten, werde seine hunnische Jugend, seine Frau und seine Kinder aufgeben und seinen Dienst bei Attila weniger hoch schätzen als den römischen Reichtum? Spätestens an dieser Stelle hätten sich Maximinus und Priscus den Hintergrund von Onegesius' Empörung zusammenreimen können – falls der Historiker die Worte des Hunnen genau wiedergab. Nicht zu bezweifeln war Onegesius' Angebot, er könne den Römern mehr nützen, wenn er Attila besänftige, sooft er ihretwegen in Zorn gerate.[60]

Nach diesen Worten wandte sich Onegesius an Priscus, ob er noch etwas von ihm wissen wolle. Der Historiker begnügte sich damit, dem Leser die Frage des Hunnen mitzuteilen, und verschwieg ihm, was er ihn gefragt hatte. Lieber bemerkte er, der Würde des hohen kaiserlichen Beamten Maximinus sei es nicht angemessen gewesen, ein Dauergespräch mit einem Untergebenen Attilas zu führen. Byzantinische Etikette wurde selbst dann hochgehalten, wenn man in einem Hunnendorf zeltete.[61]

Am folgenden Tag begab sich Priscus morgens auf eine kleine, aber nicht unwichtige Mission: In Attilas Palastbezirk suchte er das Haus von dessen Hauptgemahlin Kreka auf, um ihr mit Geschenken aufzuwarten. Noch in Konstantinopel könnte Anatolius aus eigener Erfahrung Maximinus den Rat gegeben haben, die Königin nicht zu übergehen, und sie selbst dürfte die Geschenke schon erwartet haben. Vielleicht musste man sie ja einmal bitten, bei ihrem Gemahl ein gutes Wort für die Römer einzulegen. Kreka war die Mutter seiner drei leiblichen Söhne. Ellac, der älteste, sollte König über die Akatiren und die anderen unterworfenen Stämme am Schwarzen Meer werden. In Priscus' erhaltenen Fragmenten fällt sein Name nicht. Die Überlieferung bei Jordanes nannte ihn erst, als er 454 am Nedao in der Schlacht fiel, die Attilas Reich den Todesstoß versetzte. Kreka bedankte sich einige Tage später. Sie lud Maximinus und Priscus zu einem Mahl bei ihrem Verwalter Adamis ein. Es ziemte sich nicht, dass fremde Gesandte mit der Königin allein speisten.[62] Erst recht hätten Maximinus und Priscus ihre Einladung nicht annehmen dürfen, ehe sie nicht an Attilas großem Gastmahl teilgenommen hatten. Es fand am selben Tag nachmittags um drei («um die neunte Stunde») statt. Bis dahin hatte Priscus im Palastviertel noch manches Erlebnis. Weil ihn die Wachen und Attilas Gefolgsleute mittlerweile kannten, konnte er sich dort frei bewegen.[63]

Die Audienz bei Kreka war kurz. Ihr Haus war wie die übrigen kunstvoll aus Holz errichtet und fiel durch seine Bogenkonstruktionen auf. Wächter standen an der Tür, und auf einem weichen Teppich ruhend empfing die Königin den Besucher. Zahlreiche Dienerinnen umstanden sie. Waren es Sklavinnen, deren Eltern in Kriegsgefangenschaft geraten waren? Weitere Mädchen saßen vor ihr auf dem Boden und nähten auf zartes Leinen bunte Stickereien, mit denen die Hunnen ihre Kleider verzierten. Priscus begrüßte ihre Herrin, überreichte ihr die Geschenke und war danach auch schon entlassen. Rückwärts gehend entfernte er sich.[64] Draußen wartete er, bis Onegesius von Attila kam. Er war nicht der Einzige. Eine laute Menschenmenge hatte sich vor dem Haus des Königs eingefunden. Was sie wollte, erfuhr er, als Attila mit Onegesius aus seinem Palast kam und Einzelne vortraten, um ihm einen Streitfall vorzutragen. Der König hörte sie an und fällte dann sein Urteil. Anschließend zog er sich mit Onegesius wieder in sein Haus zurück und empfing Barbarengesandtschaften.[65]

Der Historiker Priscus hatte einen weiteren Eindruck von dem einfachen und persönlichen Regierungsstil am Hunnenhof gewonnen, der so gar nichts mit dem steifen Zeremoniell am byzantinischen Kaiserhof zu tun hatte. Während er noch auf Onegesius wartete, traten die drei weströmischen Gesandten auf ihn zu, die er unterwegs getroffen hatte. Ihr Begleiter Rusticius und der Pannonier Constantiolus kamen mit ihnen. Sie erkundigten sich, ob Maximinus und er schon entlassen seien oder ob sie noch warten müssten. Eben das wolle er von Onegesius wissen, antwortete Priscus und stellte die Gegenfrage, wie es ihnen bei Attila ergangen sei. Der sei unnachgiebig geblieben, habe sogar mit Krieg gedroht, falls er die unterschlagenen Gefäße nicht bekomme und ihm der Hehler Silvanus nicht ausgeliefert werde.[66]

Bei dieser Auskunft lief dem erfahrenen Diplomaten Romulus, der schon so manche Gesandtschaft geleitet hatte, die Galle über, und vor Priscus, der ihn nicht verraten würde, lästerte er über die Hybris des selbsternannten Weltherrschers Attila: Seine Macht verdanke er lediglich dem Glück. Sie habe ihn überheblich gemacht. Ein aufrechtes Wort, das ihm nicht passe, ertrage er nicht länger, nachdem er in kurzer Zeit mehr als alle Vorgänger erreicht und seine Herrschaft bis zu den Inseln im Ozean ausgedehnt habe. Sogar die Römer seien ihm tributpflichtig. Aber ihn verlange nach Größerem, er beabsichtige sogar, gegen die Perser zu ziehen. Er habe nämlich von ihm, Romulus, wissen wollen, wie er nach Persien gelange. Darauf habe er ihm den Weg geschildert, den Basich und Kursich 395 genommen hatten. Zwar sei ihnen ihre Beute von den Persern abgejagt worden, aber Attila verfüge über ein starkes Heer, und wenn er gegen die Perser ziehe, erspare er den Römern den Kampf gegen sie.[67]

An dieser Stelle griff Constantiolus ein: Es stehe zu befürchten, dass ein Persersieger Attila nicht als Freund, sondern als Feind der Römer zurückkehre, sie zu seinen Sklaven mache und ihnen Lasten auferlege, die noch schwerer sein würden. Jetzt kaschiere man die Tribute, die man ihm zahle, als Sold für sein Heermeisteramt. Die anderen Heermeister betrachte er als seine Untergebenen, die Kaiser aber als seine gleichrangigen Standesgenossen. In Kürze werde er seine Macht erweitern. Das habe ihm der Kriegsgott Ares angedeutet. Der habe nämlich dafür gesorgt, dass das lange Zeit verschwundene Schwert, das die Hunnenkönige als heilig und als Wächter über die Feinde verehrten, dank einer jungen Kuh aufgefunden wurde.[68]

Gerade begann sich an Constantiolus' Worte eine Diskussion anzuschließen, als Onegesius heraustrat. Die Gruppe eilte zu ihm, um in Erfahrung zu bringen, wie es mit ihren Angelegenheiten stünde. Doch zunächst hatte für ihn die Unterhaltung mit einigen Hunnen Vorrang. Dann wandte er sich an Priscus, er möge Maximinus fragen, welchen Konsular Konstantinopel zu Attila zu schicken gedenke. Priscus erledigte den Auftrag sofort und kam mit der Antwort zurück, die Römer hätten es am liebsten, wenn Onegesius selbst käme, um strittige Fragen zu behandeln. Der Diplomat Maximinus wiederholte sich, obwohl Onegesius diesem Ansinnen bereits eine Absage erteilt hatte. Das diplomatische Geplänkel ging weiter, und Priscus musste erneut den Boten machen. Onegesius befahl ihm, Maximinus herbeizuholen. Der kam umgehend, und der Hunne ging mit ihm zu Attila. Die Unterredung war kurz. Der König verlangte, Nomus, Anatolius oder Senator sollten kommen. Alle drei kannte er persönlich, weil sie schon einmal mit ihm verhandelt hatten. Maximinus wagte einen Einwand, der eine Selbstverteidigung war, weil Attila ihn anscheinend als Botschafter zweiter Klasse betrachtete: Der König möge doch nicht annehmen, Theodosius berufe als Gesandte Männer, zu denen er kein Vertrauen habe. Attila – Widerspruch nicht gewöhnt wie Romulus vor knapp einer Stunde festgestellt hatte – beschied Maximinus brüsk: Entweder werde getan, was er wolle, oder er werde die Streitfragen mit Waffengewalt lösen.[69]

Die Drohung war an diesem Tag nicht Attilas letztes Wort, und das Gewitter, das über Maximinus niedergegangen war, schien sich rasch zu verziehen. Denn kaum war er in sein Zelt zurückgekehrt und hatte Priscus berichtet, wie es ihm ergangen war, da trat Tatulus ein, der Vater des Sekretärs Orestes: Der König lade sie zum Mahl. Auch die weströmische Gesandtschaft war gebeten worden. Als sie gemeinsam den großen Festsaal der Residenz betraten, reichten ihnen Mundschenke nach Landessitte einen Begrüßungstrunk, und sie tranken dem ihnen gegenüberstehenden Gastgeber Attila zu. Dann nahmen sie auf Stühlen Platz, die rechts und links an den Längswänden aufgereiht waren. In der Mitte saß Attila auf einem Diwan, hinter dem ein zweiter, höherer Diwan stand. Er war mit bunten Tüchern umhüllt, und einige Stufen führten zu ihm hinauf. Priscus fühlte sich an ein Hochzeitsbett erinnert, wie es bei Griechen und Römern üblich war. Dem Beobachter fiel auch sofort die hierarchische Sitzordnung auf: Die Seite rechts von Attila war die vornehmere. Dort hatte sich neben dem Diwan Onegesius niedergelassen und ihm gegenüber die beiden Söhne Attilas. Der Ältere saß auf dem Rand des Diwans und hielt vor seinem Vater ehrfurchtsvoll den Blick gesenkt. Die Stühle der Gesandten standen auf der linken Seite, wo Berichus, ein hunnischer Adliger, das Kopfende innehatte.[70]

Kaum hatten alle Gäste ihren Platz eingenommen, trat ein Mundschenk zu Attila und reichte ihm Wein in einem Holzbecher. Der König trank Onegesius zu, der sich ehrfürchtig erhob, den Becher nahm, ihn leerte und zurückgab. Nun erhoben alle anderen ihre Becher, die ihnen je ein Mundschenk hinter ihrem Stuhl gefüllt hatte, und tranken Attila unter Segenswünschen zu. Der antwortete in gleicher Weise der Reihe nach jedem Einzelnen, sodass auch die Römer seine guten Wünsche erfuhren. Die Weinkellner zogen sich zurück, und es wurden Tische vor Attila und vor Dreier- und Vierergruppen der Gäste aufgestellt. Manche Gruppe war auch größer. Serviert wurden Fleisch, Brot und Zukost. Erstaunt stellte Priscus fest, dass die Gäste von Silbertellern aßen und aus Silber- und Goldbechern tranken, während Attila Holzgeschirr benutzte und nur ein wenig von den überreichen Speisen kostete. Seine ungewöhnliche persönliche Bescheidenheit zeigte sich auch in seinem schlichten Gewand, das durch seine Sauberkeit auffiel. Er trug keinen Dolch und schnürte seine Sandalen nicht mit Goldbändern, wie man auch am Zaumzeug seines Pferdes weder Goldverzierungen noch Edelsteine sah.[71] Ausdrücklich stellte der Historiker den Unterschied zwischen Attila und dem hunnischen Adel heraus. Seine Macht war so überragend und so selbstverständlich, dass sie keiner aufwendigen Repräsentation bedurfte. Noch größer war der Gegensatz zum byzantinischen Kaiser. Priscus' Exzerptor überging die Beschreibung von Attilas Aussehen und Gestalt, die der Historiker an dieser Stelle bot und die Jordanes bewahrt hat.[72]

Nachdem der erste Gang zu Ende war, standen alle im Saal auf, und der Sitzordnung folgend leerte einer nach dem andern erneut seinen Becher auf Attilas Gesundheit, bevor ein zweiter Gang mit wei-

Gastmahl am Attila-Hof, Hermann Knackfuß (1848–1915)

teren Speisen aufgetischt wurde. Danach wiederholte sich das Zeremoniell der Glückwünsche. Der Abend brach herein, und Fackeln wurden angezündet. Zwei Hunnen traten auf und besangen Attilas Siege und seine kriegerischen Tugenden. Einige Zuhörer erfreuten sich allein am Gesang, bei den anderen wurden Erinnerungen an frühere Kriege wach, und die Veteranen brachen in Tränen aus und bedauerten, wegen ihres Alters nicht mehr mitkämpfen zu können. Unmittelbar mit Krieg waren Maximinus und Priscus auf ihrer Reise nicht in Berührung gekommen, und in den Dörfern, die sie durchquert hatten, schien er weit weg zu sein. Aber die Lieder und die Bewegung, die sie unter den Gästen auslösten, zeigten ihnen, dass Krieg der Lebensmittelpunkt der Hunnen geblieben und Attila ihr unangefochtener Kriegsherr war. «Was seid ihr anderes gewohnt als Krieg zu führen?» Mit diesen Worten soll Attila seine Hunnen vor der Entscheidungsschlacht auf den Katalaunischen Feldern angestachelt haben. Den ost- und weströmischen Diplomaten bedeuteten die Lieder, dass die Hunnen weiterhin eine Bedrohung für das Römische Reich bleiben und Friedensverhandlungen mit ihnen sehr schwer werden würden.[73] War das der Hintergedanke, den Attila mit seiner Einladung verband?

Nach dem Ernst kam der Spaß, und die Hunnen amüsierten sich erst über den Auftritt eines geisteskranken Stammesgenossen, dann über die Kapriolen des Zwerges Zerkon.[74] Attilas Verärgerung scheint die Stimmung im Saal höchstens kurzzeitig gedämpft zu haben. Denn das Gastmahl zog sich bis in die Nacht hin und wurde zum Trinkgelage. Niemand schien Anstoß zu nehmen, dass Maximinus und Priscus sich vorher empfahlen. Falls sich der eine oder andere Hunne danach über die nicht so trinkfesten Römer lustig machte, so erfuhren sie es nicht mehr. Auch Onegesius schwieg, als sie ihn am nächsten Morgen aufsuchten, um ihn um Entlassung zu bitten: Sie möchten nicht länger ihre Zeit vergeuden. Sie kämen damit sogar Attilas Wunsch entgegen, lautete dessen Antwort.[75]

Die Abreise erfolgte dann doch nicht so schnell. Erst beriet Onegesius sich mit anderen hunnischen Adligen über Attilas Namensliste der Wunschkandidaten für eine neue Gesandtschaft, die er Maximinus gegenüber geäußert hatte. Sie ging in ein Schreiben ein, das sein Sekretär Rusticius übersetzte, ein Kriegsgefangener aus der Moesia prima, der Hunnisch konnte. Dann hatten Maximinus und Priscus noch eine Bitte an Onegesius: Er möge die Gemahlin und die Kinder eines Sulla freilassen, die bei der Eroberung von Ratiaria versklavt worden waren. Onegesius war nicht abgeneigt, verlangte aber ein erschreckend hohes Lösegeld. Darauf bettelten sie so lange um Milde, bis er den Fall Attila vorlegte. Der war mit 500 Solidi zufrieden und gab die Kinder gratis dazu, «als Geschenk für den Kaiser». Es folgte das Essen bei Krekas Verwalter Adamis, an dem auch einige vornehme Hunnen teilnahmen. Im angenehmen kleinen Rahmen erlebten sie ausgesuchte hunnische Gastfreundschaft. Jeder der Anwesenden reichte ihnen unter freundlichen Worten einen vollen Becher, den sie leeren mussten. Danach wurden sie umarmt und geküsst. Kein Wunder, dass sie nach dem reichlichen Mahl in ihrem Zelt sofort in Schlaf fielen.[76]

Am Tag darauf gab Attila wieder ein Gastmahl, zu dem er Maximinus und Priscus einlud. Der Ablauf war der gleiche, nur dass nicht sein ältester Sohn, sondern sein Onkel Oëbarsius mit ihm auf dem Diwan saß. Während des Essens trug er Maximinus mehrmals mit freundlichen Worten auf, er möge Kaiser Theodosius veranlassen, seinem Sekretär Constantius endlich die versprochene Frau zu geben. Priscus erläuterte dem neugierigen Leser, was es mit der verschobenen Heirat auf sich hatte: Constantius war mit einer hunnischen Gesandtschaft in Konstantinopel gewesen und hatte dem Kaiser mitgeteilt, er werde sich um einen langfristigen Frieden bemühen, wenn man ihm dafür eine reiche Frau verschaffe. Theodosius willigte in den Handel ein und versprach ihm die verwaiste Tochter des vornehmen und reichen Satornilus, den Kaiserin Eudokia hatte umbringen lassen. Zenon, der mächtige Heermeister für den Orient, hintertrieb jedoch die Verbindung, weil er die gute Partie für seinen Freund Rufus vorgesehen hatte. Er entführte das Mädchen und verlobte sie mit ihm. Kurz darauf feierten sie Hochzeit, sodass Constantius leer ausging. Der bat Attila, die Schmach seines Sekretärs nicht zu dulden, sondern dafür zu sorgen, dass das Mädchen zurückgeholt werde oder er als Ersatz eine andere reiche Frau bekomme. Offensichtlich hoffte Constantius, sein Herr werde, wie schon so manches Mal, die vorhersehbare Weigerung mit einer Kriegsdrohung beantworten. Um ihn für seine Bitte zu erwärmen, versprach er ihm, er werde ihn aus der Mitgift seiner künftigen Frau reichlich entlohnen. Diese Aussicht, meinte Priscus, sei der eigentliche Grund gewesen, warum sich Attila so angelegentlich in dieser Sache bemüht habe. Nach außen aber sei er ganz der um die Herrschermoral besorgte Staatsmann gewesen, weshalb er Maximinus bat, er möge Theodosius sagen, es zieme sich für einen Kaiser nicht, ein Versprechen zu machen und es nicht zu halten.[77]

Nach weiteren drei Tagen durften die Römer endlich abreisen. Eine hunnische Gesandtschaft begleitete sie. Ihr Führer war Berichus, den sie beim ersten Gastmahl als Tischnachbarn kennengelernt hatten. Um das eigene Vermögen zu schonen, befahl der gewitzte Attila ihm und seinen anwesenden ‹Ministerialen›, den *logades*, jeder solle die Römer durch ein Geschenk ehren. Sie wählten die für einen Hunnen sinnige Gabe, ein Pferd. Maximinus suchte sich einige Pferde – vermutlich die besten – aus und gab die andern dankend zurück.[78]

Hässliche Erlebnisse blieben den Römern auf dem Rückweg nicht erspart. In einem Dorf kamen sie dazu, wie auf Attilas Befehl ein Hunne gekreuzigt wurde, der als römischer Spion enttarnt worden war. Am folgenden Tag wurden sie in einem anderen Dorf Zeugen einer weiteren Kreuzigung: Zwei Kriegsgefangene hatten ihren Herrn ermordet. Ärger gab es danach mit Berichus. Solange sie auf hunnischem Boden waren, benahm er sich manierlich. Wahrscheinlich fürchtete er Attilas langen Arm. Kaum aber hatten sie die Donau überschritten, machte er Schwierigkeiten. Er nahm Maximinus das Pferd weg, das er ihm geschenkt hatte, beschwerte sich über angeblichen Zank mit dem Personal der Gesandtschaft, weigerte sich, an den gemeinsamen Mahlzeiten teilzunehmen, und wollte fortan allein reisen. Seine gereizte Stimmung hielt an, bis sie nach Adrianopel kamen, wo es dem milden Maximinus gelang, den Frieden wiederherzustellen und durch ein Versöhnungsmahl zu besiegeln. In Konstantinopel fiel Berichus erneut durch sein ungehobeltes Betragen auf. Priscus' byzantinischer Exzerptor brach an dieser Stelle seinen langen Bericht über die Reise zu Attila ab. Berichus' «barbarische Leichtfertigkeit» waren die letzten Worte. Der Benutzer des Werkes *Über die Gesandtschaften* erfuhr daher nicht, wie dessen Aufenthalt in der Hauptstadt ausging. Erhielt er trotz seines unmöglichen Benehmens die erwarteten Geschenke? Lobte ihn Attila nach der Rückkehr sogar dafür, dass er es den überfeinerten Mitgliedern der feindlichen Regierung gezeigt habe – die erste Ohrfeige für ihren Mordplan?[79]

Mit der nächsten kräftigeren Ohrfeige, über die Priscus berichtete, setzte der Exzerptor wieder ein: Vigilas hatte sich inzwischen mit dem Sold für die Attilamörder erneut auf den Weg gemacht. Nach der Ankunft wurde er sofort verhaftet. Das Lohngeld für den Mord, das Chrysaphius sogar auf 100 Pfund Gold angehoben hatte, nahm man ihm ab und führte ihn vor Attila. Wie geplant eröffnete der König das Verhör mit der verfänglichen Frage, wozu der Römer so viel Gold mit sich führe. Vigilas begann, die Summe mit dem Kauf von Lebensmitteln zu rechtfertigen sowie von Pferden und Lasttieren, die durch Ausfälle auf der langen Reise ersetzt werden müssten. Auch wolle er mit einem Teil des Goldes kriegsgefangene Römer freikaufen, worum ihn deren Verwandte angefleht hätten. Wutentbrannt fuhr Attila auf den Schwindler los, diesen «Hurenbock»: Seine Ausflüchte erklärten den Gesamtbetrag nicht, zumal schon Maximinus solche Geschäfte untersagt worden seien. Doch statt nun Vigilas das Schwert auf die Brust zu setzen, befahl er, dessen Sohn, der den Vater begleitete, in Stücke zu hauen. Entsetzt brach Vigilas zusammen. Das Lügengewebe zerriss, und er gestand mit allen Einzelheiten, wofür das Gold gedacht war. Weinend warf er sich danach Attila zu Füßen und flehte, ihn selbst zu töten und seinen unschuldigen Sohn zu verschonen. Von Edekon hatte Attila erfahren, dass der Sohn tatsächlich mit dem Komplott nichts zu tun hatte. Das führte seinen Erwerbssinn auf einen Gedanken: Ein gekreuzigter Vigilas nützte ihm nichts mehr. Einträglicher war, ihn so lange gefangen zu halten, bis der Sohn in Konstantinopel 50 Pfund Gold aufgetrieben und zu den 100 Pfund konfiszierten Goldes hinzugefügt habe.[80]

Eigentlich waren 150 Pfund Gold eine mäßige Sühne für einen Mordversuch am großen Hunnenkönig Attila. Doch der hoffte, mit einer dritten, der heftigsten Ohrfeige noch größeren Gewinn aus dem Komplott herauszuschlagen. Vigilas war nur ein erbärmlicher Zwischenträger. Der wahre Drahtzieher, der Eunuch Chrysaphius, musste entweder im Hunnenland lebendigen Leibes bestraft werden, oder die Regierung in Konstantinopel musste diese Strafe durch einen Goldbetrag ablösen, der ihres vorgesehenen königlichen Opfers würdig war. Das würde der vorletzte Akt in dieser Affäre sein. Denn Attilas Bestreben ging weiter: Ein Kaiser, der sich so weit erniedrigte, dass er einen gleichrangigen Kollegen mit 100 Pfund Gold aus dem Weg räumen wollte, hatte seinen Anspruch auf Weltherrschaft verspielt. Das musste ihm vor seinem ganzen Hofstaat ins Gesicht gesagt werden.

Attila sandte dazu Orestes und Esla, beides erfahrene Vertreter seiner Politik, in die Hauptstadt. Er gab ihnen Regieanweisungen für eine Szene mit, die sie Theodosius und seinem bösen Geist Chrysaphius bei einer Audienz machen sollten. Zuerst sollte Orestes mit dem Sack um den Hals, in dem Vigilas das Gold für Edekon transportiert hatte, vor sie treten und sie fragen, ob ihnen dieser Sack bekannt vorkomme. Dann sollte Esla loslegen: Theodosius sei genau wie Attila Sohn eines hochgeborenen Vaters. Während aber Attila den von seinem Vater Mundzuc ererbten Adel bewahrte, habe Theodosius den seinen aufgegeben. Schon durch seine Tributzahlungen an Attila sei er dessen Sklave geworden. Nicht recht sei es, dass er dem Besseren, den das Glück zu seinem Herrn gemacht habe, wie ein verbrecherischer Sklave nachstelle. Dieses Vergehen könne er nur dadurch gutmachen, dass er den Eunuchen Chrysaphius seinem Gesandten mitgebe, damit er die gebührende Strafe erhalte.[81]

Wie das nachfolgende Tauziehen um Chrysaphius' Auslieferung zeigte, kamen Orestes und Esla ihrem Auftrag nach. Eine harmlosere, aber Theodosius ebenfalls belastende Aussage Attilas brachte Maximinus zur Sprache, als er Bericht über seine Reise erstattete. Der Hunne mahne Theodosius, er möge sein Versprechen halten und dem Sekretär Constantius die Tochter des reichen Satornilus verschaffen. Gegen den Willen des Kaisers hätte das Mädchen gar nicht verheiratet werden dürfen. Oder sei Theodosius nicht mehr Herr über seine Untertanen? Wenn das der Fall sei, werde er, Attila, ihm gern Hilfe leisten. Das war ein Hieb, der Theodosius sagen sollte, wer der eigentliche Herr in seinem Reich war.[82] Der Kaiser parierte ihn elegant und schlug nicht nur Attila ein Schnippchen, sondern auch dem Heiratsvermittler Zenon und den beiden Mitgiftjägern Constantius und Rufus: Er konfiszierte einfach das Vermögen des Mädchens zugunsten der Staatskasse. Wer wollte sich noch für eine arme Waise verwenden, wer sie gar heiraten? Hat Chrysaphius dem Kaiser den schlauen Schachzug empfohlen und war seine Empfehlung der

Grund, warum nach Attila auch Zenon des Eunuchen habhaft werden wollte, um ihn zu bestrafen?[83]

Am Kaiserhof, wo mächtige Gönner wie der Chef des Regierungsapparates, der *magister officiorum* Nomus, Chrysaphius deckten, dachte man nicht daran, den Eunuchen auszuliefern. Stattdessen beschloss man, mit Attila zu verhandeln. Allein schon, wenn ihm eine hochrangige Gesandtschaft ihre Aufwartung machte, würde ihm das schmeicheln und seinen Zorn über das Komplott und die geplatzte Heirat seines Sekretärs dämpfen. Brachten die Gesandten dann noch das erwartete große Geldgeschenk mit, würde er sich endgültig beruhigen und den Frieden erneuern, den er 448 mit dem Heermeister Anatolius ausgehandelt hatte. Weil Attila nach ihm und dem *magister officiorum* Nomus verlangt hatte, erklärten sich beide bereit, seinem Wunsch zu folgen und zu ihm zu reisen. Sie hatten eine weitere erfreuliche Nachricht im Gepäck: In Konstantinopel lebte eine reiche Witwe aus gutem Haus. Ihr Schwiegervater war Plinthas, ehemaliger Heermeister und Konsul, dazu Attila von früheren Verhandlungen her bekannt. Sein Sohn Armatus hatte in Libyen erfolgreich gegen die Ausorianer gekämpft, war aber krank geworden und gestorben. Bei seiner Witwe hatte der Kaiser vorgefühlt, und sie war nicht abgeneigt, das öde Witwendasein in der Hauptstadt gegen eine Ehe mit Constantius einzutauschen.[84]

Anatolius' und Nomus' Begegnung mit Attila im Frühjahr 450 ließ sich gut an. Der König erwies den Gesandten sogar die Ehre und kam ihnen bis zum Fluss Drenkon entgegen – aus Achtung vor ihnen und um ihnen die lange Weiterreise zu ersparen, wie Priscus verblüfft vermerkte. Attila eröffnete sofort die Verhandlungen. Die Römer mussten allerdings erst einmal einen großspurigen Wortschwall über sich ergehen lassen. Aber sie hatten richtig gerechnet. Kaum fiel Attilas Blick auf die reichen Geschenke, die sie mit freundlichen Worten begleiteten, wurde er mild. Und als sie zur Sache kamen, der Erneuerung des Friedensvertrags, beteuerte er mit einem Eid, er werde ihn einhalten. Ob von sich aus oder gebeten – er ging sogar noch einen Schritt weiter und hob die Sperre von fünf Tagesreisen jenseits der Donau auf. Damit fielen auch die Handelsbeschränkungen, die für die Hunnen ein zweischneidiges Schwert gewesen waren. Eine Bedingung stellte Attila dabei: Die Römer durften keine hunnischen Überläufer mehr aufnehmen, sodass er ihretwegen auch nicht mehr beim Kaiser vorstellig zu werden brauchte. Mit der Gesandtschaft war auch Vigilas' Sohn gekommen und lieferte die 50 Pfund Gold Lösegeld ab, worauf Attila, wie ausgemacht, den Vater freigab. Anatolius und Nomus zuliebe entließ er sogar zahlreiche römische Kriegsgefangene aus der Sklaverei, ohne Lösegeld zu verlangen. Die beiden Heimkehrer beschenkte er obendrein mit Pferden und Pelzen, und er schickte Constantius mit ihnen, damit er in Konstantinopel Hochzeit feiere.[85]

Attilas Entgegenkommen durfte man nicht zu hoch bewerten. Denn weiterhin würde er vom Kaiser die Jahrgelder in Höhe von 2100 Pfund Gold erhalten, die im Anatolius-Vertrag vereinbart worden waren. Den eigentlichen Grund, warum ihm daran gelegen war, Frieden mit Ostrom und folglich Ruhe an der Donaufront zu haben, kannte man in Konstantinopel noch nicht: Attila hatte sich zu einem großangelegten Kriegszug ins Weströmische Reich entschlossen.

XII

Attilas Reich

«Attila war ein Mann, der dazu geboren war, die Völker der Welt zu erschüttern, der Schrecken aller Länder, der irgendwie alles durch seinen furchterregenden Ruf in Angst versetzte. Denn stolz war sein Auftreten, und hierhin und dorthin ließ er seine Blicke schweifen, sodass seine Macht allein schon durch seine Körperhaltung zum Ausdruck kam. Er liebte das Kriegshandwerk, hielt sich dabei aber persönlich zurück. Kluge Überlegung war seine größte Stärke. Von Bittstellern ließ er sich erweichen, und er war denen wohl gesinnt, deren Treue er sich einmal versichert hatte.»

«Von Gestalt war er klein, mit breiter Brust und einem recht großen Schädel. Mit seinen schmalen Augen, dem spärlichen Bartwuchs und dem graumelierten Haar, mit der platten Nase und der hässlichen Hautfarbe besaß er die Merkmale seiner Rasse.»

Jordanes zeichnete dieses eindrucksvolle Porträt Attilas in seiner *Gotengeschichte*.[1] Zurück ging es auf den Augenzeugen Priscus, den er anschließend namentlich zitierte. Der griechische Historiker hatte Gelegenheit gehabt, seinen Gastgeber Attila aus der Nähe zu studieren. Er folgte den altgriechischen Physiognomikern, die der Meinung waren, das Wesen eines Menschen und mithin sein Handeln spiegle sich in seinem Äußeren. Wie zum Beweis hatte er Attilas Politik des Schreckens vorangestellt. Danach wunderte man sich nicht mehr über seine Physiognomie. Dass er auch andere Züge hatte und Männer seines Vertrauens an sich band, war ein Mittel, seine Macht zu sichern. Sie waren seine Helfer, und er war klug genug, auf ihren Rat zu hören.

Priscus blickte auf die Persönlichkeit Attilas und die Grundzüge seiner Politik 20 Jahre nach seinem Tod zurück, dem der rasche Verfall seines Reiches unter seinen Söhnen gefolgt war. Davon würde der Geschichtsschreiber an entsprechender Stelle berichten. Eine Folgerung aber machte er aus seiner späteren Sicht bereits jetzt deutlich: Attilas Reich war allein sein Werk. Es ruhte auf seiner Person. Priscus fügte seine historische Analyse in den passenden Zusammenhang ein, den sein byzantinischer Exzerptor übersprungen, Jordanes aber bewahrt hat: Nachdem die römische Gesandtschaft im Jahr 449 in Attilas Residenz angekommen war und Priscus deren kunstvolle Bauten bewundert hatte, schob der Historiker zunächst einen Abriss der Dynastie ein. Den Stammbaum eröffnete Attilas Vater Mundzuc. Dessen Brüder Rua und Octar errichteten das erste Doppelkönigtum, herrschten aber noch nicht über all die Hunnen, die später Attila unterstanden. Ihm unterstellte Jordanes im Anschluss an Priscus, er habe in der nachfolgenden Doppelherrschaft mit Bleda von Anfang an geplant, seinen Bruder zu ermorden, um dessen Stammesteile zu übernehmen, die an Zahl die seinen übertrafen. Ihre Vereinigung zusammen mit den Stämmen, die schon bisher unter hunnischer Herrschaft gestanden hatten, machte ihn zum alleinigen Herrn einer Kriegsmacht, die sich im Lauf der Jahre auf 500 000 Mann erhöhte, die er aber natürlich nie auf einmal aufbieten konnte.[2] Neben Bleda hatte er weitere Verwandte beseitigt, die seinen Plänen im Weg standen. Mit rücksichtsloser Grausamkeit hatte er sich die militärischen Mittel verschafft, mit denen er fortan Politik machen würde – «ein Mann, geboren zur Erschütterung der Völker in der Welt» (*vir in concussione gentium natus in mundo*).[3] Unerbittlicher Machtwille lag in seiner Natur. Ihn durchzusetzen war ihm jedes Mittel recht. Eine tiefere Ursache für seine historische Rolle gab es nicht.

Auf seinem blutigen Weg zur Alleinherrschaft hatte Attila Helfer. Es waren diejenigen, «deren Treue er sich einmal versichert hatte» und denen er fortan «wohlgesinnt war», wie Jordanes festhielt. Zu ihnen gehörten einige der *logades*, der «Ausgewählten», von denen Priscus mehrmals sprach. In einer Gruppe von *logades*, unter denen es Rangunterschiede gab, hob er einmal neben mehreren Ungenannten Edekon, Skottas und Orestes namentlich hervor.[4] Der bedeutendste von ihnen war Edekon, «der im Krieg die größten Taten vollbracht hatte». Er gehörte auch zu Attilas Leibwächtern, die sich Tag und Nacht im Wachdienst ablösten.[5] Orestes, der Grieche aus Pannonien, stand am unteren Ende der Hierarchie, die von den Hunnen hochgehalten wurde und auf die auch die griechischen Gesandten Rücksicht nahmen. Manchmal bekam Orestes zu seinem Ärger seinen niedrigeren Rang handfest zu spüren.[6] Onegesius, der Zweite nach Attila, der neben ihm eine eigene Residenz bewohnte und beim Gastmahl den Ehrenplatz zu seiner Rechten einnahm, wurde von Priscus nie zu den *logades* gezählt. Von ihnen mochte sich der eine oder andere wie Edekon Attilas Freund (*epitēdeios*) nennen.[7] Onegesius aber war ihm aufs engste verbunden. Jordanes billigte ein solches Verhältnis nur noch zwei Nichthunnen zu, dem Ostgotenkönig Valamir, den Attila «mehr als andere Stammeskönige liebte», sowie dem Gepidenkönig Ardarich, den er «wegen seiner außergewöhnlichen Treue» zum Vertrauten seiner Pläne machte.[8] Beide Könige müssen durch häufige Besuche und Geschenke das Band zu Attila immer fester geknüpft haben.

Eine geschlossene hunnische Adelsschicht, die man in ihnen gesehen hat, waren die *logades* nicht. Es waren zuverlässige Männer, die sich Attila, wie ihre Bezeichnung besagte, persönlich ausgewählt hatte und denen er vertrauen konnte.[9] Er erteilte ihnen wichtige Aufträge, schickte also Edekon und Orestes, später Esla und Berichus zu Verhandlungen nach Konstantinopel. Auch kleinere Aufgaben hatten sie zu erfüllen, mussten etwa den abreisenden römischen Gesandten je ein Pferd als Abschiedsgeschenk überreichen.[10] Es ist schwer vorstellbar, dass dieser Befehl Onegesius einschloss. Die *logades* setzte Attila auch bei der Gebietsverwaltung ein. Der adlige Berichus, der im Rang Onegesius nachstand und daher beim Gastmahl ‹nur› den Platz zu Attilas Linken einnahm, stand an der Spitze mehrerer Dörfer.[11] Vielleicht war die Zahl der Dörfer, die Attilas jüngster Schwiegervater Eskam unter sich hatte, noch größer, oder sie wurde anlässlich der Hochzeit erhöht.[12] Bemerkenswert ist, dass selbst eine Frau, Bledas Witwe, Herrin eines Dorfes war.[13]

Der Weg, den die römische Gesandtschaft 449 von der unteren

Donau bis zu Attilas Residenz im Norden zurücklegte, führte sie quer durch sein hunnisches Kernland. Es umfasste im Wesentlichen das Tiefland zwischen Karpaten und mittlerer Donau. In den Jahrhunderten zuvor wurde dieses Karpatenbecken von sarmatischen Stämmen, den Rhoxolanen darunter, und westlich der Tisia, der heutigen Theiß, von Jazygen bewohnt, deren Reste sich noch unter hunnischer Herrschaft behauptet haben dürften.[14] Vielleicht lag Attilas Residenz noch weiter nördlich in der Kleinen Ungarischen Tiefebene, dem Kisalföld. Ein Gutteil seiner obengenannten 500 000 Krieger lebte im Karpatenbecken. Sie waren seine Hausmacht. Durch Boten konnte er sie rasch zu einem Feldzug aufbieten oder Teile von ihnen zu einem großangelegten Jagdunternehmen zusammenrufen, das zugleich ein militärisches Manöver war. Sie kampierten dann in einem Zeltlager, wie es Priscus erlebt hatte.[15]

Das Karpatenbecken war groß genug, sodass ein Teil der Hunnen ihr herkömmliches Nomadenleben fortführen konnten. Andere ließen sich in Dörfern nieder, die Priscus und die Gesandtschaft durchquerten. Es ist allerdings nicht anzunehmen, dass allzu viele hunnische Dorfbewohner Bauern wurden und das umliegende Land bestellten. Näher liegt, dass sie die Ruhezeit zwischen zwei Feldzügen, von der der Neuhunne dem Griechen Priscus vorgeschwärmt hatte, als Rentner verbrachten, die sich vor allem mit Pferdezucht und Bogenschießen abgaben und ihre Viehherden von versklavten Kriegsgefangenen versorgen ließen. Eine Lieblingsbeschäftigung, die sich auch in der Stammessage spiegelt, war die Jagd. Wenn der König nicht gerade eine Großjagd ankündigte, begaben sich Einzelne oder kleine Gruppen auf die Pirsch. Ihre Beute bereicherte den häuslichen Speisezettel, und soweit Felle und Pelze nicht der Herstellung von Kleidern und Decken dienten, konnte man mit ihnen Handel treiben.[16] Der Vorwurf, den ein hunnischer Offizier in kaiserlichen Diensten später einmal gegen seine Stammesgenossen erhob, traf auch schon jetzt zu: Die Hunnen, «denen nichts an der Bestellung des Bodens liegt, fallen wie Wölfe über die Nahrungsmittel der Goten her und rauben sie; und weil sich die Goten für die Ernährung der Hunnen abmühen, behandeln sie diese wie Sklaven». Priscus berichtete den Vorwurf, der ihn an Erfahrungen auf der Gesandtschaftsreise erinnerte.[17] Allerdings sprach er nie davon, dass er in den Dörfern, durch die er kam, Goten angetroffen habe. Doch Ostgoten und Gepiden wohnten damals im Karpatenbecken. Sie gehörten zu den Völkerschaften, zu den Jordanes anmerkte, Attila habe sie nach Bledas Ermordung «unter seiner Herrschaft gehabt».[18]

Nachdem sich die Hunnen im Karpatenbecken niedergelassen hatten, waren Ostgoten und Gepiden unter ihre Oberhoheit geraten. Die ansässigen Könige Valamir und Ardarich waren so klug und geschmeidig, aus der Nachbarschaft zu Attila eine Freundschaft werden zu lassen. Die Geschichte von den *haliurunnae*, den gotischen Hexen, die zu Stammmüttern der hässlichen Hunnen wurden, erzählten sie ihm lieber nicht.[19] Die Archäologie, die die Vergesellschaftung von ostgermanischem und reiternomadischem Kulturgut herausgearbeitet hat, spricht eher für diese Freundschaft und nicht ausschließlich für den hunnischen «Wolfshunger».[20] Die Hunnen wussten den ökonomischen und militärischen Nutzen der Ostgoten und Gepiden zu schätzen. Der militärische Nutzen zeigte sich etwa, als Attila 451 gegen Gallien zog. Für den ökonomischen Nutzen lieferte Priscus einen aufschlussreichen Beleg: Auf ihrer Reise zu Attila versorgte sich die Gesandtschaft aus den Dörfern, die am Weg lagen, mit Proviant. Auf das gewohnte Weizenbrot und den geliebten Wein mussten die Griechen verzichten. Stattdessen gab es Hirse und ein Getränk, das vor Ort *medos* hieß. Dazu braute die mitreisende Hilfsmannschaft ein Bier aus Gerste, das die Einheimischen *kamon* nannten. Weder *kamon*, im Lateinischen *camum*, noch *medos* waren hunnische Wörter. *Medos* war das altgermanische **medus*, das gotische **midus*, der Honigwein, der später zu «Met» wurde. Die Hunnen übernahmen beide Wörter von den Produzenten.[21] Den Wein, der in Attilas Residenz – und nicht nur dort – reichlich getrunken wurde, lieferten Händler aus Pannonien, wo viel Wein angebaut und exportiert wurde. Einen Weinmarkt gab es in Aquileia, das seit alters die donauländischen Barbaren versorgte und deren Produkte in Zahlung nahm.[22] Seit Homers Zeit im 8. vorchristlichen Jahrhundert hatte sich an diesem Tauschgeschäft noch nichts geändert. Die homerischen Griechen vor Troja versorg-

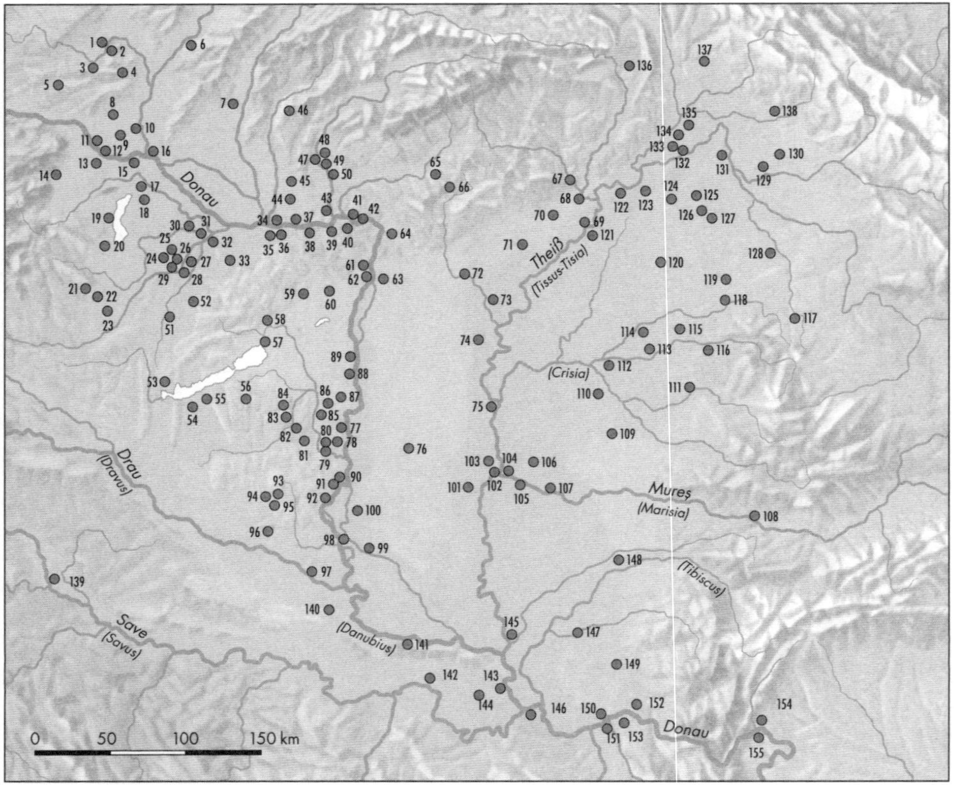

Fundorte der Hunnenzeit im Karpatenbecken

1 Mušov
2 Nový Šaldorf
3 Laa an der Thaya
4 Hobersdorf
5 Sigmundsherberg
6 Drslavice
7 Stráže/Vágör
8 Großkrut
9 Untersiebenbrunn
10 Marchegg
11 Wien 21 – Leopoldau
12 Wien 10 – Inzersdorf
13 Wien 11 – Liesing
14 Katzelsdorf
15 Bad Deutsch Altenburg – Petronell – CARNUNTUM
16 Devin (Dévény)
17 Nickelsdorf (Miklósfalu)
18 Mönchhof (Barátudvar)
19 Mörbisch (Fertőmedgyes)
20 Sopron (Ödenburg) SCARBANTIA
21 Bozsok
22 Gencsapáti
23 Szombathely (Steinamanger) – SAVARIA
24 Dör
25 Csorna
26 Rábapordány
27 Árpás – MURSELLA
28 Sobor
29 Rábacsanak

30 Lébény – QUADRATA
31 Bezi
32 Győr (Raab) – ARRABONA
33 Pannonhalma
34 Iža (Leányvár) – CELAMANTIA
35 Szőny – BRIGETIO
36 Komárom (Komorn)
37 Marcelová (Marcellháza)
38 Lábatlan
39 Esztergom
40 Pilismarót – CASTRA AD HERCULEM
41 Szob
42 Szob – Homokdülő
43 Biňa (Bény)
44 Dedinka (Fajkürt)
45 Hul (Hull)
46 Hostie (Keresztur)
47–49 Levice (Léva)
50 Šarovce (Nagysáró)
51 Kispirit
52 Tüskevár
53 Keszthely
54 Táska
55 Lengyeltóti
56 Zics
57 Papkeszi
58 Várpalota
59 Czákvár – FLORIANA
60 Alcsútdoboz – Vértesszentgyörgy
61 Óbuda – AQUINCUM
62 »Buda«
63 Budapest XIV – Zugló
64 Vác
65 Ludányhalászi
66 Sóshartyán
67 Szirmabesenyő
68 Kistokaj
69 Tiszakeszi
70 Sály
71 Tarnaméra
72 Jászberény
73 Jánoshida
74 Törtel
75 Csongrád
76 Alsókistelek
77 Fadd
78 Tolna
79 Szekszárd
80 Mözs
81 Murga
82 Högyész
83 Regőly
84 Tamási – Adorján
85 Nagydorog
86 Györköny
87 Németkér
88 Dunaföldvár
89 Dunaujváros – INTERCISA
90 Alsónyék
91 Bátaszék
92 Dunaszekcsó – LUGIO
93 Pécs (Fünfkirchen) – SOPIANAE
94 Pécs (Fünfkirchen)
95 Nagykoszár – Üszögpuszta
96 Harkány
97 Osijek- MURSA
98 Zmajevac (Vörösmart) – AD NOVAS
99 Bački Monoštor (Monostorszeg)
100 Dávod
101 Röszke – Nagyszékós
102 Szeged
103 Drozsma
104 Malajdok
105 Klárafalva
106 Hódmezővásárhely – Szikáncs
107 Magyarcsanád
108 Dobra
109 Békéscaba
110 Mezőberény
111 Bikács
112 Köröslradány
113 Csökmő
114 Füzesgyarmat
115 Artánd
116 Oradea (Nagyvárad)
117 Şimleu Silvaniei (Szilágysomlyó)
118 Săcueni (Székelyhid)
119 Valea lui Mihai (Ermihályfalva)
120 Debrecen
121 Tiszacsege
122 Tiszadob
123 Tiszalök
124 Nyiregyháza
125 Oros
126 Máriapócs
127 Nyirbátor
128 Ghenci (Gencs)
129 Gelénes
130 Bakta (Nagybakta)
131 Kisvárda
132 Tiszakarád
133 Bodroghalom
134 Végardő
135 Streda nad Bodrogom (Bodrogszerdahely)
136 Čaňa (Csány)
137 Pozdišovce (Pazdics)
138 Mukačevo (Munkács)
139 Šišak – SISCIA
140 Vinkovci – CIBALAE
141 Neštin (Nestin)
142 Sremska Mitrovica – SIRMIUM
143 Novi Banovci – BURGENAE
144 Petrovci – BASSIANA
145 Titel
146 Beograd (Belgrad) – SINGIDUNUM
147 Uzdin (Ujozora)
148 Săcălaz (Szakálháza)
149 Alibunar
150 Kuvin – CASTRA CONSTANTIA
151 Orašje Dubravica – MARGUS
152 LEDERATA
153 Kostolac – VIMINACIUM
154 Oršova
155 Tekije

ten sich mit Wein von der Insel Lemnos, den sie mit Erz, Eisen, Fellen, Rindern und Sklaven bezahlten.[23] Um das Jahr 415 n.Chr. erklärte der Bischof Asterius aus dem kleinasiatischen Amaseia in einer Fastenpredigt, die Nomaden seien deswegen so tapfer, weil sie keinen Wein, sondern nur Wasser tränken.[24] Diese naive, der moralischen Aufrüstung geschuldete Aussage werden ihm höchstens diejenigen seiner Gläubigen abgenommen haben, die noch nie vom blühenden Export griechischer Weine und vom Alkoholdurst der Barbarenkrieger gehört hatten.

In seiner Residenz hielt sich Attila am liebsten auf.[25] Von hier aus machte er mit diplomatischen oder militärischen Mitteln Politik, und das an vier Fronten: gegen das Oströmische und gegen das Weströmische Reich, gegen die germanischen Stämme jenseits seines Herrschaftsgebiets und gegen die hunnischen Stämme, die sich ihm nicht freiwillig unterstellten. Denn sein Ziel war, Herrscher auch all derjenigen Hunnen zu werden, die zwischen Wolga und Karpaten siedelten. Zugleich wollte er damit verhindern, dass sich Ostrom und Westrom hunnischer Kräfte bedienten, sie sogar gegen ihn einsetzten.

Priscus konnte auf diese vierte Front einen Blick werfen, weil die römische Gesandtschaft auf die Rückkehr des Onegesius warten musste, der mit Attilas ältestem Sohn Ellac bei den Akatiren war.[26] Die Akatiren waren ein großer hunnischer Stamm, der in zahlreiche Unterstämme und Sippen zerfiel. An deren Spitze standen Häuptlinge, die Priscus Könige nannte entsprechend den *reges*, die Olympiodorus 412 getroffen hatte.[27] Wie unter jenen Charaton, so gab es auch unter den Königen der Akatiren einen Primus inter Pares namens Kuridachus. Kaiser Theodosius hatte den Königen Geschenke gesandt, damit sie sich einer Bundesgenossenschaft mit Attila versagten und Frieden mit den Römern schlossen. Römisches Ungeschick, das nicht mit der hunnischen Empfindlichkeit in Rangfragen rechnete, führte jedoch genau das herbei, was man verhindern wollte. Weil nämlich Kuridachus erst als Zweiter seine Geschenke erhielt, fühlte er sich missachtet und forderte Attila auf, gegen seine Mitkönige vorzugehen. Auch sah er anscheinend im römischen Missgriff ein Mittel,

Zwietracht unter den *reges* zu säen und so die eigene Macht zu stärken. Für Attila war sein Hilferuf ein willkommener Anlass, Krieg gegen die Akatiren zu führen. Es war jener Krieg, an dem auch Onegesius mit seinem römischen Kriegsgefangenen teilnahm.[28] Einige der Könige fielen, die anderen gingen mit ihren Stammesangehörigen zu Attila über.

Danach wäre Kuridachus im besten Fall statt Erster unter den Akatiren Zweiter hinter dem Oberherrn Attila geworden. Nur war er sich nicht sicher, ob dieser Fall eintreten oder ob es ihm ergehen werde wie Bleda und anderen Verwandten Attilas. Daher lehnte er dessen Einladung ab, zur Siegesfeier in seine Residenz zu kommen. Seine Ausrede sollte Attila schmeicheln und ihn vor allem von einem weiteren Feldzug abhalten: «Es sei schwer für einen Menschen, einem Gott unter die Augen zu treten. Denn wenn man nicht einmal die Sonnenscheibe unverwandt anzuschauen vermöge, wie könne man dann den größten der Götter schadlos betrachten?»[29] Kuridachus' Entschuldigung war beste literarische Schmeichelei, wie sie römische Dichter für solche Kaiser produzierten, die dafür empfänglich waren. Attila, der Größte der Götter – diese unhunnische Vorstellung konnte Kuridachus nicht ernst gemeint haben, wenn er sie denn geschrieben hat. Doch man wird Priscus' Handschrift abziehen müssen, und es bleibt Kuridachus' Eingeständnis, dass Attila inzwischen in den Augen seiner Hunnen und anderer hunnischer Könige zum größten Herrscher geworden war. Schon in Serdica hatten sich ja Hunnen empört, als ein Römer es wagte, den Menschen Attila dem Gott Theodosius nachzuordnen.[30]

Kuridachus hatte Glück. Attila beließ ihm die bisherige Herrschaft über einen kleinen Teil der Akatiren. Über die anderen Teilstämme und weitere hunnische Stämme um das Schwarze Meer setzte er seinen Sohn Ellac als König ein. Das Nachsehen hatte Kaiser Theodosius. Die Namen einiger Stämme, die damals unterworfen wurden, nannte Jordanes, als sich nach Attilas Tod sein Sohn Dintzic in Pannonien mit den Ostgoten herumschlug: Ultzinzuren, Angisciren, Bittuguren und Bardoren.[31] Weil sich Attila als Gesamtherrscher aller Hunnen betrachtete, forderte er von Theodosius unablässig die

Auslieferung der hunnischen Stammessplitter und Einzelgruppen, die sich ihm nicht unterstellen wollten und deswegen im Römischen Reich Zuflucht gesucht hatten oder sich dort auch nur, wie seit Jahrhunderten viele andere Barbaren, eine bessere Zukunft erhofften. Als Untertanen des Kaisers hätten sie ihm Heerfolge leisten und ihm Steuern in Form von Geschenken einbringen müssen. Beides ging Attila verloren und kam dem Feind zugute.

Attila konnte sich auf Ellac verlassen. Der Sohn würde keine eigene unabhängige Herrschaft errichten. Auf der anderen Seite konnte sich Ellac darauf verlassen, dass allein schon der Ruf seines Vaters seine königliche Stellung über hunnische Stämme sichern werde, die keine Königshunnen waren und bisher teilweise zu seinen Gegnern gehört hatten. Priscus hatte diese Fernwirkung als Herrschaftsmittel erkannt. In Jordanes' Worten lautete es: Attila «versetzte auf irgendeine Weise alle in Schrecken durch die furchterregende Meinung, die sich über ihn verbreitet hatte».[32] Seine Brutalität schuf Furcht, Furcht schuf Autorität und Autorität schuf Macht. Sollte seine Autorität und damit seine Macht in Gefahr geraten oder schwinden, war Attila sofort bereit, sie mit einer schnellen berittenen Eingreiftruppe wiederherzustellen. Oft genügte schon seine Drohung, er werde das tun. Im Totenlied auf den verstorbenen Attila besangen die Hunnen ihren König, «der Roms beide Imperien durch die Eroberung seiner Städte in Schrecken versetzte».[33]

Der Feldzug gegen die Akatiren im Osten, den Onegesius führte, war ein Beispiel dafür, wie Attila seine Macht auch an der anderen Front, gegenüber den Barbarenstämmen nördlich und westlich des Karpatenbeckens, ausdehnte und behauptete. Die Namen der Verbündeten, die ihn 451 auf dem Zug nach Westen begleiteten, belegten seine Erfolge, über deren Einzelheiten die Überlieferung schweigt. Nur der römische Diplomat Romulus bemerkte im Gespräch mit Priscus pauschal, Attila herrsche sogar über die Inseln im Ozean. Damit meinte er wohl nicht die britischen Inseln, sondern die Inseln in der Ostsee.[34] Die Hunnen hatten die Taktik der heimatlichen Steppe, Gegner durch einen raschen Reiterangriff zu überfallen, nicht verlernt. Auch wenn im Norden nicht so viel Beute zu holen war wie südlich der Donau, werden es die dortigen Stämme bis hin zum Ostseeufer mit hunnischen Angriffen zu tun bekommen haben. Attilas beliebtes Mittel, mit Krieg zu drohen, wird seine Wirkung ebenfalls nicht verfehlt haben. Daraufhin Gesandte mit Geschenken zu ihm zu schicken war für beide Seiten ein Zeichen der Unterwerfung. Bei den griechischen Historikern wurde «Abführung von Tribut» geradezu zum Terminus technicus für Attilas Herrschaft.[35] Vielleicht waren die Barbarengesandtschaften, die Priscus in seiner Residenz beobachtet hatte, zu diesem Zweck angereist.[36] Oder sie taten, was Hunnen an gleicher Stelle getan hatten: Sie wandten sich an ihn, weil sie Streit im Innern oder mit ihren Nachbarn hatten. Man hat sogar vermutet, Abwanderungen aus Polen, die sich für diese Zeit archäologisch nachweisen lassen, seien damit zu erklären, dass nördliche Stämme an den hunnischen Beutezügen ins Römische Reich teilnehmen wollten. Bewahrte Jordanes in seiner *Römischen Geschichte* eine Erinnerung daran? Denn zu Attilas Kriegskoalition mit Goten und Gepiden zählte er «verschiedene andere Nationen mit ihren Königen».[37] Der Unterschied zwischen befreundeten und unterworfenen Stämmen war nicht sehr groß. Zogen beide mit Attila in den Krieg, gar noch bevor er sie zur Teilnahme aufforderte, lieferten sie ihm damit den besten Beweis für ihre Loyalität. Solange sie unter seinen Augen kämpften, brauchte er nicht zu befürchten, dass sich gegen seine Herrschaft Widerstand erhob, der die Abwesenheit der hunnischen Streitkräfte ausnützte.

Seine Rolle als Richter und Helfer und seine Anziehungskraft bestätigten Attila, welche Macht und welches ‹internationale› Ansehen er mittlerweile gewonnen hatte. Die Erwartungen der Bittsteller boten ihm darüber hinaus Gelegenheit, sein Eingreifen zur Erweiterung seiner Herrschaft zu benutzen. Der Bagaudenaufstand des Jahres 448, der den flüchtigen Arzt Eudoxius an seinen Hof führte, war dafür noch nicht geeignet.[38] Günstiger war die Auseinandersetzung zweier fränkischer Königssöhne, die sich nach dem Tod ihres Vaters im Jahr 450 um die Nachfolge zankten. Der Jüngere wandte sich an Aëtius. Die beiden trafen sich in Rom, wo der Heermeister den Franken adoptierte und Priscus ihm ebenfalls begegnete. Der Ältere versprach sich mehr von der Bundesgenossenschaft mit Attila, der sie im folgenden Jahr mit zum Anlass nahm, an den Rhein zu marschieren und in Gallien einzufallen.[39]

Spektakulärer war im Jahr 450 ein anderer Hilferuf: Kaiser Valentinians ältere Schwester Iusta Grata Honoria wandte sich an Attila. Der etwa Zwanzigjährigen hatte der Bruder wahrscheinlich im Jahr 437 den Kaisertitel Augusta verliehen. Er war Theodosius II. gefolgt, der seine ältere Schwester Pulcheria auch zur Augusta erhoben hatte. Noch in einem weiteren Punkt nahm sich Valentinian den Hof von Konstantinopel zum Vorbild: Pulcheria und ihre jüngeren Schwestern Arcadia und Marina hatten beschlossen, nicht zu heiraten und wie Nonnen zu leben, ganz im Sinn ihres frommen Bruders. Valentinian zwang Honoria ebenfalls zum Verzicht auf die Ehe. Die beiden Vettern zweiten Grades verbanden damit eine politische Absicht: Die Dynastie ihres Großvaters Theodosius des Großen sollte sich nicht über die weibliche Linie fortsetzen. Sie selbst brachten es bisher allerdings nicht fertig, einen männlichen Thronerben zu zeugen. Wenigstens Valentinian, 419 geboren, brauchte die Hoffnung noch nicht aufzugeben. Doch ihren dynastischen Vorstellungen versetzte die unglückliche Honoria einen Stoß: Mit 32 Jahren war sie 449 von ihrem Gutsverwalter, dem *procurator* Eugenius, schwanger geworden. Wahrscheinlich wäre ein *procurator*, der sich mit einer Kaiserschwester eingelassen hatte, nie eine Gefahr für den Thron in Ravenna geworden. Was aber war mit einem möglichen Sohn Honorias? Man konnte nie wissen. Als daher die Schande aufflog, ließ Valentinian Eugenius sofort hinrichten. Seine Leidenschaft war ein todeswürdiges Majestätsverbrechen, ein *crimen laesae maiestatis*. Auch Honoria hatte für ihren Fehltritt zu büßen, den sie noch dadurch verschlimmerte, dass sie, ein Erbe ihrer Mutter Galla Placidia, mitregieren wollte. Streng bewacht musste sie den Kaiserpalast verlassen; wahrscheinlich wurde ihr auch der Augustatitel entzogen. Zur Besserung wurde sie nach Konstantinopel geschickt. Ihre züchtigen Kusinen würden vielleicht einen heilsamen Einfluss auf sie ausüben. Zuvor oder nach der Rückkehr verlobte sie Valentinian mit dem Senator Herculanus, einem Mann, von dem er sich sicher war, dass ihm die Einheirat in die Kaiserfamilie nicht zu Kopf steigen würde. Für seine Hilfsbereitschaft belohnte er ihn 452 mit dem Konsulat.[40]

Honoria zähmen zu wollen erwies sich jedoch als vergebliche Liebesmüh. Im Gegenteil. Sie schlug ihrem Bruder ein Schnippchen, das ebenso gerissen wie gewissenlos war und das die eigene Rache über das Wohl des Weströmischen wie des Oströmischen Reiches stellte: Heimlich sandte sie den ihr treu ergebenen Eunuchen Hyacinthus zu Attila und ließ ihm einen Ring überreichen, den er als Heiratsangebot betrachtete. Für eine ordentliche Anzahlung auf die Mitgift in bar hatte sie ebenfalls gesorgt. Wenn nicht der Ring, so würde das Gold ihr die Zuneigung des Hunnenkönigs gewinnen. Eine Zukunft als seine soundsovielte Gemahlin schien ihr verlockender als die langweilige Ehe mit einem biederen römischen Senator. Vielleicht würde Attila sie ja zu seiner neuen Hauptfrau machen, nachdem seine bisherige Hauptfrau Kreka gewiss schon ein respektables Alter erreicht hatte. Die Schwester eines regierenden römischen Kaisers, die sich selbst gewiss immer noch Augusta nannte, würde neuen Glanz in seinen Palast bringen. Honoria hatte richtig gerechnet: Attila nahm ihr Angebot sofort an. Womit sie nicht gerechnet hatte, war die Höhe der Mitgift, die er haben wollte. Er schickte eine Gesandtschaft nach Ravenna und verlangte, Valentinian solle ihm nicht nur seine Schwester zusenden, sondern ihm die Hälfte seines Reiches abtreten. Um eine Begründung war er nicht verlegen: «Denn auch Honoria habe von ihrem Vater – Constantius III. – die Herrschaft übernommen, die ihr durch die Habgier ihres Bruders entrissen worden sei.»[41]

Am Kaiserhof war man über das Ansinnen so empört, dass man zum Krieg rüstete.[42] Aëtius betrieb die Vorbereitungen. Für ihn hatte Attila mit seiner Forderung nach einem Reichsteil das Band diplomatischer Freundschaft durchschnitten. Er wusste Valentinian hinter sich, der bisher nicht gerade sein Freund gewesen war. Aber der Kaiser war so erbost wie sein Heermeister. Den Postillon d'amour Hyacinthus ließ er verhaften, und nachdem der Eunuch unter der Folter alles gestanden hatte, wurde er hingerichtet. Auch für Honoria schien ihm dieses Mal die Todesstrafe angemessen zu sein. Allein den inständigen Bitten ihrer Mutter Galla Placidia verdankte sie ihr Leben. Über den Vorschlag, der aus Konstantinopel kam, konnte Valentinian nur den Kopf schütteln: Theodosius empfahl allen Ernstes, Honoria zu Attila zu schicken.[43] Der wohlmeinende Ratgeber wollte Frieden um jeden Preis und übersah, dass Attila an einer Frau ohne die gewünschte Mitgift nichts lag. Wahrscheinlich hatte er empfohlen, den Hunnen die Gebietsforderung abzukaufen. Auch Westrom sollte so tief in die Tasche greifen, wie es Ostrom tat. Auf 53 950 römische Pfund Gold, 17 665,92 Kilogramm, hat man die Tribute berechnet, die Attila von dort in den Jahren 445 bis 453 bekam. Das war mehr als die Hälfte der 100 000 Pfund Gold, die Theodosius' übernächster Nachfolger Leo I. im Staatsschatz vorfand, als er 457 den Thron bestieg.[44]

Doch mit Gold allein war Attila nicht mehr zufriedenzustellen. Vorbei war für ihn die Zeit, wo er auf der Gleichrangigkeit mit den Throninhabern von Ravenna und Konstantinopel bestand. Sie hatte die hunnische Gesandtschaft beim Abendessen in Serdica verteidigt, wo es beinahe zu einer Schlägerei gekommen wäre, weil ein Römer gewagt hatte, diese Gleichrangigkeit in Frage zu stellen.[45] Auch Attilas Forderung, die Kaiser dürften nur Männer aus dem Hochadel als Gesandte zu ihm schicken, entsprang seiner Furcht, sie könnten ihn als den Rangniedrigeren betrachten und verachten. Er war sogar bereit, eine Geringschätzung im diplomatischen Verkehr mit einem Kriegszug zu beantworten.[46] Noch verweigerten ihm Theodosius und Valentinian im offiziellen Umgang den Kaisertitel *basileús*, den Priscus für ihn und andere Stammeskönige in der historischen Darstellung benutzte.[47]

Aber der plumpe Versuch, ihn zu ermorden, gab Attila die willkommene Gelegenheit, Theodosius, dem Verantwortlichen des Komplotts, sagen zu lassen, dass er ihn degradiert habe, weil er ihn seines Vaters und seines ererbten Thrones für unwürdig halte. Die *Týchē*, das Glück, habe Attila, «den Besseren», zum «Herren» gemacht.[48] Das griechische Wort *despótes*, dem lateinischen *dominus* entsprechend, bezeichnete seit langem den römischen Kaiser. *Týchē* verstand Attila als göttliche Macht, die ihn auserwählt habe, Weltherrscher zu werden. Schon zweimal hatten zuvor weströmische Gesandte von diesem Anspruch erfahren, der Senator Cassiodorus mit seinem Begleiter

Carpilio, dem Sohn des Aëtius, und der erfahrene Diplomat Romulus. Sie sollten die Nachricht nach Rom und Ravenna bringen. Dort musste man endlich begreifen, dass sich die Behauptung römischer Kaiser, Herren des Erdkreises, des *orbis terrarum*, zu sein, erledigt hatte. Ihr Ahnherr Augustus hatte den Anspruch in die Welt gesetzt. Sein Erbe war jetzt der Hunnenkönig geworden. Ein Schritt dazu sollte der Krieg gegen Persien sein, den römischen Erbfeind, den Augustus nie zu bekämpfen gewagt hatte. Romulus und seine Mitgesandten taten den Plan keineswegs als bloßes Schwadronieren eines Größenwahnsinnigen ab, sondern waren überzeugt, mit seiner Militärmacht werde Attila den Orient tributpflichtig machen. Vielleicht wurde in ihrer Gegenwart auch das Schwert des Ares entdeckt und Attila überbracht. Der Fund mochte inszeniert sein oder nicht – Attila erklärte ihn zum Zeichen dafür, «dass er zum Herrn der ganzen Welt bestimmt sei».[49]

Nicht den Griechen und Römern, wohl aber den Hunnen könnte der König sein neues Selbstverständnis schon durch seinen Namen verkündet haben. Denn Attila war ein hunnisches Wort und bedeutete «universaler Herrscher», wie eine Erklärung lautet.[50] Sie wendet sich gegen die erstmals von Jacob Grimm vorgeschlagene Deutung, Attila sei das gotische Deminutiv «Väterchen».[51] Doch ein Kosewort aus einer fremden Sprache für den sein Hunnentum energisch verteidigenden Herrscher? Die Diskussion ist noch nicht entschieden.[52] Wer die gotische Etymologie vertritt, muss zugeben, dass wir den ursprünglichen hunnischen Eigennamen des Königs nicht kennen. Denn «Väterchen» wurde der Knabe Attila schwerlich genannt. Die Griechen schrieben den Namen Attila in der Regel mit griechischer Endung, also Attilas. Priscus bevorzugte die Schreibung Attēlas mit dem Vokal ēta, der seit hellenistischer Zeit i ausgesprochen wurde. Trifft die hunnische Deutung «universaler Herrscher» zu, wäre nicht ausgeschlossen, dass Attila im Namen, den ihm sein Vater Mundzuc gegeben hatte, ein Omen sah wie im Schwert des Kriegsgottes Ares, das nach vielen Jahren gefunden wurde. Für den «Universalherrscher» Attila sprechen ethnologische Parallelen: Der keltische Name Dumnorix, den Julius Caesars adliger Gegner aus dem Stamm der Haeduer trug, bedeutete ebenso «Weltherrscher» wie Ermanarich, der Name des gotischen Königs, der als erster Germane mit den Hunnen zusammenstieß.[53]

XIII

Der Krieg gegen den Westen

Zwei Herausforderungen sah sich Attila in der zweiten Hälfte des Jahres 450 gegenüber: Am 28. Juli 450 war Theodosius II. nach einem Sturz vom Pferd überraschend gestorben. Er war 49 Jahre alt, hatte also bisher keinen dringenden Grund gehabt, bereits für seine Nachfolge zu sorgen. Diese nahmen jetzt seine energische Schwester Pulcheria und der mächtige Heermeister Aspar in die Hand und entschieden sich für Marcianus. Der Tribun hatte sich im Heer hochgedient und war seit langem ein enger Vertrauter Aspars. Zur Sicherung seines Thrones heiratete der Neuling in die Dynastie ein und nahm Pulcheria zur Frau. Sie hatte sich allerdings vor der Hochzeit eine Josephsehe ausbedungen, die dem achtundfünfzigjährigen strengen Katholiken nicht allzu schwergefallen sein dürfte.[1]

Sobald Attila von dem Herrscherwechsel erfuhr, schickte er Gesandte nach Konstantinopel und bestand auf der Fortzahlung der bisherigen Tribute. Aber Marcianus war nicht Theodosius und beschied die Gesandten, er werde nicht zahlen. Halte Attila Frieden, werde er ihm Geschenke zukommen lassen, drohe er mit Krieg, werde er ihm mit einer Streitmacht entgegentreten, die nicht geringer als die hunnische sein werde. Solche Töne hatte Attila aus Konstantinopel noch nie gehört. Auch dass sich Marcianus nicht an die Vereinbarung seines Vorgängers gebunden fühlte, war eine Rechtsauffassung, die man eher von einem Hunnen als von einem vertragstreuen Römer erwartet hätte. Dem neuen Kaiser trug die Weigerung den Beifall all derer ein, die durch ihre Steuern für die Tribute an den Hunnen aufkommen mussten und die nicht in den bedrohten Donauprovinzen wohnten, denen Theodosius den Frieden erkauft hatte. Wie die Rache

Attilas ausfallen würde, blieb abzuwarten. Es war nicht der einzige Rückschlag, den er einstecken musste. In Ravenna ließ er drohend verlauten, er werde seine künftige Frau Honoria rächen, wenn man ihr Unrecht tue und sie von der Herrschaft ausschließe. Valentinians Antwort war kaum weniger kühn als die des Marcianus: Honoria sei schon an einen anderen Mann vergeben, und Herrschaftsbeteiligung stehe ihr nicht zu, weil in Rom Frauen von der Regierung ausgeschlossen seien.[2] Er hätte noch die ironische Frage anschließen können, ob das denn bei den Hunnen anders sei.

Attila vertrage keinen Widerspruch, hatte der weströmische Gesandte Romulus festgestellt, und der oströmische Gesandte Maximinus musste sich von ihm sagen lassen, wenn man nicht mache, was er wolle, werde er Streitfragen mit Waffen entscheiden.[3] Der Choleriker Attila schäumte vor Wut, als die beiden Gesandtschaften zurückkamen und ihm die abschlägigen Antworten überbrachten. Seine Zornesausbrüche waren gefürchtet, und Onegesius wird alle Mühe gehabt haben, ihn wieder zu beruhigen.[4] Im Grunde hatten ihm Ostrom und Westrom den Krieg erklärt, und er war bereit, ihre Herausforderung anzunehmen. Die Frage war nur: Sollte er erst den Osten oder den Westen angreifen?[5] Marcianus versuchte zunächst noch, Öl auf die Wogen zu gießen, und sandte den Heermeister Apollonius zu Attila. Der erkundigte sich nach seiner Ankunft sofort, ob er den fälligen Tribut mitgebracht habe, und als Apollonius verneinte, weigerte er sich, den Abgesandten eines vertragsbrüchigen Kaisers zu empfangen. Dennoch verlangte er von ihm, er solle die üblichen Gesandtschaftsgeschenke herausgeben, wenn nicht, werde er ihn mit dem Tod bestrafen. Apollonius bewies Mut: Geschenke erhalte Attila nur, wenn er ihn empfange. Andernfalls sterbe er lieber und überlasse ihm die Geschenke als Beute. Mutige Gegner beeindruckten Attila, und Apollonius durfte heimkehren, doch ohne den König gesehen zu haben.[6]

Attila schloss aus Apollonius' Gesandtschaft immerhin soviel, dass dem Kaiser in Konstantinopel trotz seiner steifen Haltung immer noch mehr an Verhandlungen als am Krieg gelegen war. Das ließ ihm Zeit, und er entschloss sich, erst den Westen zu besiegen und danach im Osten mit Waffengewalt nachzufragen, wie es denn mit den Tributen stünde, die ihm Theodosius einst zugesagt hatte.[7] Im Winter 450/51 schickte er Boten zu den verbündeten Stämmen und forderte sie auf, sich zu einem Feldzug nach Gallien im kommenden Frühjahr bereit zu machen. Daneben spielte er ein diplomatisches Spiel mit mehreren Bällen, das verriet, wie genau er über die Großwetterlage im Westen des Imperiums Bescheid wusste. In einem Brief an Valentinian schien er die Ehe mit Honoria samt ihrer Mitgift vergessen zu haben und beteuerte in seiner Stellung als römischer Heermeister, die Freundschaft mit Rom bewahren zu wollen. Auch werde er dem Reich gegen seine westgotischen Feinde helfen, die ihm in den vergangenen Jahren so viel Ärger bereitet hatten.[8] Gleichzeitig schrieb er nach Toulouse an den Westgotenkönig Theoderid, er solle den Bündnisvertrag kündigen, den die Westgoten 418 mit Rom geschlossen und 439 erneuert hatten, und er solle daran denken, was die Römer seinem Volk in den vergangenen Jahren angetan hatten. Würde Theoderid auf seinen Vorschlag eingehen, so wären die Westgoten bei seinem kommenden Einfall in Gallien ein wertvoller Bundesgenosse. «Der schlaue Mensch verbarg seine ungeheure Wildheit, und bevor er Krieg führte, kämpfte er mit List», kommentierte Jordanes das Doppelspiel des Hunnenkönigs, mit dem dieser einen Keil zwischen Ravenna und Toulouse zu treiben versuchte.[9]

Auch mit dem Vandalenkönig Geiserich nahm Attila Verbindung auf. Rom hatte 442 seine Herrschaft in Africa vertraglich anerkannt. Einige Jahre danach flammte die alte Feindschaft zwischen Vandalen und Westgoten wieder auf: Geiserichs Sohn Hunerich war mit einer Tochter Theoderids verheiratet. Weil er sie beschuldigte, an einem Anschlag gegen ihn beteiligt gewesen zu sein, schnitt er ihr Nase und Ohren ab, schickte sie zu ihrem Vater zurück und verlobte sich mit Valentinians Tochter Eudocia. Seitdem hielt Geiserich einen Rachefeldzug Theoderids nicht für ausgeschlossen. Ein Hunnenkönig, der sich ihm gegenüber als Feind der Westgoten ausgab, war ihm folglich willkommen. Ein Bündnis schlossen sie jedoch nicht. Es blieb bei der Korrespondenz.[10]

In Ravenna war die Diplomatie ebenfalls nicht müßig. Valentinian richtete an Theoderid ein Schreiben, um Attila auszustechen, «den

Tyrannen des Erdkreises», der «die gesamte Welt knechten will» und der «Gründe für Krieg nicht sucht, sondern glaubt, was auch immer er begangen habe, das sei legitim». Erst als Attila 451 schon im Anmarsch war, gelang es Aëtius mit Hilfe des ehemaligen gallischen Heermeisters Avitus, die Westgoten endlich auf die römische Seite zu ziehen. Es war der zweite beachtliche Erfolg des Avitus.[11]

Doch gerade jene große Koalition gegen die Hunnen, die sich so mancher wünschte, kam nicht zustande: die zwischen Ostrom und Westrom. Valentinian zierte sich, den Tribun Marcianus als Kollegen auf dem Kaiserthron und Ehemann seiner Kusine Pulcheria anzuerkennen. Erst Anfang 452, als Attilas Einfall in Italien drohte, entschloss er sich dazu, und am 30. März des Jahres wurde als offizielle Bestätigung Marcianus' Statue in Rom aufgestellt.[12]

Nicht so zurückhaltend war Papst Leo der Große, dem Marcianus seine Proklamation in einem Schreiben anzeigte und ihn bat, er möge «für die Festigkeit und Standhaftigkeit unserer Kaiserherrschaft zur ewigen Gottheit beten».[13] Der Papst begrüßte den Absender sofort als Kaiser, und eifrig korrespondierte er mit ihm und Pulcheria wegen eines Konzils. In einem Brief an Marcianus vom 23. April 451 fügte Leo einen Satz über den einträchtigen Zusammenhalt der beiden Kaiser ein – im Grunde eine Aufforderung, seine Worte bald Wirklichkeit werden zu lassen: «Denn wenn der Geist Gottes die Eintracht zwischen christlichen Herrschern sichert, wird auf der ganzen Welt die doppelte Zuversicht gestärkt, weil die Wirkung von Liebe und Treue die Macht ihrer beider Waffen unüberwindlich macht, sodass sowohl häretischer Irrglaube wie barbarische Feindseligkeit vernichtet wird, nachdem Gott durch ein und denselben Glauben versöhnt worden ist.»[14]

Als Papst Leo diese erwartungsvollen Zeilen schrieb, waren die ersten Nachrichten in Rom eingetroffen, Attila habe mit einer riesigen Kriegerschar den Rhein überschritten. Seine Kerntruppen waren neben den Hunnen die Ostgoten unter Valamir und die Gepiden unter Ardarich, den beiden mit ihm eng befreundeten Königen, zu denen noch Valamirs Brüder Thiudimer und Videmir kamen. Ihnen folgten «viele Völker und verschiedene Nationen, die er seiner Macht unterworfen hatte».[15] Der gallische Senator und spätere Bischof Sidonius

Apollinaris, in Lyon geboren und damals etwa 20 Jahre alt, verzeichnete in seinem 456 verfassten Lobgedicht auf Avitus das bunte Aufgebot: «den kämpferischen Rugier, dem zusammen mit dem Gelonen der trutzige Gepide folgte; der Burgunde, der den Skiren mitriss; heran stürmte der Hunne, der Bellonoter, der Neurer, der Bastarner, der Thüringer, der Bructerer und der Franke, den der Neckar mit schilfreicher Welle umspielte».[16] Genau kannte der Lobredner die Zusammensetzung von Attilas Heer nicht, und er übersah die Ostgoten. Um jedoch einen Eindruck von dem einbrechenden Völkerschwarm zu vermitteln, erweiterte er seinen Katalog um mehrere Stammesnamen einer längst vergangenen Zeit, die ihm aus der Literatur bekannt waren: Bellonoter, Neurer und Bastarner.[17]

Schwierig ist die Antwort auf die Frage, wie groß das Heer war, mit dem Attila in Gallien einfiel. Fälschlich ging man bisweilen von jener halben Million Krieger aus, die Jordanes erwähnte. Doch der Historiker meinte damit die Zahl der Hunnen, die Attila insgesamt bei seinen Feldzügen aufgeboten hatte, und er stellte keinerlei Verbindung zum Zug nach Gallien her.[18] Realistische Schätzungen, die die Versorgung eines großen Heeres und die Zahl der am Ende siegreichen Gegner miteinbeziehen, kommen auf etwa 50 000 Mann.[19]

Für den Chronisten Hydatius war Attilas Überfall auf Gallien ein Bruch des Friedens von 443. Der Hunne blieb der unberechenbare Barbar, der er immer gewesen war. Mancher hatte mit seinem Angriff gerechnet, und an eine solche Ahnung mag die Prophezeiung angeknüpft haben, die der fromme Bischof Servatius aus Tongeren am Apostelgrab in Rom erhielt: «Sieh, es ist Gottes unabänderlicher Ratschluss, dass die Hunnen nach Gallien kommen und es in einem gewaltigen Sturm zerstören müssen.» Für die *Chronica Gallica* blieb Attilas Forderung, ihm Honoria zur Frau zu geben, weiterhin der eigentliche Kriegsgrund.[20] Niemandem kam der Verdacht, dass Attila mit dem Großunternehmen seine Macht nicht nur nach außen, sondern auch nach innen zeigen wollte. Seine Hunnen sollten wieder einmal erfahren, dass er immer noch ihr unüberwindlicher König war, ein echter Weltherrscher. Friedliche Verhältnisse im Karpatenbecken konnten diesen Beweis nicht liefern.

Am 7. April, einem Ostersamstag, nahm Attila Metz ein und zerstörte die Stadt.[21] Er muss also sehr früh im Jahr aufgebrochen sein. Am ehesten benutzte er die Straßen entlang der Donau und dem von Sidonius Apollinaris genannten Neckar. Dem raschen Vorstoß der Reiter folgten Wagen, die bei der Entscheidungsschlacht auf den Katalaunischen Feldern die rettende Wagenburg bildeten. Sidonius' «Neckarfranken» waren der Stamm, dessen Königssohn Attila um Hilfe gebeten hatte und der ihm nun seine Anhänger zuführte.[22] Bei den Burgunden, die sich ihm – freiwillig oder gezwungen – anschlossen, handelte es sich um den Teilstamm, der im Rhein-Maingebiet saß und der sich einst mit Attilas Onkel Octar und seinen Hunnen herumgeschlagen hatte. Jetzt war ihr handwerkliches Geschick als Zimmerleute gefragt. Sie vor allem ermöglichten den Rheinübergang mit Booten und Flößen, für die sie, wie Sidonius übertreibend dichtete, «rasch Hercynia mit der Doppelaxt abgeholzt haben».[23] Mit «Hercynia» konnte jedes Waldgebiet rechts des Rheins gemeint sein, hier also der Odenwald oder der Taunus. Bei Mainz werden die Hunnen den Rhein überschritten haben, während ihn die verbündeten Brukterer, die weiter nördlich saßen, vielleicht bei Köln überquerten. «Und schon ergoss sich Attila mit schreckenerregenden Scharen über deine Fluren, Belgier», fuhr Sidonius Apollinaris fort.[24] Die Metropole der Belgica prima war Trier. Die Stadt dürfte Attilas erstes linksrheinisches Opfer geworden sein.[25] Von Trier führte eine große Heerstraße parallel zur Mosel nach Metz, der *Mettensis urbs*. Die Barbaren schlachteten die Bewohner der Stadt ab und schonten selbst die Priester nicht, wie sich Gregor von Tours entsetzte. Dann legten sie Feuer. Der fromme Bischof griff zur üblichen Erklärung, die die Kirchenschriftsteller für solche Katastrophen hatten: Das Schicksal von Metz war Gottes Strafe für die Sünden seiner Bürger. Ein Wunder durfte auch nicht fehlen. Die Kapelle des Protomärtyrers Stephanus entging den Flammen. Der Heilige hatte im Himmel die Apostelfürsten Petrus und Paulus darum gebeten.[26]

Attilas Hauptziel war das strategisch wichtige Orléans, die *Aurelianensis urbs*. Von Orléans aus würde er die Westgoten, die sich ihm versagt hatten, angreifen und das Tolosanische Reich zur Strafe unterwerfen. Die weiten Ebenen in diesem Teil Galliens würden für seine Reiter ein ideales Aufmarschgebiet sein. Auf dem Weg nach Orléans eroberte er alles, was er ohne Mühe erobern konnte. Die Überlieferung hatte daher auch nur die pauschale Aussage zu bieten: «Viele gallische Städte erfuhren seine wildesten Angriffe.»[27] Spätere Viten gallischer Bischöfe lassen bisweilen noch durch ihre literarische Verformung hindurch historische Einzelheiten erkennen: Die Bewohner von Troyes, der *Tricassina urbs*, flüchteten in die Berge, weil ihre Stadt keine Mauern hatte, während ihr Bischof Lupus durch sein Gebet verhinderte, dass sie eingeäschert wurde. Attila, von der Wirkung seines Gebets beeindruckt, nahm ihn mit sich und versprach, ihn nach Hause zu lassen, sobald er wieder den Rhein erreicht habe.[28] Die Vita verschwieg, dass Lupus seinem Gebet durch ein erkleckliches Lösegeld die nötige Wirkung verliehen und sich Attila so lange als Geisel zur Verfügung gestellt hatte, bis die Summe aufgebracht war. Das war kein leichtes Unterfangen, nachdem die Einwohner geflohen waren. Sollte der Bischof für den Hunnen gebetet haben, so folgte er Jesu Gebot der Feindesliebe, aber gewiss nicht, wie die Vita meinte, weil sich Attila von ihm zum Abschied sein Gebet gewünscht hatte.

Sidonius Apollinaris stellte wenige Jahre später in einem Brief Lupus und Germanus, den Bischof von Autessiodurum, dem heutigen Auxerre, auf eine Stufe mit Bischof Anianus, dem tapferen Verteidiger von Orléans.[29] Mehr als 100 Jahre später schrieb Gregor von Tours, noch zu seiner Zeit habe man die Taten des Bischofs gerühmt, und der Historiker würdigte sie in einem eigenen dramatischen Kapitel: Als Attila heranzog und die Stadt belagerte, bestürmte Anianus zusammen mit den Einwohnern unablässig den Himmel und versicherte den Verzweifelten, rechtzeitig werde Entsatz kommen. «Währenddessen erzitterten bereits die Mauern unter der Wucht der Sturmböcke und drohten einzustürzen. Doch im letzten Augenblick eilten Aëtius, der Gotenkönig Teudor (= Theoderid) und sein Sohn Thorismud mit ihren Truppen zur Stadt, warfen den Feind hinaus und vertrieben ihn.»[30] Sidonius Apollinaris sprach in dem genannten Brief zusammenfassend von der «Belagerung und Bestürmung, dem Einbruch ohne Plünderung und jener allbekannten Prophezeiung des Bischofs, der vom Himmel erhöht wurde». Die Belagerer waren also bereits in die Stadt eingedrungen, weshalb auch Gregor schrieb, sie seien hinausgeworfen worden. Der Alanenkönig Sangibanus, der sich zu der Zeit in Orléans aufhielt, soll Attila sogar versprochen haben, ihm die Stadt auszuliefern.[31] Wahrscheinlich verhandelte Anianus mit Attila, als der Fall der Stadt abzusehen war, um das gefürchtete Plündern abzuwenden. Als Aëtius mit den Goten heranrückte, brach er die Verhandlung ab, und die Unterhändler verließen schleunigst die Stadt. Attila wollte sich auf keine Schlacht einlassen, weil er nur mit dem Teil seiner Verbündeten, der dazu geeignet war, die Belagerung durchführte. Seine Hunnen gehörten nicht zu ihnen und werden in der Zwischenzeit weiträumig das Land durchstreift und ausgeplündert haben. In einer späteren Vita suchte Anianus den Hunnenkönig sogar in seinem Zelt auf und verweigerte die Übergabe der Stadt, zu deren Hirten Gott ihn bestellt habe.[32] Den Verteidigern half ein alanisches Kontingent. Seinen König Sangibanus versuchte Attila vergeblich zum Überlaufen zu bewegen. Den Verdacht, ein Verräter zu sein, wurde Sangibanus jedoch nicht mehr los.[33]

Trotz aller späteren legendarischen Ausschmückungen hatten die anonymen gallischen Bischofsviten aus der Zeit des Hunnensturms eine gemeinsame historische Grundlage. Es war die Rolle, die die Bischöfe damals in vielen Städten spielten. Sie waren nicht mehr nur die religiösen Vorsteher ihrer Kirche, sondern ihr geistliches Amt hatte sich mittlerweile über den kirchlichen Raum hinaus mit politischer Macht und gesellschaftlichem Ansehen gefüllt. Zwei Gründe hatten dazu beigetragen: die nachlassende Kraft der staatlichen Institutionen und die Herkunft der Bischöfe, die meistens aus der städtischen Oberschicht oder dem Reichsadel stammten. In der Not schauten ihre Mitbürger auf sie als die gegebenen Führer und Helfer, vertrauten auf die Macht ihres Gebets und hofften auf Erfolg, wenn sie sich wie Lupus und Anianus zum Feind begaben und als rhetorisch geschulte Unterhändler das Schlimmste abzuwenden suchten. Attilas Gallienzug förderte diese für die Kirche des Mittelalters folgenreiche Entwicklung, und das Jahr 451 blieb nicht zuletzt deswegen in nachhaltiger Erinnerung und hinterließ tiefe Spuren in der Literatur.

Legende ist die Rolle der heiligen Genoveva, der Retterin von Paris, deren Vita erstmals um 520 verfasst wurde: Weil sie den Mitbürgern riet, ihre Schätze nicht außerhalb der Stadt in Sicherheit zu bringen, sondern auf Gott zu vertrauen, sollte die Pseudoprophetin gesteinigt oder ertränkt werden. Ihr Retter wurde der von Sidonius Apollinaris gelobte Bischof Germanus von Auxerre. Genoveva rief die Frauen der Stadt zusammen, und ihrem nächtlichen Fasten und Beten war es zu verdanken, dass Paris vom Feind verschont blieb.[34]

Orléans wurde nach einer späten, sonst nicht belegten Angabe am 14. Juni 451 gerettet.[35] In der ersten Hälfte des Jahres hatte sich Aëtius bemüht, eine Verteidigungsarmee aufzubauen. Er war dazu vornehmlich auf Kräfte in Gallien angewiesen. Denn als er von Italien kommend die Alpen überquerte, brachte er nach Sidonius' Angabe nur eine dürftige Streitmacht mit.[36] Italiens Bürger eilten keineswegs in Scharen zu den Fahnen, um ihren wichtigen Reichsteil Gallien gegen die Hunnen zu verteidigen. Verdenken konnte man es ihnen nicht, da seit 450 «die schlimmste Hungersnot in ganz Italien wütete».[37] Viel hing von den Westgoten ab. Würden sie den Lockungen Attilas folgen, oder würden sie Valentinian dafür dankbar sein, dass sein Vater Constantius III. ihnen 418 den Südwesten Galliens überlassen und die Gründung des Tolosanischen Königreichs ermöglicht hatte? Mit guten Worten und Avitus' Hilfe vermochte Aëtius, sie im letzten Augenblick zu gewinnen.[38]

Beachtlich waren auch die Erfolge, die Aëtius und seine Werber in den Randgebieten Galliens hatten. Jordanes zählte namentlich auf: Franken, Sarmaten, Armoricianer, Liticianer, Burgunden, Sachsen, Riparier und Olibrionen, «die einst römische Soldaten waren, jetzt aber unter den Hilfstruppen ausgesucht wurden».[39] Franken hatte schon der spätere Kaiser Julian der Abtrünnige im Jahr 358 in der Belgica secunda angesiedelt.[40] Dazu kamen diejenigen Franken, die seit einigen Jahrzehnten als Grenzschutz am Mittel- und Niederrhein standen und die möglicherweise von Aëtius nach den Feldzügen, die er 428 und 431/32 gegen sie geführt hatte, eine Verbesserung ihrer Stellung erreichten. Sein fränkischer Adoptivsohn wird ihm ebenfalls Gefolgsleute zugeführt haben.[41] Einzelnen Gruppen von Sarmaten

Attila, die «Geißel Gottes» und der römische Heermeister Flavius Aëtius, Giovanni Battista Ciotti, Kupferstiche Venedig 1621

waren nach den Donaukriegen Diokletians, Konstantins des Großen und seines Sohnes Constantius II. Siedlungsplätze in Gallien zugewiesen worden.[42] Unter den Armoricianern könnten sich Bagauden befunden haben, die ihren Frieden mit Aëtius geschlossen hatten. «Liticiani» oder «Laeten» waren Germanen, die sich Rom freiwillig unterworfen hatten und in Gallien gegen das Versprechen, Heeresfolge zu leisten, unbebautes Land, *agri deserti*, erhielten. Dasselbe Versprechen hatten die Burgunden Aëtius 443 gegeben, nachdem er sie in die Sapaudia verpflanzt hatte.[43] Die als Seeräuber gefürchteten Sachsen hatten jahrzehntelang den Norden Galliens heimgesucht; aber aus Sachsen wie auch aus Sarmaten war schon seit langem eine Hilfstruppe aufgestellt worden.[44] Die Riparier und die Olibrionen waren wahrscheinlich Militärverbände, die zuvor in Britannien gedient hatten und nach Gallien verlegt wurden, nachdem die Insel von der römischen Verwaltung aufgegeben worden war.[45] Jordanes erwähnte anschließend noch allgemein «einige andere keltische und germanische Völkerschaften», die sich Aëtius anschlossen.[46] Die Frage, mit der sie geworben wurden, wird stets dieselbe gewesen sein:

Wollt ihr künftig als Attilas Untertanen dem Hunnenkönig Tribut zahlen oder nicht lieber das angestammte Verhältnis zu Rom beibehalten? Schließlich gab es jenseits des Rheins immer auch kampfbereite Jungmannschaften, die sich meldeten, wenn sie irgendwo in einen Krieg ziehen konnten, der nicht nur Abwechslung in ihr Leben brachte, sondern auch Beute und Sold versprach. Diese bunten Haufen zu einem schlagkräftigen Verbund zusammengeschlossen zu haben war Aëtius' größte militärische Leistung.

Nach seinem Scheitern vor Orléans war sich Attila bewusst, dass er gegen Aëtius eine Entscheidungsschlacht wagen musste, um nicht den Erfolg seines gesamten Unternehmens zu gefährden. Jeder Rückschlag konnte die Loyalität weniger seiner Hunnen als seiner Verbündeten schwächen. Wenn sie sich heimlich gegen ihn verschworen und alle auf einmal nach Hause liefen, war er machtlos. Jordanes deutete seine Sorge an. Spätere Legende ist es jedoch, dass sich Attila in seiner Angst aus Eingeweiden von Tieren und aus den Linien abgeschabter Knochen die Zukunft weissagen ließ und vom Unheil für die Hunnen sowie vom Tod eines gegnerischen Feldherrn, nämlich des Aëtius, erfahren habe.[47] Wahrsager, die seinen Jähzorn kannten, werden ihm lieber einen Sieg prophezeit haben. Dass er keineswegs so souverän und von seinem nie nachlassenden Glück überzeugt genug war, um Orakel beiseite zu schieben, hatte schon Priscus unter dem Siegel der Verschwiegenheit aus dem Mund eines hunnischen Tischnachbarn erfahren.[48]

Der Feldherr Attila beschloss, in dem bereits eroberten Teil Galliens ein Gelände für eine Schlacht zu wählen, das vor allem seinen hunnischen Reitern entgegenkam. Was man später als Flucht interpretierte, war vielmehr ein taktischer Rückzug.[49] Attila zog sich nach Troyes zurück, und für die Versorgung seiner Truppen erwies sich als Vorteil, dass er die Stadt des Bischofs Lupus nicht eingeäschert hatte. Nördlich von Troyes schlossen sich die *Campi Catalauni*, die katalaunischen Felder an, die Heimat des gallischen Stammes der Catalauni. Das von der Marne und der Seine umschlossene Becken wird im Osten von der Champagne und im Westen von der Brie gebildet. In seiner Ost-West-Achse ist es genau die 100 gallischen Leugen, also

220 Kilometer, lang, die Jordanes angab. Auch die 70 Leugen in der Breite, etwas über 140 Kilometer, treffen auf seine Südost-Nordwestachse zu. Das Schlachtfeld selbst bezeichnete Jordanes noch genauer mit seinem keltischen Namen *Campi Mauriaci*. Eine Chronik nannte den Ort, der fünf Meilen von Troyes entfernt lag, Maurica. Ihn genau zu bestimmen, ein «Lieblingshobby von Lokalhistorikern und pensionierten Obersten», ist bis heute nicht gelungen.[50] Attila erreichte den Ort zuerst. Schon vorher hatte er Anweisung gegeben, dass dort alle Wagen zusammenkommen und eine Wagenburg bilden sollten, das eiserne Rückgrat des kommenden Kampfes. Aëtius blieb ihm dicht auf den Fersen. Andernfalls wäre es nicht erst am Morgen der Schlacht zu einem Geplänkel um einen Höhenrücken am Rande des Schlachtfelds gekommen. Aëtius und die Westgoten blieben Sieger und bezogen die Höhe in die Schlachtaufstellung ein. Es war ein Vorteil, der ihren Sieg mitentschied.[51] Schon in der Nacht zuvor war es zwischen Attilas Gepiden und Aëtius' Franken zu einem heftigen Gefecht mit hohen Verlusten gekommen, auch wenn Jordanes' Zahl von 15 000 Toten weit übertrieben ist.[52] Das Gefecht war ein Hinweis, dass die Verbündeten auf beiden Seiten bis zum Tag der Schlacht weitgehend selbständig operierten und damit die Versorgung erleichterten.

Der Verlust des Höhenzuges soll Attila so verärgert haben, dass er vor Kampfbeginn eine zündende Ansprache an seine Truppe hielt. Doch die Rede, die er bei Jordanes vortrug, war eine Ansammlung von Topoi, wie sie die griechische und römische Geschichtsschreibung seit Jahrhunderten den Feldherren vor einer Schlacht in den Mund legte, versetzt mit einigen aktuellen Bemerkungen: die stärksten Gegner seien nicht die verachtungswürdigen Römer mit ihren leichten Waffen, sondern die Alanen und die Westgoten, diejenigen also, die Attila vergeblich zu gewinnen gehofft hatte.[53]

Deren Stärke kannte auch Aëtius. Daher stellte er die Westgoten auf den rechten Flügel und die Alanen in die Mitte der Schlachtreihe. Ihnen gegenüber zog Attila mit der hunnischen Elite auf. Unsinnig ist Jordanes' Behauptung, Aëtius habe den Alanen die Mitte zwischen beiden Flügeln zugewiesen, weil er sich ihrer Treue nicht sicher war und sie so an der Flucht hindert wollte.[54] Bei einem starken hunni-

Attila auf den Katalaunischen Feldern, Illustration aus G. Ducoudray, Hundert Erzählungen aus der französischen Geschichte, Paris 1878

schen und einem schwachen alanischen Zentrum wäre die Schlacht anders ausgegangen. Vielmehr trafen zwei Gegner aufeinander, die sich gut kannten, weil sich schon ihre Vorfahren in der Steppe so manchen erbitterten Kampf geliefert hatten.

Auch Jordanes' weiterer Bericht über den am frühen Nachmittag beginnenden «schrecklichen, vielgestaltigen, ungeheueren und hartnäckigen Kampf» ist mit so vielen literarischen Versatzstücken ausgeschmückt, dass der tatsächliche Verlauf nicht mehr recht deutlich wird. Von Attila bietet der Historiker ein zwiespältiges Bild: Zunächst ist er der überlegene Schlachtenlenker, auf den alles hört. Doch beim ersten Zusammenstoß mit den Westgoten wäre er beinahe getötet worden, wenn er sich nicht rechtzeitig mit seinen Leibwächtern in die Wagenburg geflüchtet und sich dort verschanzt hätte.[55] Von seinen Verbündeten weiß die Überlieferung nur eine, nicht unumstrittene Tat: Der Ostgote Andages soll den Westgotenkönig Theoderid aus dem Sattel geschossen und die eigenen Leute sollen ihn im nachfolgenden Getümmel totgetrampelt haben.[56] Über dem Ringen brach die Nacht herein, und die Dunkelheit hätte Aëtius und Theoderids Sohn Thorismud beinahe das Leben gekostet, weil sie auf dem Schlachtfeld die Richtung verloren hatten.[57]

Zum Schein ließ Attila am folgenden Morgen in der Wagenburg

Attacke blasen, während Aëtius und die Goten entschlossen waren, ihn in der Wagenburg auszuhungern. Man munkelte, er habe bereits aus Pferdesätteln einen Scheiterhaufen errichten lassen, um sich in die Flammen zu stürzen, sollte der Feind in seine Festung eindringen.[58] Die Verbündeten werden in ihren Lagern auf seine weiteren Befehle gewartet haben. Damit überließen sie den Westgoten das Schlachtfeld und die Gefallenen, seit alters das unstrittige Zeichen, wer gesiegt hatte. Nach Jordanes kostete die Schlacht 165 000 Mann das Leben, nach dem Chronisten Hydatius sogar um die 300 000 Mann.[59] Beide Zahlen waren Phantasieprodukte, die die Größe und Bedeutung des blutigen Gemetzels belegen sollten. Unter den Toten fand Thorismud seinen Vater, dem die Westgoten sogleich eine traditionelle Totenfeier ausrichteten. Anschließend riefen sie seinen Sohn zum Nachfolger aus.[60]

Die tatsächlichen Verlustzahlen waren immerhin so hoch, dass sich weder Attila noch Aëtius trauten, ihre Bundesgenossen erneut in den Kampf zu schicken. Selbst die Hunnen verloren ihr kämpferisches Selbstvertrauen, teilte Prosper Tiro mit.[61] Unter diesen Umständen war es das Beste, wenn sich beide Seiten darauf verständigten, den Heimweg anzutreten. Vor allem Thorismud lag daran, schleunigst nach Haus zu kommen, um den sogenannten Königshort an sich zu nehmen, die materielle Grundlage seines Thrones. Denn in Toulouse lauerten fünf jüngere Brüder, und es stand zu befürchten, «dass sie sich der väterlichen Schätze bemächtigen und die Herrschaft übernehmen würden und er dann mit seinen Angehörigen einen schweren und – schlimmer noch – bedauernswerten Kampf zu führen habe».[62] Thorismud täuschte sich im Ehrgeiz seiner Brüder nicht. Zwei Jahre später ermordeten ihn die beiden Nächstjüngeren und folgten ihm als König und Vizekönig auf den Thron.[63]

Auch Aëtius' fränkischer Adoptivsohn war nach der Schlacht in einer ähnlichen Lage wie Thorismud. Wenn er mit dem frischen Ruhm des Attila-Besiegers zu seinem Stamm zurückkehrte, würde ihm gegenüber dem älteren Bruder die Nachfolge seines Vaters sicher sein. Seine Verbündeten musste Aëtius zum raschen Abzug also keineswegs drängen, er musste sie eher in ihrer Absicht bestärken. Erst eine spätere missgünstige Stimme machte daraus einen schlauen Schachzug des Römers, der allein zurückbleiben und sich und seinen Soldaten die Beute sichern wollte. Andere Franken habe er deswegen ebenfalls zur raschen Heimkehr überredet, damit sich Attila in der Zwischenzeit nicht in ihrem unbewachten Stammesgebiet festsetzte.[64]

Den Plan, die Hunnen in der Wagenburg auszuhungern, ließ Aëtius fallen; ohne die Westgoten wäre er nicht zu verwirklichen gewesen. Seine wahre Absicht bei deren Heimkehr sei jedoch gewesen, die Hunnen zu schonen und die Goten nicht übermächtig werden zu lassen.[65] Bei seinem strategischen Weitblick dachte er an die hunnischen Truppen, ohne die es ihm zwischen 425 und 439 nicht möglich gewesen wäre, die westgotische Expansion einzudämmen und Bagauden und Burgunden niederzuringen.[66] Die Hunnen hatten mitgeholfen, Gallien ein gutes Jahrzehnt die Ruhe zu verschaffen, die erst jetzt durch ihren König gestört wurde.

Attila habe den Abzug der Westgoten zunächst für eine Kriegslist gehalten. Als sie aber nicht mehr auftauchten, habe er seine alte Siegeszuversicht zurückgewonnen.[67] Sollten Aëtius und er an ihr früheres freundschaftliches Verhältnis angeknüpft und miteinander verhandelt haben? Das Verhalten der Westgoten und Franken, die, statt weiterzukämpfen, das Schlachtfeld verließen, konnte man auch so verstehen, dass Attila keine völlige Niederlage erlitt und Aëtius keinen völligen Sieg errang, weil seine Koalition vorher auseinandergebrochen war. Die zeitgenössischen Chronographen sahen das nicht so. Für sie war Attila eindeutig der Verlierer, der sich am Ende nicht einfach aus der Wagenburg auf den Heimweg machte, sondern in die Flucht geschlagen wurde.[68] Für den karolingischen Historiker Paulus Diaconus war das Treffen auf den Katalaunischen Feldern im Rückblick ein weltgeschichtliches Ereignis: «Von hier und dort kamen die stärksten Völker zusammen, stellten sich zur Schlacht auf, und ein Kampf fand statt, so erbittert und verbissen, wie er von keinem Geschichtsbuch je erzählt wurde.»[69]

Was war letztlich der Grund, dass die Siegesserie des Hunnenkönigs, die sich in Gallien zunächst fortsetzte und in Orléans einen

Dämpfer bekam, auf den Katalaunischen Feldern unwiderruflich endete? Man hat sich das damals schon gefragt und tut es noch heute. Stand Attila die gefürchtetste hunnische Waffe, die Reiter mit ihren Kompositbogen, nicht mehr ausreichend zur Verfügung? Tatsächlich kamen sie bei Jordanes nicht vor, was aber wegen seiner lückenhaften Erzählung nichts besagen will. Hatte sich die hunnische Kriegstaktik in den vergangenen Jahren weg von der Reiterei auf die Infanterie verlagert, wie man vermutet hat? Dazu war kein Anlass, weil das Karpatenbecken für Pferdezucht sogar bessere Bedingungen bot als die Steppe und der schnelle Vorstoß zu Pferd immer noch das beste Mittel war, den Gegner in Angst und Schrecken zu versetzen. Auch wäre es selbst einem Attila nicht gelungen, seine Hunnen, die notorisch schlechten Fußgänger mit ihren Säbelbeinen, 1500 Kilometer nach Gallien laufen zu lassen. Vielmehr ging es seiner Kavallerie wie manchem Reiterheer zuvor: Sie prallte an der Phalanx ab, die von den Westgoten auf dem rechten Flügel und den Alanen in der Mitte gebildet wurde.[70] Die Westgoten auf dem Höhenzug verhinderten, dass die Phalanx umgangen und im Rücken angegriffen werden konnte. Man hat verkannt, welch wichtigen Beitrag die Alanen zum Sieg geleistet haben, weil man dem Goten Jordanes, der seine gotischen Stammesgenossen herausstellte, die Abwertung der Alanen abgenommen hat. Die Westgoten sollen sich sogar von den Alanen abgesetzt haben, um ihren Frontalangriff auf Attila und das hunnische Zentrum durchzuführen.[71] Wo alles auf den Zusammenhalt der Schlachtreihe ankam, wäre das ein höchst gewagtes Manöver gewesen. Doch es gab eine weitere Überlieferung, die dem erfolgreichen Zusammenwirken von Westgoten und Alanen gerecht wurde. Jordanes hat sie gekannt, aber völlig verdreht. Er behauptete nämlich, Attila sei nach dem Italienzug des folgenden Jahres erst nach Hause gegangen und dann noch einmal auf anderen Wegen mit einem großen Aufgebot in Gallien eingefallen. Bis zum Liger, der Loire, sei er vorgestoßen, um die Alanen jenseits des Flusses zu unterwerfen. Der kluge Westgotenkönig Thorismud habe jedoch seine Absicht vorausgesehen und sei den Alanen schnellstens zu Hilfe gekommen. Die folgende Schlacht sei beinahe wie die auf den Katalaunischen Feldern abgelaufen, und zum Schluss sei der Hunnenkönig nach Hause gejagt worden.[72]

Dieser zweite Gallienzug Attilas war ein weiteres Phantasiestück des Jordanes. Er hat nie stattgefunden. Am ehesten erklärt sich der Einschub damit, dass der Historiker oder seine Quelle aus einem weiteren Bericht über die Schlacht des Vorjahres, in dem die Alanen in einem ganz anderen Licht erschienen, ein neuerliches Unternehmen Attilas herausgelesen hat.

Die Schlacht auf den Katalaunischen Feldern fand in der zweiten Junihälfte 451 statt. Attila könnte also mit seinen Elitereitern Anfang September wieder zu Hause gewesen sein, während die Wagen mit der Beute, die noch groß genug war, nachfolgten. Schloss er sofort einen Kriegszug über die Donau an, um das Jahr doch noch mit einem deutlichen Erfolg enden zu lassen, zumal er mit Konstantinopel noch eine Rechnung zu begleichen hatte? Oder hatte einer seiner Unterfeldherren während seiner Abwesenheit einen Einfall gewagt? Denn Kaiser Marcianus führte während der zweiten Jahreshälfte Krieg in Thrakien. Einen Brief, mit dem er die in Nikaia versammelten Bischöfe bat, ihr Konzil nach Chalkedon zu verlegen, beendete er mit der Bitte, für sein Kaisertum zu beten, «damit auch die Feinde unter unsere Herrschaft kommen, der Friede des Erdkreises gesichert wird und der römische Staat sorgenfrei weiterbesteht». Einen nachfolgenden Brief an die Bischöfe schrieb er am 22. September im thrakischen Herakleia und versprach, sofort zu ihnen zu kommen, sobald er die augenblickliche Angelegenheit zu einem guten Ende gebracht habe.[73] Eine große Schlacht scheint «die augenblickliche Angelegenheit» nicht gewesen zu sein. Wohl aber hatte der Kaiser die Hunnen vertrieben und hatte ihnen vielleicht sogar über die Donau nachgesetzt.

Attilas endgültige Abrechnung mit Marcianus sollte folgen, sobald er sein zweites Unternehmen im Westen beendet hatte. Nicht Gallien, sondern Italien, das Herz des Römischen Reiches, wollte er erst ausrauben und danach tributpflichtig machen. Die Jahrgelder, die er von Ravenna als römischer Heermeister bezog, waren dagegen ein lächerlicher Betrag. Die begehrlichen Augen des Vandalenkönigs Geiserich mochten sich auf die Inseln im Mittelmeer richten; das

Festland aber würde unter hunnischer Oberhoheit stehen. Der Zug nach Italien war zugleich eine Brautfahrt, wie sie die Sagenlieder von den alten Helden sangen: Denn nachdem sich Kaiser Valentinian bisher standhaft geweigert hatte, Attila seine Schwester zu vermählen, wollte der König endlich Honoria befreien und sie als seine Frau mitsamt der entsprechenden Mitgift heimführen.[74] Italischen Boden hatte er ja nach Bledas Ermordung schon einmal betreten, und obwohl ihn dieser erste Schritt nicht allzu weit ins Land geführt hatte, brachte er ihm immerhin Teile Pannoniens und die Heermeisterwürde ein.[75] Das war ein gutes Omen für die Fortsetzung.

Einige günstige Umstände kamen hinzu: Aëtius würde sich hüten, ein weiteres Mal die Westgoten zu Hilfe zu rufen. Bei deren Expansionsdrang würde er sich ins eigene Fleisch schneiden. Auch würde für den jungen König Thorismud die Gefahr zu groß sein, dass sich während seiner Abwesenheit einer seiner fünf Brüder auf den Thron setzte. Der stärkste Gegner des Vorjahres würde also wegfallen. Die Franken würden ebenfalls keine Lust haben, für Italien ihre Haut zu Markte zu tragen. Die Truppen, die Aëtius aus Italien nach Gallien geführt hatte, waren der schwächste Teil seines Heeres gewesen. Das würde sich in der Zwischenzeit kaum geändert haben, zumal die Folgen der Hungersnot im Land immer noch zu spüren waren.[76] Schließlich war der starke ‹Mann› am Kaiserhof nicht mehr am Leben: Galla Placidia, die ihre Tochter Honoria stets beschützt hatte, war am 27. November 450 gestorben. Nicht abwegig ist die Vermutung, Attila habe unter dem Druck seiner Hunnen gestanden.[77] Er selbst habe «nach der unerwarteten Niederlage vor Wut geschäumt».[78] Er brannte darauf, ihnen seine alte Stärke zu beweisen und sie dorthin zu führen, wo es mehr Beute zu holen gab als in den ausgeplünderten Provinzen südlich der Donau. Die wenigsten Hunnen waren eben im Karpatenbecken friedliche Dorfbewohner geworden.

Italien versprach gegenüber Gallien einen strategischen Vorteil: In seinem pannonischen Herrschaftsgebiet konnte Attila unbemerkt Truppen sammeln und von dort aus «mit erneuerten Kräften» (*redintegratis viribus*) in kurzer Zeit auf der alten, gut ausgebauten Heerstraße nach Westen vorstoßen, um das bekannte Einfallstor Aquileia aufzusprengen.[79] Er hatte richtig gerechnet, und seine Reiter hatten nichts von ihrer Schnelligkeit verloren. Für Aëtius kam sein Vorstoß auch deswegen so überraschend, weil er nicht geglaubt hatte, dass die Hunnen nach dem gallischen Abenteuer so rasch wieder losschlagen würden. Man machte ihm später den Vorwurf, er habe versäumt, die Alpenpässe rechtzeitig zu sperren, um die Invasion zu verhindern. Der Vorwurf war ungerecht, weil er die topographischen Bedingungen vor allem in den Julischen Alpen verkannte.[80] Zum Glück lag in Aquileia eine tüchtige Besatzung, die noch rechtzeitig vor den heranstürmenden Hunnen die Tore der stark befestigten Stadt zuwarf. Da ihre Mauern an der Ostseite zusätzlich vom vorbeifließenden Natiso, dem heutigen Natisone, geschützt wurden, war Aquileia schon früher für Italien ein schützender Sperrriegel gewesen, den jeder Angreifer nur schwer zu knacken vermochte.[81] Die Truppen Kaiser Julians brachten es 361/62 trotz ausgefeilter Technik in einem halben Jahr nicht fertig.[82] Die Hunnen hatten zwar mittlerweile einige Übung im Belagern von Städten. Aber auch sie bissen sich an Aquileia zunächst die Zähne aus. Nach drei Monaten wurden ihre Lebensmittel knapp und sie begannen zu murren. Attila dachte bereits daran aufzugeben. Doch eine zweite Schlappe nach Gallien durfte er sich nicht leisten. Zum Glück hatte er eine Eigenschaft, die schon so manchen Feldherrn gerettet und eine drohende Niederlage in einen Sieg verwandelt hatte: Soldaten mit zündenden Worten bei ihrem Ehrgeiz packen und zu höchsten Anstrengungen ermuntern. Der Erfolg seiner Worte, die der Hunger der Zuhörer verstärkte, stellte sich schließlich doch noch ein, und die Verteidiger mussten sich ergeben.

Spätere Erfindung ist die Anekdote, Attila habe Störche aus Aquileia wegfliegen sehen. Mit diesem Omen für den Fall der Stadt habe er die Hunnen zur Eroberung der Stadt angestachelt. Priscus, der den vorzeichengläubigen König selbst erlebt hatte, nahm die Erzählung gern in sein Werk auf, und ihm folgten Procopius, Jordanes und Paulus Diaconus.[83] Eine andere Geschichte bei Paulus Diaconus kommt der Wirklichkeit näher: Eine adlige Einwohnerin von Aquileia namens Digna war von großer Schönheit und noch größerer Ehrbarkeit. An

Aquileia aus Hartmann Schedel, Weltchronik, Nürnberg 1493, Blatt 51

der Stadtmauer besaß sie ein Haus mit einem Turm, der auf den Natiso blickte. Als die Hunnen in die Stadt drangen und sie ihre Vergewaltigung fürchtete, bestieg sie den Turm, verhüllte ihr Haupt und stürzte sich in den Fluss.[84]

Aquileia wurde nach der Eroberung geplündert und zerstört.[85] Viele Einwohner wurden getötet. Nur junge Männer, die künftigen Sklaven, wurden verschont. Sie auf dem weiteren Vorstoß mitzuführen wäre zu lästig gewesen. Wahrscheinlich wurden sie sofort in hunnisches Gebiet verschleppt, zogen manchmal auch freiwillig die Sklaverei dem Tod vor. Als sie sechs Jahre später zurückkehren durften, kam es zu kirchenrechtlichen Schwierigkeiten bei denen, die verheiratet waren und deren Frauen nicht mehr an ihre Heimkehr geglaubt oder sie für tot erklärt hatten, um eine neue Ehe eingehen zu können. Bischof Nicetas wandte sich deshalb an Papst Leo, dessen differenzierender Bescheid zeigte, wie es den katholischen Kriegsgefangenen im Hunnenland ergangen war: Die einen waren unter Druck oder aus Hunger gezwungen gewesen, Opferfleisch zu essen, was keine Sünde war, da sie die heidnischen Götter nicht anerkannten. Der Apostel Paulus hatte im Ersten Korintherbrief schon genauso entschieden. Andere waren unter die Wiedertäufer in Attilas Reich geraten und hatten sich aus Furcht oder aus Unkenntnis noch einmal taufen lassen. Sie sollten durch eine nach Alter und Gesundheitszustand gestaffelte Buße Absolution erhalten. Schließlich gab es die Ungetauften, die in der Fremde todkrank geworden waren und von einem Häretiker die Taufe empfangen hatten. Bei ihnen genügte die bloße Handauflegung, da die Taufe, die ein häretischer Priester spendete, gültig war.[86] Papst Leo sah keinen Anlass, von den Frauen zu sprechen, die nicht wieder heirateten, weil sie auf die Rückkehr ihrer Männer gehofft oder sogar Lösegeld für ihre Freilassung geschickt hatten. Das taten schwerlich diejenigen, die nicht aus materieller Not, sondern «aus mangelnder Beherrschung» (*pro incontinentia*) eine zweite Ehe geschlossen hatten. Sie wurden exkommuniziert, falls sie sich weigerten, zu ihrem ersten Ehegatten zurückzukommen.

Vielleicht hatten es einige wenige Kriegsgefangene während der sechsjährigen Kriegsgefangenschaft besser angetroffen, obwohl gewiss keiner soviel Glück hatte wie der Freund des Onegesius, dem Priscus begegnet war. Aus Leos Brief geht eher hervor, dass die meisten erst nach Haus durften, nachdem die harte Sklaverei sie krank gemacht hatte und sie nicht mehr arbeiten konnten. Der Zerfall des Attila-Reiches nach 454 und die darauffolgenden Wirren, bei denen sie oft ihre Herren wechseln mussten, werden ihr Los nicht verbessert haben. Leo erwähnte auch Einwohner, die man schon tot geglaubt hatte und die unvermutet wieder auftauchten. Wie bei früheren Belagerungen Aquileias waren sie noch rechtzeitig in die nahe Inselstadt Gradus, das heutige Grado, entkommen oder hatten sich in die Lagunen der nördlichen Adria geflüchtet.

Während der dreimonatigen Belagerung Aquileias wird Attila wie in Gallien Teile seines Heeres vorausgeschickt haben, um in der oberitalischen Ebene, wo sich ein Reiterheer gut tummeln konnte, weitere Städte zu erobern. Mit Sorge beobachtete man in Ravenna, wie der Feind näher rückte. Ihre Lage bot der Residenzstadt zwar besseren Schutz als anderen Städten Oberitaliens. Aber Valentinian und Aëtius hatten im Jahr 425 selbst erlebt, wie der Schutz versagte und die Stadt sich ergeben musste.[87] In Ravenna erwog man daher, ob es nicht besser sei, die Stadt rechtzeitig über das Meer zu verlassen. Vorläufig war noch etwas Zeit, weil die Hunnen erst einmal über die Städte der nördlichen Poebene herfielen. Ob man mit der Flucht zögerte, weil man sich solcher Feigheit schämte? Der Chronist Prosper Tiro vermutete es.[88]

Nachdem die Hunnen Aquileia so gründlich zerstört hatten, dass von der Stadt kaum mehr etwas zu sehen war, «stürmten sie, nunmehr noch kühner geworden und keineswegs von römischem Blut gesättigt, durch die übrigen Städte der Veneter», des Gebiets also, das nördlich des Pos lag und durch ein gutes Straßennetz erschlossen war.[89] Zunächst traf das Unheil das benachbarte Concordia, dann die südlich gelegene Hafenstadt Altinum (Altino). Deren Bewohner flüchteten auf die vorgelagerten Inselchen, die später einmal Venedig werden sollten.[90] Von Altinum waren es nur 30 Kilometer bis Patavium (Padua). Es folgten Vicentia (Vicenza), Verona, Brixia (Brescia) und Pergamum (Bergamo), von denen keine den Hunnen Widerstand leistete. Den Einwohnern half ihr Entgegenkommen nichts. Auch ihre Häuser wurden ausgeraubt und niedergebrannt.[91]

Weiter westlich lockte Mediolanum (Mailand), «die Hauptstadt Liguriens und ehemalige kaiserliche Stadt».[92] Ein authentisches Zeugnis, wie es ihr erging, ist die Predigt, die Bischof Maximus von Turin 453 zur Einweihung ihrer Hauptkirche hielt, die «barbarische Wut platt gemacht hatte» (*furor barbaricus complanavit*).[93] Widerstand gab es auch hier nicht. Die meisten Einwohner flohen Hals über Kopf, als die Hunnen in die Stadt eindrangen. Sie entkamen ihnen, weil die Eindringlinge «um ihre langsamen und schwerbeladenen Wagen fürchteten». Es ist der aufschlussreichste Satz der Predigt. Einige Bewohner, Kleriker darunter, waren zurückgeblieben und wurden niedergemetzelt. Aber ein Massaker wollten die Hunnen nicht mehr veranstalten. Sie hatten genug gemordet, auch genügend Kriegsgefangene gemacht. Wichtiger als alles andere war ihnen, ihre Beute zu sichern, die sie in Mailand noch einmal kräftig vermehrten. Um für sie genügend Platz in den Wagen zu haben, hatten sie schwerlich ihre Frauen und Kinder mitgenommen.

Nach Mailand suchte ein Trupp rasch noch Ticinum (Pavia) auf, das auf schnurgerader Straße 35 Kilometer weiter südlich lag. Dann schwenkte das Hauptheer parallel zum Po wieder nach Osten in Richtung Mantua und plünderte weiter aus, was auf dem Weg lag.[94] Maximus erwähnte in seiner Predigt, dass auch die Fruchtbäume abgebrannt und die Viehherden weggeführt wurden. Von Vergewaltigungen schwieg der Bischof. Ein überraschender archäologischer Fund verriet, dass sie gang und gäbe waren: Bei Ficarolo, einem kleinen Ort östlich von Mantua am Nordufer des Po, wurde in den Jahren 1990–2000 ein spätantiker Friedhof ausgegraben. Eine Untersuchung der Skelette von 60 Toten ergab, dass wenigstens zwei aus Verbindungen stammten, die eine oder zwei Generationen zuvor mit Männern aus Zentralasien eingegangen worden waren.[95] Es bedarf keiner großen Phantasie, um zu folgern, dass die Mütter oder Großmütter der beiden Toten Opfer von Attilas Hunnen waren.

Bei Mantua, im Dreieck zwischen Po und Mincius (Mincio), machte Attila Halt und schlug ein Lager auf. Seit er aus Pannonien aufgebrochen war, hatte er seinen Hunnen keine Ruhe gegönnt. Ihnen erging es wie gallischen und germanischen Truppen in Italien:[96] In den heißen Sommermonaten forderte die Malaria in den Sumpfgebieten der Poebene ihren Tribut. Versorgungsschwierigkeiten kamen hinzu. Die Hungersnot der Vorjahre war noch nicht überwunden. Für den Chronisten Hydatius schickte der Himmel den Hunnen die beiden Plagen auf den Hals. Auch war die militärische Lage für sie bedrohlich geworden. Denn Marcianus belohnte Valentinian dafür, dass er im Westen endlich als Kaiser anerkannt wurde, und schickte Hilfe über das Meer. Von Flucht war in Ravenna nicht mehr die Rede. Aëtius bekam wieder eine schlagkräftige Truppe in die Hand.[97] Für eine Entscheidungsschlacht reichte sie nicht aus. Ob Aëtius zu der Zeit wirklich noch «der Schrecken für König Attila» (*regi Attilae terror*) war, als den ihn der Chronist Marcellinus Comes mit Blick auf die Katalaunischen Felder bezeichnete?[98] Am ehesten rieb der Heermeister einzelne hunnische Abteilungen auf, die sich über den Po gewagt hatten. Gleichzeitig beunruhigten Attila Nachrichten aus der Heimat. Marcianus hatte seine Abwesenheit benutzt und hatte Hunnen über die Donau zurückgeworfen. Das hatte bisher noch kein Kaiser gewagt.[99]

Gerade hatte sich der Hunnenkönig im Generalstab noch mit dem

Gedanken getragen, seinem Krieg gegen Valentinian die Krone aufzusetzen, nach Rom vorzustoßen und als neuer Weltherrscher die ehemalige Weltherrscherin einzunehmen. Seine Heerführer rieten ihm davon ab. Vielleicht taten sie es tatsächlich mit dem Hinweis, im Jahr 410 sei dem Goten Alarich die Eroberung Roms nicht gut bekommen; er sei bald darauf gestorben. Doch eher war es Priscus, der die historische Erinnerung an Roms größte Katastrophe zu Papier brachte.[100] Es gab sachliche Gründe, den Feldzug nicht zu überdehnen: Im Süden würde die Versorgung noch schwieriger werden; eben das hatte Alarich zu spüren bekommen. Auch waren die Wagen der Krieger schon so mit Beute beladen, dass es sie lieber nach Hause als weiter nach Süden zog. Und schließlich hatte Ravenna die Fühler ausgestreckt und Verhandlungen angeboten. Attila musste nicht mehr nach Rom ziehen, Rom kam zu ihm.

Wenig später erschien eine Dreiergesandtschaft mit Papst Leo an der Spitze. Am Rang der Gesandten, auf den der empfindliche Attila so großen Wert legte, war nichts auszusetzen: der höchste Vertreter der Christenheit zusammen mit dem ehemaligen Konsul Gennadius Avienus und dem Stadt- oder Prätorianerpräfekten Trygetius. Noch in späteren Zeiten zeigte man den Ort, wo sich Papst und Hunnenkönig getroffen hatten, und so hat sich sein Name erhalten: Ambuleius.[101] Valentinian und der römische Senat hatten Leo gebeten, die Aufgabe zu übernehmen. Attila habe sich über seinen Besuch besonders gefreut, lautete eine eher nachträgliche papstfreundliche Deutung. Wenn sich Attila gefreut hat, dann wie üblich über die mitgebrachten Geschenke und die hohe Geldsumme, mit der ihm die Gesandten weitere Anstrengungen abkauften. In der Überlieferung war davon nichts zu lesen, wohl aber von seiner abermaligen Forderung, ihm endlich Honoria und ihre Mitgift zu übergeben. Für dieses Mal werde er Italien verlassen. Aber er werde wiederkommen und sich seine Frau holen, mit noch schlimmeren Folgen für das Land. Dann erst werde es endgültig Frieden geben. Die Gesandten erreichten also wenigstens eine Verschnaufpause, und Leo schied, wie er gekommen war: im Vertrauen auf Gott, der sich den Bemühungen seiner Frommen noch nie versagt habe.[102]

So wichtig dem Hunnenkönig die Ehe mit Honoria war, noch wichtiger war ihm, Marcianus dafür zu bestrafen, dass er ihm die vertraglich vereinbarten Jahrgelder verweigert hatte. Diese Unverschämtheit hatte der Kaiser noch überboten und war in hunnisches Territorium eingefallen. Das war der entscheidende Grund, heimzukehren und sich für das kommende Jahr auf den Zug gegen den unbotmäßigen Herrn in Konstantinopel vorzubereiten. Nach Gallien und Italien war Ostrom wieder an der Reihe, um Attilas Macht zu spüren. Münzfunde und Zerstörungshorizonte lassen vermuten, dass ein Teil der Heimkehrer nicht die übliche nordöstliche Route über die Julischen Alpen nahm, sondern durch das Etschtal nach Norden und dann die Drau entlang nach Osten zog.[103]

Zu Hause angekommen sandte Attila sogleich eine Gesandtschaft nach Konstantinopel und ließ Kaiser Marcianus in barschem Ton ausrichten, «er werde seine Provinzen verwüsten, weil ihm überhaupt nicht bezahlt werde, was ihm einst von Kaiser Theodosius versprochen worden war, und weil Marcianus noch unverschämter auftrete, als er das selbst von seinen Feinden gewohnt sei».[104] Nicht überliefert ist, ob die Gesandtschaft dem Kaiser die Möglichkeit einräumte, er könne das drohende Unheil noch abwenden, wenn er schleunigst den offenstehenden Tribut bezahle, was der verstorbene Theodosius einmal getan habe. Die Überlieferung schweigt auch darüber, ob Marcianus selbst die Möglichkeit erwog oder ob er die Forderung mit der Mobilmachung seiner Truppen beantwortete. Das Schweigen ist verständlich. Denn das Schicksal des Römischen Reiches nahm eine überraschende Wende mit Folgen, die den zeitgenössischen Geschichtskenner an den plötzlichen Tod Alexanders des Großen oder an die Ermordung Julius Caesars erinnerte. Wie Attila waren beide im Begriff gewesen, einen großen neuen Kriegszug zu unternehmen.

XIV

Das Ende

Jeder Hunne hielt es für selbstverständlich, dass sich die Macht und der Reichtum seines Königs auch in der Zahl seiner Frauen äußerten. Polygamie war bei den Hunnen üblich.[1] Sie wird sich allerdings meistens auf die Aristokratie beschränkt haben. Doch wie selbst der mächtige Onegesius sich kein prächtigeres Haus als Attila erlaubte, so wird sich jeder hunnische Adlige gehütet haben, mehr Frauen als der König zu besitzen. Attila selbst sorgte dafür, dass der Abstand gewahrt blieb. Ungeachtet aller politischen Absichten, die er mit seinen Ehen verband, war es sein königliches Vorrecht, sich unter Stammesgenossen und fremden Völkern besonders hübsche Mädchen auszusuchen und damit zugleich deren Familien auszuzeichnen und an sich zu binden. Bevor er zum Krieg gegen den frommen Katholiken Marcianus aufbrach, der mit seiner ältlichen Frau Pulcheria in einer Josephsehe lebte, wollte er noch eine rauschende Hochzeit feiern. Ildico hieß die neue Auserwählte. Ihrem Namen nach war sie wahrscheinlich eine Germanin, die «sehr schön» (*decora valde*) gewesen sei. «Bei der Hochzeitsfeier war Attila in ausgelassener Stimmung» (*in nuptiis hilaritate nimia resolutus*). Entgegen seiner Gewohnheit sprach er dem Wein kräftig zu und war, «als er sich zum Schlaf niederlegte, schwer betrunken» (*vino somnoque gravatus*).[2]

Während der Nacht erlitt der Frischvermählte einen Blutsturz. Schon früher hatte ihn Nasenbluten gequält. Doch dieses Mal war der Blutstrom so stark, dass er nach dem üppigen Essen und dem Alkohol daran erstickte. «So bescherte Trunkenheit dem König, der durch seine Kriege so ruhmreich war, ein schmähliches Ende.» Jordanes' Gewährsmann Priscus war nicht der Erste, der dieses Fazit zog.[3]

Trotz aller Befriedigung, dass das Römische Reich so unvermutet von seinem gefährlichsten Gegner befreit war, klang aus den Worten des Historikers auch Betroffenheit: «Sein Tod war so banal wie sein Leben erstaunlich» (*mors tam fuit vilis, ut vita mirabilis*).

Der mächtige Attila hatte sich so viel auf sein Glück zugutegehalten. Doch die Glücksgöttin, die *Týchē*, war und blieb im Leben der Großen wie der Kleinen eine unsichere Helferin. Andererseits war sich der Gote Jordanes bewusst, dass sich «keiner der Gotenstämme von der Herrschaft der Hunnen hätte losreißen können, wäre nicht der von allen Völkern einschließlich der Römer gemeinsam ersehnte Tod Attilas eingetreten».[4] Für die Christen bestrafte Gott den Hunnenkönig für all das Böse, was er den Menschen angetan hatte. Daran dachte Papst Leo, als er Anfang 454 in einem Brief an Kaiser Marcianus eingangs versicherte: «Ich freue mich über das Erbarmen Gottes, der in deine fürsorgliche Macht zum Nutzen des römischen Staates wie zum Frieden der katholischen Kirche den herrlichsten Schutz gelegt hat.»[5] Priscus berichtete, Marcianus habe in der Nacht, in der Attila starb, einen Traum gehabt: Eine göttliche Gestalt trat zu ihm und zeigte ihm den zerbrochenen Bogen des Hunnen. Nicht nur in Konstantinopel und Ravenna atmete man auf. Auch viele Stammeskönige waren froh, dass sie ihren Zwingherrn los waren, und sahen in seinem Tod «ein Geschenk himmlischer Mächte».[6]

Am Morgen nach der Brautnacht nahmen Attilas Diener Rücksicht und wagten lange Zeit nicht, ihren Herrn und seine junge Frau zu stören. Erst spät am Tag wurden sie unruhig, erbrachen nach lautem Rufen die Tür und fanden den Toten und Ildico, die weinend ihren Kopf verhüllte. Da die Leiche keine äußerlichen Verletzungen aufwies, begriffen sie, was geschehen war.[7] In Windeseile verbreitete sich die Nachricht, und die Hunnen strömten herbei, um Attila das traditionelle Königsbegräbnis auszurichten. Sie rissen sich Haarbüschel aus und ritzten sich tiefe Furchen in die Wangen, «damit der hervorragende Krieger nicht mit weibischen Klagen und Tränen, sondern mit Männerblut betrauert werde.» Auf einem weiten Feld wurde die Leiche unter seidenen Zeltbahnen aufgebahrt, und die besten Reiter umkreisten den Katafalk. Dabei besangen sie sein Heldenleben:

Holzstich nach einer Zeichnung von J. Naue (1833–1907): Attila wird nach der Hochzeitsnacht mit Ildiko tot aufgefunden.

«Einzigartiger der Hunnen, König Attila,
Spross seines Vaters Mundzuc,
Herr der tapfersten Stämme,
Der mit nie zuvor gehörter Macht
Alleinherrscher skythischer und germanischer Reiche war,
Der Roms beide Imperien durch die Eroberung seiner Städte in Schrecken versetzte
Und der, statt alles Übrige als Beute zu unterwerfen,
Sich durch Bitten erweichen ließ,
Einen jährlichen Tribut in Empfang zu nehmen.
Nachdem er das alles durch des Glückes Lauf vollbracht hat,
Starb er nicht an einer Wunde von Feindeshand,
Nicht durch die Hinterlist seiner Angehörigen,
Sondern ohne dass sein Volk Verluste erlitt,
Schmerzlos unter fröhlichen Umständen.

Wer will das für das Ende halten,
Für das er keine Rache zu üben gedenkt?»[8]

Priscus hatte erlebt, wie Attila bei der Ankunft in seiner Residenz mit Liedern empfangen wurde und wie beim späteren Gastmahl zwei Sänger seine Taten rühmten. Im Kern ist daher der Text, den Jordanes von Priscus übernahm, gewiss historisch. Nur in Einzelheiten, etwa dem Schluss, spürt man die Hand des Geschichtsschreibers, der einen gotischen Vermittler gehabt haben mag.[9] Auch die Feststellung, Attila sei nicht durch die Hinterlist seiner Angehörigen ums Leben gekommen, war keine Anspielung auf den Mord an seinen Bruder, die bei dieser Gelegenheit nicht angebracht gewesen wäre. Anlass war vielmehr die wenig später aufkommende Vermutung, beim überraschenden Tod des Königs könne es nicht mit rechten Dingen zugegangen sein. Ein Verdacht fiel auf Aëtius. Attilas großer Gegner soll einen Leibwächter bestochen haben, der seinen Herrn tötete. Nach dem dilettantischen Mordversuch Ostroms habe «der letzte Römer» endlich Erfolg gehabt.[10] Näher lag, dass Attilas junge Frau ihre Hand im Spiel hatte. Sie soll ihn mit einem Messer erstochen haben.[11]

Die Totenfeier fand ihre Fortsetzung, nachdem ein gewaltiger Grabhügel errichtet worden war. Auf ihm feierten die Hunnen eine *strava*, ein Trinkgelage, bei dem Trauer mit ausgelassener Fröhlichkeit wechselte.[12] Der Hügel war das sichtbare Monument, das an den Verstorbenen erinnerte, ein Kenotaph, an dem ihm später Totenopfer dargebracht wurden. In einer der folgenden, geheim gehaltenen Nächte wurde Attila an einem anderen Ort begraben, der ebenfalls geheim gehalten wurde. Der Leichnam wurde in einen dreifachen Sarg gebettet: der innere war aus Gold, der mittlere aus Silber, der äußere aus Eisen. Die überlieferte Symbolik der Metalle war eher eine römische als eine hunnische Erklärung: Das Eisen stand für den Völkerbezwinger Attila, Gold und Silber für die Tribute und Geschenke, die er von Ostrom und von Westrom erhalten hatte. Mit ins Grab wurden ihm Waffen gelegt, die er von Feinden erbeutet hatte, dazu edelsteinverziertes Pferdegeschirr und andere Schmuckstücke aus seiner Residenz.[13] Die Funde, die aus Gräbern reiternomadischer Adliger geborgen wurden, bestätigen und ergänzen Jordanes' Angaben: Pferdeskelette und Pferdehäute, Puppen und Abbildungen des Toten sowie Reste von Opfergaben, die auf den hunnischen Ahnenkult verweisen.[14] Dem Totenopfer dienten auch die sogenannten Hunnenkessel.[15] Mit einem der größten, der einen Meter hoch und einen Zentner schwer war, wird man Attila geehrt haben.

Nur eine ausgewählte kleine Gruppe hunnischer Adliger und die Söhne Attilas nahmen an dem Begräbnis teil. Der den Historiker entsetzende Abschluss des nächtlichen Begräbnisses lieferte den Beweis: Um Grabräuber fernzuhalten, wurden die Sklaven, die das Grab auszuheben hatten, anschließend getötet, «ein verabscheuenswürdiger Lohn für ihre Arbeit».[16] Denselben «verabscheuenswürdigen Lohn» erhielten die «Scharen von Kriegsgefangenen», die gegen Ende des Jahres 410 den Busento ableiten mussten, um im Flussbett das Grab und die Schätze des Westgotenkönigs Alarich zu verstecken.[17]

Attilas Tod fällte dann auch das Urteil über seine historische Leistung: Ein Jahr später gab es sein Reich nicht mehr. Das riesige Gebiet, das er unter seine Herrschaft gezwungen hatte, zerfiel. Allein durch seine Person war es zusammengehalten worden. Hatte er je daran gedacht, ihm eine verbindende innere Struktur zu geben und ihm dadurch überpersonale Festigkeit und Dauer zu verleihen, wie sie Ostrom und Westrom besaßen? Wer hätten die Träger einer solchen Struktur sein sollen? Sein Ziel, weitere Angriffe gegen die Reichsteile zu unternehmen, und sein Prahlen mit seiner künftigen Weltherrschaft verrieten eher, dass ihm die Dynamik, die seine Vorgänger und er praktiziert hatten, weiterhin genügt hätte: durch immer neue militärische Vorstöße Schrecken verbreiten, mit Beute für sich, seine Hunnen und seine Verbündeten zurückkehren und Tribute einfordern. Sein ‹internationales› Ansehen, das er auf die Weise zusätzlich vergrößert hätte, wäre über den materiellen Gewinn hinaus der ideologische Gewinn gewesen. Beides zusammen hätte ihm und seiner Familie auch in Zukunft die Herrschaft im Inneren gegen mögliche Opposition gesichert. Was bedurfte es im Leben eines Hunnenkönigs mehr?

Priscus hatte während seines Aufenthalts in Attilas Residenz den ältesten und den jüngsten seiner Söhne beobachtet, Ellac und Ernac. Als er sein Geschichtswerk schrieb, kannte er die Rolle, die sie nach dem Tod ihres Vaters gespielt hatten. Schon zuvor hatte ihm keiner der beiden den Eindruck erweckt, als würde er versprechen, einmal der würdige Erbe seines Vaters zu werden. Ellac saß mit gesenktem Kopf am Rand des Diwans, auf dem sein Vater thronte, und wagte nicht, in seiner Gegenwart den Blick zu heben. Ernac wurde zwar prophezeit, er werde nach einer Zeit des Niedergangs das Hunnenreich wieder emporführen.[18] Die Prophezeiung erfüllte sich jedoch nicht, und es blieb beim Niedergang. Ellac war von Attila 448, im Jahr von Priscus' Besuch, als König über die hunnischen Akatiren eingesetzt worden. Dieser war der einzige seiner Söhne, der bei seinem Tod einen Königstitel hatte. Aber es gelang ihm in den fünf Jahren bis 453 nicht, seine Macht so zu festigen, dass er sich gegenüber seinen Brüdern, den verschiedenen Hunnenstämmen sowie den mit Attila verbündeten Königen als Gesamterbe seines Vaters durchsetzte. Die übliche Gefahr, die die Zeugungslust eines Alleinherrschers für seine Nachfolge mit sich brachte, holte ihn ein. Jordanes ging sogar so weit, Attila habe «dank seiner ungezügelten Libido» (*per licentiam libidinis*) beinahe ein ganzes Volk von Söhnen hinterlassen.[19] Der Historiker kannte allerdings neben Ellac und Ernac nur noch drei weitere Namen: Emnetzur und Ultzindur sowie Dintzic.[20] Weil jeder der vielen Söhne an der Herrschaft teilhaben wollte, seien sie auf den Gedanken verfallen, das gesamte Imperium des Vaters, die hunnischen wie die nichthunnischen Stämme, in gleiche Teile zu teilen und dann untereinander zu verlosen.[21] Doch ausgeschlossen ist, dass dieser politische Unsinn in der Attila-Sippe überhaupt erwogen wurde und die vollbürtigen Söhne des Königs sich mit ihren Halbbrüdern auf eine Diskussion einließen. Priscus übertünchte wieder einmal mit Phantasie sein Nichtwissen und gab seine Erfindung an Jordanes weiter. Eine Zweiteilung wie die zwischen Rua und Octar und die zwischen Bleda und Attila wäre denkbar gewesen, vielleicht auch noch eine Drei- oder Vierteilung.

Der Chronist Prosper Tiro hielt sich dagegen an eine zuverlässige

Kunde: Nach Attilas Tod «brachen zunächst zwischen den Söhnen schwere Auseinandersetzungen um die Übernahme der Herrschaft aus. Dann folgte der Abfall einiger Stämme, die den Hunnen gehorcht hatten, und wurde Anlass und Gelegenheit für Kämpfe, in denen sich die wildesten Völkerschaften durch wechselseitige Einfälle aufrieben.»[22] Eugippius setzte in der Vita des heiligen Severinus mit diesen Kämpfen ein: Nach Attilas Tod «hatten die beiden Pannonien und die übrigen Gebiete entlang der Donau unter unsicheren Verhältnissen zu leiden».[23]

Ausgerechnet Attilas hochgeschätzter Bundesgenosse Ardarich, der König der Gepiden, fiel als Erster ab und kündigte das Bündnis auf, das er mit dem Vater, nicht mit seinen Söhnen, geschlossen hatte. Nach seinem Beispiel befreiten sich weitere Stämme vom hunnischen Joch. Es folgten die Kämpfe, von denen Prosper Tiro und Eugippius sprachen. Sie gipfelten in der Schlacht am Nedao in Pannonien. Unter Ardarichs Führung hatten sich abtrünnige Stämme zu einer großen Koalition zusammengeschlossen.[24] Ihr trat im folgenden Jahr Ellac entgegen, dem es gelungen war, ein Aufgebot aus Hunnen und treugebliebenen Stämmen zusammenzubringen. In der Not versagten sich ihm auch seine zerstrittenen Brüder nicht. Wo der Nedao liegt, den nur Jordanes erwähnt und in Pannonien lokalisiert, ist bis heute nicht geklärt.[25] Aus dem vagen Schlachtbericht des Historikers geht soviel hervor, dass auf beiden Seiten Stämme kämpften, die Attila unter seiner Herrschaft vereinigt hatte. Jordanes beschrieb sie nach ihrer Kampfweise, machte allerdings nicht deutlich, wer auf gepidischer und wer auf hunnischer Seite stand. Nach ihrem späteren Schicksal zu schließen folgten die Rugier, Sueben und Heruler den Gepiden, die Goten hielten zu Ellac. Die Alanen scheinen sich gespalten zu haben.[26] Insgesamt war das Kräfteverhältnis ausgeglichen. Nach ihren bisherigen Erfolgen hätte man eher den Hunnen den Sieg zugetraut. Doch am Ende eines erbitterten Ringens behielt überraschend Ardarichs Koalition die Oberhand. «Und so mussten die Hunnen weichen, von denen man glaubte, die gesamte Welt müsse ihnen weichen.» Ellac fiel in der Schlacht, und Jordanes widmete ihm einen Nachruf, der das Bild korrigierte, das Priscus von ihm entworfen hatte. Er, der älteste Sohn, und nicht Ernac, der jüngste, war Attilas Liebling, und der Vater, wäre er noch am Leben gewesen, hätte voll Stolz verfolgt, wie tapfer sich sein Erstgeborener schlug und wie viele Feinde er erlegte, bevor er selbst den Tod fand. 30 000 Hunnen und Nichthunnen sollen am Nedao gefallen sein.[27]

Jordanes' Lob auf Ellac war Teil seines Nachrufs auf Attilas Reich, auf das der Historiker das bekannte Bild vom Staatskörper übertrug: «Die Herrschaftsgebiete mit ihren Völkern teilten sich, und aus einem Körper entstanden verschiedene Glieder, die nicht mehr gemeinsam litten, sooft ein Glied litt, sondern gegeneinander wüteten, nachdem der Kopf abgeschlagen war, sie, die stärksten Nationen, die niemals auf ebenbürtige Gegner gestoßen wären, wenn sie sich nicht gegenseitig verwundet und sich selbst zerfleischt hätten.»[28]

Attilas Niederlage auf den Katalaunischen Feldern war für ihn persönlich ein peinlicher Rückschlag gewesen. Aber da Gallien weit weg lag, wurde der Rückschlag für sein Reich nicht gefährlich. Anders die Niederlage am Nedao, wahrscheinlich in dem Teil Pannoniens, der seit fast zehn Jahren unter seiner Herrschaft gestanden hatte. Die siegreichen Gepiden besetzten das hunnische Kerngebiet südöstlich der Theiß sowie die Südkarpaten und die vorgelagerte Kleine Walachei, wo die Ostgoten gesiedelt hatten. Ihre Eroberung umfasste also große Teile der alten römischen Provinz Dacia, die nach dem Abzug der Römer Gotia und dann bis zu Jordanes' Zeit Gepidia genannt wurde.[29]

Wohl noch bevor die Besetzung abgeschlossen war, sandte König Ardarich eine Gesandtschaft nach Konstantinopel zu Kaiser Marcianus, der dem Hunnensieger sein neues Herrschaftsgebiet bestätigte und mit ihm einen Friedens- und Bündnisvertrag schloss, der Jahrgelder als kaiserliche Geschenke vorsah.[30] Ostrom wurde wieder zur anerkannten Ordnungsmacht, und Marcianus trat darin die Nachfolge Attilas an. Auch die Ostgoten wandten sich an ihn und erhielten von ihm Land in Pannonien sowie Jahrgelder. Geschwächt durch die Niederlage am Nedao zogen sie den Verhandlungsweg der Eroberung vor.[31]

Einzelne hunnische Stammesteile fanden bei Marcianus ebenfalls ein offenes Ohr. Dabei achtete er darauf, dass ihre Niederlassungen weit genug auseinanderlagen. Er wollte nicht eines Tages erleben, dass sie sich wieder gegen ihn zusammenrotteten. Nicht allzu viele Hunnen werden es gewesen sein, die er zusammen mit Sarmaten und Cemandri bei der illyrischen Stadt Castramartena ansiedelte.[32] Am Rande der Scythia minor gab er Attilas jüngstem Sohn Ernac mit seinen Anhängern eine neue Heimat. Nicht erst gefragt haben dagegen Ernacs Blutsverwandte oder Brüder Emnetzur und Ultzindur, die sich südlich der Donau in der Dacia ripensis die Orte Utus, Oescus und Almus aneigneten. Sie bewahrten noch alte Stammesstrukturen, während viele Hunnen auf eigene Faust die Donau überquerten und sich den Römern unterwarfen. Als Söldner waren sie willkommen und nannten sich später auch nicht mehr Hunnen, sondern Sacromontisi und Fossatisii.[33]

Mit Marcianus' Billigung fanden in der Moesia secunda und in der Scythia minor neben Ernacs Hunnen eine Alanenschar unter ihrem Führer Candac sowie Skiren und Sadagarii eine neue Heimat.[34] Das Schicksal der Rugier, die mit den Gepiden am Nedao gesiegt hatten, streifte Eugippius in der Vita des heiligen Severinus. Sie gehörten unter ihrem König Flaccitheus, mit dem sich der Heilige gut verstand, ebenfalls zu Marcianus' neuen Bundesgenossen.[35] Ihr Hauptwohnsitz lag nördlich der mittleren Donau. Dazu kam am jenseitigen Ufer ein Teil der Moesia prima.

Abstand zum Imperium Romanum hielten dagegen mehrere Attilasöhne. Nach der Schlacht am Nedao blieben sie zusammen und führten hunnische Stammesteile an das Nordufer des Schwarzen Meeres, von wo ihre Vorfahren einst die Goten vertrieben hatten.[36] Vielleicht lockte die Nachbarschaft zur alten Heimat in der Steppe. Stärker lockte jedoch die alte Gewohnheit, weiträumige Raubzüge zu unternehmen. Auch verdienten die Ostgoten eine Strafe, die nach der Niederlage am Nedao mit den Hunnen gebrochen hatten und mittlerweile als römische Föderaten in Pannonien lebten. Unter ihrem Oberkönig Valamir und seinen beiden Brüdern Thiudimer und Videmir hatten sie sich in drei Gruppen geteilt. Überraschend griffen die Hunnen um das Jahr 455 Valamir und die mittlere Gruppe an. Doch sie hatten sich verrechnet. Die Goten wehrten sich, trieben die Angreifer schließlich über die Donau zurück und verfolgten sie zum Dnjepr, dem auf Hunnisch Var genannten Borysthenes oder Danabrus.[37]

Anführer der Hunnen könnte Attilas Sohn Dintzic gewesen sein, wahrscheinlich der Zweitälteste, der nach Ellacs Tod als Haupt der Dynastie in die Fußstapfen des Vaters zu treten suchte. Seine Niederlage wurmte ihn so, dass er einige Jahre später die Goten erneut angriff. Zum Anlass nahm er dieses Mal, dass sie eine hunnische Gruppe in Pannonien, die Sadages oder Sadagarii, zu vertreiben suchten. Aus kleinen hunnischen Stämmen, die ihm unterstanden, den Ultzinzures, Angisciri, Bittugures und Bardores, stellte Dintzic ein Expeditionskorps zusammen und begann, das Gebiet um die zwischen Sirmium und Singidunum gelegene Stadt Bassiana zu plündern. Die Goten, die gerade auf einem Feldzug gegen die Sadages waren, machten kehrt, und es entspann sich ein Kampf, in dem die Hunnen erneut unterlagen. Der Stolz des Goten sprach aus Jordanes' anschließender Folgerung: «Seit jener Zeit und bis auf den heutigen Tag fürchten die übriggebliebenen Hunnen die Waffen der Goten.»[38]

Nachdem sich Dintzics Hoffnung, in herkömmlicher Räubermanier Beute zu machen, zerschlagen hatte und er einsehen musste, dass sein Bruder Ernac klüger gehandelt hatte, als er sich an den Kaiser wandte, schickte auch er Gesandte nach Konstantinopel. Ernac unterstützte ihn dabei. Die Hunnen baten dringend darum, man möge ihnen wieder wie früher erlauben, an bestimmten Plätzen entlang der Donau mit den Römern Handel zu treiben. Sie versprachen dafür, in Zukunft Frieden zu wahren. Nach der Niederlage am Nedao und dem Verlust früherer Bundesgenossen, die zu ihrer Versorgung beigetragen hatten, waren die Lebensbedingungen für alle hunnischen Stämme, die sich nicht auf römischem Boden niederlassen durften, schwierig geworden. Kaiser Marcianus hätte dem Gesuch gewiss stattgegeben. Doch er war 455 gestorben, und sein Nachfolger Leo I. (455–474) schlug den Gesandten ihre Bitte rundweg ab. Er traute ihrem Friedensversprechen nicht.[39] Grund zum Misstrauen hatte ihm ein Hunnenstamm gegeben, der unter Führung seines Königs Balamer einen Friedensvertrag missachtet hatte und über römische Städte hergefallen war. Vor Gesandten des Kaisers, die ihn zur Rede stellten, entschuldigte sich Balamer damit, dass es seinem Volk am Nötigsten gefehlt habe. Gegen eine jährliche Zahlung von 300 Pfund Gold gelobte er, sich fortan ruhig zu verhalten.[40]

Den oströmischen Kaiser beschäftigte zur selben Zeit eine neue Völkerbewegung, die die Gebiete östlich und nördlich des Schwarzen Meeres in Unruhe versetzte. Die Awaren im Osten hatten sie ausgelöst, die hier erstmals im Vorfeld des Oströmischen Reiches erschienen. Sie hatten die Sabiren in der kasachischen Steppe vertrieben, die daraufhin die Saraguren, Urogen und Onoguren verdrängten, Stämme, die mit den Hunnen verwandt waren. Den Saraguren waren die hunnischen Akatiren im Weg, die unter Attilas Sohn Ellac gestanden hatten und nun, nach dessen Tod, in mehreren Schlachten geschlagen wurden. Saraguren, Uguren und Onoguren wandten sich danach an Kaiser Leo. Auch sie hätten gerne Land im Römischen Reich gehabt. Aber mehr als Geschenke und gute Worte bekamen sie von Leo nicht.[41]

Dem Hunnen Dintzic verweigerte Leo 468 selbst gute Worte und Geschenke, weshalb ihm der Abgewiesene – ein echter Sohn seines Vaters – mit Krieg drohte und an der unteren Donau Truppen sammelte. Er drängte seinen jüngsten Bruder Ernac, mit ihm gemeinsame Sache zu machen. Doch der weigerte sich, weil er mit Feinden in seiner neuen Heimat Scythia minor zu kämpfen hatte.[42] Ganz sicher war sich Dintzic danach seiner Sache nicht, und als ihm der thrakische Heermeister Anagastes die Schlacht anbot, zog er es vor, noch einmal mit Leo wegen Land und Geld zu verhandeln. Um den drohenden Krieg abzuwenden, war der Kaiser jetzt nicht mehr abgeneigt.[43]

Doch was ihm Leo bot, genügte Dintzic nicht, und er trat deshalb gegen Anagastes an. Er verlor die Schlacht und fiel. Seinen Kopf sandte der siegreiche Heermeister nach Konstantinopel. Der Chronist Marcellinus Comes vermerkte die Sendung zum Jahr 469, und das *Chronicon paschale*, die Osterchronik, die ihr besonderes Augenmerk auf die Geschichte Konstantinopels richtete, trug noch einige

Einzelheiten bei: Die Trophäe kam an, als im Hippodrom, dem zentralen Ort politischer Kundgebungen in der Hauptstadt, gerade ein Wagenrennen stattfand. Im Triumph wurde der Kopf über die Mese getragen, die Hauptachse der Stadt, auf der auch die Kaiser feierlich einzogen und zu ihrem Palast fuhren. Anschließend wurde der Kopf auf einem Gerüst im Xylokirkon, dem Holzzirkus, zur Schau gestellt. Das Xylokirkon war der von Konstantin dem Großen errichtete Vorgängerbau des Hippodroms, der außerhalb der Stadt lag. Die ganze Bevölkerung strömte hinaus, um sich noch einmal am Anblick des Attilasohnes zu ergötzen. Die Hunnengefahr schien endlich gebrochen zu sein.[44]

Wie sehr sich das Blatt zugunsten des Oströmischen Reiches gewendet hatte, zeigte sich wenig später noch einmal, und es war ausgerechnet ein Hunne, der dazu entscheidend beitrug: Der Heermeister Aspar, der starke Mann neben Kaiser Leo, hatte einen Unterfeldherrn namens Chelchal, der hunnischer Abstammung war. Zusammen mit einem Großaufgebot von Generälen, unter ihnen der siegreiche thrakische Heermeister Anagastes, zogen sie gegen eine gotisch-hunnische Koalition zu Feld, die in Thrakien eingefallen war, um Siedlungsland zu besetzen. Es gelang ihnen, die Eindringlinge in einem Tal einzukesseln, und sie warteten, was der Hunger unter den Eingeschlossenen anrichten werde. Die boten umgehend ihre Kapitulation an, sofern man ihnen nur Land gebe. Die Römer versprachen, das Angebot an den Kaiser weiterzuleiten, doch die Hungernden drängten. Man bot ihnen daher Nahrungsmittel an unter der Bedingung, dass sie sich um der besseren Übersicht willen in einzelne Gruppen teilten. Zur ersten Gruppe ging nun Chelchal und verriet den gotischen Anführern, die Wohnsitze, die der Kaiser herausgeben werde, kämen allein den Hunnen zugute, gegen die die Goten schon immer den Kürzeren gezogen hätten. Gotische Ackerbauern hätten die Hunnen versorgen müssen, die wie Wölfe über sie hergefallen seien und sie wie Sklaven behandelt hätten. Er, der Hunne, wolle ihnen das ins Gedächtnis rufen. Die Goten ließen sich von dem ihnen scheinbar so wohlgesonnenen und seine Stammesgenossen verurteilenden Hunnen beschwatzen und fielen über ihre hunnischen Verbündeten her. Kaum sah das Aspar, gab er Befehl, auch gegen die Goten vorzugehen, die zu spät begriffen, dass Chelchal sie hintergangen hatte. Trotz verzweifelter Gegenwehr entkam kaum einer von ihnen dem Gemetzel. Aspar hatte mit Chelchals Hilfe eine List angewandt, die alter römischer Barbarenpolitik entsprang und die einst Tacitus zu dem Wunsch veranlasst hatte: «Möge den Stämmen - das meine Bitte - wenn schon nicht die Liebe zu uns, so doch wenigstens der Hass untereinander erhalten bleiben und fortdauern, da uns, die das Schicksal des Reiches umtreibt, Fortuna nichts Größeres mehr gewähren kann als die Zwietracht der Feinde.»[45]

Es war kein allzu großer Blutzoll, den die Hunnen Aspar und ihrem listigen Stammesgenossen Chelchal zahlen mussten. Sie blieben weiterhin das große Söldnerreservoir, immer bereit, in die Dienste dessen zu treten, der ihnen am meisten zahlte. Marcellinus, der Militärbefehlshaber von Dalmatien, sicherte sich so mit einer hunnischen Truppe seine Unabhängigkeit. Er hatte sich von Valentinian losgesagt, nachdem der Kaiser 454 den mit ihm befreundeten Aëtius eigenhändig umgebracht hatte.[46] Mit seinen Hunnen stellte sich Marcellinus 457 Kaiser Maiorianus zur Verfügung und vertrieb die Vandalen aus Sizilien. Dann kehrte er mit ihnen wieder nach Dalmatien zurück. Denn er war dem Heermeister Ricimer zu mächtig geworden, der versuchte, ihm seine Hunnen durch höheren Sold abspenstig zu machen.[47] Sie begleiteten Marcellinus wohl auch, als er 467 mit dem neuen Kaiser Anthemius nach Italien zog und 468 als Heermeister einen weiteren Feldzug gegen die Vandalen unternahm.[48] Vor dem Anschlag, dem er in diesem Jahr in Sizilien zum Opfer fiel, bewahrten ihn seine Hunnen allerdings nicht. Sein Konkurrent Ricimer hatte den Mordplan eingefädelt, und ziemlich sicher erreichte er deswegen sein Ziel, weil es ihm endlich gelungen war, Marcellinus' Hunnen zu bestechen.[49] Auch die Kaiser Maiorianus und Libius Severus waren 461 und 465 Opfer des mächtigen Ricimer geworden.

Als Nachfolger schlug 467 Kaiser Leo auf Bitten des römischen Senats seinen Heermeister Anthemius vor. Für ihn sprach, dass er kurz zuvor eine bedeutende Hunnenschar geschlagen hatte. Mitten im Winter waren sie unter ihrem Führer Hormidac mit ihren Wagen über die vereiste Donau gekommen und verwüsteten die Dacia ripensis und die Dacia mediterranea bis hinab nach Serdica (Sofia). Dort stellte sie Anthemius und schlug sie, obwohl sein Unterführer mitten in der Schlacht zu ihnen überlief. Die Hunnen kapitulierten unter Anthemius' Bedingung, dass sie den Überläufer mit dem Tod bestraften.[50]

Die Hunnen jenseits der Donau hatten nicht vergessen, dass ein Herrscherwechsel in Konstantinopel eine gute Gelegenheit bot, in römisches Gebiet einzufallen. Im Januar 474 war Kaiser Leo I. gestorben. Seinen Enkel Leo II. hatte er im Jahr zuvor zum Augustus erhoben. Nur war der erst sieben Jahre alt. Daher übernahm sein Vater Zenon, Gemahl einer Tochter des Verstorbenen und amtierender Heermeister, die Nachfolge. Im Augenblick schien ihm die Verteidigung der Reichsgrenze kein vordringliches Anliegen gewesen zu sein, weshalb Hunnen seine Nachlässigkeit nutzten und in Thrakien einfielen.[51]

Wie das Unternehmen ausging, hat niemand berichtet. Ein Grund war, dass die Goten in neuer Weise in den Vordergrund traten. Im selben Jahr 474 wurde der zwanzigjährige Theoderich, der später einmal in Italien der Große wurde, von den Goten in Makedonien zum König erhoben. Ein Teil von ihnen war nach dem Sieg über die Hunnen dorthin gezogen. Innergotische Auseinandersetzungen und wechselnde Beziehungen zu Konstantinopel erschütterten in den folgenden Jahren die Balkanhalbinsel. Dazu kamen die Machtkämpfe, die Zenon in der Hauptstadt zu bestehen hatte. Als der Gote Theoderich Strabo, bald sein Heermeister, bald sein erbitterter Gegner, im Jahr 480 Thrakien verwüstete und auf Konstantinopel vorrückte, rief der Kaiser Hunnen zu Hilfe, die hier zum ersten Mal mit einem neuen Namen erschienen: Bulgaren.[52]

Auch die nachfolgenden Kaiser nahmen immer wieder Hunnen in Dienst, die weiterhin als die gefürchtetsten, weil brutalsten Kämpfer galten. Es waren eher Kriegerhorden als Stämme. Als Justinians berühmter Heermeister Belisar im Jahr 530 gegen die Perser kämpfte, stellte er in der denkwürdigen Schlacht von Dara 600 berittene hunnische Bogenschützen auf den rechten Flügel. Sie standen unter dem

Kommando ihrer einheimischen Führer Sunikas und Aigan und trugen entscheidend zum römischen Sieg bei.[53] Danach zögerte Belisar nicht, sie drei Jahre später gegen die Vandalen in Nordafrica einzusetzen. Nachdem Sunikas und Aigan inzwischen in der militärischen Hierarchie aufgestiegen waren, übernahmen die Hunnen Sinnion und Balas ihr Kommando, die beide «höchste Tapferkeit und Stärke vereinigten».[54] Die Hunnen taten alles, um ihrem schlimmen Ruf gerecht zu werden. Im Jahr 535 führte Belisar Krieg gegen die Ostgoten in Italien. Unter seinen Truppen befanden sich dieses Mal 200 Hunnen. Sein Expeditionsheer gewann erst Sizilien und belagerte im Jahr darauf Neapel, das sich heftig zur Wehr setzte. Nachdem die Stadt gefallen war und ein großes Morden begann, trieben es die Hunnen am schlimmsten. Gnadenlos schlugen sie selbst diejenigen tot, die in den Kirchen Asyl gesucht hatten. Schließlich sah sich Belisar gezwungen, ihrem Blutrausch ein Ende zu machen, um wenigstens die überlebenden Frauen, Kinder und Sklaven zu retten.[55]

Die Völkerbewegung, die die Westwanderung der Awaren unter den Steppenbewohnern nördlich des Kaukasus auslöste, brachte Ostrom nicht nur in friedliche Verbindung mit den hunnischen Saraguren, Urogen und Onoguren.[56] Sie veranlasste auch die hunnischen Sabiren, «einen höchst kriegerischen Stamm», im Jahr 515 zu einem verheerenden Einfall nach Kleinasien, der an die hunnische Invasion von 395 erinnerte. Wie damals stießen die Eindringlinge durch die Kaspische Pforte nach Kappadokien vor. Als sie beutebeladen abzogen, hinterließen sie eine breite Schneise der Verwüstung mit Leichenbergen und niedergebrannten Städten und Dörfern. Der Schaden war so groß, dass Kaiser Anastasius (491–518) die betroffenen Provinzen drei Jahre lang von sämtlichen Steuern befreite und Maßnahmen gegen künftige Einfälle ergriff.[57]

Die Sabiren hatten sich zum gefährlichsten Hunnenstamm entwickelt, wie auch die Akatiren bei mehreren Niederlagen erfuhren.[58] Anastasius' Nachfolger Justinus I. (519–527) beschloss, die sabirische Kampfkraft gegen Persien zu nutzen und ihnen ihren Raubzug zu verzeihen. Gegen eine hohe Summe war ihr König Zilgibis zu einem Feldzug bereit, ließ sich aber gegen eine noch höhere Summe vom

Perserkönig Kavades I. (488–531) gegen die Römer verführen. Doch sein Doppelspiel und seine Geldgier wurden ihm zum Verhängnis. Justinus und Kavades tauschten sich über den Verräter aus, und der Perserkönig befahl, den Hunnen, der sich ihm gegenüber offen zu seinem Verrat bekannte, während einer Unterredung niederzustrecken. Anschließend ordnete er durch einen Geheimbefehl ein nächtliches Massaker unter den versammelten 20 000 hunnischen Kriegern des Toten an, dem nur wenige entkamen.[59]

Zankapfel zwischen Persien und Ostrom blieben die Lazikḗ und Iberien, das heutige Georgien. In dem Krieg, der 527 ausbrach und den der in diesem Jahr verstorbene Justinus seinem Nachfolger Justinian (527–565) hinterließ, bedienten sich beide Seiten hunnischer Truppen. Nicht alle ließen sich im ersten Kriegsjahr vom römischen Geld locken. Die Hunnen auf der Krim versagten sich, andere nahmen das Angebot an.[60] Eine Überraschung folgte 528. In diesem Jahr übernahm erstmals eine Frau die Herrschaft über einen sabirischen Stamm, Boa oder Boarex, die Witwe des Königs Blach.[61] Hunderttausend Mann soll sie kommandiert haben, weshalb Justinian nicht zögerte, ihr Bündnisangebot anzunehmen. Mit kostbaren Geschenken und ungeheuren Subsidien sicherte er ihre Zusammenarbeit, und Boa war ihr Geld wert. Sie griff die beiden Hunnenkönige Tyranx und Glom an, die gerade mit zwanzigtausend Mann dem Perserkönig Kavades zu Hilfe kommen wollten. Glom fiel in der Schlacht, und Tyranx geriet in Gefangenschaft. Gefesselt schickte ihn Boa zu Justinian, der ihn in Konstantinopel ans Kreuz schlagen ließ.[62]

Das Jahr 528 brachte für den jungen Kaiser Justinian noch eine Überraschung: In Konstantinopel erschien der Hunnenkönig Grod, der an der Spitze der Hunnen auf der Krim stand, und bat um die Taufe. Erfreut übernahm Justinian die Patenschaft und zeigte sich auch bei den Taufgeschenken großzügig. Die Politik vergaß er darüber nicht. Er gab Grod eine Abteilung Soldaten unter dem *tribunus militum* Delmatius mit auf den Heimweg. In der Hauptstadt Bosporus, deren alter Name Pantikapaion langsam außer Gebrauch kam, sollten sie die neue hunnisch-römische Bundesgenossenschaft sichern. Doch ein Hunnenkönig als Christ und Patensohn eines christlichen Kaisers – das widersprach allem, wofür der Namen «Hunnen» bisher gestanden hatte. Als Grod nun sogar begann, Götterstatuen aus Silber und Elektron, einer Gold-Silberlegierung, einzuschmelzen und gegen römisches Münzgeld einzutauschen, war das Maß voll. Seine Stammesgenossen ermordeten ihn und gaben die Königswürde seinem Bruder Mugel. Anführer der Revolte waren hunnische Priester, von denen wir hier zum ersten Mal erfahren. Anschließend überfielen die Königsmörder die römische Besatzung in Bosporus und machten sie bis auf den letzten Mann nieder. Zu offenkundig war in ihren Augen das Christentum bloßes Vehikel byzantinischer Machtpolitik, und Justinians Reaktion lieferte ihnen den endgültigen Beweis: Der empörte Kaiser befahl einen Doppelangriff. Ein Heer rückte unter den Heermeistern Baduarius und Godilas von Odessus aus gegen Bosporus vor, während der *comes* Johannes, von Goten unterstützt, die Stadt zur See angriff. Vor dieser Übermacht flohen die Hunnen.[63]

Die verbliebene gotische Bevölkerung atmete unter der Herrschaft Justinians auf. Durch Befestigungsanlagen gab der Kaiser den Städten Bosporus und Cherson ein neues Gesicht. Weitere Kastelle zum Schutz des Küstenlandes der Krim kamen hinzu. Der byzantinische Einfluss ist am archäologischen Material ablesbar, das im 6. Jahrhundert zu den Funden krimgotischer Herkunft hinzutrat.[64]

Der armenische Bischof Kardust hatte schon zur Zeit Kaiser Justins mit sieben Helfern begonnen, unter den hunnischen Sabiren zu missionieren, nachdem er zunächst nur ins Land gekommen war, um römische Kriegsgefangene zu betreuen. Er machte sich sogar daran, die Heilige Schrift ins Hunnische zu übersetzen. Unterstützung erhielt er vom Kaiser, der ihm 30 Maultiere mit Öl, Wein, Leinen und liturgischen Geräten sandte. Nach Kardusts Rückkehr setzte Bischof Mak, ebenfalls ein Armenier, seine Arbeit mit einigen Priestern fort. Er baute eine Kirche aus Ziegelsteinen und suchte die Sabiren durch die Einführung des Ackerbaus für eine sesshafte Lebensweise zu gewinnen. Die begeisterte Schilderung des unbekannten einzigen Zeugen, dessen nur in syrischer Sprache überlieferte Darstellung dem Kirchenhistoriker Zacharias Rhetor zugeschrieben wurde, kann nicht darüber hinwegtäuschen, dass die Missionare kaum Erfolg hatten.[65]

Einzelne Hunnen in römischen Diensten waren eher bereit, sich taufen zu lassen. Man kann ihnen nicht verübeln, dass sie dabei an den Nutzen für ihre Karriere dachten. Ein bekanntes Beispiel war der hunnische Offizier Sunikas, der in Byzanz zum *dux* aufstieg und im Perserkrieg 530–531 ein wichtiger Helfer des Heermeisters Belisar war.[66]

Im Jahr 531 unternahmen Sabiren einen neuerlichen Einfall in das römische Armenien, das obere Euphratgebiet und das benachbarte Kilikien. An Grausamkeit standen sie ihren Stammesgenossen 16 Jahre zuvor in nichts nach. In Konstantinopel hatte man den Verdacht, der neue Perserkönig Chosroes habe sie angestiftet, der seinem kurz zuvor verstorbenen Vater Kavades nachgefolgt war. Wie sich herausstellte, war der Verdacht unbegründet. Den heimkehrenden Räubern jagte der tüchtige Heermeister Dorotheus einen Großteil ihrer Beute wieder ab.[67]

An der langen römisch-persischen Grenze war der Kaukasus im Norden nur ein Kriegsschauplatz, auf dem die Hunnen der vorgelagerten Steppe mitmischten. Nach wechselvollen Kämpfen im Grenzgebiet am Euphrat erreichten zähe Verhandlungen zwischen beiden Großmächten im Jahr 532 einen Frieden, der auf 110 Jahre vereinbart wurde.[68] Wie andere langfristige Verträge, denen man gern das Etikett «Ewiger Friede» gab, hielt auch dieser nicht, was er versprach. Gerade einmal sechs Jahre waren vergangen, da beschuldigte Chosroes seinen ‹Bruder› Justinian, er habe Hunnen einen Brief geschrieben und sie aufgefordert, in Persien einzufallen. Hunnen selbst seien es gewesen, die ihm den Brief in die Hände gespielt hätten.[69] Erneut schienen Perser und Römer Fehden zwischen den sabirischen Stämmen ausnützen zu wollen.

Justinian griff zu diesem Mittel auch mehrmals, um Ostroms Nordgrenze zu verteidigen. Denn trotz einer langen Reihe von Befestigungen, die er entlang der mittleren und unteren Donau errichtete oder erneuerte, blieb der «nasse Limes» löchrig, und die römischen Provinzen lockten neue Barbarenstämme an, die kein Attila mehr zurückhielt, um sie erst einmal seiner eigenen Herrschaft zu unterwerfen. Dazu kam, dass Justinian das Schwergewicht auf den Kampf gegen die Vandalen in Africa, dann gegen die Goten in Italien verlegte, und dass das Verhältnis zu Persien weiterhin von einem Wechsel zwischen Kriegen und Friedensverträgen bestimmt war. Der zeitgenössische Historiker Agathias war sich mit lobenden Stimmen in Konstantinopel einig: Justinian «hatte erkannt, dass man die Barbarenwelt auf jegliche Art und Weise gegeneinander hetzen und sich bekämpfen lassen müsse».[70]

Anlass für Agathias' Lob waren zwei Hunnenstämme, die er und die Historiker Procopius und Menander Protector erstmals unter Justinians Regierung erwähnten: die Kutriguren und die Utiguren.[71] Hatten sie sich nach der Schlacht am Nedao aus den Trümmern des Attila-Reiches neu gebildet? Oder waren sie in jüngster Zeit aus dem Osten in das Machtvakuum am Maeotissee und an der unteren Donau vorgestoßen? Für die Kutriguren, die sich westlich des Maeotissees in ehemals gotischem Gebiet niedergelassen hatten und erste Einfälle über die Donau unternahmen, hatten die Gepiden eine gute Verwendung: Sie riefen sie im Jahr 551 gegen die Langobarden zu Hilfe, die sich in den Jahren zuvor nach Süden vorgeschoben und mit Justinians Einwilligung das nördliche Pannonien besetzt hatten. Dort waren sie mit den Gepiden zusammengestoßen, die der Kaiser nicht südlich der Donau haben wollte.[72] Die Kutriguren ließen sich nicht lange bitten. Unter ihrem Führer Chinialon kamen sie mit 12 000 Mann und begannen, die römischen Provinzen jenseits des gepidischen Siedlungsgebiets zu verwüsten.[73]

Für Justinian war besonders ärgerlich, dass sich seine Erwartungen zerschlagen hatten, die hohen Jahrgelder, die er den Kutriguren bezahlt hatte, würden sie ruhig stellen.[74] Daher beschloss er, Hunnen mit Hunnen zu bekämpfen, und wandte sich an die Utiguren, die jenseits des Maeotissees und des Don wohnten. Auch ihnen hatte er bereits beträchtliche Summen überwiesen, und seiner Bitte verlieh er mit neuem Geld Nachdruck.[75] Die Utiguren gehorchten. Verstärkt durch 2000 Goten überfielen sie unter ihrem König Sandil das Gebiet der Kutriguren. Noch genügend kutrigurische Krieger waren zurückgeblieben, sodass sich ein heftiger Kampf entspann. Die Utiguren siegten und versklavten Frauen und Kinder ihrer Gegner. Zahlreiche römische Kriegsgefangene der Kutriguren nahmen die Gelegenheit wahr und flohen in die Heimat. Auch 2000 Kutriguren waren mit Frauen und Kindern entkommen. Sie wandten sich an Justinian, der ihnen Land in Thrakien gab.[76] Der Kaiser hielt es für das Klügste, mit den kutrigurischen Bundesgenossen der Gepiden Frieden zu schließen. Mit einer tüchtigen Portion Solidi gewann er sie für den Abzug aus römischem Gebiet und für einen Friedensvertrag.[77] Die Steuerzahler mochten über die wachsenden Ausgaben für die Barbaren leise schimpfen und die Literaten ihr Verdammungsurteil zu Papier bringen. Wer zu laut protestiert hätte, den hätten die kaiserlichen Steuereintreiber für den Kriegsdienst vorgemerkt. Denn die schon stark angeschwollenen Heereszahlen weiter zu erhöhen und noch mehr barbarische Hilfstruppen anzuheuern wäre die nicht weniger teure Alternative gewesen zu einer Politik, die man sehr viel später einmal «Scheckbuchdiplomatie» nannte.[78]

Für sechs Jahre hatte sich Justinian Ruhe an der Nordfront erkauft. Erst Zabergan, der neue König der Kutriguren, brachte trotz aller Gelder, die von Konstantinopel kamen, im Jahr 557 wieder Unruhe in den Stamm und rüstete sich zu einem Einfall in Thrakien. Justinian wiederholte seine Taktik und schickte mehrere Gesandtschaften zum Utiguren Sandil, die ihm versprachen, der Kaiser sei bereit, einen Gegenschlag zusätzlich mit Zahlungen zu belohnen, wie Zabergan sie bisher erhalten habe. Dieses Mal entschuldigte sich Sandil: Es sei nicht recht, gegen Stammverwandte vorzugehen, von denen sich die Utiguren nicht unterschieden, und er zählte auf: Sprache, Kleidung, Wohnen in Zelten und Essen. Aber da er mit dem Kaiser nicht brechen und seiner Jahrgelder nicht verlustig gehen wollte, erklärte er sich am Ende zu einer Maßnahme bereit, die ihm Justinian als Ausweg vorschlug: Er werde den Kutriguren die Pferde wegnehmen. Denn zu Fuß war noch kein Hunne ins Römische Reich gekommen.[79]

Den Plan, der auf einen erbitterten Kampf hinausgelaufen wäre, hat Sandil anscheinend nicht verwirklicht. Denn zwei Jahre später, im März 559, überschritt Zabergan mit einem riesigen Reiteraufgebot die vereiste Donau oberhalb der Mündungsarme. Ohne auf Widerstand zu stoßen, durchquerte er die Provinzen Moesia secunda und Scythia minor und fiel in Thrakien ein, dessen militärischer Schutz ebenfalls erbärmlich war.[80] Hier teilte er sein Heer. Ein Drittel sollte Griechenland ausplündern, ein zweites Drittel die Chersones. Zabergan selbst ritt mit 7000 Mann geradewegs auf Konstantinopel zu. Angeblich wollte er dem Kaiser, der die Utiguren soviel besser bedacht habe als die Kutriguren, begreiflich machen, dass er eine solche Zurücksetzung nicht länger dulden werde.[81]

Der Historiker Agathias, der damals in Konstantinopel den Einfall erlebte und mit ihm das fünfte und letzte Buch seines Geschichtswerks beschloss, war entsetzt, dass die Brutalität und Mordlust der Hunnen, von der er bisher nur gelesen und gehört hatte, immer noch die gleiche war. Besonders nah ging ihm das Schicksal der Nonnen und der Schwangeren, die vergewaltigt und fortgeschleppt wurden und deren Kinder, die sie unterwegs gebaren, elend starben.[82] Dem reaktivierten General Belisar war es zu verdanken, dass Zabergan vor Konstantinopel scheiterte, während der junge Offizier Germanus erfolgreich die Chersones verteidigte.[83] Den endgültigen Abzug der Hunnen und die Rückgabe der Gefangenen erreichte Justinian, wie nicht anders zu erwarten, durch eine große Goldspende.[84]

Aber Zabergan und die Kutriguren sollten nicht ungestraft davonkommen. Erneut stiftete Justinian Sandil an, gegen die Kutriguren vorzugehen, die versucht hatten, ihre Vettern durch den Krieg gegen die Römer auszustechen. Gegen die Hunnen hatten die Kaiser bisher wenig zu lachen gehabt. Doch in den nun folgenden Stammesfehden zwischen Utiguren und Kutriguren war Justinian der lachende Dritte. Agathias zog ein aufschlussreiches Resümee: Bald schädigten sich die Stämme durch gegenseitige Einfälle und Plünderungen, bald lieferten sie sich regelrechte Schlachten, «bis sie beide ihre Kräfte so verausgabt und sie sich soweit aufgelöst hatten, dass sie sogar ihren traditionellen Stammesnamen verloren. In solches Elend versanken diese Hunnenstämme, dass, wenn von ihnen noch ein Rest blieb, er sich zu anderen in die Sklaverei verstreute und deren Namen annahm».[85]

Dieses Ende war für den Historiker die Strafe für die Verbrechen, die die Hunnen begangen hatten. Zugleich war es der Abgesang auf die gesamte hunnische Geschichte. Denn zuvor schon hatte Agathias in einem Abriss über die Hunnen und ihre Einzelstämme zusammenfassend ausgeführt: Unversehens waren sie eingefallen, hatten die früheren Bewohner vertrieben und ihr Land in Besitz genommen. «Aber sehr lange Zeit sollten sie nicht bleiben, sondern sozusagen mit Stumpf und Stiel untergehen.»[86]

XV

Erinnerung ohne Ende

Der Schlussstrich, den Agathias unter die hunnische Geschichte zog, war etwas zu dick geraten. Dafür sorgten als Erste die Awaren. Auf ihrer Wanderung durch die kasachische Steppe nach Westen waren sie unter Justinian an der Nordgrenze des Oströmischen Reiches angekommen.[1] Die ersten Awaren, die in Konstantinopel erschienen, hielt man für einen weiteren Hunnenstamm. Hatten sie doch denselben Weg zurückgelegt wie die älteren Steppennomaden und unterschieden sich in Tracht und Aussehen nicht allzu sehr von ihnen.[2] Mit ihrer Hilfe vertrieben die Langobarden 567 die Gepiden aus dem Karpatenbecken und aus Pannonien. Während die «Langbärte» 568 nach Italien aufbrachen, besetzten die Awaren zunächst das freigewordene Karpatenbecken. Die Bewohner von Attilas ehemaligem Kerngebiet «Hunnen» zu nennen, lag jetzt erst recht nahe. Auch ihr Verhältnis zum Römischen Reich weckte den bösen Verdacht, bei ihnen müsse es sich um Hunnen handeln.

Denn kaum hatten sich die Awaren in ihrer neuen Heimat eingerichtet, sandte ihr Häuptling Baian, der den Titel Khagan führte, einen Boten samt Dolmetscher zu Justinians Nachfolger Justinus II. (565–578). Man solle ihm Sirmium übergeben, lautete die eine Forderung. Schon Attila hatte ja die Stadt besessen, und zuletzt hatte sie unter der Herrschaft der mit den Awaren verbündeten Langobarden gestanden, nachdem diese ihre zwischenzeitlichen gepidischen Besitzer vertrieben hatten. Noch mehr wird man in Konstantinopel über Baians zweite Forderung verblüfft gewesen sein: Der Kaiser habe ihm die Jahrgelder zu bezahlen, die früher die Kutriguren und Utiguren erhalten hätten. Baian sei nämlich jetzt der Herr der beiden Stämme.

Justinus wird schwerlich von dem durchsichtigen Manöver erbaut gewesen sein, mit dem der Khagan seine Zahlungswilligkeit zu fördern suchte: Er trug ihm die Vaterschaft an und bezeichnete sich als seinen Sohn.[3]

Auch für die Franken waren die Awaren zunächst die Hunnen. Im Jahr 562 hatten sie den merowingischen König Sigibert I. angegriffen, der bei der Reichsteilung des Vorjahres Gebiete südlich der Donau und östlich des Rheins bis nach Thüringen erhalten hatte. Für Gregor von Tours wiederholte sich der Einfall von 451: «Die Hunnen versuchten *wiederum*, nach Gallien zu kommen.»[4] Gregor sprach weiterhin nicht von Awaren, sondern immer nur von Hunnen. Hielt er sich damit an den Sprachgebrauch seines Gönners Sigibert, durch dessen *iudicium* er Bischof von Tours geworden war und in dessen Hauptstadt Reims er die Bischofsweihe empfangen hatte?[5] Bei einem zweiten Zusammenstoß mit den ‹Hunnen› geriet Sigibert in Gefangenschaft, und nur mit beträchtlichen Geschenken gelang es ihm, sich freizukaufen und einen Vertrag mit den Siegern zu schließen.[6]

Am Hof Karls des Großen gingen die Ethnika Hunnen und Awaren nebeneinander her. Die Entwicklung fiel Paulus Diaconus auf, der in seiner «Geschichte der Langobarden» zu den Awaren erklärte: «Sie wurden zuerst Hunnen genannt, später aber nach dem Namen eines einheimischen Königs Awaren.» Paulus unterschied also zugleich zwischen Fremdbezeichnung und Eigenname. Als Historiker benutzte er im weiteren Verlauf nur die Fremdbezeichnung Hunnen. Gelegentlich erwähnte er später einmal «Hunnen oder Awaren».[7]

Karl selbst lehnte offensichtlich das historisierende Ethnikon «Hunnen» ab und blieb stets beim aktuellen Stammesnamen Awaren, etwa im Brief an seine Gemahlin Fastrada vom 8. September 791. Er schrieb ihr während der Rüstung zum Awarenzug und berichtete von dreitägigen geistlichen Vorbereitungen, bei denen gewiss nur von Awaren die Rede war.[8] An diesen offiziellen Sprachgebrauch hielten sich die *Annales regni Francorum*, die sogenannten «Reichsannalen». Seit dem Jahr 782, als erstmals eine Gesandtschaft des Awarenkhagans Karl an der Lippe aufsuchte, kannte die ältere Fassung der Annalen bei den politischen und militärischen Auseinandersetzungen des Königs ausschließlich Awaren. Gegen die Awaren, nicht gegen die Hunnen, zog auch Karls Sohn Pippin, den der Hofkapellan Angilbert in einem Gedicht zu seiner Rückkehr im Jahr 796 begrüßte: Pippin hatte der Awarenherrschaft einen tödlichen Stoß versetzt und den berühmten Awarenschatz in seine Hand bekommen.[9] Erst in den Jahren 805 und 811 wurden in der jüngeren Fassung der Reichsannalen die unterworfenen Awaren zu «Hunnen».[10] Wo der sogenannte Astronomus in der um 840 entstandenen Biographie Ludwigs des Frommen auf die Awarenkriege seines Vaters Karl zu sprechen kam, folgte er allerdings dessen Vorgabe und kehrte zu den Awaren zurück.[11]

Der Kreis der Dichter, Gelehrten und Künstler, den Karl um sich gesammelt hatte, zog dagegen bewusst den älteren Hunnennamen vor. Paulus Diaconus war nur einer von ihnen. Noch bezeichnender war der Westgote Theodulf, der spätere Bischof von Orléans. In einem Gedicht *Auf König Karl* feierte er dessen Sieg über die Hunnen. Er schilderte sie mit Versen, die der Dichter Corippus in einem Gedicht auf den Awarenbezwinger Justinus II. geschrieben hatte, und ersetzte den *Avarus* des Vorgängers durch *Hunnus*.[12] Einhard schloss sich in seiner Lebensbeschreibung Karls, die er nach dessen Tod verfasste, nachdrücklich seinen Freunden an und nicht der älteren Terminologie seines Herrn. Nur bei Karls großem Awarenzug 791 nannte er einleitend die Alternative, der König sei «gegen die Awaren beziehungsweise gegen die Hunnen» (*contra Avares sive Hunos*) ins Feld gezogen. Danach wiederholte er mehrmals hartnäckig das Ethnikon Hunnen.[13]

Jordanes' *Gotengeschichte* und Paulus Diaconus' *Römische Geschichte* vermittelten der gelehrten Hofgesellschaft das historische Wissen über die Hunnen. Karls einflussreicher Berater Alkuin, seit 796 Abt des Martinsklosters in Tours, bat 801 in einem Brief den befreundeten Hofkapellan Angilbert, in Aachen Homer genannt, er möge ihm ein Exemplar des Jordanes schicken.[14] Daneben war die Erinnerung an Attila und seinen Einfall in Gallien im Westfrankenreich lebendig geblieben. Hüter der Erinnerung waren insbesondere die großen karolingischen Bischofssitze, die Opfer der Hunnen geworden waren: Metz, die Grablege der Karolinger, Reims, wo später die karolingischen Könige gesalbt wurden, und Orléans, zu dessen Bischof Karl

798 den ihm befreundeten Westgoten Theodulf ernannte. Attilas tapfere Gegner Bischof Anianus von Orléans und Bischof Lupus von Troyes waren inzwischen zur Ehre der Altäre erhoben worden. Heiligenleben beschrieben ihre Taten, ihre Reliquien wurden verehrt, und die Kirche gedachte ihrer alljährlich an ihrem Fest- oder Todestag.[15] Mancher Bischof bekam nicht nur den Heiligenschein, sondern wurde im Nachhinein zusätzlich zum Attila-Gegner geadelt. Der bekannteste war Bischof Servatius von Tongeren. Da er auf mehreren Synoden des 4. Jahrhunderts bezeugt war, verfiel Gregor von Tours oder ein Vorgänger auf den Ausweg, ihn nach Rom pilgern zu lassen. Er kehrte mit der Prophezeiung des Apostels Petrus zurück und kündigte dem Bischof Iustinus von Metz an, dass die Hunnen in Gallien einfallen werden.[16] Eine spätere Legende, die mit der Chronologie noch großzügiger verfuhr, machte ihn zum Zeitgenossen Attilas.[17] Dasselbe Schicksal widerfuhr der heiligen Ursula. Erst im 10. Jahrhundert fiel sie in Köln den Hunnen in die Hände. Die Barbaren wurden ihrem Ruf gerecht und verschafften der englischen Königstochter und ihren angeblich 11 000 jungfräulichen Begleiterinnen die Märtyrerkrone.[18]

Die breitgestreute legendarische Überlieferung verzweigte sich weiter und führte dazu, dass Attila und die Hunnen auch in die mittelhochdeutsche und skandinavische Sagenwelt gelangten. Im Einzelnen sind die Wege, die sie dabei zurücklegten, trotz einer ausgedehnten Forschung nicht mehr sichtbar. Doch eine Vermittlerrolle dürfte der Hof Karls des Großen gespielt haben, wo die Awaren durch die Hunnen ersetzt wurden und sich so die Zeitspanne zu den historischen Hunnen um fast ein halbes Jahrtausend verkürzte. Karls Geschichtsbewusstsein könnte mitgeholfen haben. Denn «er ließ die barbarischen und uralten Lieder (*barbara et antiquissima carmina*), in denen die Taten und Kriege der früheren Könige besungen wurden, aufzeichnen und sorgte für ihre Überlieferung».[19] Einige seiner gelehrten Freunde werden bei der Suche nach solchem Liedgut mitgeholfen haben, wobei man «barbarisch» nicht zu einseitig mit «germanisch» gleichsetzen sollte. Denn der eine oder andere Sammler, der Jordanes' *Gotengeschichte* gelesen hatte, stieß dort auf das Totenlied für

Attila, das die Taten und Kriege des Königs besang und somit genau Karls Vorgabe entsprach.[20]

Sah man am Hof Karls des Großen Attila noch als historische Persönlichkeit, so wurde sein Name mit wachsendem zeitlichen Abstand zum Mythos. Die Entwicklung begann mit dem lateinischen *Waltharius*, der im 9. oder 10. Jahrhundert in St. Gallen verfasst wurde: Steht zu Beginn des Epos der Eroberer Attila im Mittelpunkt, der im Westen von den bezwungenen Völkern Tribute einfordert, so verlassen er und seine Geiseln Walther, Hagen und Hildegund den geschichtlichen Raum, sobald sie die hunnische Königsresidenz in Ungarn betreten haben. Gelegentlich geht vom Hunnenhof noch eine Spur zurück zu Karls Hof, wenn der Dichter Awaren statt der üblichen Hunnen erwähnt.[21] Notker Balbulus, ein Mitbruder in St. Gallen, war in seinen *Taten Karls des Großen* konsequenter: Karls Gegner in den Awarenkriegen waren stets die Hunnen. Sie blieben es selbst im Mund von Notkers Gewährsmann, der an den Kriegen teilgenommen hatte.[22]

Der *Waltharius* war ein Verbindungsglied zum mittelhochdeutschen Etzel und zum nordischen Atli. Die beiden waren endgültig zu Gestalten der dichterischen Phantasie geworden, die ihre Schöpfer mit Zügen ausstatteten, die sie älteren mündlichen und schriftlichen Erzählungen von sagenhaften Helden entnommen hatten. So entstanden unterschiedliche literarische Bilder des Hunnenkönigs.[23] Manchmal kamen noch Splitter der historischen Überlieferung hinzu. Bekanntestes Beispiel ist das *Nibelungenlied*, das die Niederlage verarbeitete, die die Burgunden gegen die Hunnen im Jahr 436 erlitten hatten.[24] Einfluss auf die Nibelungendichtung könnte auch eine frühe unhistorische Erzählung ausgeübt haben: Als Attila 451 nach Gallien zog, stellte sich ihm der Burgundenkönig Gundicarius entgegen und wurde in einer Schlacht getötet. Doch die Burgunden wohnten damals bereits seit acht Jahren in der Sapaudia und trafen nicht mehr mit Attila zusammen. Den Kern jener älteren Erzählung fasste Paulus Diaconus in einem Satz zusammen: «Und sobald dann Attila im ersten Ansturm Gallien betreten hatte, vernichtete er den Burgundenkönig Gundicarius, der ihm entgegengeeilt war.»[25] Es gibt allerdings auch beachtenswerte Einwände, der Etzel des *Nibelungenlieds* habe mit dem historischen Attila genausowenig zu tun wie Kriemhild, die Hauptheldin des Epos, mit Ildico, der jüngsten Gemahlin des Hunnenkönigs und Augenzeugin seines plötzlichen Todes.[26] Der unbekannte Dichter, der im 13. Jahrhundert den *Rosengarten zu Worms* verfasste, kannte das *Nibelungenlied* und wandelte dessen blutigen Schluss ab: Der Burgundenkönig Gibich wurde nach vielen Kämpfen Attilas Lehnsmann.[27]

Attila hatte in Italien ebenfalls eine lange Nachgeschichte, die an seinen Eroberungszug 452 anknüpfte. Mit der Zeit wurde er auch hier zu einer mythischen Gestalt. Anstöße gaben die Ungarn, die neuen Hunnen, die zwischen 894 und 900 das Karpatenbecken besetzten.[28] Von dort aus unternahmen sie zahlreiche Raubzüge nach Mitteleuropa und fielen seit 898 mehrmals in Italien ein. An Modena scheiterten sie nicht nur wegen seiner starken Mauern. Wie schon gegen Attila schützte der Stadtpatron, der heilige Bischof Geminianus, seine Stadt. Seine zahlreichen Verehrer, die während der Ungarneinfälle noch zunahmen, sahen darüber hinweg, dass er 452 bereits ein halbes Jahrhundert tot war. Zu eindrucksvoll war, was man sich von seiner Begegnung mit Attila erzählte: Als sich die Hunnen Modena näherten, spazierte Geminianus auf der Stadtmauer. Wer er sei, rief ihm Attila zu. Er sei ein Diener Gottes, antwortete Geminianus, worauf der Hunnenkönig erwiderte: «Ich bin Attila, die Geißel Gottes (*flagellum Dei*). Denn ungehorsame Diener, die die Befehle ihres Herrn missachten, werden mit Recht ausgepeitscht und gegeißelt (*flagellantur*).» Geminianus ließ daraufhin die Tore der Stadt öffnen, und ein Wunder geschah: Die Hunnen durchzogen die Straßen wie Blinde und verließen Modena, ohne das Geringste angerichtet oder einem Einwohner ein Haar gekrümmt zu haben.[29]

«Geißel Gottes» wurde danach fast zu einem Titel Attilas. Der Florentiner Historiker Boncompagni schrieb Ende des 12. Jahrhunderts ein *Buch über die Belagerung von Ancona*. Die Stadt hatte sich 1167 und 1174 erfolgreich gegen die Truppen Kaiser Barbarossas gewehrt. Attila war 452 stärker gewesen: «die Geißel Gottes zerstörte die Mauern.»[30] Anders in der Residenzstadt Ravenna: Dort verwickelte der Bischof

Johannes den Belagerer in einen langen Dialog. An dessen Ende zog Attila voller Bewunderung für die Frömmigkeit des Mannes wieder ab. Im 9. Jahrhundert verfasste der Priester Agnellus von Ravenna diesen Dialog in einer Kirchengeschichte seiner Heimatstadt, wo man sich die Tat des mutigen Bischofs erzählte.[31] Hier wie in Modena und Ancona verdrängte man, dass Attila nie den Po überschritten hatte. Doch nach Jahrhunderten war so manche italienische Stadt fast stolz darauf, dass auch ihr der berühmte Hunnenkönig die Ehre gegeben hatte. Ihrer späteren Blüte konnte das nichts mehr anhaben. Eine Ausnahme machte nur das arme Aquileia, das sich nie mehr von der hunnischen Zerstörung erholte. Über seine Ruinen hatte schon ein Gedicht aus der Zeit Karls des Großen in bewegten Versen geklagt.[32] Mittelalterliche Geographen, die in Städtelisten Altinum und Aquileia erwähnten, vergaßen nicht den Zusatz, die Städte seien von Attila zerstört worden.[33] Rührte seine Zerstörungswut daher, dass er von einem Hund geboren wurde, wie das ein unbekannter italienischer Dichter behauptete, der ihn vor Padua scheitern ließ?[34] Gern stellte man «die Geißel Gottes» im Mittelalter und noch im 19. Jahrhundert mit Teufelshörnern dar.

Der größte Gegner, auf den Attila in Italien gestoßen war, blieb Papst Leo I. Vor ihm stieg der Hunne vom Pferd, warf sich ihm zu Füßen und ließ auf seine Bitten alle Kriegsgefangenen frei, bevor er aus Italien abzog. «Der Triumphator des Erdkreises wurde von einem Priester besiegt», verkündete er selbst seinen Soldaten. Dazu erklärte er, zur Rechten des Papstes habe er einen mächtigen Krieger mit gezücktem Schwert gesehen, der ihm gedroht habe: «Wenn du diesem nicht gehorchst, wirst du mit den Deinen untergehen.» Jacobus de Voragine nahm diese Szene in seine *Legenda aurea* auf, die er zwischen 1263 und 1267 verfasste. Hinter ihr ahnt man den Investiturstreit und den Gang nach Canossa von 1077 mit Leo als Gregor VII. und Attila als Kaiser Heinrich IV. Die *Goldene Legende* wurde zum populären Volksbuch, das sich in ganz Europa verbreitete.[35]

Für Raffael war die Erzählung der *Legenda aurea* zu weit von der Wirklichkeit entfernt, als er 1511 bis 1514 in der Stanza di Eliodoro des Vatikans die Begegnung zwischen Papst und Hunnenkönig

Raffael, Die Begegnung zwischen Papst Leo I. und Attila 452

malte. Sein Attila bleibt als zentrale Gestalt in der Bildmitte auf seinem Rappen sitzen, während Leo auf einem Schimmel von links ins Bild reitet.

Erst recht hatten bald darauf die Humanisten für die Legende über Leo und Attila nur noch ein Lächeln übrig. Denn im Jahr 1515 gab der Augsburger Konrad Peutinger in seiner Vaterstadt den Erstdruck von Jordanes' *Gotengeschichte* heraus, dem bis zum Ende des Jahrhunderts in Basel, Paris, Lyon und Leiden sieben weitere Drucke folgten.[36] Im Jahr 1603 veröffentlichte Peutingers Landsmann David Hoeschel ebenfalls in Augsburg die erste gedruckte Ausgabe der *Exzerpte über die Gesandtschaften* des Konstantinos Porphyrogennetos und machte so Priscus leichter zugänglich. Vier Jahre später setzte er seine Arbeit mit den acht Büchern des Procopius *Über die Kriege* fort. Lateinische Übersetzungen des *Gotenkrieges* waren schon 1441 und 1481–1483 in Italien erschienen. Nachdrucke von Hoeschels Ausgabe des Konstantinos erschienen 1648 im Pariser *Corpus Byzantinae Historiae* und 1729 in einem weiteren *Corpus Byzantinae Historiae* in Venedig.[37] Attila und die Hunnen konnten nun Gegenstand der neuzeitlichen Dichtung und Geschichtsschreibung werden.

In Paris wurde 1667 Pierre Corneilles Drama *Attila, König der Hunnen* uraufgeführt. Französische Historiker boten ihm eine Vorlage. Im Vorwort bemerkt der Dichter, er habe sich bei Attilas Todesursache für dessen Nasenbluten entschieden und gegen die Überlieferung des Marcellinus Comes, nach der Ildico («Ildione») den König in der Hochtzeitsnacht ermordet habe. Bei Corneille stirbt der König, noch bevor die Neuvermählte ihren Mordplan ausführen kann. Für den Schauplatz der Handlung, die Residenz Attilas nach der Niederlage auf den Katalaunischen Feldern, könnte sich Corneille Anregungen von Priscus' ausführlichem Bericht geholt haben. Greifbarer ist bei ihm Jordanes, der die wichtigsten Dramatis Personae bietet: neben Attila und Ildione ihre Gegenspielerin Honoria sowie den Gepidenkönig Ardaricus und den Gotenkönig Valamir. Die Struktur des Stückes, die Psychologie der Charaktere und die Verwicklungen zwischen ihnen haben von der zeitgenössischen bis zur heutigen Kritik viel Zustimmung gefunden, trotz ungünstiger Urteile wie dem Voltaires.[38]

Als Montesquieu im Jahr 1734 seine *Betrachtungen über die Gründe für die Größe der Römer und für ihren Niedergang* veröffentlichte und im 19. Kapitel zu Attila kam, hatte er Priscus und Jordanes gründlich gelesen und zitierte einzelne Sätze wörtlich. Priscus nannte er sogar einmal mit Namen. Dem Kapitel 19 gab er drei Untertitel: «Größe Attilas; Ursache für die Ansiedlung der Barbaren; Gründe, warum das Westreich als erstes niedergeworfen wurde.»[39] Die Untertitel warfen sofort ein Licht auf Attilas historische Bedeutung: Seine Größe löste zumindest im Westen die Größe Roms ab, von der Montesquieu bisher gehandelt hatte. Nach einleitenden Bemerkungen zu der alten Streitfrage, ob die Christen oder die Heiden am Niedergang Roms schuld seien, schob er das Thema beiseite und nannte den für ihn entscheidenden machtpolitischen Grund: Früher habe Rom alle ihm verdächtigen Mächte auseinanderdividiert. Das sei ihm bei Attila nicht mehr gelungen. Rom musste hinnehmen, dass er im Norden von der Donau bis zum Rhein alle Völker seiner Herrschaft unterwarf, die Befestigungen links und rechts der beiden Flüsse zerstörte und beide Reichsteile tributpflichtig machte. Einzelheiten ersparte sich Montesquieu, um mit Priscus Attilas «unverschämtes» Urteil über Theodosius II. vorzutragen: Der Kaiser, Sohn eines edlen Vaters, habe seinen Adel verloren, sei mit den Tributzahlungen Attilas Sklave geworden und habe wie ein bösartiger Sklave seinem Herrn eine Falle gestellt. Außerdem sei er ein Lügner, der sein Versprechen, einem Untertanen Attilas eine Frau zu geben, gebrochen habe.[40]

Eigenständig war Montesquieus anschließende Beobachtung, Attila habe bisheriger hunnischer Politik folgend immer nur das Ziel gehabt, Völker zu «unterwerfen» (*soumettre*), nicht «einzunehmen» (*conquérir*). Daher habe er Rom fortbestehen lassen und sich mit der Herrschaft über Barbarenvölker begnügt. Ein Reich wie das Römische gründen wollte er also nicht. Trotzdem kam Montesquieu zu dem Schluss: «Er war einer der großen Monarchen, von denen die Geschichte berichtet hat.» Das klang nach dem Totenlied für Attila, den «Alleinherrscher skythischer und germanischer Reiche», und nach seiner politischen Taktik, die Römer dauernd in Schrecken zu versetzten (*un trafic continuel de la frayeur des Romains*).

Ein Bild von Attilas Hofleben und seinem Charakter folgte, bei dem Montesquieu wieder Priscus auswertete: «Er wurde von seinen Untertanen gefürchtet, aber offensichtlich nicht gehasst. Unbändig stolz und zugleich verschlagen, flammend in seinem Zorn, aber klug genug zu verzeihen oder die Strafe so lange aufzuschieben, bis sie ihm von Nutzen war, niemals Krieg führend, wenn der Friede ihm größeren Vorteil einbrachte, treu unterstützt selbst von Königen, die von ihm abhängig waren, hat er für sich allein die alte Einfachheit hunnischer Sitten bewahrt.»

Schließlich die Ereignisse nach Attilas Tod, die unausgesprochen seine historische Bedeutung hervorheben und Montesquieus Hauptthema berühren, den Niedergang Roms: Alle Barbarenvölker, die dem Hunnenkönig unterstanden hatten, strebten auseinander, und Rom war so schwach, dass selbst das Kleinste ihm zu schaden vermochte. Montesquieu gab noch einmal einen Überblick über Roms Verhältnis zu den anderen Völkern und beendete das Kapitel mit seiner Kernthese: Die Stadt stieg auf, weil sie das unbegreifliche Glück hatte, die anderen Völker eines nach dem anderen besiegen zu können. «Rom wurde vernichtet, weil alle Völker es auf einmal angriffen und überall eindrangen.»

Montesquieus Attila erhielt hohes Lob von Edward Gibbon.[41] Im zweiten Band seiner *Geschichte des Niedergangs und Falls des Römischen Reiches*, den er 1781 fertigstellte, widmete er in den Kapiteln 34 und 35 Attila und seinen Eroberungen eine breite Darstellung, während der Vorgänger lediglich «mit einer kühnen und eleganten Feder einige der bemerkenswertesten Gegebenheiten zum Stolz Attilas und zur Schmach der Römer herausgearbeitet hat». Anerkennenswert sei auch, dass Montesquieu die bisher vernachlässigten Fragmente des Priscus herangezogen habe. Auch Gibbon bediente sich gern bei Priscus. Über mehrere Seiten erzählte er dessen Gesandtschaftsreise zu Attila nach sowie den Giftanschlag, der in Konstantinopel ausgeheckt worden war und der so kläglich scheiterte.[42] Wie der Franzose empörte sich der Engländer über die hohen Zahlungen, mit denen sich der schwache, dem Luxus ergebene Kaiser Theodosius II. seinen Frieden erkauft habe. Es war ein Vorwurf, der auch anderen Kaisern gemacht wurde, keinem heftiger als Justinian I., mit dem Procopius in der *Geheimgeschichte* abrechnete.[43] Als Theodosius den Vertrag vergoldete, den Anatolius und Nomus 449 mit Attila schlossen, rutschte es Gibbon heraus: Mit dem Geld, das der Kaiser durch drückende Steuern aus seinen Untertanen herauspresste, hätte man einen tapferen und erfolgreichen Krieg führen können.[44] Mit besonderer Hochachtung verweilte er bei dem Widerstand, den die kleine Festung Azimus oder Azimuntium Attilas Hunnen geleistet hat, und er kam zu dem Schluss, der einen weiteren Vorwurf gegen Theodosius enthielt: «Jeder Soldat, jeder Staatsmann muss zugeben, dass wenn die Haltung der Azimuntier gefördert und verbreitet worden wäre, die Barbaren aufgehört hätten, auf der Majestät des Reiches herumzutrampeln.»[45] Hier sprach der britische Offizier. Gibbon hatte nämlich während des Siebenjährigen Kriegs, in dem England die Invasion Frankreichs abwehrte, vier Jahre lang, von 1759 bis zum Frieden von Fontainebleau 1763, als Kapitän der Miliz von Hampshire gedient.

Auch nach Attilas Zügen gegen Gallien und Italien, die Gibbon im

Kapitel 35 ausführlich nacherzählt, ist der Verfasser nicht bereit, dem Hunnen die historische Größe zuzubilligen, die ihm Montesquieu bestätigt hat. Zurückhaltend schloss er nach dem Tod des Königs: «Die Umwälzung, die das Hunnenreich zerstörte, schuf den Ruhm Attilas, dessen *genius* allein das riesige und disparate Gebilde zusammengehalten hatte.»[46] Im Englischen des 18. Jahrhunderts bedeutete *genius* wenig mehr als eine besondere Fähigkeit. Für Gibbon war Attila zu Lebzeiten kein Genie. Erst der tote Attila wurde ein Genie, aber das nur, wenn man ihn mit seinen Söhnen verglich, die nicht bewahren konnten, was er geschaffen hatte.

15 Jahre später schien in Italien Attila wiedererstanden zu sein. Nicht der Attila der frommen Legenden, der vor Papst und Bischöfen niedergekniet war, sondern der Hunnenkönig, der 452 in Italien eingefallen war, rauchende Städte und Dörfer hinter sich ließ und Tausende von Toten auf dem Gewissen hatte wie der neue Attila: Napoleon Bonaparte. Am 2. Februar 1796 waren hoffnungslos unterlegene päpstliche Truppen am Senio zwischen Imola und Faenza von der ‹gottlosen› französischen Revolutionsarmee geschlagen worden. Da mehrere Priester mitgekämpft hatten und gefallen waren, fürchtete Napoleon, dass Papst Pius VI. und der italienische Klerus einen Propagandafeldzug beginnen würden, der ihn als Attila brandmarkte. Die Absicht war ihm zu Ohren gekommen. Als er daher kurz darauf in Faenza vor eine Versammlung von Klerikern trat und den Erzabt der Kamaldulenser erblickte, fuhr er auf ihn los: «Sagt dem Papst, dass Bonaparte kein Attila ist; doch sollte er ein Attila sein, sagt ihm, er solle daran denken, dass er der Nachfolger Leos ist.»[47] Papst Leo I. war zu Attila gegangen, während Pius VI. daran dachte, vor Napoleon aus Rom zu fliehen.

Für seine Gegner blieb Napoleon Attila, und Jean Paul belegte ihn 1808, nachdem er ganz Deutschland unter seine Herrschaft gebracht hatte, mit dem alten Attribut des Hunnen: «Geißel Gottes».[48] Der Attila Napoleon war ein Hohn auf die historische Ahnenreihe, die sich der Kaiser Napoleon zulegte und die bis zum Merowingerkönig Childerich, dem Vater Chlodwigs, zurückreichte.[49] Nach seiner Abdankung 1813 spottete der Schriftsteller und Politiker Benjamin Constant, um Frankreichs öffentliche Meinung gegen ihn zu mobilisieren: «Der Mann des Schicksals, der Attila unserer Zeit, er, vor dem die Erde verstummte, verstand nicht, zu sterben.»[50] Der Hass Constants auf Napoleon dauerte allerdings nur so lange, bis dieser von der Insel Elba zurückkehrte und ihn am 22. April 1815 zum Staatsrat ernannte. Fast mit einer gewissen Befriedigung vermerkte der verbannte Napoleon selbst in einem der vielen Gespräche, die er auf St. Helena mit seinem Kammerherrn Emmanuel Comte de Las Cases führte und die sein Chronist später veröffentlichte, man habe ihn «den modernen Attila, den Robespierre zu Pferd» genannt.[51] Noch 1880 wiesen für den französischen Dichter und Schriftsteller Henri de Bornier die Karrieren von Attila und Napoleon ähnliche Züge auf.[52]

Die Bewunderung für den Großen Mann, die für das 19. Jahrhundert so bezeichnend war und Jacob Burckhardt in seinen sogenannten *Weltgeschichtlichen Betrachtungen* zu tiefgründigen Betrachtungen über historische Größe veranlasste, ging auch an Attila nicht vorbei.[53] Mythos und Geschichtsschreibung kamen zusammen und befruchteten Dichtungen und Erzählungen, Romane und Dramen.[54] Komponisten schufen Opern, von denen Giuseppe Verdis *Attila* von 1846 die bekannteste wurde. Als Vorlage für das Libretto diente Zacharias Werners Drama *Attila, König der Hunnen* von 1808. Beethoven trug sich ebenfalls mit dem Gedanken, eine Oper nach Werners Schauspiel zu komponieren.[55] Szenen aus dem Leben des Hunnenkönigs reizten auch die bildende Kunst.[56]

Eine eigene Nachgeschichte hatten Attila und die Hunnen in Ungarn. Ausgangspunkt waren im 9. und 10. Jahrhundert die Einfälle der Ungarn, die von den Zeitgenossen «Hunnen» genannt wurden. Diesen Faden nahm die ungarische Geschichtsschreibung im Hochmittelalter auf. Der unbekannte Verfasser, der dem ungarischen König Bela III. (1173–1197) die *Gesta Hungarorum* widmete, stellte eingangs eine Genealogie auf, die von Japhet, dem Sohn des biblischen Noah, über Magog zu Moger ging. Von dessen Geschlecht stammte «der hochberühmte und mächtigste König Athila ab», der im Jahr 451 nach Pannonien kam, die Römer verjagte und sich ein Königreich errichtete. Von Magogs Geschlecht leiteten über dessen Nachkom-

Die Hunnen plündern ein gallo-römisches Dorf. Illustration aus einem französischen Schulbuch, Straßburg 1936

men Ugek und Almus auch die ungarischen Könige und Herzöge ihre Herkunft ab.[57] Diese Konstruktion ging auf Gottfried von Viterbo zurück, den Hofkapellan und Notar Friedrich Barbarossas, der auf seinem Kreuzzug 1189 eine herzliche Begegnung mit Bela in Ungarn hatte.[58]

Der Historiker Simon de Keza, der unter König Ladislaus IV. (1272–1279) *Gesta Hungarorum* schrieb, machte den großen Jäger Nimrod – hier Menroth – aus dem Alten Testament zum Stammvater der Ungarn. Nimrod zeugte mit seiner Frau Eneth die Söhne Hunor und Mogor, «von denen die Hunnen oder Ungarn abstammen».[59] «Attila» wurde später die ungarische Nationaltracht genannt. Sie gab ihren Namen an den Uniformrock der k. u. k. Husaren weiter, der Vorbild für die Uniformen anderer europäischer Armeen wurde.

In der ungarischen Literatur des 17. und 18. Jahrhunderts schwankte das Bild Attilas zwischen dem wilden heidnischen Tyrannen und dem vorbildlichen christlichen Staatsmann. Wer Phantasie genug hatte, ließ die ungarischen Hunnen auch schon einmal zu weltweiten frühgeschichtlichen Migranten werden, die den menschenleeren nordamerikanischen Kontinent besiedelten. Die nationale Bewegung des 19. Jahrhunderts verwies sie dann doch wieder lieber auf ihre Heimat im Fernen Osten, weg von den Habsburgern.[60]

Für viele Franzosen wurden die Preußen und ihr Attila Bismarck zu hunnischen Räubern, die nach dem Krieg 1870/71 Frankreich das Elsaß und Lothringen wegnahmen. Nach Bismarcks Entlassung 1890 folgte gleich der nächste Attila, Kaiser Wilhelm II. Revanchismus und

Antigermanismus in Frankreich fühlten sich an Attilas Einfall in Gallien erinnert, schöpften aber auch Hoffnung aus dem Sieg, den der lateinische Westen auf den Katalaunischen Feldern gegen den barbarischen Osten errungen hatte. Der Dichter Victor de Laprade begleitete die verbreitete deutschfeindliche Propaganda 1873 mit den melancholischen Versen: «Wie Blumen pflücken und ein Fest feiern auf einem Boden, den die Füße der Barbaren zertrampelt haben?» Dann der historische Rückblick: Die Horden Attilas haben in das verhöhnte Frankreich den Schrecken gebracht und die Krieger der alten Zeiten wachgerufen. Am Schluss die Aufforderung an die Landsleute, Barbaren wie sie zu werden und den Hass bis aufs äußerste zu pflegen.[61]

Attila und die Hunnen waren in Frankreich zugleich die Antwort auf die säbelrasselnde Verherrlichung der Nibelungen in Deutschland, wo das *Nibelungenlied* zum deutschen Nationalepos stilisiert wurde.[62] Der Boden war bereitet, auf dem im 20. Jahrhundert Attila und die Hunnen erneut als politische Waffe eingesetzt werden konnten und noch heute eingesetzt werden. Das erste Kapitel «Attila aktuell» hat das gezeigt.

Dank

Zu danken habe ich meinen Kollegen vom Institut für Geschichte der Universität Bonn, die dem Emeritus trotz knapper Finanzen Hilfskraftstunden abgegeben haben. So konnte ich Frau Sandra Otto bitten, eine Computerfassung meines Manuskripts zu erstellen, wobei sie von Frau Edelgard Pfeiler, meiner ehemaligen Sekretärin, unterstützt wurde. Herr Daniel Piontzik hat mich mit Literatur aus der Bonner Universitäts- und Landesbibliothek und aus verschiedenen Universitätsinstituten versorgt. Er hat zusammen mit meinem ehemaligen Assistenten Dr. Jörg Fündling (Aachen) Korrektur gelesen und die Zitate überprüft. Mitgeholfen hat Herr Michael Meurer. Auch ihnen gilt mein Dank, ebenso meiner Frau. Als Letztem danke ich Herrn Dr. Stefan von der Lahr vom Verlag C.H.Beck, obwohl er der πρῶτος κινῶν, der erste Beweger des Buches gewesen ist. Seine Erfahrung, die Liebe zu seinem Beruf und die Mithilfe von Frau Andrea Morgan kamen meinem «Attila» zugute.

Die Zitate aus den griechischen und lateinischen Quellen und aus der modernen fremdsprachigen Literatur habe ich übersetzt.

Bonn, im November 2015 Klaus Rosen

Anmerkungen

I. Attila aktuell

1 L. Canali, Fermare Attila. La tradizione classica come antidoto all'avanzata della barbarie, Mailand 2009.

2 Die Einnahme Löwens und die Vernichtung seiner Bibliothek: W. Schivelbusch, Die Bibliothek von Löwen. Eine Episode aus der Zeit der Weltkriege, München – Wien 1988. Der deutsche Text von Rollands Brief: H.-A. Walter, Romain Rolland schreibt zweimal nach Deutschland 1914. 1933, und G. Hauptmann, K. Wolfskehl, F. Gundolf, R. G. Binding, W. v. Scholz, G. Kolbenheyer antworten, Berlin 1967.

3 Schivelbusch, ebd. 28.

4 Walter, ebd. 10–11.

5 Zur Entstehung und Wirkung des Manifests ausführlich: J. von Ungern-Sternberg – W. von Ungern-Sternberg, Der Aufruf ‹An die Kulturwelt!›. Das Manifest der 93 und die Anfänge der Kriegspropaganda im Ersten Weltkrieg, Menschen und Strukturen. Historisch-Sozialwissenschaftliche Studien 21, Frankfurt a. Main 2013^2. Ein Faksimile des Aufrufs: ebd. 209–212.

6 H. Roland – M. Beyen – G. Draye (Hgg.), Deutschlandbilder in Belgien 1830–1940, Studien zur Geschichte und Kultur Nordwesteuropas 22, Münster u. a. 2011, 454.

7 Roland u. a., ebd. 295.

8 Der originale Text und die revidierte Fassung: B. Sösemann, Die sog. Hunnenrede Wilhelms II. Textkritische und interpretatorische Bemerkungen zur Ansprache des Kaisers vom 27. Juli 1900 in Bremerhaven, Historische Zeitschrift 222, 1976, 342–358.

9 Th. Heuss, Friedrich Naumann. Der Mann, das Werk, die Zeit, Stuttgart – Tübingen 1949^2, 123–124.

10 Wiederabgedruckt in: R. Kipling, The Complete Verse, London 2006, 262–263.

11 A. Dorchain, Pierre Corneille, Paris 1918, 406–407. Das Zitat des Schriftstellers und Dichters bei May, Attila *Redivivus* 103. Die vollständigen Angaben zu allen nur mit Verfassernamen und Kurztitel zitierten Aufsätzen und Monographien finden sich im Literaturverzeichnis.

12 Th. F. Schneider – H. Wagener (Hgg.), »Huns« vs. »Corned Beef«. Representation of the Other in American and German Literature and Film on World War I, Schriften des Erich Maria Remarque-Archivs 21, Göttingen, 2007.

13 Zitiert nach J. Man, Attila the Hun. A Barbarian King and the Fall of Rome, London u. a. 2006^2, 374.

14 Der englische Text zitiert von H. Scherf, John Maynard Keynes (1883-1946), in: J. Starbatty, Klassiker des ökonomischen Denkens I-II, Hamburg 2012, II 288.
15 F. Aschau, Die Weltbühne 20, Erstes Halbjahr 1924, Nachdruck Königstein/Ts. 1978, 742–743.
16 E. Jäckel - A. Kuhn, Hitler. Sämtliche Aufzeichnungen 1905–1924. Quellen und Darstellungen zur Zeitgeschichte 21, Stuttgart 1980, 371; ferner 382; 414; 577; 641.
17 W. Hubatsch, Hitlers Weisungen für die Kriegführung 1939–1945. Dokumente des Oberkommandos der Wehrmacht, Bonn 2000, 79–81.
18 P. Mermet - Y. M. Danan, Les thèmes de propagande après le 22 juin 1941, Revue d'histoire de la deuxième guerre mondiale 16, 1966, 49.
19 M. Domarus, Hitler. Reden 1932 bis 1945, Band 2,2: Untergang 1941–1945, Wiesbaden 1973, 1918–1919.
20 H. Picker, Hitlers Tischgespräche im Führerhauptquartier, Stuttgart 1977^{3}, 209.
21 Picker, ebd. 493.
22 Picker, ebd. 246.
23 Picker, ebd. 95.
24 E. Fröhlich (Hg.), Die Tagebücher von Joseph Goebbels, Teil II, Band 7, München u. a. 1993, 289.
25 Domarus, ebd. 2000.
26 Domarus, ebd. 2004.
27 D. Segal, Echoes of Attila in Twentieth-Century Russia, in: Bäuml - Birnbaum, Attila 116.
28 P. Hartmann - St. Schmitz, Kölner Stämme. Menschen - Mythen - Maskenspiel, Köln 1991.

II. Sturm über Europa

1 Ambrosius, Kommentar zum Lukasevangelium 10,10 (CCL 14, 348). *Kämpfe und Nachrichten von Kämpfen* ist ein Zitat aus Matthäus 24,6. Abkürzungen der Textausgaben werden im Abkürzungsverzeichnis S. 300-301 aufgelöst.
2 Rufinus, Kirchengeschichte 11,13.
3 Ambrosius, Über den Glauben für Kaiser Gratian 2,16,137 (CSEL 78, 104–105) zu Ezechiel 38,15.
4 Hieronymus, Brief 60,16; 77,8.
5 Eunapius, Fragment 41.
6 Ammianus Marcellinus 31,5,10. Zu seinem Grundsatz, nur die *summitates* zu berichten, Rosen, Ammianus Marcellinus 57; 138.
7 Ammianus Marcellinus 31,5,11.
8 Ammianus Marcellinus 31,5,12–13.
9 Das ewige Rom: *victura, dum erunt homines, Roma* (ebd. 14,6,3); *victura ... Roma* bedeutet auch das Rom, das siegen wird. Ammianus benutzte bewusst das gleichlautende Futurpartizip von *vivere* und *vincere*, leben und siegen: Rosen, Wege und Irrwege der römischen Gothenpolitik 86.

10 Sozomenus, 6,37,3. Zum Sitz der Hunnen am Maeotissee: Jordanes 39,206 (in einer literarischen Feldherrnrede Attilas vor der Schlacht auf den Katalaunischen Feldern im Jahr 451); Procopius, Gotenkrieg 4,5,4–5; Agathias 5,11,2. Nach einem Bittgebet des katholisch gewordenen Frankenkönigs Chlodwig zeigte eine Hirschkuh ihm und seinem Heer eine Furt über die vom Regen angeschwollene Vienne und ermöglichte so 507 den Sieg über die arianischen Westgoten in der bedeutenden Schlacht von Vouillé: Gregor von Tours, Zehn Bücher Geschichten 2,37.
11 Aischylus, Gefesselter Prometheus 700–741.
12 Strabo 7,4,8,312.
13 Jordanes 24,123–124, wo Priscus genannt wird; Sozomenus 6,37,4–5; Procopius 4,5,8–11; Agathias 5,11,3.
14 Zu Sagen mit wegweisenden Tieren im eurasischen Raum: Maenchen-Helfen, Die Welt der Hunnen 445,2.
15 Jordanes 24,124; Procopius 4,5,9.
16 Philostorgius 9,17.
17 Jordanes 24,121–124; Procopius 4,5,9. Zu den *haliurunnae* und der ursprünglichen gotischen Wortform *haliarunae*: N. Wagner, Anzeiger für deutsches Altertum und deutsche Literatur 85, 2, 1974, 68.
18 Priscus 8,146; Jordanes 35,183.
19 Ammianus Marcellinus 31,2,23.
20 Ammianus Marcellinus 31,1–2,1.
21 Ammianus Marcellinus 21,1,9; 13.
22 W. Ensslin, Zur Geschichtsschreibung und Weltanschauung des Ammianus Marcellinus, Klio Beiheft 16, 1923, Nachdruck 1971, 83–96.
23 Lukas 21,11; vgl. Matthäus 24,7; Markus 13,8.
24 Philostorgius 11,8.
25 Philostorgius 10,9. W. Gundel, Kometen, RE 11,1 (1921/1966), 1189–1190.
26 Philostorgius 11,7.
27 Hieronymus, Brief 107,2.
28 Prudentius, Apotheosis 430–432.
29 Prudentius, ebd. 421–448. Kritische Bestandsaufnahme zum Thema Hunnen und Christentum: Maenchen-Helfen, Die Welt der Hunnen 190–194.

III. Wer waren die Hunnen?

1 Nach dem Weltbild des im 2. nachchristlichen Jahrhundert lebenden Geographen Claudius Ptolemaeus lag für die Anrainer des Mittelmeers das Land jenseits des Schwarzen Meeres und des Maeotissees nicht im Osten, sondern im Norden: H. Kiepert, Formae orbis antiqui, Nachdruck Rom 1996, Tafel 36: Orbis terrarum secundum Cl. Ptolemaeum.
2 Sidonius Apollinaris, Gedicht 7, 319–321.
3 Ein anonymes Exzerpt von Poseidonius' Klimatheorie, die er in einem verlorenen Werk entwickelt hat, findet sich bei Vitruvius, Zehn Bücher über Architektur 6,1,1–12. K. Schmidt, Kosmologische Aspekte im Geschichtswerk des Poseidonios, Hypomnemata 63, 1980, 26–27. Poseidonius' Vorläufer sind der

Verfasser der pseudohippokratischen Schrift Über Lüfte, Wasser und Orte sowie Plato (Politeia 4,435 e) und Aristoteles (Politik 7,7,1327 b 23–28; Problemata 12,910 a 28–30; 14,999 b 9–24).

4 Dauge, Le barbare 468.

5 Theodoretus, Kommentar zu den Psalmen 17,14–15, PG 80,977.

6 Herodot 4,16.

7 Ephorus, F. Jacoby, FGrHist 70, F 158,1. Strabo 11,2,2,493.

8 Homer, Ilias 13,5–6. Strabo 7,3,7,300; 7,3,9,302 zitiert der Geograph dazu neben Ephorus den Dichter Hesiod aus dem 7. Jahrhundert v.Chr.; vgl. Herodot 4,2; Columella, Über die Landwirtschaft 7,2.

9 Strabo 11,6,4,508.

10 Symmachus, Rede 1,2, MGH AA 6, 1, 319.

11 Dionysii Orbis Descriptio 730, in: Müller, GGM 2, 149.

12 Ptolemaeus 3,5,25.

13 Vgl. S. 34.

14 Marciani Heracleensis Periplus Maris exteri 38, in: Müller, GGM 1, 559.

15 Ammianus Marcellinus 22,8,31.

16 Ammianus Marcellinus 31,2,1.

17 Thukydides 1,23,5–6.

18 Herodot 4,6,1–2; 11,1–2; 4,19.

19 Zosimus 4,20,3 nach Eunapius. Die Königsskythen: Herodot 4,20,1–2; 22,3; 56–57; 59,1; 71,2.

20 Hieronymus, Brief 77,8.

21 Ovid, Tristien 3,12,51.

22 Andreas von Caesarea, PG 106,416 B zur Geheimen Offenbarung 20,8.

23 A. Herrmann, Massagetai, RE 14,2 (1930/1966), 2123–2130.

24 Ammianus Marcellinus 23,5,16; 31,2,12. Procopius, Bd. 4: Index nominum 277.

25 Herodot 4,23,1–2.

26 W. W. How – J. Wells, A Commentary on Herodotus 1, Oxford 1912, Nachdruck 1964, 310.

27 Zosimus 4,20,3. F. Paschoud, Quand parut la première édition de l'*Histoire* d'Eunape?, Bonner Historia-Augusta-Colloquium 1977/1978, Bonn 1980, 154–155 = ders., Eunape, Olympiodore, Zosime, Scripta minora, Bari 2006, 98.

28 Orosius 1,2,45.

29 Ptolemaeus, Geographica 6,16,6. A. Herrmann, Ottorokorrai, RE 18,2 (1942/1968), 1888–1889.

30 Orosius 7,33,10.

31 Parzinger, Die frühen Völker Eurasiens 762–771.

32 Parzinger, ebd. 741–750.

33 Eine Übersicht bietet Parzingers Beilage III.

34 De la Vaissière, Huns et Xiongnu (vgl. unten Anmerkung 41). Pritsak, The Hunnic Language 470, Anmerkung 230 gegen Doerfer, Zur Sprache der Hunnen.

35 Dionysius, GGM 2, 666–678.

36 F. Schlütz – F. Lehmkuhl, Climatic change in the Russian Altai, southern Siberia, based on palynological and geomorphological results, with implications for climatic teleconnections and human history since the middle Holocene, Vegetation History and Archaeobotany 16, 2007, 101–118.

37 M. McCormick u. a., Climate Change during and after the Roman Empire: Reconstructing the Past from Scientific and Historical Evidence, Journal of Interdisciplinary History 43, 2, 2012, 190; Lamb, Climate, history and the modern world 151–153.

38 Kim, The Huns 36

39 Parzinger, ebd. 751–755.

40 Tomka, Zwischen Hsiung-nu und Hunnen aus archäologischer Sicht, in: Historisches Museum der Pfalz, Hunnen zwischen Asien und Europa; A. Koch, Hunnisches in Xinjiang? Überlegungen zum europäisch-asiatischen Kulturaustausch an der Wende zum Mittelalter, in: Historisches Museum der Pfalz, Attila 135–145; Schmauder, Die Hunnen 50–52; ferner Sinor, The Cambridge History of Early Inner Asia 177–178. Vgl. dagegen Schäfer, Untersuchungen 40–51 mit der Forschungsgeschichte. Zu de la Vaissière, dem derzeit energischsten Vertreter einer gemeinsamen Herkunft von Hunnen und Xiongnu, bemerkt Beckwith, Empires of the Silk Road 404, 51: «... there unfortunately remain many problems that he does not resolve. Most significantly, he does not discuss the phonology of the Chinese transcription. But this is after all the key issue.»

41 Wenskus, Stammesbildung 61–62; 99–100. E. de la Vaissière, The Steppe World and the Rise of he Huns, in: Maas, The Cambridge Companion to the Age of Attila 178–182; 190–191: Unabhängig von der Frage der gemeinsamen Abstammung ist «Xiongnu» die chinesische Transkription von «Hunnen», wobei dieses Ethnikon ursprünglich keine generische Bezeichnung, sondern ein individueller Stammesname gewesen sei.

42 Agathias 5,11,2.

43 Ammianus Marcellinus 31,2,17.

44 Ammianus Marcellinus lehnt sich an Sallust, Jugurthinischer Krieg 18,12 an; vgl. den Kommentar von E. Koestermann, Heidelberg 1971, 94. Die Übertragung und Ausbreitung eines Ethnikons von einer kleineren Gruppe auf einen größeren Verband kam auch sonst häufig vor: Norden, Die germanische Urgeschichte 318–351; Wenskus, Stammesbildung 63–75.

45 Bóna, Das Hunnenreich 30; Anke, Studien 148.

46 Primärstamm: Wenskus, Stammesbildung 18; 247–248; 573. Hegemonialstamm: Schramm, Ein Damm bricht 114–115.

47 Pritsak, The Hunnic Language; ders., Stammesnamen und Titulaturen der Altaischen Völker, Ural-Altaische Jahrbücher 24, 1952, 51–52.

48 Herodot 4,20,2; 22,3; 56; 57; 59,1; 71,2. Strabo 7,3,17,306; Ptolemaeus 5,9,16. Die königlichen Hunnen, gern königliche Skythen genannt: Priscus 1.1,2 u. ö.; Zosimus 4,20,3.

49 Priscus 8,94; 170; 172.

50 Herodot 4,24.

51 Strabo 11,4,6,503.

52 O. Pritsak hat mit Recht seiner grundlegenden Untersuchung den Titel gegeben: «The Hunnic Language of the Attila Clan». Die Sprachen der anderen Hunnenstämme sind unbekannt.

53 Mehr noch als die Abstammung der Hunnen ist ihre Sprache ein Feld für scharfe Auseinandersetzungen. Man vergleiche die Replik von Pritsak, The Hunnic Language 470, 230 auf Doerfer, Zur Sprache der Hunnen, oder die Diskussion in: Popoli delle steppe 209–212.

54 Die Hephthaliten: A. Lippold, RE Supplementband 14 (1974), 127–137. Die Chioniten: Ammianus Marcellinus 16,9,4; 17,5,1; 18,6,22; 19,1,7; 2,1; 3;6.

55 Procopius, Perserkrieg 1,3,1–5.

56 Dazu der kritische Apparat bei Müller, GGM 2,149.

57 Wolfram, Goten, Register 579.

58 Synesius, Über das Königtum 15 (16); vgl. ders., Ägyptische Erzählungen oder Über die Vorsehung 2,2.

59 Ammianus Marcellinus 30,2,6; 31,2,20.

60 Sarazenen 14,4; Gallier 15,12; Perser 23,6,75–84; Thrakien und die Schwarzmeerregion 22,8; 27,4; Ägypten 22,15–16; Persien 23,6,1–74; 85–88. Rosen, Ammianus Marcellinus 79–86. Der Hunnenexkurs: 31,2,1–12.

61 Ammianus Marcellinus 31,2,1.

62 Ammianus Marcellinus 19,8,6–7.

63 Gießauf, Barbaren - Monster - Gottesgeisseln 64–65, Anmerkung 221.

64 Jordanes 5,37.

65 Richter, Die Darstellung der Hunnen 371 verweist auf Pausanias 1,21,5; Tacitus, Germania 46,3 und Diodor 3,15,7.

66 Werner, Beiträge 8; 49; Bóna, Das Hunnenreich 28; 40.

67 Bóna, ebd. 30; Anke, Studien 148; vgl. S. 33.

68 R. Kory, Tätowierung, RGA 35 (2007), 61–63.

69 K. W. Alt, Schädeldeformationen, RGA 26 (2004), 571–577.

70 Priscus 8,87; 167; Jordanes 49,256–257.

71 Cicero, Über die Natur der Götter 1,43.

72 Homer, Odyssee 9,106–108. Kritias, in: H. Diels - W. Kranz, Die Fragmente der Vorsokratiker 88, B. 25; Livius 21,4,9.

73 Ammianus Marcellinus 31,2,12–25. Der Historiker benutzt die Namensform Halani.

74 Ammianus Marcellinus 31,2,13; 17.

75 Ammianus Marcellinus 31,2,12.

76 Eine umfassende, nicht nur griechische und lateinische Zeugnisse enthaltende Quellensammlung bietet Alemany, Sources.

77 Ammianus Marcellinus 31,2,21.

78 Claudianus, Gegen Rufinus 1, 323–331, MGH AA 10, 30–31. Der Herausgeber Th. Birt vertritt die Abhängigkeit von Ammianus Marcellinus: ebd. IX, 1.

79 CTh 9,40,2.

80 Sidonius Apollinaris, Gedicht 2: Panegyricus auf Anthemius 243–269. Anthemius' Krieg gegen die Hunnen: ebd. 272–287. Fälschlich führt der Dichter für die Schädeldeformationen (S. 41) einen militärischen Grund an.

81 Jordanes 24,127–128.

82 Ambrosius, Über Tobias 11,38–39 (CSEL 32,2,539–540).
83 Tacitus, Germania 24,2.
84 Ambrosius, Über den Glauben für Kaiser Gratian 2,16,140 (CSEL 78, 106).
85 Seneca, Trost für Helvia 7,3–5; Rosen, Völkerwanderung 22–24.

IV. Der Überfall

1 Herodot 4,28,1; Strabo 7,3,18,307; 11,2,8,494.
2 Ammianus Marcellinus 22,7,10.
3 Eunapius, Fragment 27,1.
4 Ammianus Marcellinus 27,5,6; 31,3,1 mit der Namensform Ermenrichus. Jordanes 23,116; 24,129; 130: Hermanarius.
5 Jordanes 23,116. Schramm, Die nordöstlichen Eroberungen der Rußlandgoten; Wolfram, Goten 95–98. Zur Doppelbezeichnung Ostgoten - Greutungen: Wolfram, ebd. 383,11. Der Amaler Ermanarich: Jordanes 23,116.
6 Ammianus Marcellinus 31,2,20–21.
7 Jordanes 24,126.
8 Ammianus Marcellinus 31,3,1.
9 Jordanes 24,126, wo fünf Namen erscheinen. Zur Korrektur der Überlieferung Maenchen-Helfen, Die Welt der Hunnen 272. Die Identität der Stämme bleibt umstritten. Vorsichtig ist Moravcsik, Byzantinoturcica 2, 66; 94; 142; 318–319 (zu der bei Priscus 1,1 überlieferten Form Tunsures) und verweist immer nur auf Mommsen, der die Stämme im Index seiner Jordanes-Ausgabe als Hunnen bezeichnet hat. Zusammenfassend wurden sie vor 375 aber nie Hunnen genannt, weshalb die Zeitgenossen mit Recht behaupten konnten, man habe bisher nie von diesem Volk gehört.
10 Ammianus Marcellinus 31,4,6; er zitiert Vergil, Georgica 2,105–106.
11 Vernadsky, The Eurasian Nomads 411.
12 Procopius, Gotenkrieg 4,5,15; 21.
13 Procopius, ebd. 4,4,9; 5,21.
14 Gajdukevič, Das bosporanische Reich 493–495. Zosimus 4,20,3–5 hat beide Unternehmungen zusammengezogen. Die künstliche Schädeldeformierung auf der Krim: Werner, Beiträge 13.
15 Jordanes 24,130. Zum Namen Balamber: Schramm, Ein Damm bricht 115; Schäfer, Balamber 243–244.
16 Ammianus Marcellinus 31,2,7.
17 Herodot 4,121.
18 Zosimus 4,20,4.
19 Historisches Museum der Pfalz, Amazonen: E. Fialko, Skythische ‹Amazonen› in den Nordschwarzmeersteppen 119–127; N. V. Polos'mak, Die Amazone von Pazyryk, ebd. 129–137; R. Rolle, Bewaffnung und mögliche Kampfweise skythischer Kriegerinnen, ebd. 153–159; dies., Frauen und Pferde, ebd. 160–163.
20 Werner, Beiträge 66; vgl. Ammianus Marcellinus 31,2,10.
21 Bóna, Das Hunnenreich 28–29.
22 Procopius, Gotenkrieg 4,3,5–10; zu Strabo 11,5,3–4,504; 12,3,21–22,550. Englische Archäologen entdeckten in der Grafschaft Cumbria ein Grab mit zwei

brandbestatteten Kriegerinnen, die aus dem Donaugebiet gekommen waren: Frankfurter Allgemeine Sonntagszeitung vom 25.12.2004.

23 Ammianus Marcellinus 31,2,16.

24 Strabo 7,4,8,312.

25 Ammianus Marcellinus 17,12,1–3.

26 Jordanes 4,129. Zu den Rosomonen: Maenchen-Helfen, Die Welt der Hunnen 17–18.

27 Jordanes, ebd.

28 Jordanes 24,130. Der plötzliche Angriff der Hunnen: Ammianus Marcellinus 31,3,1.

29 Überrennen im Griechischen *katatheín*, *epidrameín*, *katadrameín* (für den griechischen Zirkumflex benutze ich der Einfachheit halber den Akut), *epitréchein*, *katatréchein*, was Ammianus 31,2,7; 3,1 mit *perrumpere* wiedergibt. Kimmerische Reiterkrieger: Strabo 11,2,5,494; 8,3,511. Hunnen: Eunapius, Fragment 41; Socrates 7,43,1; Procopius, Gotenkrieg 4,3,10; 5,16; Agathias 5,11,6; 13,1.

30 Zosimus 4,20,5; 26,1; vgl. Herodot 4,46,3; Ammianus Marcellinus 17,12,3. Die Schnelligkeit der Hunnen: Hieronymus, Brief 77,8.

31 Zosimus 4,22,2; Socrates 7,30,2.

32 Herodot 4,46,3; Strabo 7,3,17,307.

33 Vegetius 1,20,2.

34 Ammianus Marcellinus 31,3,2. Zur greutungischen Reiterei ebd. 31,12,17.

35 Jordanes 24,130.

36 Ammianus Marcellinus 31,3,1–2.

37 Ammianus Marcellinus ebd.; Jordanes 24,130. Ermanarich «entledigte sich seines Lebens» (*vitae suae defunctus est*) wird manchmal zu allgemein mit «er starb» übersetzt. Der *triumphator*: Jordanes 24,129; der Vergleich mit Alexander: ebd. 23,116. Zu seinem Nachleben in der germanischen Heldensage: O. Gschwantler, Ermanrich, sein Selbstmord und die Hamdirsage. Zur Darstellung von Ermanrichs Ende in Getica 24,129 f., in: Wolfram-Daim, Die Völker an der mittleren und unteren Donau 187–204.

38 H. Beck, Ermanarich, RGA 7 (1989), 512–515; J. Heinzle, Ermenrichs Tod, LdMA 3 (1986/1999), 2157.

39 Ammianus Marcellinus 31,3,8.

40 Ammianus Marcellinus 31,3,3 mit der Namensform Vithimiris.

41 Ebd. 31,3,3. D. Claude, Die ostgotischen Königserhebungen, in: Wolfram-Daim, ebd. 151. Saphrax und wahrscheinlich auch Alatheus waren keine gotischen Namen, was bei dem polyethnischen Stammesverband nicht verwunderlich ist; vgl. Wolfram, Goten 17; 102.

42 Ammianus Marcellinus 31,3,3. Zu dem angeblichen Greutungenwall, den sie errichtet haben sollen, Wolfram, Goten 400–401, 96.

43 Zum Titel *iudex* und seinem Inhalt: Ulrich, Barbarische Gesellschaftsstruktur 113–128.

44 Ammianus Marcellinus 31,3,4–8, wo Athanarichs anfängliche Doppelstrategie nur aus der Zweiteilung seines Aufgebots zu erschließen ist. Zur Geographie: K. K. Klein, Römische und gotische Wallanlagen in der Dobrudscha und südlichen Moldau. Ein Beitrag zur Kenntnis der Goteneinfälle des 4.

nachchristlichen Jahrhunderts und der Limesverteidigung an der unteren Donau mit einer Karte, Jahrbuch der Dobrudscha-Deutschen 6, 1961, 22–23. Klein stützt sich u. a. auf die Ausgrabungen von R. Vulpe, Le Vallum de la Moldavie Inférieure et le «Mur» d'Athanaric, 's-Gravenhage 1957. Wolfram, Goten 80.

45 Ammianus Marcellinus 31,3,8, wo Fritigern und Alaviv noch nicht genannt werden.

46 A. Lippold, Ulfila, RE A 9,1 (1961), 519–520; Krautschik, Hunnensturm und Germanenflut 32–39.

47 Valens und sein Kronrat: Eunapius, Fragment 42. Die Völkerwanderung: Ammianus Marcellinus 31,4,2.

48 Eunapius, ebd.

49 Ammianus Marcellinus 31,4,6–8. Gutmann, Studien zur römischen Außenpolitik 140; 147.

50 Ammianus Marcellinus 31,4,12; 5,3.

51 Ammianus Marcellinus 31,4,13. Die unzugängliche Gebirgsregion waren die Karpaten. Keine Einigkeit besteht über die Lokalisierung von Caucalanda. Vorgeschlagen wurde das Quellgebiet der Marisia, der Kleine und Große Kokel in den mittleren Karpaten, auch wegen der Klangähnlichkeit (C. Patsch, RE 3,2 (1899/1970), 1801), oder das Quellgebiet des Alutus (Wolfram, Goten 102 mit der Nebenform Aluta). Athanarichs Flucht: Ammianus Marcellinus 27,5,10; Zosimus 4,31,4–5.

52 Ammianus Marcellinus 31,4,11.

53 Ammianus Marcellinus 31,8,6–9; Zosimus 4,20,7; 22,1.

54 Ammianus Marcellinus wollte mit seiner Darstellung in Buch 31 den Römern ein politisches und militärisches Lehrstück für die Zukunft des Reiches geben getreu Ciceros Auffassung: «Die Geschichte ist Lehrerin für das Leben» – *historia magistra vitae*: Rosen, Wege und Irrwege der römischen Gothenpolitik; Cicero, Über den Redner 2,36.

55 Sozomenus 6,37,15; Ammianus Marcellinus 31,9,3.

56 Ammianus Marcellinus 31,8,4; 16,3.

57 Zum Verlauf der Schlacht, die Ammianus Marcellinus 31,13 ausführlich schildert: Rosen, Die Völkerwanderung 7–11.

58 Ammianus Marcellinus 31,16,3.

59 Ammianus Marcellinus 31,16,7.

60 Jordanes 26,138.

61 Bóna, Das Hunnenreich 135–136; Kazanski, Les Goths et les Huns; I. Ioniță, Sântana-de-Mureş-Černjachov-Kultur, RAG 26 (2004), 449.

62 S. 189.

63 Jordanes 48,246–248.

64 Wohnsitz der Anten: Procopius, Gotenkrieg 4,4,9. Den Fluss Erac hat man mit dem Phasis am Westabhang des Kaukasus identifiziert: Th. Mommsen zu Jordanes 48,249, MGH AA 5, 122.

65 Jordanes 48,249.

66 Jordanes 48,250 mit der Namensform Thorismud.

67 Jordanes 48,250.

68 Jordanes 48,251.
69 Priscus 39,4. P. Tomka, Relazione sui materiali archeologici unnici in Ungheria, in: Blason Scarel, Attila *Flagellum Dei*? 40.
70 Werner, Beiträge 14–15; Karte 9/Tafel 73. Nicht ausgeschlossen ist jedoch, dass die Goten diese Sitte bereits früher übernommen hatten.
71 Anke, Studien 15–16; Bierbrauer, Ostgermanen 97–105; ders., Ethnos und Mobilität 15–19. Bei der ethnischen Zuordnung mahnt M. Kazanski in der Rezension von Bóna, Das Hunnenreich zur Vorsicht: L'archéologie de »l'empire« hunnique; J. Tejral, Archäologischer Beitrag zur Erkenntnis der völkerwanderungszeitlichen Ethnostrukturen nördlich der mittleren Donau, in: H. Friesinger - F. Daim (Hgg.), Typen der Ethnogenese unter besonderer Berücksichtigung der Bayern Teil 2. Veröffentlichungen der Kommission für Frühmittelalterforschung, Bd. 13, Österreichische Akademie der Wissenschaften, Philosophisch-historische Klasse. Denkschriften, 204. Band, 1990, 27: «Der Versuch, die ethnische Zugehörigkeit der Träger fremder Kulturelemente im Raum nördlich der mittleren Donau genauer zu ermitteln, scheint etwas verfrüht.»
72 Bierbrauer, Ethnos und Mobilität 48–55.

V. Zwischen Römischem Reich und Barbaricum

1 Epitome de Caesaribus 47,3; Orosius 7,34,2–3; Zosimus 4,24,4; 25,1.
2 Socrates 5,6,2.
3 Vegetius 1,20,2.
4 Ammianus Marcellinus 31,16,8.
5 Zosimus 4,25,2–3. Modares' Befehl, beim Anschleichen jedes Geräusch zu vermeiden, hat die Suda, das byzantinische Lexikon aus dem 10. Jahrhundert, bewahrt. Sie zitiert für diese Einzelheit Eunapius' Geschichtswerk und belegt somit, dass dieser Historiker die Quelle für Zosimus' Erzählung war.
6 S. 105; 226.
7 Procopius, Vandalenkrieg 1,12,8. Er nennt die Hunnen hier wie öfter «Massageten»; vgl. S. 29.
8 Vegetius 3,10,16.
9 Ammianus Marcellinus 31,7,7; Historia Augusta, Vita des Claudius Gothicus 8,5 u. ö. J. Straub, Carrago, in: ders., Studien zur Historia Augusta, Berlin 1952, 19–39.
10 S. 189.
11 Amminaus Marcellinus 31,13,2.
12 Zosimus 5,22,3.
13 Zosimus 4,25,4.
14 Gregor von Nazianz, Briefe 136 und 137.
15 Consularia Constantinopolitana, MGH AA 9, 243; Themistius, Rede 14, 182 c; Symmachus, Brief 1,95,2; Orosius 7,34,5–6; vgl. Ausonius, Dankrede an Gratian 2,7 (MGH AA 5, 2, 21).
16 Hieronymus, Brief 60,16.
17 Jordanes 27,140–141. Etwas wirr ist Zosimus 4,34,2–3.

18 A. Mócsy, Pannonia, RE Supplement 9 (1962), 578; Vitalianus' Versagen: Ammianus Marcellinus 25,10,9; Zosimus 4,34,1.
19 Eunapius, Fragment 50.
20 Zosimus 4,33,1–2.
21 Jordanes 27,140–141, wo nur von Goten die Rede ist. Die Siedlungsgebiete: Nagy, The Last Century of Pannonia 320. Auch aus Pacatus, Panegyrici Latini 12(2),11,4; 32,4 geht hervor, dass das Dreierbündnis Land in Pannonien bekam. Ein Hinweis auf den Friedensvertrag bei Ambrosius, De fide ad Gratianum 2,16,142. (CSEL 78, 106–107). G. Gottlieb hat nachgewiesen, dass Ambrosius die ersten beiden Bücher von De fide ad Gratianum im Sommer und Herbst 380 geschrieben hat: Ambrosius von Mailand und Kaiser Gratian, Hypomnemata 40, 1973. Pferdezucht: C. Patsch, Eravisci, RE 6,1 (1907/1970), 390.
22 Ammianus Marcellinus 31,4,1; 12,8–9.
23 Ein Katalog der Ansiedlungen mit gelegentlichen Zahlenangaben, aus denen man auf die grundsätzlich begrenzte Ansiedlungspolitik schließen kann: G. E. M. de Ste. Croix, The Class Struggle in the Ancient Greek World, London 1981, 509–518.
24 Ammianus Marcellinus 31,4,6.
25 Jordanes 27,140–141. Gutmann, Studien zur römischen Aussenpolitik 254–255. Mögliche Spuren der Dreivölkerkoalition in Gräbern: Bierbrauer, Ostgermanen 101.
26 Alföldi, Der Untergang der Römerherrschaft in Pannonien 2,87.
27 Zosimus 4,34,6.
28 Ammianus Marcellinus 31,12,8–9.
29 Eunapius, Fragment 43. Zum Bezug auf den Vertrag von 382: Maenchen-Helfen, Die Welt der Hunnen 28; 356, 208.
30 Themistius, Rede 16,211 a–d. Themistius wird durch mehrere spätere Zeugnisse ergänzt: Jones, The Later Roman Empire 1099, 46. Trotzdem hat der Vertrag eine breite Diskussion in der Forschung hervorgerufen: Gutmann, Studien zur römischen Außenpolitik 210–215. Umfassend zu den (möglichen) Einzelbestimmungen: Schulz, Die Entwicklung des römischen Völkerrechts 57–78. Einschränkend: R. M. Errington, Theodosius and the Goths, Chiron 26, 1996, 1–27.
31 Gomolka - Fuchs, Zur Militärbesatzung 518–520; dies., Spätrömische Limeskastelle 212.
32 Ambrosius, Brief 30 (24), 4; 8. Der Mailänder Bischof sollte zwischen Valentinian und Magnus Maximus vermitteln und berichtete dem Kaiser in dem Brief anschaulich über seine Begegnung mit dem Usurpator.
33 Pacatus, Panegyrici Latini 12 (2),32,4.
34 Zosimus 4,45,3.
35 Pacatus ebd. 32,5. Das Fleisch: S. 36; 38; 40.
36 Ambrosius, Brief 1 a (40) 22 (CSEL 82, 172).
37 Ambrosius ebd.; Zosimus ebd.
38 Eine Andeutung bei Socrates 5,14,1; Sozomenus 7,14,6.
39 Pacatus 34,1–2; 35,4.
40 Johannes Antiochenus, Fragment 187; nach Blockley 2, 88–89, stammt der Satz aus Eunapius. Vgl. Socrates 5,25,9; Sozomenus 7,24,1.

41 Zosimus 4,57,2; 58,2; Johannes ebd.
42 H. Callies, Die fremden Truppen im römischen Heer des Prinzipats und die sogenannten nationalen Numeri. Beiträge zur Geschichte des römischen Heeres, 45. Bericht der Römisch-germanischen Kommission 1964, 140–141.
43 Orosius 7,35,19; Theodoretus 5,24,3.
44 Zosimus 4,58,3–4.
45 Das Datum: Consularia Italica MGH AA 9, 298; Socrates 5,25,16. Erklärung des Flussnamens Frigidus: Philostorgius 11,2. Der älteste Bericht über die Bora findet sich 396 beim Dichter Claudius Claudianus: Lobrede zum dritten Konsulat des Honorius 93–101. Wenig später schreibt darüber Rufinus 11,33. Augustinus beruft sich auf Augenzeugen: Über den Gottesstaat 5,25. Ferner: Orosius 7,35,17; Socrates 5,25,14; Sozomenus 7,24,6; Theodoretus 7,24,6. Eine kritische Wertung der Quellen und der modernen Darstellungen: M. Springer, Die Schlacht am Frigidus als quellenkundliches und literaturgeschichtliches Problem, in: Bratož, Westillyricum und Nordostitalien 45–94. Springer ist skeptisch gegenüber einer zweitägigen Schlacht, die jedoch schon der Heide Eunapius (= Zosimus 4, 58,3–4) noch vor dem Christ Theodoretus kennt. Unzweifelhaft sind die zwei Abschnitte der Schlacht, in der Theodosius eine fast schon sichere Niederlage in einen Sieg verwandelt.
46 Rufinus ebd.: «... es sollte nicht den Anschein haben, Theodosius habe durch Barbaren gesiegt».
47 Ausführlich Rufinus ebd. Den Namen des Mose, der auf einem Berggipfel betete, während sein Feldherr Josua die Amalekiter besiegte (Exodus 17,8–14), brauchte Rufinus nicht zu nennen. Seinen Lesern, die das Alte Testament kannten, kam die Parallele von selbst in den Sinn.
48 Zosimus 4,57,4.
49 Rufinus 11,32; Sozomenus 7,22,7–8; Theodoretus 5,24,1–2. Eine Anspielung bei Claudianus, Gegen Eutropius 1,309–316.
50 Zosimus 4,57,2; 59,1.
51 Eine Anspielung bei Claudianus, Gegen Rufinus 1,322–348.
52 Ein Überblick über Stilichos Karriere und Politik: PLRE 1, 853–858. Seine hunnische Leibwache: Zosimus 5,34,1.
53 Claudianus, Gegen Rufinus 2,75–85; Chronica Gallica MGH AA 9, 650,34.
54 H. Bellen, Die germanische Leibwache der römischen Kaiser des julisch-claudischen Hauses, Akademie der Wissenschaften und der Literatur. Abhandlungen der Geistes- und Sozialwissenschaftlichen Klasse 1981, 11.
55 Cassius Dio 78 (79),6,1. K.-W. Welwei, Die ‹Löwen› Caracallas, Bonner Jahrbücher 1992, 192, 231–239.
56 Zosimus 5,34,1. Ammianus Marcellinus 31,2,9.
57 Chronica Gallica, ebd.

VI. Das Römische Reich: Vorratskammer mit Selbstbedienung

1 Kallinikus, Leben des Hypatius 3,11, SCh 177, 83–84.
2 Claudianus, Gegen Rufinus 2,23–26; Socrates 6,1,6 (übernommen von Cassiodorus, Historica ecclesiastica tripartita 10,1,5); Sozomenus 8,1,2.

3 Claudianus, ebd. 2,26–28.
4 Zosimus 5,5–6; vgl. Claudianus, ebd. 2,36–85.
5 Priscus 8,140; Ammianus Marcellinus 31,2,7.
6 Claudianus, ebd. 2,28–36; Philostorgius 11,8, S. 138, 3–5. Die Kaspische Pforte: H. Treidler, Portae Caspiae, RE 22, 1 (1970), 322–333.
7 Hieronymus, Brief 67,8.
8 Übersetzung aus dem Syrischen von P. S. Landersdorfer, Bibliothek der Kirchenväter 6, Kempten – München 1913, 12–13; 15.
9 O. von Gebhardt, Die Akten der edessenischen Bekenner Gurjas, Samonas und Abilos, herausgegeben von E. von Dobschütz, Texte und Untersuchungen 37,2 (1911), 150.
10 G. Greatrex – M. Greatrex, The Hunnic Invasion of the East of 395, 69–70.
11 Priscus 8,142.
12 Greatrex – Greatrex, ebd. 67.
13 Von Gebhardt, ebd. 187.
14 Brief 64,8. Zum Einfall der Hunnen 395 vgl. Maenchen-Helfen, Die Welt der Hunnen 38–43.
15 Claudianus' Invektive Gegen Eutropius 1,234–286 ist die einzige Quelle für Eutropius' Hunnenfeldzug. Dessen Karriere: PLRE 2, 440–444. Eutropius' Leistung würdigt G. Albert, Stilicho und der Hunnenfeldzug des Eutropius, Chiron 9, 1979, 621–645.

VII. Hunnische Könige und römische Kaiser

1 Synesius, An Arcadius über das Kaisertum 15 = 16,1081 A. Zu den Jahrgeldern an Barbarenfürsten und zur Kritik daran: K. Rosen, Julian. Kaiser, Gott und Christenhasser, Stuttgart 2006, 160; 163–164; 479,55.
2 Zosimus 5,22,1 und Sozomenus 9,5,1 mit der Namensform Uldin. Jordanes, Römische Geschichte 321 und Marcellius Comes, MGH AA 11, 69 nennen ihn *rex* – König mit der Namensform Huldin. Schramm, Ein Damm bricht 115–116.
3 Zosimus 5,21,6–22,3; Sozomenus 8,4,20; Philostorgius 11,8.
4 Ammianus Marcellinus 31,2,11.
5 Zosimus 5,22,3.
6 Marcellinus Comes, MGH AA 11, 66.
7 G. Albert, Goten in Konstantinopel. Untersuchungen zur oströmischen Geschichte um das Jahr 400 n.Chr., Paderborn u. a. 1984, 87–182.
8 Rosen, Konstantin 162–163 mit einer Stellensammlung 426, 8–10. Zu bildlichen Darstellungen: B. Bischoff – W. Koehler, Eine illustrierte Ausgabe der spätantiken Ravennater Annalen, in: W. R. W. Koehler (Hg.), Medieval Studies in Memory of A. Kingsley Porter, Cambridge 1939, 130–131 = Un'edizione illustrata degli Annali ravennati del Basso impero, Studi romagnoli 3, 1952, 7; 9.
9 Über 200 000 Mann: Orosius 7,37,4 = Marcellinus Comes, MGH AA 11, 68; Jordanes, Römische Geschichte 321. 400 000 Mann: Zosimus 5,26,3.
10 Zosimus, ebd.
11 Zosimus 5,26,4.

12 Chronica Gallica 52, MGH AA 9, 652.
13 Consularia Italica 405, MGH AA 9, 299; Marcellinus Comes, MGH AA 11, 69.
14 Marcellinus Comes, ebd.
15 Olympiodor, Fragment 9; vgl. Zosimus 5,26,4.
16 Augustinus, Über den Gottesstaat 5,23.
17 Orosius 7,37,12. J. Vogt, Kulturwelt und Barbaren. Zum Menschheitsbild der spätantiken Gesellschaft, Akademie der Wissenschaften und der Literatur, Abhandlungen der Geistes- und Sozialwissenschaftlichen Klasse 1967, Nr. 1, 51–55.
18 Orosius 7,37,1.
19 Zosimus 5,37,1; 45,6.
20 Zosimus 5,34,1; S. 75–76.
21 Claudianus, Gotenkrieg 419–423.
22 Jordanes 161, wo vom gotischen Druck die Rede ist. Claudianus, 363–364. Cameron, Claudian 376–377.
23 Hieronymus, Brief 123,15.
24 Mócsy, Pannonia and Upper Moesia 347.
25 Orosius 7,38,3; 40,3; Zosimus 6,3,1.
26 Procopius, Vandalenkrieg 1,3,1, wo der Maeotissee fälschlich als die Heimat der Vandalen genannt wird.
27 Orosius 7,38,1–4.
28 Claudianus, Gotenkrieg 568–573.
29 Gregor von Tours, Zehn Bücher Geschichten 2,9. Gregors Quelle war ein sonst nicht weiter bekannter Renatus Profuturus Frigiretus oder Frigiredus.
30 Fasti Vindobonenses, Chronica minora 1, MGH AA 9, 299.
31 Marcellinus Comes, MGH AA 11, 76.
32 Einen ausführlichen Bericht bietet Sozomenus 9,5,1–7.
33 Gomolka-Fuchs, Spätrömische Limeskastelle 215.
34 Sozomenus 9,4,3.
35 CTh 5,6,3. Ulrich, Barbarische Gesellschaftsstruktur 166–169.
36 Sozomenus 9,5,7.
37 Ammianus Marcellinus 31,2,10.
38 Marcellinus Comes, MGH AA 11,70.
39 Zosimus 5,50,1.
40 Zosimus, ebd.
41 Sozomenus 9,8,6; Zosimus 6,8.
42 Olympiodorus, Fragment 18. Alle Fragmente des Historikers stammen aus der «Bibliothek», die der Patriarch Photius im 9. Jahrhundert zusammengestellt hat. Seine Exzerpte sind nicht immer wörtlich, und ihre Subjektivität erschwert dem Leser bisweilen ein umfassenderes Verständnis: T. Stickler, Das Geschichtswerk des Olympiodor von Theben, in: Bleckmann – Stickler, Griechische Profanhistoriker 85–102. Zu Fragment 18 vgl. Maenchen-Helfen, Die Welt der Hunnen 53–54.
43 Das vermutete Maenchen-Helfen, ebd. 54, der von der falschen Annahme ausging, Olympiodorus habe sich nur mit dem Westreich beschäftigt.
44 Olympiodorus, Fragment 36.

45 Priscus 8,94–103; S. 164–165.
46 Unter Kaiser Constantius II. floh der Offizier Antoninus, dem mächtige innenpolitische Gegner zugesetzt hatten, mit seiner Familie zu den Persern und wurde 359 dank seiner Ortskenntnis zu einem wichtigen Berater des Perserkönigs Sapor II. auf seinem Eroberungszug ins römische Mesopotamien: Ammianus Marcellinus 18,5,6–8 u. ö. PLRE 1, 74–75.
47 Socrates 7,1,3.
48 CTh 7,17: De lusoriis Danuvii. Zu den folgenden Termini technici der Kriegsmarine: *navis lusoria, navis iudiciaria* und *navis agrariensis* grundlegend Iacobus Gothofredus, Codex Theodosianus 2, Leipzig 1737, Nachdruck Hildesheim – New York 1975, 407–410. E. Sander, Die Quellen des Buches IV 31–46 der Epitome des Vegetius, Rheinisches Museum für Philologie 99, 1956, 169: Die *naves iudiciariae* waren die Schiffe, die von Staats wegen gestellt wurden, die *naves agrarienses* mußten die Anlieger aufbringen. Gegen diese Deutung spricht im Folgenden das Zahlenverhältnis der beiden Schiffstypen.
49 CTh 9,40,24.
50 Strabo 7,4,4,309. Godofredus, ebd. 4,350 zog das Chersonesus in der Moesia inferior an der Westküste des Schwarzen Meeres vor. Doch der kleine Ort dieses Namens lag mehr als 200 Kilometer südlich der Donau, und es ist nicht einzusehen, wie man von dort aus mit den Hunnen konspirieren konnte.
51 Zosimus 1,31–35.
52 Ebd. 1,31,1.
53 K. Rosen, Augustinus. Genie und Heiliger. Eine historische Biographie, Darmstadt 2015, 143–144; 178–179.
54 CTh 7,1,1 vom 28. April 323.
55 CI 8,10,10.
56 Procopius, Bauten 4,22.

VIII. Das erste hunnische Doppelkönigtum: Octar und Rua

1 Jordanes 35,180 mit der Namensform Roas. Priscus 1,3; 1.1,1 nennt den König Rua. Jordanes' Octar heißt bei Socrates 7,30,6 Uptar.
2 Jordanes 35,180 nennt den Vater Mundzucus, Priscus 12,2 Mundiuchos. Zu den griechischen und lateinischen Verformungen der drei Namen aus der Attila-Sippe: Schramm, Ein Damm bricht 48–50.
3 Priscus 8,180. Zur Herkunft und Deutung des Namens Oëbarsius: Maenchen-Helfen, Die Welt der Hunnen 283–284; Pritsak, The Hunnic Language 442; Schramm, Ein Damm bricht 105.
4 Socrates 7,30,6; S. 104.
5 Marcellinus Comes, Chronicon, MGH AA 11, 75.
6 Socrates 7,18,1–19,1.
7 Marcellinus Comes, ebd. 75.
8 Theodoretus 5,37,4.
9 Socrates 7,43,1–4.
10 Auf den Vertrag verweist Priscus 1,1, auf die Goldzahlung 1.1,3. Croke, Evidence for the Hun Invasion 347–352.

11 Priscus 1,1 erwähnt den diplomatischen Verkehr. Zum Namen Esla: Pritsak, The Hunnic Language 457. Der erfahrene Diplomat diente später Attila: S. 157.
12 Priscus 1,1; Jordanes 24,126; S. 50. Zu den unterschiedlichen Namensformen: Maenchen-Helfen, Die Welt der Hunnen 272.
13 S. 83.
14 Priscus 1,2–3.
15 S. 100–101.
16 Priscus 1.1,3.
17 Gregor von Tours 2,8, der hier erneut den Historiker Renatus Profuturus Frigeridus benutzt hat; vgl. S. 277, 29. Aëtius hatte unter Johannes die *cura palatii* (Gregor) als sein «Unterfeldherr» (Philostorgius 12,14).
18 Stickler, Aëtius 88.
19 Gregor von Tours 2,8; Jordanes 34,176.
20 Priscus 8,140.
21 Der Vertrag von 425 bietet eine Parallele: S. 102.
22 Philostorgius 12,14. Die Zahl 60 000 wurde angezweifelt, obwohl auch Socrates 7,23,8 von vielen Zehntausenden Barbaren sprach. Andererseits erklärt sie, warum Aëtius zu spät kam. Chronica Gallica 100, MGH AA 9, 658.
23 Socrates 7,23,9.
24 Philostorgius 12,13–14.
25 Philostorgius 12,14; Prosper Tiro, MGH AA 9, 470–471.
26 Heermeister für Gallien 429: Stickler, Aëtius 40, 191.
27 Gregor von Tours, Zehn Bücher Geschichten 2,8.
28 Procopius, Vandalenkrieg 1,3,15. Bonifatius: K. Rosen, Augustinus. Genie und Heiliger. Eine historische Biographie, Darmstadt 2015, 193–203.
29 Gregor von Tours, Zehn Bücher Geschichten 2,8.
30 Philostorgius 12,14.
31 Prosper Tiro 1288, MGH AA 9, 471.
32 Chronica Gallica 100; 102, MGH AA 9, 658. Zu Gaudentius und den Goten findet sich ein vager Hinweis bei Merobaudes, Panegyricus 2, 110–115, MGH AA 14, 15.
33 Cassiodorus, Variae 11,1,9; Jordanes, Römische Geschichte 329. J. Weiler, Zur Frage der Grenzziehung zwischen Ost- und Westteil des Römischen Reiches in der Spätantike, in: Bratož, Westillyricum und Nordostitalien 136–137.
34 Marcellinus Comes MGH AA 11, 76; Jordanes 32,166. Alföldi, Der Untergang der Römerherrschaft 94–97, der die Hilfe der Goten für unhistorisch hält; Maenchen-Helfen, Die Welt der Hunnen 56–59; Mócsy, Pannonia and Upper Moesia 349.
35 Prosper Tiro 1310, MGH AA 9, 473–474; PLRE 2, 23–24. Aus Priscus 7,1 hat man fälschlich immer wieder geschlossen, Aëtius habe Rua zum Dank Pannonien abgetreten. Maenchen-Helfen, Die Welt der Hunnen 64–66 hat nachgewiesen, dass das erst unter Attila der Fall war (S. 130).
36 PLRE 2, 983.
37 Bischoff – Koehler, Eine illustrierte Ausgabe 128 = Un'edizione illustrata 6 (vgl. S. 276, 8).
38 Socrates 7,30,2.

39 Priscus 8,63; 72; 83; S. 163.
40 S. von Schnurbein, Römische Handwerker in der Germania Magna - Diskussionsbeitrag, in: C. von Carnap-Bornheim, Beiträge zu römischer und barbarischer Bewaffnung in den ersten vier nachchristlichen Jahrhunderten, Veröffentlichung des Vorgeschichtlichen Seminars Marburg, Sonderband 8, Lublin - Marburg 1994, 377–378.
41 Socrates 7,30,6.
42 S. 45–46.
43 Socrates 7,30,6.
44 Socrates 7,30,2–5; übernommen von Cassiodorus, Historia ecclesiastica tripartita 12,4,11–14 (CSEL 71, 665).
45 Chronica Gallica 116, MGH AA 9, 660.
46 Priscus 1.1,1.
47 CTh 1,1,6,2; Novellae Theodosianae 1,7.
48 Priscus 1.1,3.

IX. Das zweite hunnische Doppelkönigtum: Bleda und Attila

1 Priscus 1.1,1; Jordanes 35,180.
2 Jordanes 35,180–181.
3 Priscus 1.1,2 mit der maskulinen Form Margus; auch das Neutrum Margum ist überliefert.
4 Ammianus Marcellinus 27,5,9.
5 Priscus, ebd.; vgl. S. 36–37.
6 Ammianus Marcellinus 17,10,3; 12,9–10.
7 Priscus 1.1,3.
8 Institutionen 1,3,2–4.
9 M. Kaser, Das römische Privatrecht. Erster Abschnitt: Das altrömische, das vorklassische und klassische Recht, München 1971, 419, 9.
10 Priscus 8,176–177.
11 Priscus 14,3.
12 S. 98.
13 Priscus 1.1,3.
14 K. Biró-Sey, Beziehungen der Hunnen zu Byzanz im Spiegel der Funde von Münzen des 5. Jahrhunderts in Ungarn, in: Popoli delle steppe 413–435; E. Istvánovits, Die Region an der oberen Theiß während der Hunnenzeit, in: Burgenländische Landesausstellung 105: Funde von Goldsolidi.
15 Cassius Dio, Römische Geschichte 71 (72), 11,2.
16 CTh 7,18,1–17.
17 Priscus 1.1,5.
18 Marcellinus Comes 442,2, MGH AA 11, 80.
19 Ammianus Marcellinus 31,2,6; Priscus 1.1,3.
20 Vegetius, Abriß des Militärwesenes 2,5,3.
21 Priscus 1.1,4; Vegetius 2,5,3. Claudianus, Gegen Rufinus 1,328. Die Quaden: Ammianus Marcellinus 17,12,21. Schwur mit Handschlag: Priscus 2,6. Ein weiterer Schwur: ebd. 5,15.

22 Lippold, Theodosius II. 985–986; K. Vössing, Das Königreich der Vandalen 44–45.
23 Priscus 1.1,6.
24 Nach Stickler, Aëtius 111–112 könnten sie überhaupt das Söldnerkontingent ausgemacht haben, das sich in den folgenden Jahren in Gallien befand.
25 Hydatius 108; 110, MGH AA 11, 22; 23, wo die beiden Feldzüge auf 436 und 437 datiert werden.
26 Prosper Tiro 1322, MGH AA 9, 475 datiert die beiden Feldzüge auf 435 und 437. Chronica Gallica 118, MGH AA 9, 660 spricht nur von einem Krieg 436. Gundichars Angriff auf die Belger: Sidonius Apollinaris, Gedicht 7 (Panegyricus auf Avitus) 234–235.
27 Überblick über die reiche Literatur und den Forschungsstand: H. Rosenfeld, Burgunden, RGA 6 (1981), 231–235; S. 252.
28 Chronica Gallica 128, MGH AA 9, 660; Jordanes 36,191.
29 Zosimus 6,5,3.
30 Rutilius Namatianus, Über seine Rückkehr 1, 213–216.
31 Chronica Gallica 117, MGH AA 9, 660. Zur Diskussion um die Hintergründe: Stickler, Aëtius 195–198.
32 Ebd. 119, 660.
33 PLRE 2, 119.
34 Sidonius Apollinaris, Gedicht 7,245–247.
35 Prosper Tiro 1290, MGH AA 9,471; S. 102–103.
36 Hydatius 92, MGH AA 11, 21.
37 Eine Verherrlichung Narbonnes und seines Umlands bei Sidonius Apollinaris, Gedicht 23, 37–47.
38 PLRE 2,177.
39 Prosper Tiro 1324, MGH AA 9, 475. Die Schäden der Belagerung: Sidonius Apollinaris, Gedicht 23,59–62.
40 Hydatius 110, MGH AA 11, 23; Prosper Tiro ebd. 1335, 476.
41 Die hunnischen *desertores*: Prosper Tiro 1330, MGH AA 9, 476. Eine blumige Schilderung von Avitus' Abwehr: Sidonius Apollinaris, Gedicht 7,148–294. Prosper Tiro 1335, MGH AA 9, 476; Hydatius 116, MGH AA 11, 23. Cassiodorus, Chronica 1232, MGH AA 11, 156.
42 Prosper Tiro, ebd.; Salvianus, Über die Herrschaft Gottes 7,40–42. Nach Salvianus 7,43 ist Litorius im Gefängnis gestorben.
43 Sidonius Apollinaris, Gedicht 7,299–300; 344–345.
44 Merobaudes, Panegyricus 2,148–186, MGH AA 14, 17–18 mit dem Kommentar des Herausgebers F. Vollmer.
45 Ebd. 2,186–194; Prosper Tiro 1338, MGH AA 9, 477; Hydatius 116, MGH AA 11, 23.
46 Sidonius Apollinaris, Gedicht 7,306–309; 344–346.
47 Ebd. 344–346.
48 Novellae Theodosianae 5,3 vom 26. Juni 441.
49 Marcellinus Comes zum Jahr 441, MGH AA 11, 80.
50 Marcellinus Comes, ebd.
51 Priscus 1.1,6.

52 Priscus 1.1,3.
53 Priscus 2,1–7 bietet über das Folgende einen zuverlässigen Bericht.
54 Laterculus Veronensis 5,3; Notitia dignitatum, Oriens 41,39.
55 Priscus 2,4.
56 Selbst Priscus 1b,1 spricht nicht vom Geburtsort Konstantins, sondern nennt den Kaiser den Gründer der Stadt.
57 Notitia dignitatum, Oriens 11,37; 39.
58 Marcellinus Comes, MGH AA 11,80. Arnigisculus: PLRE 2,151; Johannes (13): PLRE 2,597.
59 Priscus 1b,1–8.
60 Blockley, The Fragmentary Classicising Historians 1,54; vgl. Thukydides 2,75–78.
61 Priscus 8,99–100; S. 164–165.
62 Priscus 8,61; 94.
63 Priscus 8,176; S. 178.
64 Zerlumpte Kriegsgefangene: Priscus 8,95; Sekretär: ebd. 8,175; Baumeister: ebd. 8,85–86; Teilnahme an Feldzügen: ebd. 8,99.
65 Priscus 8,13–14. Homer, Ilias 1,1–5: Die Folge von Achills Zorn waren viele Tote, der Fraß für Hunde und Vögel. Die bleichenden Gebeine auf einem Schlachtfeld: Vergil, Aeneis 12,35–36; Tacitus, Annalen 1,62,2; Historia Augusta, Vita des Claudius Gothicus 8,5; Ennodius, Panegyricus auf Theoderich 8,47. Auch das Schlachtfeld von Adrianopel, das voll von bleichenden Gebeinen war (Ammianus Marcellinus 31,7,16), hat man fälschlich für einen Topos gehalten: Richter, Die Darstellung der Hunnen 366–367. Das Zelten der Gesandtschaft erwähnte Priscus auch 8,66–67.
66 Priscus 7,3.
67 Priscus 8,4.
68 Procopius, Über die Bauten 4,5,13.
69 Marcellinus Comes, MGH AA 11, 80.
70 Procopius, Perserkrieg 1,2,12–15; 16,6.
71 Die Priscus-Ausgaben ordnen den Artikel der Suda an verschiedenen Stellen ein, Carolla zur späteren Fortsetzung der Anekdote 8,169–170.
72 Der Name Zerkon: Pritsak, The Hunnic Language 457. Die Niederlage Aspars, dem die Generäle Ariobindus und Arnegisclus zur Seite standen, erwähnte auch Theophanes, datierte sie aber ins Jahr 443 (A. M. 5942). Groß sei damals die Beute der Hunnen gewesen.
73 S. 126–127; 178.
74 Prosper Tiro 1346, MGH AA 9, 479; Marcellinus Comes, MGH AA 11, 81.
75 Theophanes A. M. 5942 mit der Analyse von Maenchen-Helfen. Die Welt der Hunnen 83.
76 Iustiniani Novellae 11,1. Die Zerstörung erwähnt auch Priscus 8,77. Die Waffenfabrik: Notitia dignitatum, Occidens 9,18. Die Flottenstation: ebd. 32,50.
77 Procopius, Über die Bauten 4,5,6; vgl. 4,5,13.
78 Priscus 8,98.
79 Priscus, ebd. 8,78–82.
80 Priscus 8,96–100; S. 165.

81 Priscus 4 ohne weitere Einzelheiten; auch die Chronologie ist nicht ganz sicher.
82 Priscus 8,149; vgl. 8,6–7.
83 Prosper Tiro 1353, MGH AA 9, 480: im Jahr 441; Marcellinus Comes, MGH AA 11, 81: im Jahr 445; Chronica Gallica 131, MGH AA 9, 660: im Jahr 446. Jordanes 35,181 betont Attilas Machttrieb.
84 Priscus 8,72.
85 Priscus 5,8.

X. Attila der Alleinherrscher

1 Priscus 8,167–177.
2 Priscus 8,171–172.
3 Suda Z 29 zu Priscus 8,169.
4 Excerpta Valesiana 8,38; Bratož, Die Auswanderung der Bevölkerung aus den pannonischen Provinzen 605–606.
5 Priscus 7,1. Maenchen-Helfen, Die Welt der Hunnen 65–66 hat den Barbaren überzeugend mit Attila identifiziert und damit die übliche Annahme widerlegt, Pannonien sei Rom schon unter Rua verloren gegangen.
6 Priscus 7,8; 8,8; 11; 23; 32; 76; 8.1,7. Edekon ist ein hunnischer, kein germanischer Name, wie man häufig angenommen hat: Pritsak, The Hunnic Language 456–457. Aus Edekons Ehe mit einer Skirin stammte der Sohn Odoacer: PLRE 2, 791; Thompson, The Huns 171.
7 Excerpta Valesiana 8,37. Zur Parallelüberlieferung: PLRE 2,792.
8 S. 123.
9 Priscus 8,36; 76–77; 181.
10 Excerpta Valesiana 8,38: *notarius*; Priscus, 8,76; 77: *hypographeús*. Schreiben Attilas an Theodosius: Priscus 3,1; 7,2; an den Gotenkönig Theoderid: Jordanes 36,186; ferner: Priscus 5,13.
11 Priscus 6,1–3.
12 Procopius, Gotenkrieg 4,19,8. Sandils Gesandtschaft: S. 245.
13 Chronica Gallica 127–128, MGH AA 9, 660.
14 Prosper Tiro 1347, MGH AA 9, 479. Vössing, Das Königreich der Vandalen 50–51. Gesetze Valentinians belegen, dass der römische Hoheitsanspruch nicht aufgegeben wurde: O. Seeck, Geiserich, RE 7,1 (1910/1971), 939.
15 Excerpta Valesiana 8,38.
16 Priscus 7,1; 8,135. Dreivölkerkoalition: S. 68–69. Fünfzig Jahre: Marcellinus Comes 427, MGH AA 11, 76. Fast fünfzig Jahre: Jordanes 32,166.
17 Demandt, Magister militum, 730.
18 A. Otto, Die Sprichwörter und sprichwörtlichen Redensarten der Römer, Leipzig 1890, Nachdruck Hildesheim – New York 1971, 118.
19 Priscus 8,145.
20 Zosimus 5,29,5–9; Olympiodor, Fragment 5. Innerhalb des griechischen Textes zitiert Zosimus den empörten Ruf der Senatoren im lateinischen Original: *non est ista pax, sed pactio servitutis.*
21 S. 107–108.
22 Priscus 8,45.

23 S. 127.
24 Jordanes 36,185. Zur völkerrechtlichen *amicitia* in der Spätantike: Schulz, Die Entwicklung des römischen Völkerrechts 158–170. Theodosius ging nicht so weit, weshalb Priscus Attila nie *philos* des Kaisers nannte.
25 Ravennatis anonymi cosmographia 4,20, in: J. Schnetz (Hg.), Itineraria Romana 2, Leipzig 1940, Nachdruck Stuttgart 1990, 57.
26 E. Tóth, Provincia Valeria Media, AAASH 41, 1989, 197–226.
27 Novellae Valentinianae 6,3.
28 Novellae Valentinianae 15.
29 Priscus 7,5. PLRE 2,295–297. In den Excerpta de legationibus des Konstantinos Porphyrogennetos, denen wir die Mehrzahl der Priscus-Fragmente verdanken, folgt auf die Gesandtschaft von Senator und Theodulus das Exzerpt über Chrysaphius' Mordkomplott. Ungeachtet des chronologischen Zwischenraums von sechs Jahren verweist die Abfolge der zwei Exzerpte auf einen Zusammenhang zwischen der Gesandtschaft und der nachfolgenden Zahlungsverweigerung in Priscus' Darstellung.
30 S. 144–145.
31 Priscus 3,1.
32 S. 109–110; 123.
33 Priscus 8,5; S. 125.
34 S. 121.
35 L. Schnorr von Carolsfeld, Transfuga, RE 6 A 2 (1937/1958), 2153–2154.
36 Die kleinen pseudoquintilianischen Deklamationen 274; vgl. Markus 15,22; Lukas 23,27; Johannes 19,20.
37 Priscus 8,17–18.
38 Priscus 3,2.
39 S. 122.
40 Jordanes, Römische Geschichte 331.
41 Marcellinus Comes, MGH AA 11, 82.
42 Marcellinus Comes, ebd.; Jordanes, Römische Geschichte 331.
43 H. Dessau, Inscriptiones Latinae Selectae 1, Nachdruck Berlin 1962, 183, Nr. 823.
44 Jordanes, ebd.; Theophanes A. M. 5942 = Priscus 61.
45 Priscus 5,1; Theophanes, ebd.
46 Kallinikus, Leben des Hypatius 50,2; Theodoretus, Brief 41; Nestorius, Das Buch des Herakleides 497–501 (französische Übersetzung aus dem Syrischen: F. Nau, Nestorius. Le livre d'Héraclide de Damas, Paris 1910, 317–319); Euagrius, Kirchengeschichte 1,17.
47 Kallinikus, ebd. 52,1–9.
48 Priscus 5,1–3. Die langwierigen Verhandlungen: ebd. 5,13.
49 PLRE 2,84–86.
50 Priscus 5,5.
51 Priscus 5,6–7.
52 Priscus 5,8. Der hunnische Name Skottas: Pritsak, The Hunnic Language 460.
53 Priscus 5,9–16 mit der Namensform Asēmus. Der heutige Name des Flusses ist Osum. Für die Festung überliefert ist auch Anasamus: W. Tomaschek, RE 1,2 (1894/1958), 2064.

54 Notitia dignitatum, Oriens 40,19.
55 Priscus 5,16.
56 Theodoretus, Brief 41 der Collectio Sirmondiana (SCh 98, 106–107).
57 Priscus 14,4.
58 Priscus 6,2–3.
59 Priscus 7,11.
60 S. 123.
61 Priscus 6,4–5.
62 Priscus 7,2. Zur Interpretation der Stelle: Maenchen-Helfen, Byzantinische Zeitschrift 61, 1968, 270–276, gegen Wirth, ebd. 60, 1967, 41–69.
63 Novae: Notitia dignitatum, Oriens 40,23; 30; 31. Identifiziert wurde Novae mit dem bulgarischen Svishtov: Talbert, Map-by-Map Directory 1,338.
64 Herodot 8,74,2; 9,4,2. Zum Hellenismus: W. Schmitthenner, Über eine Formveränderung der Monarchie seit Alexander d. Gr., Saeculum 19, 1968, 31–46.
65 Caesar, Gallischer Krieg 4,3,1–2; 6,23,1; vgl. Tacitus, Germania 40,1.
66 Der rüstige Mann: Priscus: 7,3.
67 Priscus 14,2.
68 Priscus 7,3; S. 119.
69 Strabo 11,2,3,493; 2,12,496.
70 Priscus 7,4.
71 Priscus ebd.
72 Zu diesen und zahlreichen ähnlichen Epitheta: E. Schwartz – J. Straub (Hgg.), Acta conciliorum oecumenicorum 4,3,2 Index generalis tomorum I–III. Pars secunda: Index prosopograhicus, congessit R. Schieffer, Berlin 1982, 468–471.
73 P. Maas, Metrische Akklamationen der Byzantiner, in: ders., Kleine Schriften, München 1973, 400. Die zitierte Akklamation ist für Theodosius' Nachfolger Marcianus überliefert. Sie unterschied sich nicht groß von der für seinen Vorgänger.
74 Priscus 7,6–8,1. Der Gewährsmann für seinen ausführlichen Bericht dürfte der Dolmetscher Vigilas gewesen sein.
75 Die Geschenke: Priscus 8,9.
76 Prosper Tiro 1348, MGH AA 9, 479. Das Los eines künftigen Verräters ließ Vigilas an Edekons Zuverlässigkeit glauben: Priscus 8,51.
77 S. 105; 130–140.
78 Priscus 7,12–14; 8,1–4.
79 Cassiodorus, Variae 1,4,1; Johannes Lydus, Über die Ämter des römischen Volkes 3,43; Priscus 8,138; 144; Jordanes 34,178.
80 Priscus 8,51–52; 8.1,1–6; 14,3.
81 Priscus 12,1–4.

XI. Ein Besuch bei Attila

1 S. 131–132.
2 S. 161–162.
3 Variae 1,4,11–12.
4 Priscus 8,6–8; S. 152.

5 Priscus 8,60; S. 193.
6 Zum Datum 449, nicht 448: Thompson, The Huns 273–274.
7 Suda und Euagrius 1,17 werden in der Ausgabe von Carolla XLVIII zitiert. Zu Priscus' Biographie und Werk: Baldwin, Priscus of Panium; H.-G. Nesselrath, RGA 23 (2003), 466–468. Zur umstrittenen Frage, ob Priscus Christ oder – viel wahrscheinlicher – Heide war: Baldwin, ebd. 45–46.
8 S. 107–111.
9 Ein Index locorum bei Carolla 126–131. Zu Priscus' Klassizismus: H. Hunger, Die hochsprachliche profane Literatur der Byzantiner. Bd. 1: Philosophie – Rhetorik – Epistolographie – Geschichtsschreibung – Geographie, München 1978, 283–284; D. Brodka, Pragmatismus und Klassizismus im historischen Diskurs des Priskos von Panion, in: A. Goltz – H. Leppin – H. Schlange-Schöningen, Jenseits der Grenzen. Beiträge zur spätantiken und frühmittelalterlichen Geschichtsschreibung, Berlin – New York 2009, 11–23.
10 Herodot 1,8,1.
11 Priscus 7,14; 8,5.
12 Priscus 1.1,1; S. 105; 107.
13 Priscus 8,16; 20; 22; 26,2. Priscus' Eingreifen in einem kritischen Augenblick in Attilas Lager: 8,36–39; S. 155–156.
14 Zur byzantinischen Epistolographie umfassend Hunger, ebd. 197–239.
15 Auf das Frühjahr 449 deuten die Jagd-, bzw. Kriegsvorbereitungen Attilas: S. 135.
16 Priscus 8,6–12.
17 Priscus 8,32.
18 S. 120.
19 S. 146.
20 Priscus 8,15–18.
21 Priscus 8,19–21.
22 Priscus 8,23–32.
23 Priscus 8,33.
24 Priscus 8,34–35.
25 Priscus 8,56; 99. Zu den hunnischen Namen Ellac, Onegesius und Skottas: Pritsak, The Hunnic Language 445–446; 459–460. Die hunnischen Akatiren: Priscus 30,5.
26 Priscus 8,36–41.
27 Priscus 8,42–45.
28 Priscus 8,45–47.
29 Priscus 8,48–53.
30 Priscus 8,54–55.
31 Priscus 8,45; 62; vgl. 1,1. Onegesius: 8,84.
32 Priscus 8,63; S. 226.
33 Priscus 8,66–71.
34 Priscus 8,66–72. Herodot 5,18,2.
35 Priscus 8,72–73.
36 Priscus 8,75–76.
37 Priscus 8,78–82; 135; S. 123.

38 F. Vámos, Attilas Hauptlager und Holzpaläste, Seminarium Kondakovianum 5, 1932, 131–148.
39 Priscus 8,83–86. Jordanes 34,178–179 ergänzt Priscus' Schilderung der Attila-Residenz.
40 Die ausführlichste und eindrucksvollste Beschreibung eines *adventus* bietet Ammianus Marcellinus 16,10,4–12: Der Einzug Constantius' II. in Rom im Jahr 357. Zum *adventus*: S. Mac Cormack, Art and Ceremony in Late Antiquity, Berkeley - Los Angeles 1981.
41 Priscus 8,87–89.
42 Priscus 8,90–93.
43 Priscus 8,94–99. Wieweit sich Priscus in der Erinnerung an den Wortlaut des folgenden Dialogs gehalten hat, ist umstritten: Baldwin, Priscus of Panium 40–41. Die literarischen Reminiszenzen und Topoi in seiner Antwort sind kein Beweis, dass er den Dialog erst am Schreibtisch verfasst hat. Einem gewieften Rhetor standen sie aus dem Stegreif zur Verfügung.
44 Priscus 8,100.
45 Priscus 8,101. Belege für den Topos: H. Berve, Die Tyrannis bei den Griechen 2, München 1967, 766: Entwaffnung der Bürger.
46 Priscus 8,101. Synesius forderte Arcadius auf, sich an die Spitze seiner Truppen zu stellen: Rede über das Kaisertum 12–15. Rosen, Völkerwanderung 101–102.
47 Priscus 8,102–103.
48 Salvianus, Über die Herrschaft Gottes 5,21–35 (MGH AA 1, 59–62); vgl. Orosius, Sieben Bücher Geschichte gegen die Heiden 7,41,7.
49 Salvianus, ebd. 4,68.
50 Priscus 8,104–108.
51 *De defensoribus civitatis* lautet der *titulus* 1,29 im Codex Theodosianus, der mehrere Einzelgesetze enthält. Die Gesetze zu den *sportulae* verteilen sich über verschiedene *tituli*: O. Gradenwitz, Heidelberger Index zum Theodosianus 1970², 237.
52 Priscus 8,108.
53 Codex Theodosianus 11,30: De appellationibus et poenis earum et consultationibus.
54 Hesiod, Werke und Tage 279.
55 Priscus 8,110. Pindar, Fragment 169 Snell.
56 Priscus 8,111–113. Tötungsverbot: Historia Augusta, Das Leben Hadrians 18,7. Freilassungsbeschränkungen: M. Kaser, Das römische Privatrecht 1, München 1971², 296–297; 681,42; 2, München 1975², 137; 309,9. Testierbeschränkungen: ebd. 1,682; 2,485–486.
57 Priscus 8,114; Cicero, Über den Staat 1,69.
58 S. 121.
59 Priscus 8,115–116.
60 Priscus 8,118–126.
61 Priscus 8,127.
62 Priscus 8,128. Ellacs Tod: Jordanes 50,267; S. 232. Das Mahl bei Adamis: Priscus 8,178. Die hunnischen Namen Adamis und Kreka: Pritsak, The Hunnic Language 453–455; 457–459.

63 Priscus 8,133; 151.
64 Priscus 8,129–132.
65 Priscus 8,133–134.
66 Priscus 8,135–136.
67 Priscus 8,137–144. Basich und Kursich: S. 78–91.
68 Priscus 8,144–146 mit Jordanes 35,183; S. 21. Die beiden Texte ergänzen einander und belegen, dass Priscus' byzantinischer Exzerptor den Text des Historikers nicht immer wörtlich übernommen hat.
69 Priscus 8,147–150.
70 Priscus 8,152–156.
71 Priscus 8,157–163.
72 S. 185.
73 Priscus 8,164–168; Jordanes 39,203.
74 Priscus 8,169–172; S. 127.
75 Priscus 8,173–174.
76 Priscus 8,175–179.
77 Priscus 8,180–186. Die Verlobung: 8,183; 12.1. Die Heirat: 18,1.
78 Priscus 8,192–193.
79 Priscus 8,187–196.
80 Priscus 8.1,1–6.
81 Priscus 12,1–4.
82 Priscus 12.1,1.
83 Priscus 12.1,2–13,1. Dagegen O. Seeck, Chrysaphios, RE 3,2 (1899/1970), 2486: Der Grund ist unbekannt. PLRE 2,296: Zenon lehnte die von Chrysaphius betriebene Gesandtschaft zu Attila ab.
84 Priscus 12,3–4.
85 Priscus 14,1–4. Der sonst unbekannte Fluss Drenkon (14,1) ist möglicherweise eine Verschreibung des 8,64 genannten Drekon, der heutigen Bega, die Jordanes 34,178 Dricca nennt. Zum Gebiet von fünf Tagesreisen: S. 142–144.

XII. Attilas Reich

1 Jordanes 35,182.
2 S. 205.
3 Jordanes 35,180–182.
4 Priscus 8,23.
5 Priscus 7,1; 8,8.
6 Priscus 8,9–10.
7 Priscus 7,8.
8 Jordanes 38,199.
9 Tausend, Die *logades* der Hunnen.
10 Priscus 8,191–192.
11 Priscus 8,188.
12 Priscus 8,63.
13 Priscus 8,72; S. 160.
14 Bebilderter Abriss über das Karpatenbecken: S. Frisnyak, Das Karpaten-

becken, in: A. Wieczorek (Hgg.), Europas Mitte um 1000. Beiträge zur Geschichte, Kunst und Archäologie 1, Stuttgart 2000, 81–84. Die Zonen des Karpatenbeckens und ihre Vegetation: Parducz, Reiternomaden 757–758. Zur Tisia, zur Schreibweise Tigas bei Priscus 8,64 und zu weiteren Namensformen: M. Fluss, Tisia, RE 6 A 2 (1937/1958), 1469–1470.

15 S. 154.

16 Die Stammessage: S. 19–20; Großjagd: S. 135; Handel: S. 144.

17 Priscus 39,4.

18 Jordanes 35,181.

19 S. 20.

20 S. 64.

21 Priscus 8,65; Schramm, Ein Damm bricht 100–102.

22 Mócsy, Pannonia 28; 298–299.

23 Ilias 7,467–475.

24 Asterius, Predigt 14, PG 40, 381 A–B.

25 Jordanes 34,179.

26 Priscus 8,56–62.

27 S. 90–91.

28 S. 165.

29 Priscus 8,60.

30 S. 149–150.

31 Jordanes 53,272.

32 Jordanes 35,182.

33 S. 208.

34 Priscus 8,138. Dagegen Th. Mommsen, Aetius, Hermes 36, 1901, 525, 3 = ders., Gesammelte Schriften 4 = Historische Schriften 1, Berlin 1906/1965², 539, 5: «Es kann nur Britannien gemeint sein.»

35 Priscus 8,138; 143; 12,2; 15,2; Procopius, Vandalenkrieg 1,4,29.

36 Priscus 8,134; S. 173.

37 Jordanes, Römische Geschichte 331, MGH AA 5, 42.

38 Chroncia Gallica 133, MGH AA 9, 662.

39 Priscus 16,1–3.

40 Jordanes, Römische Geschichte 328; Johannes Antiochenus, Fragment 199,2 FHG 4,613; Marcellinus Comes 434, MGH AA 11, 79.

41 Priscus 16,3; Jordanes, Getica 42,224; Johannes Antiochenus ebd. Widersprüchlich ist Maenchen-Helfen, Die Welt der Hunnen 98; 337: Die Geschichte «trägt ganz den Stempel byzantinischen Hofklatsches». An der späteren Stelle nimmt er sie jedoch für bare Münze. Zur Historizität: Wirth, Attila 93–94.

42 Priscus 16,4.

43 Johannes Antiochenus, Fragment 199,2, FHG 4,614.

44 A. Kiss, »Die barbarischen» Könige des 4.–7. Jahrhunderts im Karpatenbecken, als Verbündete des Römischen bzw. Byzantinischen Reiches, in: F. Vallet - M. Kazanski (Hgg.), La noblesse romaine et les chefs barbares du IIIe au VIIe siècle, Association Française d'Archéologie Mérovingienne et Musée des Antiquités Nationales 1995, 182. Der byzantinische Staatsschatz 457: Johannes Lydus, Über die Ämter des römischen Volkes 3,43.

45 Priscus 8,6–8; S. 149–150.
46 Priscus 7,4; 8,147–150; 18,2.
47 E. K. Chrysos, The Title ΒΑΣΙΛΕΥΣ in Early Byzantine International Relations, Dumbarton Oaks Papers 32, 1978, 58–59.
48 Priscus 12,2–4; S. 182.
49 Cassiodorus, Variae 1,4,11; Priscus 8,137–146; Jordanes 35,183 (mit dem genannten Zitat); 36,184; S. 174.
50 Pritsak, Der Titel Attila 419; ders., The Hunnic Language 444.
51 Pritsak, ebd. 404,5.
52 Bei «Väterchen» bleiben u. a.: Scardigli, Die Goten 74; 76; Doerfer, Zur Sprache der Hunnen 29–32; Schramm, Ein Damm bricht 118–119.
53 Zu Ermanarich und germanischen Parallelen: G. Schramm, Namenschatz und Dichtersprache. Studien zu den zweigliedrigen Personenamen der Germanen, Göttingen 1957, 102–103.

XIII. Der Krieg gegen den Westen

1 PLRE 2, 714–715: Marcianus (8); ebd. 929: Aelia Pulcheria.
2 Priscus 15,1–2.
3 Priscus 8,137; 150.
4 Priscus 18,2; vgl. 3,3; 8,126.
5 Priscus 15,3.
6 Priscus 18,1; 3.
7 Priscus 19.
8 Prosper Tiro 1364; MGH AA 9, 481; Jordanes 36,185.
9 Jordanes 36,186 mit der Namensform Theoderid statt Theoderich.
10 Priscus 15,3; Jordanes 36,184–185. Vössing, Das Königreich der Vandalen 53–55; 163,24.
11 Jordanes 36,187; Sidonius Apollinaris, Gedicht 7,332–356; vgl. S. 114.
12 Prosper Tiro, Continuatio 21, MGH AA 9, 490. Euagrius, Kirchengeschichte 2,1 verschweigt Valentinians Zögern.
13 Marcianus' Schreiben: PL 54,900.
14 Papst Leo, Brief 39: ACO 2, 4, 41.
15 Jordanes 38,198–199.
16 Sidonius Apollinaris, Gedicht 7,321–325.
17 A. Loyen, Recherches historiques sur les panégyriques de Sidoine Apollinaire, Paris 1942, Nachdruck Rom 1967, 52.
18 Jordanes 35,182; vgl. S. 186.
19 Bachrach, The Hun Army 67.
20 Hydatius 150, MGH AA 11, 26; Chronica Gallica 139, MGH AA 9, 662; Gregor von Tours, Zehn Bücher Geschichten 2,5, wo der Name Servatius in einigen Handschriften zu Arravatius verschrieben ist.
21 Gregor von Tours, ebd. 2,6.
22 S. 195–196.
23 Sidonius Apollinaris, Gedicht 7,325–326. Die burgundischen Zimmerleute: S. 104.

24 Sidonius Apollinaris, ebd. 327–328. Den Rheinübergang hat man in der Forschung an den verschiedensten Orten zwischen Oberrhein und Neuwieder Becken lokalisiert: H. Castritius, Katalaunische Felder, RGA 16 (2000), 329.
25 Maenchen-Helfen, Die Welt der Hunnen 98.
26 Gregor von Tours, ebd. 2,6.
27 Prosper Tiro 1364, MGH AA 9, 481; Gregor von Tours, ebd. 2,7.
28 Vita Lupi episcopi, Trecensis 5, MGH Scriptores rerum Merovingicarum 7 (1920), 297–298. E. Ewig, Bemerkungen zur Vita des Bischofs Lupus von Troyes, in: H. Hauck – H. Mordek (Hgg.), Geschichtsschreibung und geistiges Leben im Mittelalter. Festschrift für H. Löwe zum 65. Geburtstag, Köln – Wien 1978, 14–26.
29 Sidonius Apollinaris, Brief 8,15,1, MGH AA 8, 147.
30 Gregor von Tours, ebd. 2,7.
31 Jordanes 37,194.
32 Vita Aniani episcopi Aurelianensis 9, MGH Scriptores rerum Merovingicarum 3 (1896), 114–115. Zur Überlieferung und zum Kult des Anianus und seiner politischen Bedeutung in der französischen Geschichte: J.-C. Poulin, Anianus, LdMA 1 (1980/1999), 644.
33 Jordanes 37,194–195.
34 Vita Genovefae virginis Parisiensis 12–13, MGH Scriptores rerum Merovingicarum 3 (1896), 219–220. M. Heinzelmann – J. C. Poulin, Les Vies anciennes de sainte Geneviève des Paris. Études critiques, Paris 1986.
35 Schmidt, Die Ostgermanen 475, 2.
36 Sidonius Apollinaris, Gedicht 7,329–330.
37 Novellae Valentinianae 33 vom 31. Januar 451.
38 Sidonius Apollinaris, ebd. 330–356.
39 Jordanes 36,191.
40 Ammianus Marcellinus 17,8,3–4.
41 Consularia Italica, MGH AA 9, 302. Ausführlich zu den Franken: Stickler, Aëtius 170–180. Der Adoptivsohn: S. 195.
42 Hoffmann, Das spätrömische Bewegungsheer 1, 140; 2, 48.
43 S. 112.
44 Hoffmann, ebd.
45 Stickler, ebd. 141 und Anm. 755.
46 Jordanes 36,191.
47 Jordanes 37,195–196.
48 S. 127. Attilas Glück. S. 198.
49 Attilas Fluchtgedanken: Jordanes 37,195
50 Jordanes 36,192. Maurica: Consularia Italica 567, MGH AA 9, 302. Lieblingshobby: Maenchen-Helfen, Die Welt der Hunnen 98.
51 Jordanes 38,197; 201.
52 Jordanes 41,217.
53 Jordanes 39,202–206.
54 Jordanes 38,197–198.
55 Jordanes 40,210.
56 Jordanes 40,209.

57 Jordanes 40,211–212.
58 Jordanes 40,212–213.
59 Jordanes 41,217; Hydatius 150, MGH AA 11, 26.
60 Jordanes 41,214–215.
61 Prosper Tiro 1364, MGH AA 9, 482.
62 Jordanes 41,216. Der Königshort: D. Claude, LdMA 5 (1991/1999), 1329–1330.
63 Theoderids Königssippe: Wolfram, Die Goten 206–207.
64 Consularia Italica, MGH AA 9, 302; Gregor von Tours, Zehn Bücher Geschichten 2,7; Jordanes 41,215–216.
65 Jordanes 41,216.
66 S. 112.
67 Jordanes 41,218.
68 Prosper Tiro, Additamenta 567, MGH AA 9, 302; ders. 1369, ebd. 481–482; ders. Continuatio 19, ebd. 490; Chronica Gallica 139, ebd. 662; Cassidorus, Chronica 1253, ebd. 11,157.
69 Paulus Diaconus, Römische Geschichte 14,6, MGH AA 2, 202.
70 S. 54.
71 Jordanes 40,201.
72 Jordanes 43,225–228.
73 Marcianus' zwei auf Griechisch verfasste Briefe: ACO II 1,1,28–29, Nr. 14; 30–31, Nr. 16. Ort und Datum des zweiten Briefes sind nur in dessen lateinischer Fassung erhalten: J. D. Mansi, Sacrorum conciliorum nova et amplissima collectio 6, Nachdruck Graz 1960, 562. In der ersten Hälfte des 6. Jahrhunderts zitierte der Kirchenschriftsteller Theodorus Anagnostes den Brief in seiner Kirchengeschichte 360 (Die griechischen christlichen Schriftsteller des ersten Jahrhunderts, Berlin (Ost) 1971, 101); Maenchen-Helfen, Die Welt der Hunnen 98.
74 Jordanes 42,223–224.
75 S. 128–131.
76 S. 209.
77 Maenchen-Helfen, Die Welt der Hunnen 99.
78 Prosper Tiro 1367, MGH AA 9, 482; Chronica Gallica 141, ebd. 662.
79 Cassiodorus, Chronica 1255, MGH AA 11, 157.
80 Bei Prosper Tiro ebd. findet sich der Vorwurf. Maenchen-Helfen, Die Welt der Hunnen 101–102.
81 Jordanes 42,219. Der Flussname lautet bei ihm Natissa.
82 Ammianus Marcellinus 21,12,4–20.
83 Priscus 66 a = Jordanes 42,220–221; Priscus 66 b = Procopius, Vandalenkrieg 1,4,30–35; Paulus Diaconus, Römische Geschichte 14,9. Maenchen-Helfen, Die Welt der Hunnen 99–100 widerlegt die Anekdote. Er verbessert die dreijährige Belagerung bei Paulus Diaconus, der den Hunger der Hunnen betont, zu drei Monaten: ebd. 377, Anm. 628.
84 Paulus Diaconus, ebd. 14,10.
85 Marcellinus Comes 452,3, MGH AA 11, 84; Gregor von Tours, Zehn Bücher Geschichten 2,7.
86 Papst Leo, Brief 159, PL 54, 1136–1139. Courcelle, Histoire littéraire 165–166. Zum Verzehr von Opferfleisch: Paulus, 1 Kor 8.

87 S. 101.
88 Prosper Tiro 1367, MGH AA 9, 482.
89 Jordanes 42,222.
90 Paulus Diaconus, Römische Geschichte 14,10; ders., Geschichte der Langobarden 2,14: «die wenigen Inseln, die wir jetzt Venedig nennen». Es ist die erste Erwähnung der Stadt. Die übliche römische Form für Pergamum ist Bergomum.
91 Paulus Diaconus, Römische Geschichte ebd. Eine Karte zum Weg der Hunnen: M. Calzolari, L'itinerario di Attila nella pianura padana: Aspetti topografici, in: Blason Scarel, Attila *Flagellum Dei*? 121.
92 Jordanes, ebd.
93 Die Predigt wird nach dem Text bei F. Dell'Oro zitiert: Il discorso »In reparatione Ecclesiae Mediolanensis« per la solenne dedicazione della »Ecclesia Maior« nell'anno 453, in: Il Duomo, cuore e simbolo di Milano. IV centenario della dedicazione (1577–1977), Mailand 1977. Appendice 294–301.
94 Jordanes, ebd.
95 Die beiden Ausgräber: A. Büsing-Kolbe – H. Büsing, Stadt und Land in Oberitalien, Mainz 2002, 93.
96 Tacitus, Historien 2,90,1.
97 In einem komprimierten Satz bietet Hydatius' Chronik 154 die Angaben: MGH AA 11, 26–27.
98 Marcellinus Comes zum Jahr 454, MGH AA 11, 86.
99 S. 217.
100 Jordanes 42,222, wo Priscus zitiert wird; Paulus Diaconus, Römische Geschichte 14,11.
101 Die Gesandtennamen: Prosper Tiro 1367, MGH AA 11, 482. Ambuleius: Jordanes 42,223.
102 Prosper Tiro, ebd. Als der Chronist diese Worte niederschrieb, wusste er, dass Gott den Papst nicht enttäuscht hatte.
103 St. Karwiese, Aguntum – das Ende einer Stadt im Spiegel der Münzfunde. Eine numismatisch-archäologisch-historische Untersuchung, Beiträge zur römerzeitlichen Bodenforschung in Österreich 2, 1974, 77–82.
104 Jordanes 43,225 nach Priscus 19.

XIV. Das Ende

1 Jordanes 49,254.
2 Jordanes, ebd. mit Verweis auf Priscus.
3 Jordanes, ebd.
4 Jordanes 48,253.
5 ACO 2,4,81,Nr. 72.
6 Jordanes 49,255.
7 Jordanes, 49,254.
8 Jordanes 49,255–257. Zur Totenfeier: Maenchen-Helfen, Die Welt der Hunnen 200–203 mit zahlreichen ethnographischen Parallelen.
9 Scardigli, Die Goten 90.

10 Malalas 14,10.
11 Marcellinus Comes 454, MGH AA 11, 86; Malalas ebd., der allerdings auch den Blutsturz erwähnt und nur von dem Verdacht spricht, eine hunnische Nebenfrau habe den Schlafenden ermordet, was das Chronicon paschale (CSHB 1832, Bd. 1, 558) übernimmt.
12 Jordanes 49,258. *Strava* ist ein gotisches Wort, das die Hunnen von ihren Nachbarn entlehnt haben: Schramm, Ein Damm bricht 98; 102–105.
13 Jordanes, ebd.
14 P. Tomka, Der hunnische Fürstenfund von Pannonhalma, AAASH 38, 1986, 423–488; ders., Über die Bestattungssitten der Hunnen, in: Attila, Historisches Museum der Pfalz 253–257. Den dreifachen Sarg hält Tomka für einen Übersetzungsfehler; vielmehr seien die Sargwände aus drei verschiedenen Metallen zusammengesetzt gewesen (254). Doch Jordanes spricht von Särgen (*copercula*).
15 Bóna, Das Hunnenreich 140–146; Schmauder, Die Hunnen 103–107.
16 Jordanes 49,258.
17 Jordanes 30,158.
18 S. 126–127; 176.
19 Jordanes 50,259.
20 Jordanes 50,266 (wo die beiden Erstgenannten jedoch nur Blutsverwandte, nicht Brüder Ernacs genannt werden); 52,272. Zu den Namen: Pritsak, The Hunnic Language 445–448.
21 Jordanes 50,259.
22 Prosper Tiro 1370, MGH AA 9, 482–483.
23 Eugippius, Commemoratorium vitae sancti Severini 1,1.
24 Jordanes 50,260; 262.
25 W. Pohl, Die Gepiden und die gentes an der mittleren Donau nach dem Zerfall des Attilareiches, in: Wolfram – Daim, Die Völker an der mittleren und unteren Donau 259–260: Der Nedao liegt nördlich der Donau in der Theißgegend; Pannonien sei für Jordanes nicht mehr mit der römischen Provinz identisch. Doch eben dieses römische Pannonien definierte der Historiker ausdrücklich 50,264.
26 Die Goten auf hunnischer Seite: Pohl, ebd. 258–259. Die Alanen: Alemany, Sources of the Alans 137.
27 Jordanes 50,262–263.
28 Jordanes 50,261.
29 Jordanes 5,33; 12,74.
30 Jordanes 50,263–264.
31 Jordanes 50,264. Jahrgelder: ebd. 52,270.
32 Jordanes 50,265. Cemandri und Castramartena werden nur hier erwähnt.
33 Jordanes 50,266; Maenchen-Helfen, Die Welt der Hunnen 113.
34 Jordanes 50,265.
35 Eugippius, Commemoratorium 1,4: Die Barbaren (= die Rugier) «waren mit den Römern ein *foedus* eingegangen».
36 Jordanes 50,263.
37 Jordanes 52,268–269. Ob das altenglische Gedicht *Widsith* auf diesen Kampf

anspielt, ist trotz der ausführlichen Begründung von Maenchen-Helfen fraglich: Die Welt der Hunnen 114–117.

38 Jordanes 53,272–273. Die Sadagarii-Sadages: Maenchen-Helfen, Die Welt der Hunnen 301. Bas(s)iana: Mócsy, Pannonia and Upper Moesia 166; 168. Dintzics Angriff ist nicht eindeutig zu datieren.

39 Priscus 36,1–2.

40 Priscus 28. Schäfer, Balamber und Balamer: Die Hunnen des Balamer waren ein kleiner Stamm im Kaukasus.

41 Priscus 30,5. Pohl, Die Awaren 24; 29.

42 Priscus 36,3.

43 Priscus 38,2–3.

44 Marcellinus Comes und Chronicon paschale: MGH AA 11, 90. Das Xylokirkon: Dagron, Naissance d'une capitale 305.

45 Priscus 39,3–7. Tacitus, Germania 33,1–2; Rosen, Die Völkerwanderung 40–41.

46 Zu den Hintergründen: Stickler, Aëtius 70–83.

47 Priscus 29,1.

48 Hydatius 234, MGH AA 11, 34; PLRE 2, 708–710.

49 Marcellinus Comes 468, MGH AA 11, 90.

50 Sidonius Apollinaris, Gedicht 2: Lobgedicht auf Anthemius 235–242; 269–298. Eingeschoben ist das Hunnenporträt: S. 44–45. Zum Namen Hormidac oder Hormizdac: Maenchen-Helfen, Die Welt der Hunnen 265.

51 Euagrius, Kirchengeschichte 3,2; Theophanes, A. M. 5966.

52 Johannes Antiochenus, Fragment 211,4–5, der zunächst die Bulgaren, dann im nächsten Satz die Hunnen nennt, die beide identisch sind: Maenchen-Helfen, Die Welt der Hunnen 293.

53 Procopius, Perserkrieg 1,13,20; 14,40–42. Procopius nennt die Hunnen mit dem alten literarischen Ethnikon «Massageten».

54 Procopius, Vandalenkrieg 1,11,11–12.

55 Procopius, Gotenkrieg 1,5,4; 1,10,29–34.

56 Priscus 30,5.

57 Malalas 16,17. Eine kurze Notiz bei Marcellinus Comes 515, 5, MGH AA 11, 99.

58 Priscus 30,5.

59 Malalas 17,10.

60 Procopius, Perserkrieg 1,12,6–9.

61 Zu den Namensformen: Moravcsik, Byzantinoturcica 2, 107–108.

62 Malalas 18,13.

63 Malalas 18,14; Theophanes A. M. 1620 mit den Namensformen Gordas und Muageres statt Grod und Mugel.

64 Procopius, Über die Bauten 3,7,10–12. Zur Archäologie: M. Schmauder, Die Goten und das Schwarze Meer, in: Die Krim 209.

65 Zacharias Rhetor 12,7; Thompson, Christian Missionaries among the Huns 77–79; Engelhardt, Mission und Politik in Byzanz 162–167.

66 Zacharias Rhetor 9,7; PLRE 3, 1206–1207; vgl. S. 239–240.

67 Malalas 18,70.

68 Procopius, Perserkrieg 1,22,3; Malalas 18,76.

69 Procopius, Perserkrieg 2,1,13–15.

70 Agathias 5,24,2.
71 Die Belege: Moravcsik, Byzantinoturcica 2, 171–172; 238–239.
72 Justinians Bündnis mit den Langobarden: Procopius, Gotenkrieg, 2,22,12.
73 Procopius, Gotenkrieg 4,18,14–18.
74 Procopius, ebd. 4,18,19.
75 Procopius, ebd. 4,18,18–21.
76 Procopius, ebd. 4,19,1–2; 6–7. Eine Nebenform zu Sandil ist Sandilichus.
77 Procopius, ebd. 4,19,3–5.
78 Kritik an Justinians ‹Geldverschwendung› an die Barbaren: Procopius, Geheimgeschichte 8,31; 11,3–11; 19,5–10; Agathias 5,14,1. Synesius' Kritik: S. 82. Die angeschwollene Armee Justinians: Procopius, Gotenkrieg 4,30,17.
79 Menander Protector, Fragment 2. Das Jahr 557 für die Verhandlungen ist umstritten: PLRE 3, 2, 1410.
80 Agathias 5,14,5.
81 Agathias 5,11,6–7; 12,4–7.
82 Agathias 5,13,2–4.
83 Agathias 5,15,7–20,8; 21,2–23,4.
84 Agathias 5,23,8.
85 Agathias 5,25,4–5.
86 Agathias 5,11,3–4.

XV. Erinnerung ohne Ende

1 Umfassend: Pohl, Die Awaren.
2 Malalas 18,125; Theophanes A. M. 6050.
3 Menander Protector, Fragment 12,6.
4 Gregor von Tours 4,29. Zum umstrittenen Datum 562: Pohl, Die Awaren 45–46.
5 M. Heinzelmann, Gregor von Tours (538–594), «Zehn Bücher Geschichte». Historiographie und Gesellschaftskonzept im 6. Jahrhundert, Darmstadt 1994, 35.
6 Gregor von Tours, 4,29.
7 Paulus Diaconus, Geschichte der Langobarden 1,27; 2,10, MGH, Scriptores rerum Germanicarum in usum scholarum, Hannover 1878, 80; 92.
8 MGH, Epistolae Karolini aevi 2, Berlin 1974², Nr. 20, S. 528.
9 R. Rau (Hg.), Quellen zur karolingischen Reichsgeschichte 1, Darmstadt 1955, 66: Reichsannalen 796. Angilberts Gedicht Über den Awarensieger Pippin; in: Einhard, Vita Karoli Magni, MGH, Scriptores rerum Germanicarum in usum scholarum 25, Nachdruck 1947, Appendix 42–43.
10 Rau, ebd. 42 (782); 54–56 (788); 58–60 (791); 64 (795); 66 (796); 70 (798): Avari/Avares. 80 (805); 98 (811): Hunni. Zu den verschiedenen Verfassern der Reichsannalen: R. McKitterick, Karl der Grosse, Darmstadt 2008, 42–53.
11 Rau, ebd. 226: Anonymi Vita Hludowici imperatoris 6.
12 Corippus, In laudem Iustini, Praefatio 4, MGH AA 3, 115. Theodulfus, Ad Carolum regem, Carmen 25, 39, MGH, Poetae Latini aevi Carolini 1.
13 Einhard, Vita Karoli Magni, 13; vgl. 11.
14 M. Manitius, Geschichte der lateinischen Literatur des Mittelalters 1, München 1911, Nachdruck 1974, 543; 545.

15 Anianus: J.-C. Poulin, LdMA 1 (1980/1999), 644; Lupus: M. Heinzelmann, ebd. 6 (1993/1999), 15.

16 Gregor von Tours, Zehn Bücher Geschichten 2,5.

17 MGH, Scriptores rerum Merovingicarum 3, Hannover 1896, Nachdruck 1977, 85.

18 W. Wattenbach, Über eine bisher unbenutzte Handschrift Oesterreichischer Annalen, Neues Archiv der Gesellschaft für ältere deutsche Geschichtskunde 7, 1882, 139; W. Levison, Das Werden der Ursula-Legende, Bonner Jahrbücher 132, 1927,1–164.

19 Einhard, Vita Karoli Magni 29.

20 Das Totenlied: S. 228–229.

21 Waltharius 40; 555; 1404. Zur umstrittenen Verfasserfrage: R. Schieffer, Silius Italicus in St. Gallen. Ein Hinweis zur Lokalisierung des «Waltharius», Mittellateinisches Jahrbuch 10, 1975, 7–19; D. Schaller, Von St. Gallen nach Mainz? Zum Verfasserproblem des Waltharius, ebd. 24/25, 1989/1990, 423–437.

22 Notker Balbulus, Die Taten Karls des Großen 1,17; 27; 34 (der Gewährsmann); 2,1; 12; 13: R. Rau (Hg.), Quellen zur karolingischen Reichsgeschichte 3, Darmstadt 1982, Register 439.

23 H. de Boor, Das Attilabild in Geschichte, Legende und heroischer Dichtung, Bern 1932, Nachdruck Darmstadt 1963; J. William, Etzel der rîche, Bern u. a. 1981; U. Schulze - H. Uecker, Etzel/Atli, LdMA 4 (1989/1999), 61–62.

24 Zusammenfassung einer riesigen Forschung: U. Schulze, Nibelungenlied (und Klage). LdMA 6 (1993/1999), 1120–1125; C. Brinker-von der Heyde, Nibelungenlied, RGA 21 (2002), 131–135.

25 Paulus Diaconus, Römische Geschichte 14,5, MGH AA 2, 202.

26 H. Kunstmann, Baiern, Ungarn und die Nibelungen 18–32; Schramm, Ein Damm bricht 76–83.

27 G. Holz (Hg.), Die Gedichte vom Rosengarten zu Worms, Halle 1893, Nachdruck 1982.

28 Die Ungarn als Hunnen: Moravcsik, Byzantinoturcica 2, 235; J. Darkó, Die auf die Ungarn bezüglichen Volksnamen bei den Byzantinern, Byzantinische Zeitschrift 21, 1912, 479–480.

29 B. Mombritius, Sanctuarium sive Vitae Sanctorum 1, Paris 1910, Nachdruck Hildesheim - New York 1978, 601.

30 G. C. Zimolo (Hg.), Boncompagni, Liber de obsidione Ancone [A. 1173] = L. A. Muratori, Rerum Italicarum Scriptores 6,3,9,6–7.

31 Agnellus, Liber pontificalis ecclesiae Ravennatis 37, MGH, Scriptores rerum Langobardicarum, Hannover 1878, Nachdruck 1964, 299–301.

32 MGH, Poetae Latini medii aevi 1, Berlin 1881, Nachdruck München 1878, 142–144. Umstritten ist, ob der Verfasser der Patriarch Paulinus von Aquileia ist.

33 J. Schnetz (Hg.), Itineraria Romana 2, Leipzig 1940, Nachdruck Stuttgart 1990, 67; 138.

34 Attila *flagellum Dei*. Poemetto in ottava rima, Pisa 1864.

35 Legenda aurea Nr. 83; Mombritius, ebd. 2, 102. Zur Legenda aurea und ihrer Verbreitung: LdMA 5 (1991/1999), 1801.

36 Th. Mommsen, Jordanes, MGH AA 5, LXX. Mommsen hatte gerade seine Jordanes-Ausgabe fertiggestellt, als am 12. Juli 1880 in seinem Arbeitszimmer ein Feuer ausbrach und auf sein Haus in Berlin-Charlottenburg übergriff. Es vernichtete eine Handschrift des Jordanes, die ihm die Stadtbibliothek Breslau zur Verfügung gestellt hatte: MGH ebd., LXXI–LXXII; L. Wickert, Theodor Mommsen. Eine Biographie 4: Größen und Grenzen, Frankfurt am Main 1980, 42–45.

37 Moravcsik, Byzantinoturcica 1, 360; 493.

38 May, Attila *Redivivus* 98–131. Corneilles Quellen: J. Delaporte-Arnal, Attila de Pierre Corneille, in: Marin, Attila 157.

39 Zitiert nach der Ausgabe von G. Truc, Classiques Garnier, Paris 1954, 106–112.

40 S. 182.

41 D. J. Womersley (Hg.), Edward Gibbon, The History of the Decline and Fall of the Roman Empire 1–3, London 1994.

42 Womersley 2, 310, Anm. 38.

43 S. 245.

44 Womersley 2, 320.

45 Womersley 2, 310.

46 Womersley 2, 351.

47 G. Filippone, Le relazioni tra lo Stato pontificio e la Francia revoluzionaria. Storia diplomatica del Trattato di Tolentino, Parte seconda, Mailand 1967, 629–632.

48 J. und W. Grimm, Deutsches Wörterbuch, Bd. 4, 1, 2 (1897), Nachdruck Bd. 5, 1984, 2614.

49 M. M. Grewenig (Hg.), Napoleon. Feldherr, Kaiser, Mensch, Historisches Museum der Pfalz Speyer, Speyer 1998, 110.

50 H. Zbinden (Hg.), Benjamin Constant, Über die Gewalt. Vom Geist der Eroberung und von der Anmaßung der Macht, Bern 1942, XVI.

51 F. M. Kircheisen (Hg.), Gespräche Napoleons I. 3, Stuttgart 1913², 187.

52 Henri de Bornier, in: May, Attila *Redivivus* 103.

53 P. Ganz (Hg.), Jacob Burckhardt, Über das Studium der Geschichte. Der Text der ‹Weltgeschichtlichen Betrachtungen›, München 1982, Begriffs- und Sachregister 569: «Größe», wo Attila allerdings fehlt.

54 Ein Verzeichnis mit zahlreichen Titeln: E. Heinzel, Lexikon historischer Ereignisse und Personen in Kunst, Literatur und Musik 1, Wien 1956, 33–34.

55 J. W. Porter, Verdi's *Attila*, an Ethnomusicological Analysis, in: Bäuml – Birnbaum 45–54; J.-J. Bertaux, Le mythe d'Attila, Verdi et le Risorgimento, in: Marin, Attila 165–168.

56 Heinzel, ebd. 34.

57 Anonymi (P. Magistri) Gesta Hungarorum 1, in: E. Szentpétery (Hg.), Scriptores rerum Hungaricarum tempore ducum regumque stirpis Arpadianae gestarum 1, Budapest 1937, 35.

58 Kunstmann, Baiern, Ungarn und die Nibelungen 28. J. Laudage, Friedrich Barbarossa. Eine Biographie, Regensburg 2009, 321–322.

59 Simon de Keza, Gesta Hungarorum 4, in: Szentpétery, ebd. 1, 144–145.

60 L Szörényi, Attila's Image in the Poetry and Historiography of the Central European Baroque, in: Bäuml - Birnbaum, Attila 99–105.
61 Victor de Laprade zitiert nach: R. Girardet, Le nationalisme français. Anthologie 1871–1914, Paris 1983, 54–56. Weitere Einzelheiten: Ch. Amalvi, Le mythe d'Attila et les Huns dans la societé française, in: Marin, Attila 169–183.
62 H. Münkler, Die Deutschen und ihre Mythen, Reinbek 2010, 69–107.

Abkürzungen

AAASH	Acta Antiqua Academiae Scientiarum Hungaricae, Budapest 1, 1951 ff.
ACO	E. Schwartz u.a, Acta Conciliorum Oecumenicorum, Berlin – Leipzig 1914 ff.
CCL	Corpus Christianorum, Series Latina, Turnhout 1954 ff.
CI	P. Krueger, Corpus iuris civilis volumen secundum: Codex Iustinianus, Berlin 1877, Nachdruck Dublin – Zürich 1970.
CSEL	Corpus scriptorum ecclesiasticorum Latinorum («Wiener Kirchenvätercorpus»), Wien 1866 ff.
CSHB	Corpus Scriptorum Historiae Byzantinae («Bonner Corpus»), Bonn 1828–1897.
CTh	Th. Mommsen – P. M. Meyer, Theodosiani libri XVI cum constitutionibus Sirmondianis, Berlin 1905, Nachdruck Dublin – Zürich 1970.
FGrHist	F. Jacoby, Die Fragmente der griechischen Historiker, Berlin 1923 ff., Leiden 1957 ff.
FHG	C. Müller, Fragmenta Historicorum Graecorum IV, Paris 1851, Nachdruck Frankfurt am Main 1975.
GCS	Die griechischen christlichen Schriftsteller der ersten drei Jahrhunderte, Leipzig 1897 ff.; Die griechischen christlichen Schriftsteller der ersten Jahunderte, Neue Folge, Berlin 1956 ff.
GGM	C. Müller, Geographi Graeci Minores 1–2, Paris 1855–1861.
ILCV	E. Diehl, Inscriptiones Latinae Christianae veteres 1–3, Berlin 1925–1931, Nachdruck Dublin – Zürich 1961.
LdMA	Lexikon des Mittelalters 1–9, Stuttgart – Weimar 1980–1998, Registerband 1999; Studienausgabe 1999.
LThK	Lexikon für Theologie und Kirche 1–12, 3. Auflage, Freiburg – Basel – Wien 1993–2001; Sonderausgabe 2006.
MGH AA	Monumenta Germaniae historica, Auctores Antiquissimi 1–15, Berlin 1877–1919, Nachdruck 1961.
PG	J.-P. Migne, Patrologiae cursus completus, Series Graeca 1–166, Paris 1857–1868.
PL	J.-P. Migne, Patrologiae cursus completus, Series Latina 1–221, Paris 1844–1865.
PLRE 1	A. H. M. Jones – J. R. Martindale – J. Morris, The Prosopography of the Later Roman Empire I: A. D. 260–395, Cambridge 1971.
PLRE 2	J. R. Martindale, The Prosopography of the Later Roman Empire II: A. D. 395–527, Cambridge u. a. 1980.

PLRE 3	J. R. Martindale, The Prosopography of the Later Roman Empire III A–B: A. D. 527–641, Cambridge 1992.
RAC	F. J. Dölger u. a., Reallexikon für Antike und Christentum, Stuttgart 1950 ff.
RE	A. Pauly – G. Wissowa u. a., Realencyclopädie der classischen Altertumswissenschaft, Stuttgart 1893–1978; Register 1–2, 1997–2000; Nachdruck 1958 ff.
RGA	H. Beck u. a. (Hgg.), Reallexikon der Germanischen Altertumskunde, 2. Auflage 1–35, Register 1–2, Berlin – New York 1973–2008.
SCh	H. de Lubac, s. j. – J. Daniélou, s. j. u. a. (Hgg.), Sources chrétiennes, Paris 1941 ff.

Quellen

Agathias	R. Keydell (Hg.), Agathiae Myrinaei Historiarum libri quinque, Corpus Fontium Historiae Byzantinae, Series Berolinensis 2, Berlin 1967.
Ambrosius	Sancti Ambrosii Opera, CCL 14 ff., 1957 ff.
Ammianus Marcellinus	W. Seyfarth (Hg.), Ammianus Marcellinus 1–2, Leipzig 1978.
Ausonius	C. Schenkel (Hg.), D. Magni Ausonii Opuscula, MGH AA 5,2, Berlin 1883, Nachdruck 1961.
Cassiodorus	Th. Mommsen (Hg.), Cassiodori Senatoris Variae, MGH AA 12, Berlin 1894, Nachdruck 1961.
CI	P. Krueger, Corpus iuris civilis volumen secundum: Codex Iustinianus, Berlin 1877, Nachdruck Dublin – Zürich 1970.
Claudianus	Th. Birt (Hg.), Claudii Claudiani Carmina, MGH AA 10, Berlin 1892, Nachdruck 1961.
Consularia Constantinopolitana – Chronicon Paschale	Th. Mommsen (Hg.), Consularia Constantinopolitana, accedunt Consularia Chronici paschalis, Chronica minora 1, MGH AA 9, Berlin 1892, Nachdruck 1961, 197–247.
CTh	Th. Mommsen – P. M. Meyer, Theodosiani libri XVI cum constitutionibus Sirmondianis, Berlin 1905, Nachdruck Dublin – Zürich 1970.
Epitome de Caesaribus	M. Festy (Hg.), Pseudo-Aurélius Victor, Abrégé des Césars. Texte établi, traduit et commenté, Paris 2002².
Eunapius	Eunapius Sardianus, FHG 4, 7–56.
Eutropius	J. Hellegouarc'h (Hg.), Eutrope, Abrégé d'histoire romaine. Texte établi et traduit, Paris 2002².
Euagrius	J. Bidez – L. Parmentier (Hgg.), The Ecclesiastical History of Euagrius with the Scholia. Introduction, Critical Notes, and Indices, London 1898, Nachdruck Amsterdam 1964.
Excerpta Valesiana	J. Moreau – V. Velkov (Hgg.), Excerpta Valesiana, Leipzig 1968.
Gregor von Tours	R. Buchner (Hg.), Gregor von Tours, Zehn Bücher Geschichten 1–2, Darmstadt 2000⁸.

Hieronymus	J. Labourt (Hg.), Saint Jérôme, Lettres, Texte établi et traduit, Tome 1–8, Paris 1949–1963. S. Hieronymi ‹Presbyteri› Opera, CCL 72 ff, 1959 ff.
Hydatius	Th. Mommsen (Hg.), Hydatii Lemici continuatio chronicorum Hieronymianorum ad a. CCCCLXVIII, Chronica minora 2, MGH AA 11, Berlin 1894, Nachdruck 1961, 1–36.
Isaak von Antiochien	C. Moss (Hg.), Isaac of Antioch. Homily on the Royal City: Translation, Zeitschrift für Semitistik und verwandte Gebiete 8, 1930, 61–73.
Johannes Antiochenus	Ioannis Antiocheni Fragmenta, FHG 4, 535–622.
Jordanes	Th. Mommsen (Hg.), Iordanis Romana et Getica, MGH AA 5,1, Berlin 1882, Nachdruck 1961 (die Getica werden ohne Titel zitiert).
Kallinikus	G. J. M. Bartelink (Hg.), Callinicos, Vie d' Hypatios. Introduction, Texte critique, Traduction et Notes, SCh 177, Paris 1971.
Malalas	I. Thurn (Hg.), Ioannis Malalae Chronographia, Corpus Fontium Historiae Byzantinae, Series Berolinensis 35, Berlin 2000.
Marcellinus Comes	Th. Mommsen (Hg.), Marcellini V. C. Comitis Chronicon, Chronica minora 2, MGH AA 11, Berlin 1894, Nachdruck 1961, 37–108.
Menander Protector	R. C. Blockley (Hg.), The History of Menander the Guardsman, Introductory Essay, Text, Translation and Historiographical Notes, ARCA. Classical and Medieval Texts, Papers and Monographs 17, 1985.
Nestorius	G. R. Driver - L. Hodgson (Hgg.), Nestorius. The Bazaar of Heracleides. Newly translated from the Syriac and edited with an Introduction, Notes an Appendices, Oxford 1925.
Olympiodorus	Olympiodori Thebaei Fragmenta, FHG 4, 57–68.
Orosius	C. Zangemeister (Hg.), Pauli Orosii Historiarum adversus paganos libri VII, CSEL 5, Wien 1882, Nachdruck New York - London 1966.
Panegyrici Latini	R. A. B. Mynors (Hg.), XII Panegyrici Latini, Oxford 1964, Nachdruck 1973.
Paulus Diaconus	H. Droysen (Hg.), Pauli Historiae Romanae libri XI–XVI, MGH AA 2, Berlin 1879, Nachdruck 1961, 183–244. Pauli Historia Langobardorum in usum scholarum ex Monumentis Germaniae Historicis recusa, Hannover 1878.

Philostorgius	J. Bidez – F. Winkelmann, Philostorgius, Kirchengeschichte. Mit dem Leben des Lucian von Antiochien und den Fragmenten eines arianischen Historiographen, GCS 21, Berlin 1981^3.
Priscus	P. Carolla (Hg.), Priscus Panita, Excerpta et Fragmenta, Berlin – New York 2008.
Procopius	J. Haury (Hg.), Procopius Caesariensis, Opera omnia 1–4, Leipzig 1905–1913; G. Wirth (Hg.), Nachdruck München – Leipzig 2001.
Prosper Tiro	Th. Mommsen (Hg.), Prosperi Tironis Epitoma chronicon, Chronica minora 1, MGH AA 9, Berlin 1892, Nachdruck 1961, 341–485.
Ptolemaeus	C. F. A. Nobbe (Hg.), Claudii Ptolemaei Geographia 1–3, Leipzig 1843–1845, Nachdruck Hildesheim 1966.
Rufinus	E. Schwartz–Th. Mommsen–F. Winkelmann (Hgg.), Eusebius, Werke 2, 2: Rufinus, Historiae ecclesiasticae X–XI, GCS, Neue Folge 6, 2, Berlin 1999^2, 957–1040.
Salvianus	C. Halm (Hg.), Salviani de gubernatione Dei libri VIII, MGH AA 1, Berlin 1877, Nachdruck 1961, 1–108.
Sidonius Apollinaris	Ch. Luetjohann (Hg.), Gai Sollii Apollinaris Sidonii Epistulae et Carmina, MGH AA 8, Berlin 1887, Nachdruck 1961.
Socrates	G. Ch. Hansen (Hg.), Sokrates, Kirchengeschichte, GCS, Neue Folge 1, Berlin 1995.
Sozomenus	J. Bidez – G.Ch. Hansen (Hgg.), Sozomenus, Kirchengeschichte, GCS 50, Berlin 1960.
Strabo	St. Radt (Hg.), Strabons Geographica mit Übersetzung und Kommentar 1–10, Göttingen 2002–2011.
Synesius	A. Garzya (Hg.), Opere di Sinesio di Cirene. Epistole, Operette, Inni, Turin 1989.
Theodoretus	L. Parmentier – G.Ch. Hansen (Hgg.), Theodoret, Kirchengeschichte, GCS Neue Folge 5, Berlin 1998^3.
Theophanes	Carolus de Boor (Hg.), Theophanis Chronographia, 1–2, Leipzig 1883–1885, Nachdruck Hildesheim 1963.
Vegetius	A. Önnerfors, Vegetius, Epitoma rei militaris, Stuttgart – Leipzig 1995.
Zacharias Rhetor	K. Ahrens – G. Krüger (Hgg.), Die sogenannte Kirchengeschichte des Zacharias Rhetor in deutscher Übersetzung, Leipzig 1899.
Zonaras	L. Dindorf (Hg.), Ioannis Zonarae Epitome Historiarum 3, Leipzig 1870.
Zosimus	F. Paschoud (Hg.), Zosime, Histoire nouvelle, Texte établi et traduit, Tome 1, Paris 2002^2; tome 2–3, Paris 1979–1989.

Literatur

A. Alemany, Sources on the Alans. A. Critical Compilation, Leiden – Boston – Köln 2000.

A. Alföldi, Der Untergang der Römerherrschaft in Pannonien 1, Berlin 1924; 2, Berlin 1926.

F. Altheim, Geschichte der Hunnen 1–3, Berlin 1969–1975²; 4–5, Berlin 1962.

F. Altheim – R. Stiehl, Das erste Auftreten der Hunnen. Das Alter der Jesaja-Rolle. Neue Urkunden aus Dura-Europos, Baden-Baden 1953.

B. Anke, Studien zur reiternomadischen Kultur des 4. bis 5. Jahrhunderts 1–2, Beiträge zur Ur- und Frühgeschichte Mitteleuropas 8, Weissbach 1998.

D. W. Anthony, The Horse, the Wheel and Language. How Bronze-Age Riders from the Eurasian Steppes Shaped the Modern World, Princeton – Oxford 2007.

B. S. Bachrach, The Hun Army at the Battle of Chalons (451): An Essay in Military Demography, in: K. Brunner – B. Merta (Hgg.), Ethnogenese und Überlieferung. Angewandte Methoden der Frühmittelalterforschung, Wien – München 1994, 59–67.

F. H. Bäuml – M. D. Birnbaum (Hgg.), Attila. The Man and His Image, Budapest 1993.

B. Baldwin, Priscus of Panium, Byzantion 50, 1980, 18–61.

Ch. I. Beckwith, Empires of the Silk Road. A History of Central Eurasia from the Bronze Age to the Present, Princeton – Oxford 2009.

V. Bierbrauer, Ethnos und Mobilität im 5. Jahrhundert aus archäologischer Sicht: Vom Kaukasus bis Niederösterreich, Bayerische Akademie der Wissenschaften, Philosophisch-historische Klasse. Abhandlungen, Neue Folge 131, 2008.

– Zur archäologischen Nachweisbarkeit der ‹Alatheus-Safrax-Gruppe› in Pannonien, in: Konrad – Witschel, Römische Legionslager 113–142.

– Ostgermanen im mittleren und unteren Donauraum. Die hunnische Herrschaft, in: Historisches Museum der Pfalz Speyer, Attila und die Hunnen 96–105.

S. Blason Scarel (Hg.), Attila *Flagellum Dei*? Convegno internazionale di studi storici sulla figura di Attila e sulla discesa degli Unni in Italia nel 452 d. C., Studia Historica 129, Rom 1994.

B. Bleckmann, Attila, Aetius und das ‹Ende Roms›. Der Kollaps des Weströmischen Reiches, in: M. Meier (Hg.), Sie schufen Europa. Historische Portraits von Konstantin bis Karl dem Großen, München 2007, 93–110; 346.

B. Bleckmann – T. Stickler (Hgg.), Griechische Profanhistoriker des fünften nachchristlichen Jahrhunderts, Historia Einzelschriften 228, 2014.

R. C. Blockley, The Fragmentary Classicising Historians of the Later Roman Empire I: Eunapius, Olympiodorus, Priscus and Malchus, ARCA. Classical and Medieval Texts, Papers and Monographs 6, 1981.

– II: Text, Translation and Historiographical Notes, ebd. 10, 1983.

I. Bóna, Das Hunnenreich, Stuttgart 1991.
R. Bratož (Hg.), Westillyricum und Nordostitalien in der spätrömischen Zeit, Ljubljana 1996.
– Die Auswanderung der Bevölkerung aus den pannonischen Provinzen während des 5. und 6. Jahrhunderts, in: Konrad – Witschel, Römische Legionslager 589–614.
D. Brodka, Attila, Tyche und die Schlacht auf den Katalaunischen Feldern. Eine Untersuchung zum Geschichtsdenken des Priskos von Panion, Hermes 136, 2008, 227–245.
Burgenländische Landesausstellung 1996: Reitervölker aus dem Osten. Hunnen + Awaren. Begleitbuch und Katalog, Eisenstadt 1996.
J. B. Bury, History of the Later Roman Empire from the Death of Theodosius I to the Death of Justinian 1–2, London 1889, Nachdruck New York 1958.
Al. Cameron, Claudian. Poetry and Propaganda at the Court of Honorius, Oxford 1970.
Av. Cameron, Agathias, Oxford 1970.
A. Chauvot, Opinions romaines face aux barbares au IVe siècle ap. J.-C., Paris 1998.
D. Christian, A History of Russia and Central Asia and Mongolia I: Inner Eurasia from Prehistory to the Mongol Empire, Malden, MA – Oxford 1998.
P. Courcelle, Histoire littéraire des grandes invasions germaniques, Paris 1964[3].
B. Croke, Evidence for the Hun Invasion of Thrace in A. D. 442, Greek, Roman and Byzantine Studies 18, 1977, 347–367.
G. Dagron, Naissance d'une capitale. Constantinople et ses institutions de 330 à 451, Paris 1974.
Y. A. Dauge, Le barbare. Recherches sur la conception romaine de la barbarie et de la civilisation, Collection Latomus 176, 1981.
A. Demandt, Magister militum, RE Supplementband 12 (1970), 553–790.
– Die Spätantike. Römische Geschichte von Diocletian bis Justianian 284–565 n. Chr., München 2007[2].
E. Demougeot, La formation de l'Europe et les invasions barbares. De l'avènement de Dioclétien (284) à l'occupation germanique de l'Empire romain d'Occident (début du VIe siècle) 1–2, Paris 1979.
G. Doerfer, Zur Sprache der Hunnen, Central Asiatic Journal 17, 1973, 1–50.
I. Engelhardt, Mission und Politik in Byzanz. Ein Beitrag zur Strukturanalyse byzantinischer Mission zur Zeit Justins und Justinians, Miscellanea Byzantina Monacensia 19, München 1974.
Th. Fischer – G. Precht – J. Tejral (Hgg.), Germanen beiderseits des spätantiken Limes, Köln – Brünn 1999.
H. Freisinger – F. Daim (Hgg.), Typen der Ethnogenese unter besonderer Berücksichtigung der Bayern, Teil 2, Österreichische Akademie der Wissenschaften, Philosophisch-historische Klasse, Denkschriften, 204. Band, Wien 1990.
J. Fündling, Horden gegen das Abendland? Attila (ca. 400–453), in: S. Förster – M. Pöhlmann – D Walter, Kriegsherren der Weltgeschichte. 22 historische Portraits, München 2006, 93–109.
V. F. Gajdukevič, Das Bosporanische Reich, Berlin u. a. 1971.
Germanisches Nationalmuseum Nürnberg, Germanen, Hunnen und Awaren.

Schätze der Völkerwanderungszeit. Die Archäologie des 5. und 6. Jahrhunderts an der mittleren Donau und der östlich-merowingische Reihengräberkreis, Nürnberg 1988.

J. Gießauf, Barbaren - Monster - Gottesgeisseln. Steppennomaden im europäischen Spiegel der Spätantike und des Mittelalters, Graz 2006.

H. Göckenjan, Nomaden, LdMA 6, 1217–1222.

G. Gomolka-Fuchs, Zur Militärbesatzung im spätrömischen Limeskastell latrus vom 4. bis zum zweiten Viertel des 5. Jahrhunderts, Eurasia Antiqua 5, 1999, 509–521.

- Spätrömische Limeskastelle an der mittleren und unteren Donau im Licht des ostgermanischen und reiternomadischen Fundstoffs, in: Attila und die Hunnen, Historisches Museum der Pfalz 209–217.

C. D. Gordon, The Age of Attila, Fifth-Century Byzantium and the Barbarians, University of Michigan Press 1960.

G. Greatrex - M. Greatrex, The Hunnic Invasion of the East of 395 and the Fortress of Ziatha, Byzantion 69, 1999, 65–75.

B. Gutmann, Studien zur römischen Aussenpolitik in der Spätantike (364–395 n. Chr.), Diss. Bonn 1991.

Handbuch der Orientalistik. Erste Abteilung, fünfter Band, fünfter Abschnitt: Geschichte Mittelasiens. Mit Beiträgen von Karl Jettmar, Hans Wilhelm Haussig, Bertold Spuler, L. Petech, Leiden-Köln 1966.

J. Harmatta, The Dissolution of the Hun Empire, AAASH 2, 1952, 277–304.

P. Heather, The Huns and the End of the Roman Empire in Western Europe, English Historical Review 110, 1995, 4–41.

- Der Untergang des römischen Weltreiches, Stuttgart 2008[2].

- Invasion der Barbaren. Die Entstehung Europas im ersten Jahrtausend nach Christus, Stuttgart 2009.

W. B. Henning, Rezension zu Altheim - Stiehl, Das erste Auftreten der Hunnen, Gnomon 26, 1954, 476–480.

Historisches Museum der Pfalz Speyer, Attila und die Hunnen, Stuttgart 2007.

- Hunnen zwischen Asien und Europa. Aktuelle Forschungen zur Archäologie und Kultur der Hunnen, Beiträge zur Ur- und Frühgeschichte Mitteleuropas 50, Langenweissbach 2008.

- Amazonen. Geheimnisvolle Kriegerinnen, Speyer - München 2010.

D. Hoffmann, Das spätrömische Bewegungsheer und die Notitia dignitatum, Epigraphische Studien 7, 1–2, Düsseldorf 1969–1970.

A. H. M. Jones, The Later Roman Empire 284–602. A Social, Economic, and Administrative Survey 1–3, Oxford 1964 (zitiert wird die zweibändige Ausgabe, Norman, Oklahoma 1964).

M. Kazanski, Les Goths et les Huns. A propos des relations entre les Barbares sédentaires et les nomades, Archéologie Médiévale 22, 1992, 191–229.

- L'archéologie de «l'empire» hunnique. À propos d'un livre récent, Francia 20, 1993, 127–145 (Rezension zu Bóna, Das Hunnenreich, mit ausführlicher Bibliographie).

Ch. Kelly, Attila the Hun. Barbarian Terror and the Fall of the Roman Empire, London 2008.

H. J. Kim, The Huns, Rome and the Birth of Europe, Cambridge 2013.
M. Konrad – Ch. Witschel, Römische Legionslager in den Rhein- und Donauprovinzen – Nuclei spätantik-frühmittelalterlichen Lebens?, Bayerische Akademie der Wissenschaften, Philosophisch-historische Klasse, Abhandlungen, Neue Folge, Heft 138, 2011.
St. Krautschick, Hunnensturm und Germanenflut. 375 – Der Beginn der Völkerwanderung?, Byzantinische Zeitschrift 92, 1999, 10–67.
Die Krim. Goldene Insel im Schwarzen Meer. Griechen – Skythen – Goten, hrsg. vom Landschaftsverband Rheinland – Landesmuseum Bonn 2013.
H. Kunstmann, Baiern, Ungarn und die Nibelungen, Zeitschrift für Balkanologie 43, 2007, 18–40.
P. Kuosmanen, The Nature of Nomadic Power. Contacts between the Huns and the Romans during the Fourth and Fifth Centuries, Annales Universitatis Turkuensis, Humaniora Tom. 373, Turku 2013.
H. H. Lamb, Climate, history and the modern world, London – New York 1982.
E. de la Vaissière, Huns et Xiongnu, Central Asiatic Journal 49, 2005, 3–26.
R. P. Lindner, Nomadism, Horses and Huns, Past and Present 92, 1981, 3–19.
A. Lippold, Theodosius I., RE Supplementband 13 (1973) 838–961.
– Theodosius II., ebd. 961–1044.
B. A. Litvinsky u. a. (Hgg.), History of Civilizations of Central Asia, Volume III. The Crossroads of Civilizations: A. D. 250 to 750, Unesco Publishing, Paris 1996.
F. Lotter – R. Bratož – H. Castritius, Völkerverschiebungen im Ostalpen-Mitteldonau-Raum zwischen Antike und Mittelalter (375–600), Ergänzungsbände zum Reallexikon der Germanischen Altertumskunde 39, Berlin 2003.
M. Maas (Hg.), The Cambridge Companion to the Age of Attila, Cambridge 2015.
O. J. Maenchen-Helfen, Attila, ΛΗΣΤΑΡΧΟΣ oder Staatsmann mit höheren Zielen? Byzantinische Zeitschrift 61, 1968, 270–276.
– Die Welt der Hunnen. Herkunft, Geschichte, Religion, Gesellschaft, Kriegführung, Kunst, Sprache, Wien – Köln – Graz 1978, Nachdruck Wiesbaden 1997 (englische Originalausgabe: The World of the Huns. Studies in Their History and Culture, Berkeley – Los Angeles – London 1973).
J.-Y. Marin (Hg.), Attila, les influences danubiennes dans l'ouest de l'Europe au Ve siècle, Caen 1990.
R. W. Mathisen, Roman Aristocrats in Barbarian Gaul. Strategies for Survival in an Age of Transition, Austin 1993.
J. Matthews, The Roman Empire of Ammianus Marcellinus, London 1989.
G. May, Attila *Redivivus*, in: J.-J. Demorest (Hg.), Studies in Seventeenth-Century French Literature, Ithaca, New York 1962, 98–131.
M. McCormic u. a., Climate change during and after the Roman Empire: Reconstructing the Past from Scientific and Historical Evidence, Journal of Interdisciplinary History 13, 2, 2012, 169–220.
W. M. McGovern, The Early Empires of Central Asia. A Study of the Scythians and the Huns and the part they played in world history. With special reference to the Chinese sources, Chapel Hill 1939.
A. Mócsy, Pannonia and Upper Moesia. A History of the Middle Danube Provinces of the Roman Empire, London – Boston 1974.

G. Moravcsik, Byzantinoturcica 1: Die byzantinischen Quellen der Geschichte der Türkvölker, Berlin 1958².
- Byzantinoturcica 2: Sprachreste der Türkvölker in den byzantinischen Quellen, Berlin 1958.
- Byzantinische Mission im Kreise der Türkvölker an der Nordküste des Schwarzen Meeres with Supplementary Paper by L. Müller, in: J. M. Hussey (Hg.), Proceedings of the XIIIth International Congress of Byzantine Studies, Oxford, 5.–10. September 1966, London u. a. 1967, 13–38.
- Studia Byzantina, Amsterdam 1967.
T. Nagy, Les campagnes d'Attila aux Balkans et la valeur du témoignage de Jordanès concernant les Germains, AAASH 4, 1956, 251–260.
- Reoccupation of Pannonia from the Huns in 427. (Did Jordanes use the Chronicon of Marcellinus Comes at the Writing of the Getica?), AAASH 15, 1967, 159–186.
- The Last Century of Pannonia in the Judgement of a New Monograph, AAASH 19, 1971, 299–345 (Rezension zu Várady, Das letzte Jahrhundert Pannoniens).
Nomaden, Aus Politik und Zeitgeschichte, Beilage zur Wochenzeitung «Das Parlament» 65. Jahrgang 26–27, 2015.
E. Norden, Die germanische Urgeschichte in Tacitus' Germania, Leipzig 1920, Darmstadt 1974⁵.
St. J. Oost, Galla Placidia Augusta. A Biographical Essay, Chicago – London 1968.
M. Párducz, Frühe Reiternomaden im Karpatenbecken, in: W. Fischer u. a. (Hgg.), Handbuch der europäischen Wirtschafts- und Sozialgeschichte Bd. 1: Europäische Wirtschafts- und Soziageschichte in der römischen Kaiserzeit, hrsg. von F. Vittinghoff, Stuttgart 1990, 753–769.
H. Parzinger, Die frühen Völker Eurasiens. Vom Neolithikum bis zum Mittelalter, München 2006.
W. Pohl, Konfliktverlauf und Konfliktbewältigung: Römer und Barbaren im frühen Mittelalter, Frühmittelalterliche Studien 26, 1992, 165–207.
- Die Awaren, Ein Steppenvolk in Mitteleuropa 567–822 n. Chr., München 2002².
- Die Völkerwanderung. Eroberung und Integration, Stuttgart – Berlin – Köln 2002.
W. Pohl – H. Reinitz, Strategies of Distinction. The Construction of Communities, 300–800. The Transformation of the Roman World 2, Leiden – Boston – Köln 1998.
Popoli delle steppe: Unni, Avari, Ungari, Settimane di studio del Centro italiano di studi sull' Alto Medioevo 35, 1–2, Spoleto 1988.
O. Pritsak, Der Titel Attila, in: Festschrift für Max Vasmer zum 70. Geburtstag, Wiesbaden 1956, 404–419.
- The Hunnic Language of the Attila Clan, Harvard Ukrainian Studies 6,4, 1982, 428–476.
W. Richter, Die Darstellung der Hunnen bei Ammianus Marcellinus (31,2,1–11), Historia 23, 1974, 343–377.
J. D. Rogers, Inner Asian States and Empires: Theories and Synthesis, Journal of Archaeological Research 20, 2012, 205–256.
R. Rolle u. a., Gold der Steppe. Archäologie der Ukraine, Neumünster 1991.

K. Rosen, Ammianus Marcellinus. Erträge der Forschung 183, Darmstadt 1982.
- Wege und Irrwege der römischen Gothenpolitik in Ammianus' 31. Buch, in: J. den Boeft - D. den Hengst - H. C. Teitler (Hgg.), Cognitio Gestorum. The Historiographic Art of Ammianus Marcellinus, Amsterdam u. a. 1992, 85-90.
- Die Völkerwanderung, München 2009[4].
- Konstantin der Große. Kaiser zwischen Machtpolitik und Religion, Stuttgart 2013.
P. Scardigli, Die Goten. Sprache und Kultur, München 1973.
T. Schäfer, Untersuchungen zur Gesellschaft des Hunnenreiches auf kulturanthropologischer Grundlage, Hamburg 1998.
- Balamber und Balamer: Könige der Hunnen, Historia 63, 2014, 243-256.
Th. Schieffer (Hg.), Handbuch der europäischen Geschichte, Bd. 1: Europa im Wandel von der Antike zum Mittelalter, Stuttgart 1996[4].
F. Schlütz - F. Lehmkuhl, Climatic change in the Russian Altai, southern Siberia, based on palynological and geomorphological results, with implications for climate teleconnections and human history since the middle Holocene, Vegetation History and Archaeobotany 16, 2007, 101-118.
M. R. W. Schmauder, Oberschichtgräber und Verwahrfunde in Südosteuropa im 4. und 5. Jahrhundert. Zum Verhältnis zwischen spätantik-frühbyzantinischem Reich und barbarischer Oberschicht aufgrund der archäologischen Quellen, Diss. Bonn 1998.
M. Schmauder, Die Hunnen. Ein Reitervolk in Europa, Darmstadt 2009.
L. Schmidt, Geschichte der deutschen Stämme bis zum Ausgang der Völkerwanderung. Die Ostgermanen, München 1941[2], Nachdruck 1969.
G. Schramm, Die nordöstlichen Eroberungen der Russlandgoten (Merens, Mordens und andere Völkernamen bei Jordanes, Getica XXIII 116), Frühmittelalterliche Studien 8, 1974, 1-14.
- Ein Damm bricht. Die römische Donaugrenze und die Invasion des 5.-7. Jahrhunderts im Lichte von Namen und Wörtern, Südosteuropäische Arbeiten 100, 1997.
H. Schreiber, Die Hunnen. Attila probt den Weltuntergang, Wien - Düsseldorf 1976.
R. Schulz, Die Entwicklung des römischen Völkerrechts im vierten und fünften Jahrhundert n. Chr., Hermes Einzelschriften 61, 1993.
- Feldherren, Krieger und Strategen. Krieg in der Antike von Achill bis Attila, Stuttgart 2012.
O. Seeck, Regesten der Kaiser und Päpste für die Jahre 311 bis 476 n. Chr., Stuttgart 1919, Nachdruck Frankfurt am Main 1964.
D. Sinor (Hg.), The Cambridge History of Early Inner Asia, Cambridge u. a. 1990.
E. Stein, Histoire du Bas-Empire 1: De l'état romain à l'état byzantin (284-476), Paris - Brüssel 1959; 2: De la disparition de l'empire d'occident à la mort de Justinien (476-565), Paris - Brüssel 1949; Nachdruck Amsterdam 1968.
T. Stickler, Aëtius. Gestaltungsspielräume eines Heermeisters im ausgehenden Weströmischen Reich, Vestigia 54, 2002.
- Die Hunnen, München 2007.
U. Täckholm, Aetius and the Battle on the Catalaunian Fields, Opuscula Romana 7, 1969, 259-276.

R. J. A. Talbert (Hg.), Barrington Atlas of the Greek and Roman World; Map-by-Map Directory 1–2, Princeton – Oxford 2000.

K. Tausend, Die *logades* der Hunnen, in: H. Heftner – K. Tomaschitz, Ad Fontes! Festschrift für G. Dobesch, Wien 2004, 819–828.

E. A. Thompson, Christian Missionaries among the Huns, Hermathena 67, 1946, 73–79.

– Barbarian Invaders and Roman Collaborators, Florilegium 2, 1980, 71–87.

– The Huns. Revised and with an afterword by P. Heather, Malden, MA u. a. 1996, Nachdruck 1999.

P. Tomka, Der hunnische Fürstenfund von Pannonhalma, AAASH 38, 1986, 423–488.

– Zwischen Hsiung-nu und Hunnen aus archäologischer Sicht, in: Historisches Museum der Pfalz, Hunnen zwischen Asien und Europa, 91–100.

K. Trüdinger, Studien zur Geschichte der griechisch-römischen Ethnographie, Basel 1918.

J. Ulrich, Barbarische Gesellschaftsstruktur und römische Aussenpolitik zu Beginn der Völkerwanderung. Ein Versuch zu den Westgoten 365–377, Diss. Bonn 1995.

L. Várady, Das letzte Jahrhundert Pannoniens (376–476), Amsterdam 1969.

G. Vernadsky, The Eurasian nomads and their impact on medieval Europe, Studi medievali serie III, 4, fasc. 2, 1963, 401–434.

K. Vössing, Das Königreich der Vandalen. Geiserichs Herrschaft und das Imperium Romanum, Darmstadt 2014.

R. Wenskus, Stammesbildung und Verfassung. Das Werden der frühmittelalterlichen gentes, Köln – Wien 1977².

J. Werner, Beiträge zur Archäologie des Attila-Reiches, Bayerische Akademie der Wissenschaften, Philosophisch-historische Klasse, Abhandlungen, Neue Folge Heft 38 A, München 1956.

G. Wirth, Attila und Byzanz. Zur Deutung einer fragwürdigen Priscusstelle, Byzantinische Zeitschrift 60, 1967, 41–69.

– Attila. Das Hunnenreich und Europa. Urban-Taschenbücher 467, Stuttgart 1999.

H. Wolfram, Die Goten. Von den Anfängen bis zur Mitte des sechsten Jahrhunderts. Entwurf einer historischen Ethnographie, München 2009⁵.

H. Wolfram – F. Daim, Die Völker an der mittleren und unteren Donau im fünften und sechsten Jahrhundert, Veröffentlichungen der Kommission für Frühmittelalterforschung, Bd. 4, Österreichische Akademie der Wissenschaften, Philosophisch-historische Klasse, Denkschriften, 145. Band, Wien 1980.

H. Wolfram – W. Pohl (Hgg.), Typen der Ethnogenese unter besonderer Berücksichtigung der Bayern, Teil 1, Österreichische Akademie der Wissenschaften, Philosophisch-historische Klasse, Denkschriften, 201. Band, Wien 1990.

G. Zecchini, Aezio: L'ultima difesa dell'occidente romano, Rom 1983.

Zeittafel

Vor dem 4. Jahrhundert n. Chr.	Gruppen hunnischer Reiternomaden wandern vom Altai durch die kasachische Steppe nach Westen.
2.–3. Viertel des 4. Jahrhunderts	Zusammenstöße mit den nördlich des Kaukasus siedelnden alanischen Nomaden. Erste Angriffe hunnischer Gruppen auf das Ostgotenreich des Ermanarich westlich des Don.
375	Siegreicher Großangriff vereinigter hunnischer, mit Alanen verbündeter Stämme unter König Balamber gegen die Ostgoten. Selbstmord des Ermanarich und Zerfall seines Reiches, auf dessen Boden sich Hunnen niederlassen.
378	Eine ostgotisch-hunnisch-alanische Koalition besiegt die Römer bei Adrianopel in einer Schlacht, in der der oströmische Kaiser Valens fällt.
380	Die sogenannte Dreivölkerkoalition von Goten, Hunnen und Alanen erhält vom weströmischen Kaiser Gratian Land südlich der Donau in den Provinzen Pannonia prima und Valeria.
383	Der weströmische Heermeister Bauto bietet Hunnen und Alanen gegen den gallischen Usurpator Magnus Maximus auf.
388	Kaiser Theodosius I. schlägt mit Hilfe der Dreivölkerkoalition den Usurpator Magnus Maximus in Pannonien.
394	Die Dreivölkerkoalition verhilft Theodosius am Frigidus zum Sieg über den Usurpator Eugenius. Die Heermeister Stilicho im Westen und Rufinus im Osten legen sich eine hunnische Leibwache zu.
395	Unter Barsich und Kursich überqueren Hunnen den Kaukasus zu einem Raubzug in Kleinasien und im Zweistromland.
396; 398	Erneute hunnische Einfälle in Kleinasien und im Zweistromland.
400–401	Der hunnische König Uldin besiegt den gotischen Empörer Gainas und wird vom oströmischen Kaiser Arcadius mit einem Bündnisvertrag belohnt.
406	Mit Uldins Hilfe schlägt Stilicho bei Florenz den Goten Radagaisus. Die weströmische Kaiserresidenz Ravenna erhält eine Wachmannschaft von 300 Hunnen.
408	Uldin fällt in Thrakien ein. Ostrom macht ihm einen Teil seiner Truppen abspenstig und gewinnt sie als Söldner.

412–413	Olympiodorus' Gesandtschaft zu hunnischen Stämmen jenseits der Donau.
ca. 420–ca. 430	Erstes hunnisches Doppelkönigtum der Brüder Octar und Rua. Die ungarische Tiefebene wird zum zentralen hunnischen Siedlungs- und Herrschaftsgebiet.
422	Rua fällt in Thrakien ein; Kaiser Theodosius II. erkauft seinen Abzug durch einen jährlichen Tribut von 350 Pfund Gold.
425	Aëtius greift mit 60 000 hunnischen Söldnern in den Kampf um den weströmischen Kaiserthron ein.
430	Nach mehreren Überfällen auf Burgunden rechts des Rheins stirbt Octar; seine Hunnen unterliegen anschließend den Burgunden in einer Schlacht.
430–434	Ruas Alleinherrschaft.
434–445	Zweites hunnisches Doppelkönigtum der Brüder Bleda und Attila.
434	Ihre Gesandten schließen mit einer oströmischen Gesandtschaft den Vertrag von Margus an der Donau. Die Könige erhalten zusammen einen jährlichen Tribut von 700 Pfund Gold.
435–439	Der Heermeister Aëtius verteidigt mit hunnischen Söldnern Westroms Stellung in Gallien.
437	Die Hunnen besiegen die Burgunden am Rhein. Ihr Sieg wird Kern der Nibelungensage.
441	Weiträumiger Einfall Bledas und Attilas in das Illyricum. Bedeutende Städte wie Naïssus und Singidunum werden erobert und zerstört.
442	Auf einen einjährigen Friedensvertrag folgt erneut ein verheerender hunnischer Feldzug südlich der Donau.
445 (?)	Attila ermordet Bleda und wird Alleinherrscher. Er fällt in Oberitalien ein. Kaiser Valentinian III. unterstellt ihm die Provinzen Pannonia prima und Valeria und verleiht ihm die Würde eines Heermeisters.
447	Attila unternimmt einen weiteren Feldzug auf dem Balkan. Er siegt am Utus; die Festung Asamus widersteht ihm. Weitere Vorstöße gehen bis zu den Thermopylen und Konstantinopel. Mit hohen Tributen erreicht Theodosius Attilas Abzug.
448	Neuerliche Friedensverhandlungen. Am Kaiserhof in Konstantinopel fasst man den Plan, Attila mit Hilfe seines Vertrauten Edekon zu ermorden.
449	Während einer Gesandtschaft zu Attila, an der der Historiker Priscus teilnimmt, soll der Plan ausgeführt werden. Er scheitert, weil Edekon seinem Herrn treu bleibt.

450 Attila lässt sich nach dem gescheiterten Komplott zur Erneuerung des Friedens von 448 bewegen, um den Rücken für den geplanten Zug nach Gallien frei zu haben. Valentinians Schwester Honoria bietet ihm die Ehe an, und er fordert die Hälfte des Westreiches als Mitgift. Er sieht sich auf dem Weg zur Weltherrschaft.

451 Attila zieht mit zahlreichen Verbündeten nach Gallien. Er erobert Trier, Metz und Troyes, dazu viele kleinere Städte. An Orléans scheitert er, weil Aëtius mit verbündeten Westgoten und Alanen die Stadt im letzten Augenblick entsetzt. Auf den Katalaunischen Feldern kommt es zu einer Vielvölkerschlacht, durch die Attila zum Rückzug gezwungen wird.

452 Attilas Einmarsch in Italien. Aquileia fällt nach dreimonatiger Belagerung. Weitere Städte Oberitaliens einschließlich Mailands folgen. Eine Gesandtschaft mit Papst Leo I. an der Spitze bewegt Attila zum Abzug.

453 Attila plant einen Feldzug gegen den oströmischen Kaiser Marcianus, der ihm den bisherigen jährlichen Tribut verweigert hat. Der König heiratet die Germanin Ildiko. Überraschend stirbt er in der Hochzeitsnacht an einem Blutsturz. Attilas Söhne streiten um die Nachfolge, während mehrere verbündete Stämme abfallen.

454 Attilas ältester Sohn Ellac unterliegt den abgefallenen Stämmen am pannonischen Nedao. Das Attila-Reich zerfällt.

5./6. Jahrhundert Neue hunnische Stämme dringen in der Folgezeit in die Gebiete nördlich des Schwarzen Meeres und der unteren Donau vor.

Einfälle in das Oströmische Reich wechseln mit Bündnissen, die wie bisher durch Tributzahlungen der Kaiser gefestigt werden. In der zweiten Hälfte des 6. Jahrhunderts werden die Awaren die eigentlichen Erben des Attila-Reiches.

Herrschertafel

Weströmische Kaiser	Oströmische Kaiser	Ostgoten	Westgoten	Hunnen
Valentinian I. 364–375	Valens 364–378	Ermanarich ca. 350–375	Athanarich 365–381	Balamber 375 ff.
Gratian 367–383	Theodosius I. 379–395	Vidimir 375–376	Fritigern 376– ca. 380	Uldin 400–410
Valentinian II. 375–392	Arcadius 395–408	Viderich 376 ff. Gesimund Vinitharius	Alarich 391–410	Charaton 412
Magnus Maximus 383–388[1]	Theodosius II. 408–450	Hunimund	Athaulf 410–415	Octar und Rua ca. 420–430
Eugenius 392–394	Marcianus 450–457	Thorismu(n)d	Valia 415–418	Rua 430–434
Honorius 393–423	Leo I. 457–474	Interregnum von 40 Jahren	Theoderid 418–451	Bleda und Attila 434–445
Constantius III. 421	Leo II. 474	Valamir ca. 447–468	Thorismud 451–453	Attila 445–453
Johannes 423–425	Zenon 474–491	Thiudimir 468–474		Kuridachus
Valentinian III. 425–455	Anastasius 491–518			Ellac 449–454
Avitus 455–456	Justinus I. 518–527			Dintzic 453–469
Maiorianus 457–461	Justinian 527–568			Ernac 453–ca. 470
Libius Severus 461–465	Justinus II. 565–578			
Anthemius 467–472				
Olybrius 472				
Glycerius 473–474				
Iulius Nepos 474–475				
Romulus Augustulus 475–476				

[1] Usurpatoren in Kursive

Personenverzeichnis (in Auswahl)

Nachweis der Abbildungen und Karten

Frontispiz, S. 53, 177, 228: © akg-images
S. 31: Foto: Hermann Parzinger, Berlin
S. 62 (links): Foto: Römisch-Germanisches Zentralmuseum, Mainz/R. Müller
S. 62 (oben): Mundolsheim, Rekonstruktion eines Sattels, Musée Archéologique de Strasbourg; Photo: Musées de Strasbourg, A. Plisson
S. 62 (unten): © Janus Pannonius Múzeum, Pecs, Ungarn
S. 63 (oben): © akg-images | Erich Lessing
S. 63 (unten): © Naturhistorisches Museum, Wien
S. 210: Aus Attila. *Flagellum Dei?*, Studia Historica 129, hrsg. von Silvia Blason Scarel, Rom 1994, S. 239 und S. 99
S. 213: © Archives Hachette
S. 220: Schedelsche Weltchronik, fol. 51r
S. 255: © akg-images | Album | Oronoz
S. 261: Aus Petite histoire de France. Cours élémentaire classe de 9e des lycées et collèges par Besseige, Pierre und Alain Lyonnet, Collection Lyonnet, Paris. Strasbourg, Librairie Istra 1936
Sämtliche Karten © Peter Palm, Berlin. *S. 92:* Nach G. Gomolka-Fuchs, in: Attila und die Hunnen, Historisches Museum der Pfalz Speyer, Stuttgart 2007, *S. 210:* S. 117: Nach M. Schmauder, Die Hunnen, Darmstadt 2009, S. 143; *S. 190/91:* Nach P. Tomka, in: Reitervölker aus dem Osten. Hunnen + Awaren, Burgenländische Landesausstellung 1996, Eisenstadt 1996, S. 129.

Es ist dem Verlag C.H.Beck nicht in allen Fällen gelungen, die Inhaber der Bildrechte ausfindig zu machen; der Verlag ist jedoch selbstverständlich bereit, berechtige Ansprüche abzugelten.